문자의 역사

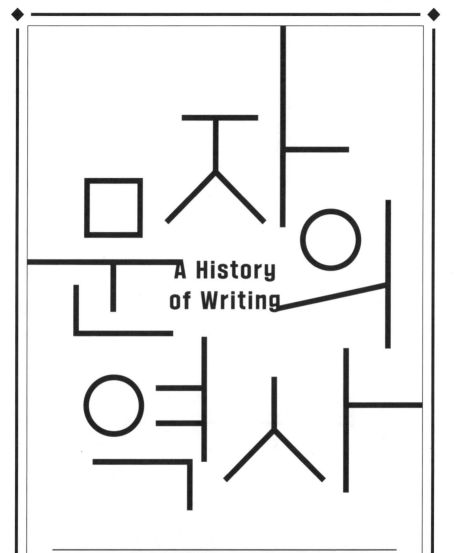

A History
of Writing

인류 문명사와 함께한 문자의 탄생과 발전

스티븐 로저 피셔 지음 | 강주헌 옮김

퍼블리온
Publion

지난 6천 년의 문명사는
문자가 만들어낸 축적의 역사

정재승(KAIST 뇌인지과학과 교수)

지구상에 살고 있는 그 어떤 동물들과도 구별되는 호모 사피엔스만의 특징을 단 하나만 꼽자면 '기록하는 문자의 사용'이다. 문자 덕분에 한 세대의 지적 성취는 다음 세대로 전달되고 축적되어 지금의 놀라운 인류 문명이 형성되었다. 지난 6천 년의 문명사는 곧 문자가 만들어낸 축적의 역사인 것이다.

이 책은 문자의 탄생과 진화에 관한 존경스러운 역작이다. 크레타섬과 이스터섬의 고대문자를 20년 가까이 연구한 문헌학자이자 언어학자 스티븐 로저 피셔는 이 책에서 문자가 어떻게 태어나 다양한 문화권에서 나름의 형태로 발전할 수 있었는지 섬세하게 설명한다. 문자는 말하는 그림에서 출발했지만 고유한 상징체계를 통해 추상적인 개념을 형상화해 표기하는 데 성공했고, 점진적이지만 놀랍도록 정교하게 발전하면서 문명 형성의 결정적인 도구가 된다.

이 책의 가장 큰 매력은 문자가 문명 발전을 이끈 원동력이라는 사실을 넘어, 그 체계와 형태, 사용 방식이 놀랍도록 정교하게 발전해온 '문명

그 자체'라는 사실을 일깨워주는 데 있다. 문자는 10만 년 전 누군가의 새기는 행위로 우연히 시작된 역사의 부산물이 아니라, 세대를 거듭하면서 혀를 내두를 정도로 정교해지고 체계적인 형태를 갖추게 된 경이로운 의사소통 도구다. 지역마다 문화권마다 서로 다른 문자를 발전시켜왔을 뿐 아니라, 문자들끼리 서로 영향을 주고받으며 적응해온 '인류의 공동 유산'으로서 말이다.

건조하지만 통찰적인 이 책을 독자들이 한껏 즐기길 바란다. 문자 탄생의 초기, 인류 조상이 사용한 문자들이 현재 문자 못지않게 훌륭했다는 사실에 감탄하고, 디지털 문명이 더욱 가속화될 미래에 문자의 형태는 어떻게 바뀌게 될지 궁금해하며, 독자는 이 책을 읽는 내내 숱한 영감에 사로잡힐 것이다. 매 페이지마다 문자의 자연사 박물관을 고스란히 축조해놓은 저자의 노고에 경의를 표하며, 문자를 쓰는 우리 모두에게 기꺼이 이 책을 권한다.

| 차례 |

추천사 _ 정재승(KAIST 뇌인지과학과 교수) 4

서문 10

1

새김눈에서
서판으로

매듭 글자	22
새김눈	24
그림문자	26
눈금 막대기	30
그 밖의 기억 연상 장치와 신호 메시지	31
시각적 상징	33
징표	36
표음문자화와 최초의 서판	41

2

말하는 그림

이집트 문자	54
설형문자	69
원형 엘람어 문자	81
인더스 문자	84

3

말하는
문자 체계

비블로스 음절문자	99
아나톨리아 음절문자	103
에게해와 키프로스 음절문자	107
이집트와 가나안의 원형 알파벳	116
페니키아 알파벳	126
아람 문자 계통	130
인도와 동남아시아의 인도계 문자	145

4

알파에서
오메가까지

그리스 알파벳	168
메로에 문자와 콥트 문자	183
에트루리아 문자	188
라틴 문자	194
이베리아 문자	203
고트 문자	207
룬 문자	208
오감 문자	215
슬라브 문자	219

5

동아시아 문자의
'재탄생'

중국 문자 | 231
베트남 문자 | 254
한국 문자 | 256
일본 문자 | 266

6

메소아메리카와
안데스

기원 | 293
사포테카 문자 | 299
에피·올메카 문자 | 301
마야 문자 | 303
다른 문자들 | 313
미스테카 문자 | 314
아스테카 문자 | 315
안데스 문자들 | 318

7
───────

양피지 키보드

그리스 | 328

중세 시대의 라틴어 | 333

인슐라체 | 346

문장 부호 | 355

종이 | 360

인쇄 | 362

라틴 알파벳에서 영감을 받아

창제된 문자들 | 388

8
◇◇

문자의 미래

양층 언어 | 408

철자법과 철자 개혁 | 412

속기와 상징 및 '시각 언어' | 424

문자의 미래 | 428

옮긴이의 글 438

주석 440 | 참고 문헌 458 | 찾아보기 467

이 서문은 문자의 역사와 관련된 흥미로운 이야기를 최근 이론까지 전반적으로 살펴보는 대학생과 일반인에게 유익한 도움을 주려는 목적에서 썼다. 이 책에서 중점적으로 다루는 주제는 세계적인 주된 문자 체계와 글자체의 기원과 형태 및 기능과 시간적 변화다.

각 단계에서 문자가 지닌 사회적 역동성도 다루었다. 호모 에렉투스 이후로, 인류는 언어에 기반한 사회를 구축함으로써 다른 피조물들과 차별성을 가진 것으로 여겨진다. 현재의 호모 사피엔스 사피엔스를 구분 짓는 특징인 세계화된 사회는 그 어느 때보다 문자에 기반한 사회다. 한때는 수천 명만이 사용하는 전문화된 영역이던 문자가 이제는 세계 인구의 약 85퍼센트인 50억 명이 사용하는 도구가 되었다. 달리 말하면, 모든 현대 사회가 문자라는 토대 위에 세워져 있다.

예부터 존재하던 대부분의 문자 체계와 글자체는 사라져 이제 존재하지 않는다. 가장 오래된 문자, 예컨대 이집트의 상형문자는 지극히 적은 흔적만이, 오늘날 영어에서 전해지는 라틴어 알파벳에 알아보기 힘든 형태로 남아 있다(예: 영어의 m은 이집트인에게 자음 n에 해당하는 기호 ∧∧∧ ∧∧∧∧에서 궁극적으로 파생한 것이다). 일련의 우연한 변화를 겪은 결과로, 라틴어 알파벳은 이제 세계에 가장 중요한 문자 체계가 되었다. 라틴어 알파벳이 언어라는 도구로 사용되더라도, 지상에 존재하는 대부분의 자연 언어보다 더 오랫동안 존속할 가능성이 크다. 오늘날 인류가 문자를 사용하는 방법과, 문자가 세계화된 사회에서 갖는 더 큰 중요성을 더 잘 파악하려면, 문자가 어떻게 탄생했는지 이해하는 것이 선행되어야 한다. 이런 이유에서 문자의 역사라는 이 책의 주제가 결정되었다.

거의 6,000년 동안 어느 시대에나 문자라는 경이로운 도구가 있었고, 문자는 다양한 용도에서 사회 구성원에게 즐거움을 주는 도구였다. 오늘날 고대 문자는 오래전에 사라진 언어로 우리에게 과거를 말해준다는 점에서 강한 호기심을 불러일으킨다. 이때 문자는 궁극적으로 타임머신이 된다. 그런데도 문자 자체는 인공물에 불과하다. 달리 말하면 언뜻 보기만 해도 인간의 말을 재현할 목적에서 만든 듯한 불완전한 장치다. 인간의 말을 전달하는 방법은 지금까지 무한히 많았다. 시간이 흐름에 따라, 그 방법들은 축소되고 개선되며 소수의 '최선책'만이 남았다. 하지만 사회는 새로운 것을 요구하고 새로운 답을 추구하는 까닭에, 그 방법이 축소되고 개선되는 역사적 과정이 지금도 계속된다는 걸 이 책에서 확인하게 될 것이다. 이런 이유에서, 문자 체계와 글자체는 끊임없이 변하지만 그 체계를 통해 전달되는 언어보다 훨씬 더 느리게 변한다.

그러나 문자는 볼테르의 말대로 '목소리의 그림'에 불과한 것이 아니다. 문자가 사용된 몇몇 결과물을 언급하면, 인간 지식을 전달하는 궁극적인 도구(과학), 사회의 문화적 매개체(문학), 정보를 대중에게 알리는 민주적인 표현 수단(언론), 예술의 한 형태(서법書法)가 되었다. 오늘날에는 전적으로 전자 통신에 기반한 문자 체계가 지금까지 말에 기반한 문자 영역이던 세계를 급속히 잠식하고 있다. 컴퓨터는 메시지 자체를 쓰는 데 그치지 않고, 메시지들을 잇는 프로그램을 작성할 수도 있다. 또한 컴퓨터는 현재 '글'로 표현되며 이해되는 모든 것을 초월하는 새로운 시스템을 자체적으로 만들기도 한다. 글쓰기를 행하는 물질도 달라지고 있다. 예컨대 종이가 흔해지며 과거에 양피지를 대체했듯이, 언젠가는 종이만큼 얇은 플라스틱 화면과 전자 잉크가 종이를 대체하게 될 것이다. 인간의 삶이 달라짐에 따라 글을 쓰는 수단도 달라진다. 이런 점에서 글쓰기는 인간 조건의 척도다.

문자의 역사를 간략히 살펴본 이 책에서 몇몇 주장이 명백히 이해되기를 바란다. 어떤 한 사람이 문자를 '발명'하지는 않았다. 물론 중국에서나 메소아메리카에서나 어떤 한 사람이 독자적인 문자를 '재발명'한 적도 없다. 모든 문자 체계는 앞선 세대의 원형이나 체계에서 유래한 것이다. 요컨대 인간의 말을 그림으로 묘사해보려는 생각, 그 생각을 구체화하려는 계획, 그 과정에서 사용된 그림 기호들이 차용되며, 다른 사람들의 언어 사용과 사회적 욕구까지 반영하도록 수정되거나 개조된 것이다.

엑서터대학교의 제러미 블랙과 릭션 북스의 마이클 리먼이 일주일 간격을 두고 따로따로 나에게 이 책을 써달라고 제안했고, 나중에는 소중한 조언도 아끼지 않았다. 그 둘에게 깊이 감사한다.

나는 고대 문자, 특히 크레타섬과 이스터섬의 글자체를 연구하고 해독하는 데 18년을 보냈다. 그 시간을 포함해 30년 넘게 문헌학과 언어학에

종사해왔다. 덕분에 금석학, 곧 고대의 비문을 연구하는 분야의 대가들과 함께할 기회가 많았다. '잊지 못할 인상'을 남긴 분들을 여기에서 나열하자면 끝이 없지만, 내 삶의 양피지에 각자 나름의 방식으로 지워지지 않는 자국을 남긴 소수(토마스 바르텔, 에멧 L. 베넷 주니어, 윌리엄 브라이트, 니콜라이 부티노프, 존 채드윅, 브라이언 콜리스, 이브 뒤우, 폴 포르, 이리나 페도로바, 유리 크노로조프, 벤 리프, 자크 레종, 프리츠 샤허마이어, 린다 실리, 데이비드 스튜어트, 조지 스튜어트)만을 언급해둔다.

끝없이 나에게 용기를 북돋워준 데이비드 애튼버러 경에게도 개인적으로 감사드린다.

누구보다도 태키에게 고맙다는 말을 전한다.

뉴질랜드 와이헤케 섬에서

스티븐 로저 피셔

PART ONE

새김눈에서
서판으로

1

문자의 역사를 추적하려면, 먼저 '글'writing을 구성하는 것
이 무엇인지 이해해야 한다. 이 문제는 그다지 간단하지 않다. 대부분의
독자는 자음과 모음으로 이루어진 알파벳을 이용한 하나의 글쓰기 방
식, 곧 아래로 계속되는 수평선에 왼쪽에서 오른쪽으로 쓰인 단어들이
잉크로 인쇄되고 공간적으로 분리된 방식에만 익숙하기 때문에 글의 세
계에 훨씬 많은 것이 담겨 있다는 걸 인식하기가 쉽지 않다.

인간은 무척 다양한 방법으로 생각을 교환할 수 있으며, 말은 그중 하
나에 불과하다. 예컨대 문자는 말을 전달하는 여러 방법 중 하나에 불과
하다. 그렇지만 현대 사회에서 일찍부터 문자는 가장 명확한 의사소통
수단으로 여겨진 듯하다. 어쩌면 구체적인 현상을 표현하는 데는 형상을
통한 커뮤니케이션이 소리를 이용한 커뮤니케이션보다 더 구체적이고 더
실질적이기 때문인 점도 부분적인 이유일 것이다.[1] 추상적인 개념도 문자
라는 '상징 체계'를 통해 형상적으로 표기될 수 있다. 문자라는 상징 체
계의 뿌리는 정보를 저장하려는 인간의 근본적인 욕구에서 찾을 수 있

다. 자신에게든 타인에게든 시간과 공간이란 한계를 넘어 정보를 전달하려면 먼저 저장해야 하지 않았겠는가.

우리는 문자로 표현된 글을 현재의 상태로만 알고 있기 때문에, 현재만이 아니라 과거와 미래까지 포괄하는 방향으로 문자를 정의하기는 어렵고 무의미하기도 하다. 문자 전체를 "모든 생각을 빠짐없이 전달하는 데 사용될 수 있는 시각적 상징들로 이루어진 시스템"으로 보는 게 실용적 이점이 있느냐 없느냐는 여전히 논란의 여지가 있다.[2] 글은 "말에 대응하는 시각적 표현, 곧 입말을 영구적, 혹은 반半영구적인 형태로 표현한 것"이란 불명확한 정의도 타당성에서 크게 다르지 않다.[3] 게다가 이런 정의는 글이 무엇이느냐에 대해 많은 것을 말해주지 못하는 듯하다. 한편, 글은 말과 생각의 일부나 전부를 시각적으로 재현할 목적에서 표준화된 상징들(부호나 기호 혹은 기호의 결합체)의 연속체라는 주장을 받아들이는 사람도 적지 않다. 이 주장은 글에 대한 현재 수준에서 가능한 가장 일반적인 정의일 수 있다. 사회는 점점 복잡해짐에 따라, 각 문자체계가 과거에 그 역할을 얼마나 잘 해냈느냐는 해당 사회의 욕구에 따라 상대적으로 결정되었다. 그러나 이 정의는 제한적이지만, 일반론에 반발하며 다소 구체적인 정의를 제시한다는 점에서 지금도 여전히 유효하다.

어쩌면 형식적인 정의라는 함정은 애초부터 피하는 게 최상책일 수 있다. 문자는 시대에 따라, 또 사람에 따라 다른 것을 의미할 수 있기 때문이다. 하지만 문자의 역사를 제대로 파악하려면, '완전한 문자'complete writing라는 문제를 먼저 다루어야 한다. 여기에서 말하는 '완전한 문자'는 다음의 세 가지 기준을 충족하는 문자를 가리킨다.[4]

- 완전한 문자는 그 목적을 의사소통에 두어야 한다.
- 완전한 문자는 인위적으로 만들어진 시각적 기호들로 이루어지며, 그 기호들은 내구성을 띤 표면이나 전자 표면에 쓰여야 한다.
- 완전한 문자는 의사소통이 완결되도록, 조음되는 말articulate speech(유의미한 음성의 체계적인 배열)이나, 전자 기호를 프로그램하는 작업과 전통적으로 관련된 부호들을 사용해야 한다.

초기의 문자는 앞의 세 기준 전부는 아니어도 적어도 하나는 충족한다. 이런 점에서 초기의 문자에 속한 모든 시각적 기호는 가장 넓은 의미에서야 '문자'로 여겨질 수 있지만 여전히 '불완전한 문자'의 수준을 벗어나지 못한다. 물론 제한적이고 지엽적이며 모호한 성격을 띠었지만 어느 정도는 의사소통이 가능했다.

문자가 어느 날 갑자기 불쑥 생겨나지는 않았다. 예부터 많은 사람이 문자를 신의 섭리라고 생각해왔다. 이런 상투적 생각은 1800년대까지 유럽에 줄곧 존재했고, 지금도 미국과 이슬람 국가들에서 일부 공동체가 사실로 받아들인다. 한편 완전한 문자, 곧 세 기준을 모두 충족한 문자는 기원전 네 번째 천년시대의 중엽에 우르크에서 복잡한 회계를 해결할 더 나은 방법을 꾸준히 찾던 한 수메르인이 '발명'했다고 주장하는 학자도 있다. 반대로 완전한 문자는 집단이 노력해 거둔 결실이거나 우연히 찾아낸 결과물이라 생각하는 학자도 적지 않다. 하지만 완전한 문자는 여러 이유에서 다양한 기원을 갖는다고 주장하는 학자도 있다. 따라서 광범위한 교역이 이루어지던 지역에서 초기 문자가 오랫동안 진화한 결과물로 완전한 문자가 생겨났다고 주장하는 학자도 적지 않다.

물론 문자의 역사에서 말하는 '진화'는 일반적인 의미에서 '진화'가 아니다. 문자 체계는 자연 상태에서 자발적으로 변하지 않는다. 인간 구성원들은 여러 구체적인 목적을 성취할 목적에서, 현존하는 다양한 자원을 기초로 문자 체계에 의도적으로 변화와 개량을 시도하기 마련이다.[5] 가장 흔한 목적은 작가의 말을 가장 효과적으로 시각적으로 재현하려는 시도일 것이다. 어떤 문자 체계에서든 작은 변화가 오랜 세기 동안, 심지어 수천 년 동안 문자의 형태에 끊임없이 일어나고, 그 결과로 훗날의 문자 형태와 용례는 초기의 것과 엄청난 차이를 보이게 된다.

완전한 문자가 형성되기 전, 곧 앞에서 언급한 세 기준을 충족하는 문자가 형성되기 전에 최종적 형태와 유사한 여러 변화 과정이 있기 마련이다. 하지만 그 과정들은 세 기준을 결코 충족하지 못한다. 따라서 그 과정들을 '원형 문자'proto-writing라 칭한다면, 그 과정들에 걸맞지 않은 지위나 역할을 부여하는 꼴이 될 것이다.[6] 한편 그림문자picture-writing와 단어문자word-writing(묘사된 대상이 소리내어 발음되는 문자)는 '초기 문자'pre-writing라 일컬어도 별다른 문제가 없을 듯하다. 미국 언어학자 레너드 블룸필드Leonard Bloomfield, 1887~1949는 1930년대에 19세기 독일 학자들의 여러 의견을 상세히 설명하는 과정에서 '그림문자'와 '실재 문자'real writing를 구분하며, '실재 문자'는 "기호는 어떤 언어적 요소를 대신하고, 수적으로 제한되어야 한다"는 기본적인 기준을 충족하는 것이라 말했다.[7] 한편 원시적인 '표기문자'semasiography(시각적 기호가 언어에 전혀 의지하지 않고 뜻을 전달하는 문자)와 '완성된 문자'full writing를 구분하며, '완성된 문자'만이 진정한 의미에서 문자로 여겨야 마땅하다는 주장도 있다.[8]

초기 문자에 대한 학자들의 공식적인 입장이 무엇이든 간에 시각적 표현은 인류의 조상들이 비교적 '최근'에야 도입한 수단인 게 분명한 듯하다. 최초로 뭔가를 '새기는 행위'engraving는 약 10만 년 전까지 거슬러 올라가는 듯하지만, 훨씬 이전이라 주장하는 학자도 적지 않다. 하지만 우리 조상들이 점과 선 등 기하학적 표식을 규칙적으로 사용한 흔적이 이른바 장부와 태음력에서 확인되지만, 그 흔적들이 '조음되는 말'과 밀접한 관계가 있다는 증거는 어디에도 없다. 물론 이 최초의 문자를 기록한 사람들도 말하는 능력은 오늘날의 우리만큼 유창했을 것이다.

완전한 문자가 형성되기 전에도 우리 인류는 다채로운 시각적 상징과 기억을 돕는 연상 기호를 사용해 정보를 저장했다. 암면 미술rock art은 보편적 상징들, 예컨대 인간을 형상화한 듯한 그림, 식물군과 동물군, 태양, 별과 혜성 및 말로 설명되지 않는 기하학적 무늬 등의 저장고다. 대부분 이 시각적 상징들은 물리적 세계에서 흔하디흔한 현상을 시각적으로 재현한 것이다. 그와 동시에 기억을 돕는 연상 기호는 언어적 맥락에서도 사용되었다. 예컨대 매듭을 이용한 기록, 그림문자, 눈금이 새겨진 뼈와 막대기, 메시지를 그림으로 표현한 막대기, 실을 조작해 음을 만들어내는 장치, 채색된 조약돌 등 다양한 물체가 말을 기억하는 도구로 사용되었다. 수천 년 동안, 시각적 상징과 이런 연상 기호는 특정한 사회적 환경에서 더욱더 가까워졌다.

마침내 그 둘이 합쳐져서 하나의 '시각적 연상 기호'graphic mnemonics 가 되었다.

매듭 글자 knot records

    고대 세계에서 기억을 돕는 데 가장 흔히 사용한 연상 장치 중 하나는 매듭 글자다. 매듭 글자는 석기 시대의 마지막 단계인 초기 신석기 시대까지 거슬러 올라간다.[9] 매듭 글자는 하나의 끈에 동여맨 단순한 매듭이거나, 더 높은 등급의 끈에 연결되고 각각 다른 의미가 부여된 색 끈들에 동여맨 복잡한 매듭이다. 매듭 글자가 최고조로 발달한 형태는 잉카 제국의 '키푸'quipu인 듯하다.(그림 1) 매듭 글자는 정교한 계산 수단이었다. 매듭의 형태와 위치는 수량을 뜻하고, 매듭의 색은 구체적인 물품을 대신하는 것으로 여겨졌다.

  고대 페루의 잉카 제국이 거의 독점적으로 사용한 매듭 글자는 다른 사회에서 문자가 동일하거나 유사한 상황에서 행하던 역할을 해냈다. 잉카인은 서너 유형의 매듭을 사용해, 제국에서 단기적으로나 장기적으로 행하던 상거래와 공물 납입 현황을 기록했다. 각 매듭에는 십진법으로 표현된 특정한 값이 있지만, 0을 뜻하는 매듭은 없다. 예컨대 하나의 외벌매듭, 두 개의 외벌매듭, 일곱 개의 연속된 외벌매듭이 순서대로 이어진 끈은 127을 뜻했다. 따라서 끈에는 백 단위, 십 단위, 일 단위의 수를 가리키는 특정한 위치가 있다. 매듭을 동여맨 끈 다발은 덧셈과 밀접한 관계가 있다. 키푸를 읽는 전문가 계급이 매듭 글자라는 고도로 복잡하지만 효율적인 시스템을 관리하고 감독했다. 1500년대 스페인이 잉카 제국을 정복한 뒤에도 키푸는 한동안 유지되며, 일상의 거래를 기록하는 데 사용되었다.

  잉카 제국의 '키푸'만큼 정교하지는 않지만, 선사 시대의 유사한 키푸

가 알래스카부터 중국까지 여러 곳에서 나타난다. 실제로 키푸는 환태
평양 지역에서 자생한 기록 관리 시스템이다. 예컨대 태평양 남동부 마
르키즈 제도의 음유 시인tuhuna 'o'ono들이 사용한 코코넛 섬유 다발에
는 '타오 마타'ta'o mata라 일컫는 매듭을 동여맨 작은 끈이 매달려 있고,
그 매듭은 세대를 기록하는 데 사용되었다. 타히티섬 남쪽에 있는 오스
트랄 제도의 레이바베섬에서는 히비스커스 줄기 껍질을 매듭지은 끈을
이용해 기록한 족보가 발견되었다. 유사한 유물이 세계 전역에서 발견되
기도 한다. 페르시아 왕 다리우스 1세는 어떤 다리의 배후를 지키던 그
리스 연합군을 떠나며, 60개의 매듭이 있는 가죽끈에서 매듭을 하루에
하나씩 풀라고 요구했다. 그리고 그가 그곳에 돌아오기 전까지 그리스

연합군이 매듭 60개를 모두 풀면, 그들을 고향인 그리스까지 안전하게 돌려보내겠다고 약속했다. 이 기록에서 보듯이, 매듭은 단순히 눈금이나 그림이 새겨진 막대기보다 다양한 목적에서 사용되었다. 매듭은 다양성과 복잡성을 자유롭게 확대할 수 있는 데다 매듭을 풀어 '지워버리거나', 다시 묶어 '다시 쓰는 게' 그다지 어렵지 않았기 때문이다.

이렇게 매듭을 동여맨 끈이나 줄은 안데스 지역에서 발달한 원시적인 형태의 '문자'에 불과하다고 주장하는 학자도 적지 않다.[10] 그러나 안데스 지역에는 말소리를 대신하는 문자가 있었던 듯하다.(6장 참조) 매듭을 동여맨 끈에 명확한 메시지가 있지는 않다. 매듭진 끈은 기억을 돕는 도구에 불과하다. 매듭의 목적이 의사소통에 있지만, 매듭은 내구성을 띤 표면에 전달되는 시각적이고 인위적인 기호가 아니다. 또 그 용도가 분절되는 말과 관습적인 관계가 있는 것도 아니다.

새김눈notch

어떤 나무의 껍질에 깊이 새겨진 눈금들, 무덤 위에 놓인 돌멩이들, 길에 배치된 나뭇가지들, 바위 표면에 남겨진 황토색 손바닥 자국 등은 어떤 생각을 전달하는 수단이다idea transmission. 달리 말하면, 그 흔적들은 옆에서 듣지 못한 사람들에게 무엇인가를 전달한다. 이때 표시하는 행위와 기억을 돕는 장치는 흔히 하나로 결합되어, 표시 자체가 기억을 돕는 장치가 된다. 이런 수단은 아득히 먼 옛날부터 존재해, 가장 오래된 것으로 알려진 동굴 벽화보다 먼저 존재했을 가능성도 있다.

　확실하지는 않지만 호모 에렉투스도 새김눈을 기억 연상 장치로 사용한 듯하다. 독일 빌칭슬레벤에서 적어도 41만 2,000년 전의 것으로 추정되는 인공물들이 발굴되었다. 특히 서너 개의 뼈에는 일정한 간격으로 새겨진 선이 있고, 발굴자들은 그 선이 의도적으로 새겨진 것(어떤 뜻이 담긴 시각적 상징)이라 해석했다. 그 새김눈들은 어떤 표식인 게 분명하다. 하지만 어떤 뜻인지는 지금까지 밝혀진 게 없다.

　약 10만 년 전부터 호모 사피엔스 사피엔스의 공예가들이 돌과 뼈에 그 차이가 미묘하지만 일관되게 남긴 흔적들은 의도적으로 새겨놓은 결과물이 분명하다. 남아프리카공화국의 유명한 블롬보스 동굴Blombos Cave에서 두 조각의 황토 덩어리가 발견되었고, 그 황토 덩어리들에는 십자로 교차하도록 정성스레 새겨진 평행선들이 있다. 발굴자들은 그 선에 어떤 상징적 의미가 담긴 게 분명하다고 생각했다. 다른 초기의 인공물들, 예컨대 자이르(현재는 콩고민주공화국_옮긴이)에서 발견된 이상고 뼈Ishango Bone(그림 2, 그림 176도 참조)에서도 시간의 간격을 뛰어넘는 유사한 흔적이 보인다. 이상고 뼈에 남겨진 수열들을 헤아려보면 일부는 태음 주기와 일치하는 듯하지만, 다른 설명도 가능하다. 결국 여기에서 중요한 것은, 수만 년 전에도 원시적인 형태를 띠었지만 시각적 상징들이 어떤 이유로든 인간의 인식을 기록하는 데 사용되었을 것이란 추정이다. 그 이유 중 하나가 정보 저장일 것이다.

　그 이후에도 완전한 문자가 형성되기 전까지 사람들에게 새김눈은 매듭 글자와 똑같은 역할을 했다. 예컨대 유럽인이 도래하기 전, 뉴질랜드 원주민인 마오리족의 '가계표'rākau whakapapa에도 새김눈이 있고, 각 눈

그림 2
자이르에서 발굴된 이상고 뼈의 세 단면.
방사성 탄소를 이용한 연대 측정법에 따르면,
기원전 9000년경의 것으로 추정된다.
이상고 뼈에 새겨진 수열은 숫자나
달력(태음력)의 표기법으로 여겨지며,
이상고 뼈는 '최초의 필기구'로 불린다.

금은 어떤 조상의 이름과 관계가 있다. 결국 가계표의 눈금은 분절적으로 조음되는 말과 아무런 관계가 없어, 가계표는 그저 기억을 돕는 도구에 불과했다.

그림문자 pictography

매듭 글자와 새김눈은 범주를 분류하고, 숫자를 기록하며, 기억을 자극하는 데 사용될 수 있다. 하지만 어느 것도 특성과 특징 같은 구체적인 것을 전달하지는 못한다. 그림은 그 기능을 해낼 수 있다. 앞에서 언급한 기능 이외에 더 다양한 정보를 폭넓게 전달하려는 욕망에, 하나 이상의 그림문자를 이용한 기록이 시작되었다. 그림문자는 표식과 기억 연상 장치의 우연한 결합이라 할 수 있다.

그림을 이용한 메시지 전달도 수만 년 전부터 이미 시도되었다. 여러 가지 점에서, 동굴 벽화는 그림을 이용한 의사소통으로 이해될 수 있다.(그림 3)[11] 최근 들어서는 북아메리카 원주민의 그림문자가 큰 주목을 받고 있다. 북아메리카의 그림문자는 대체로 벽과 바위에 새기거나 그린 단순한 상징물이다. 요컨대 암벽화나 암각화petroglyph다. 그러나 상당히 정교하게 표현된 그림문자에서는 명확한 메시지를 읽어낼 수도 있다. 예컨대 전사들의 남다른 특징을 묘사함으로써 레드 크로Red Crow, 1830~1900, 차징 호크Charging Hawk 등 전사들의 이름을 그림문자로 표현하기도 했다. 특히 19세기 미국에서는 샤이엔족을 비롯한 몇몇 부족이 그림문자로 표현된 메시지를 서로 주고받기도 했다.(그림 4)

그림문자는 조음되는 말에 직접적으로 의존하지 않고도 무척 복잡한 메시지를 전달할 수 있다. 하지만 매듭 글자나 새김눈과 달리, 그림문자는 특정한 물체를 구체적으로 묘사함으로써 그 물체에 해당하는 명칭을 상기시키는 소릿값도 전달할 수 있다. 예를 들어 설명해보자. 미국 메인 주의 한 아베나키족 사냥꾼은 원형 천막 밖에 자작나무 껍질로 만든 두루마리를 남겨놓았다. 그 두루마리에는 사슴 한 마리, 카누를 탄 남자, 걸으며 구불구불한 선을 가리키는 남자, 눈신을 신고 썰매를 끄는 남자가 한 명씩 그려진 그림이 있다. 그 메시지는 "나는 사슴을 사냥하려고 호수를 건너고 있다. 다음 호수를 만나기 전에 옆길로 빠질 예정이므로 봄까지 돌아가지 못할 것"이란 뜻이다.[12] 이런 예는 시각 예술을 이용해 제한된 영역에서 제한된 메시지를 전달하는 커뮤니케이션이었다.

아프리카의 아샨티족은 집만이 아니라 가정용품까지 속담을 떠올려

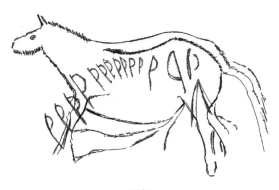

그림 3

어떤 동굴 벽화는 그림을 이용한 의사소통 방식으로 이해된다.
남프랑스의 삼형제 동굴에 그려진 말에는 'P'라는 상징이 새겨져 있는데,
그 뜻은 아직까지 밝혀지지 않았다. 그 부근의 튀크 도두베르 동굴에서는
다양한 도구를 이용해 새긴 80개 이상의 상징이 또 다른 말을 둘러싸고 있다.

그림 4

샤이엔족의 그림문자로 표현된 메시지. '터틀 팔로잉 히즈 와이프'(Turtle-Following-His-Wife)가
아들 '리틀 맨'(Little Man)에게 그림문자로 보낸 메시지로,
"너에게 53달러를 보내며 네가 집에 오기를 바란다"는 뜻이다.

주는 그림으로 장식한다. 예컨대 턱 안에 미꾸라지가 있는 악어가 묘사된 그림은 "미꾸라지가 뭔가를 얻는다면, 그 이익이 궁극적으로 악어에게 돌아간다"라는 뜻일 수 있다.[13] 이런 그림의 목적도 결국에는 커뮤니케이션이다. 내구성을 띤 표면에 그려진 그림은 조음되는 말과 관계가 있기 때문이다. 하지만 이런 '문장 문자'sentence writing는 해당되는 속담을 이미 알고 있는 사람에게만 유효할 뿐이다.[14] 그 문자에서 사용된 기호들은 관습적인 것이 아니고, 해당되는 속담하고만 관계가 있는 형상일 뿐이다. 달리 말하면, 아샨티족의 그림문자에는 너무 많은 기호가 있어, 그 기호들이 일반적인 커뮤니케이션에 효과적으로 사용되는 매개체가 될 수 없다.

중국 한자漢字는 물론, 일본어에서 사용되는 한자도 기원이 그림문자인 것이 적지 않다. '여자'女, '아이'兒, '밭'田이 대표적인 예다. 하지만 어떤 한자가 가리키는 대상을 인식하려면 그 한자의 뜻을 먼저 들어야 한다. 이런 이유에서 한자는 그림문자가 아니라 혼합된 표어문자mixed logography라 할 수 있다. 정확히 말하면, 형태·음절문자morpho-syllabography다. (5장 참조) 다시 말하면 중국 한자는 소리와 의미를 동시에 지니며, 하나씩 개별적으로 '인식'하는 데 그치지 않고 배워야 한다.

그림문자는 공교롭게도 현대 테크놀로지의 '기본 문자'default script이기도 하다. 전자 회로도를 생각해보라. 이 경우에는 국제적인 이해도를 극대화하는 방향으로 상징을 표준화함으로써 문화적 모호성을 의도적으로 피하게 된다. 제한된 영역 내에서, 예컨대 완전한 문자의 효능을 넘어서는 상황에서, 특히 미술 교육을 받은 전문가에게 그림문자는 무척 유용할 수 있다.

하지만 그림문자 자체는 '불완전한 문자'다. 그 이유는 그림문자가 조음되는 말과 전통적으로 관계가 있는 표식을 사용하지 않기 때문이다. 게다가 그림문자는 대체로 말을 멀리한다.

눈금 막대기|tally stick

초기 인류는 기억을 돕는 상징을 만들었듯이, 그와 유사한 과정이 숫자를 기록하는 데 사용될 수 있다는 걸 분명히 알고 있었다. 예컨대 달의 모습이 변하는 과정을 눈에 보이는 대로 새김눈으로 기록할 수 있다면, 결국 새김눈이라는 최초의 인공물이 실제로 묘사한 것이 달의 위상이라면, 추상적인 것, 예컨대 숫자도 그런 식으로 표현할 수 있다고 생각한 사람도 적지 않았을 것이다. 어쩌면 최초의 눈금 막대기도 이런 과정으로 탄생했을 것이다.

눈금이 새겨진 초기의 인공물도 그런 눈금 막대기였을 수 있다. 예컨대 여러 사람, 목격된 사건보다는 시간의 흐름, 사냥의 성공 등을 가리키는 표식을 뼈다귀에 남겼다. (미국 서부 개척 시대에 총잡이들은 콜트 45구경 권총으로 상대를 죽일 때마다 권총에 새김눈을 남겼고, 전투기 조종사들은 항공기의 옆면에 특별한 상징 무늬를 사용해 기록을 남겼다.) 눈금 막대기는 가장 오래된 형태의 거래 장부이기도 하다. 오스트레일리아 원주민도 눈금 막대기를 사용해, 멀리 떨어진 사람과 메시지를 주고받았다. 이때 막대기에 새겨진 눈금의 수는 메시지에서 언급한 것의 양을 뜻했다.

고대에는 어떤 지역에서나 고유한 형태의 눈금 막대기가 있었던 듯하다. 새김눈의 기본값은 사회 구성원 모두에게 알려졌다. 중세 유럽에서 세관 관리의 필수품은 눈금 막대기와 눈금을 새길 칼이었다. 예컨대 1100년경부터 1826년까지 영국 재무부는 세관을 통한 수입금을 기록하는 데 눈금 막대기를 사용했다. (많은 막대기에 처음에는 라틴어로, 나중에는 영어로 쓰인 설명이 더해졌다.) 기록하는 방법은 일반적인 원칙을 따랐다. 거래 금액이 커지면 눈금 막대기에서 더 많은 목재가 새겨졌다. 가령 1,000파운드는 10센티미터의 깊이로 하나의 눈금이 곧게 톱니처럼 새겨졌지만, 반 페니는 작은 구멍에 불과했다.

완전히 문자가 형성된 이후에도 눈금 막대기는 오랫동안 존재했다. 눈금 막대기는 글을 모르는 사람도 쉽게 사용할 수 있는 데다 무겁거나 크지 않아 다루기가 상대적으로 간편했다. 게다가 글로 기록을 남길 때보다 돈이 덜 들었다. 눈금 막대기를 사용하는 목적이 커뮤니케이션이고, 눈금 막대기가 내구성을 띤 표면에 인위적인 '기호'를 사용했지만, 그 기호는 단위를 뜻하는 표준화된 눈금이고 구멍에 불과했지 분절적으로 조음되는 말은 아니었다.

그 밖의 기억 연상 장치와 신호 메시지

기억을 돕고, 멀리 떨어진 사람에게 생각과 말을 전달하는 데 사용된 도구는 그 밖에도 많았다. 이 모든 것이 재료가 되어 결국에는 완전한 문자를 만들어냈다. 실을 양쪽 손가락에 얽어 여러 모양을 만드는 실뜨기 놀이(혼자 하는 것은 string figure, 둘이 하는 것은 cat's cradle)

는 구석기 시대, 곧 석기 시대 초기까지 거슬러 올라가며, 문자가 생기기 전에 거의 모든 사회에 존재한 것으로 여겨진다.[15] 이 '허공 속의 문자'도 족보와 전설, 노래와 기도 등을 전달하는 역할을 하며, 커뮤니케이션이 목적이었다. 따라서 관습적인 도형들은 조음되는 말과 밀접한 관계가 있지만, 내구성을 띤 표면에 시각적으로 표시되지 않았다. 손짓과 얼굴 표정(수어手語), 소리, 깃발, 연기, 폭약, 반사되는 금속, 전자 장치 등을 이용한 신호 보내기도 비슷하다. 물론 이제 많은 신호 메시지가 알파벳을 근거로 이루어지지만, 내구성을 띤 물질에 관습적인 시각적 기호로 표시되지 않는다는 점에서는 똑같기 때문이다.

뭔가에 관련된 값과 연동되는 지수적 상징(예컨대 다섯 마리의 양을 가리키는 다섯 개의 물체)도 수천 년 전부터 여러 곳에서 사용되었다. 예를 들면, 아프리카의 요루바족은 예부터 조약돌을 지수적 상징으로 줄곧 사용했다. 지수적 상징들은 똑같은 소리를 지닐 수 있다. 한 단어가 다른 뜻을 가진 다른 단어와 똑같은 소리를 갖는 이런 특징은 표음문자에서 무척 중요한 속성이다. 예컨대 요루바족 남자는 여자가 찾기 쉬운 곳에 조약돌 여섯 개를 남겨두며 은밀한 밀회를 제안한다. 요루바어에서 6을 뜻하는 'efa'는 '이끌림'을 뜻하기도 한다. 여자가 그 제안을 받아들이면 조약돌 여덟 개를 대답으로 남겨둔다. 요루바어에서 8을 뜻하는 'eyo'는 '좋다'를 뜻하기도 한다.

기원전 8000년경에 남프랑스에서 형성된 아질 문화의 채색된 조약돌을 '세계 최초의 그림문자'(그림 5)로 해석하는 학자가 적지 않다. 하지만 조약돌에 그려진 십자가, 줄무늬 등에서 자연 현상을 떠올리기는 쉽지 않다.[16] 더구나 요루바족의 조약돌처럼, 아질 문화도 조음되는 말과 전통

그림 5 남프랑스 아리에주의 르 마스 다질에서 발견된 아질 문화의 채색된 조약돌 무늬. 기원전 8000년경.

적으로 관련된 상징 기호를 사용하지 않은 듯하다. 아질 문화의 조약돌
은 세계 최초의 지수적 상징이라 말해도 크게 잘못되지는 않지만, '불완
전한 문자'의 수준에도 미치지 못한다.

아프리카 루바족의 19세기 '기억판'memory board에는 루바족의 역사가
담긴 것으로 추정된다. 전문가들은 기억판을 '읽을 때', 기억판의 무늬와
색, 재질과 배치 및 일반적인 형상에서 기억을 떠올리는 데 도움을 받았
다. 그런데 기억판마다 그런 특징들이 다르다. 게다가 하나의 기억판을
전문가마다 다르게 해석할 수 있고, 한 명의 전문가가 시기에 따라 다르
게 해석할 수도 있다. 또한 루바족의 기억판이 커뮤니케이션을 목적에
두고 내구성을 띤 표면에 시각적 상징을 사용하지만 완전한 문자는 아니
다. 루바족의 기억판에도 조음되는 말과 직접적인 관계를 갖는 전통적인
기호는 없다.

시각적 상징

완전한 문자를 탄생시킨 요람은 회계였다.[17] 순전히 사회적
필요성 때문에 완전한 문자 같은 탁월한 도구가 만들어질 수 있었다. 고

대 중동에서 약 6,000년 전, 수메르 사회는 눈부시게 확장되며 원자재와 제조 상품, 노동자와 세금, 경작지, 공물, 왕실과 신전의 재산, 수입과 지출을 어떻게든 관리하고 운영해야 했다. 전통적인 기억 연상 장치는 더 이상 유효하지 않았다. 혁신적인 것이 필요했다.

부기簿記에서 빼놓을 수 없는 부분, 곧 소유물의 표시에서 세계 최초의 시각적 상징이 부분적으로 사용된 게 분명하다.[18] 인증이 필요하다는 점에서, 소유물이 표시되는 사회적 환경은 훗날 완전한 문자가 형성되는 환경과 거의 똑같다. 발칸반도 중부에서 발달한 빈차 문화Vinča culture, 기

그림 6
빈차 문화의 투르다슈 정착촌에서 발굴된 도기에 새겨진 상징들. 기원전 5300~기원전 4300년.

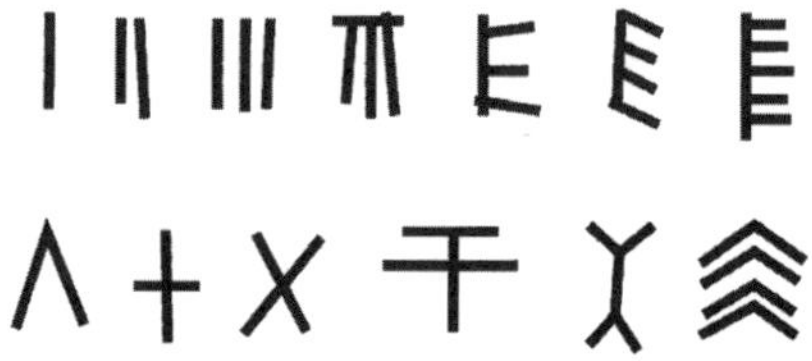

그림 7
타르타리아에서 발굴된 3개의 구운 점토 '서판'. 처음에는 빈차 문화의 것으로 주장되었지만, 일부 학자의 연구에서는 훨씬 나중에 제작된 것으로 추정되었다.

원전 5300~기원전 4300가 찰흙으로 만든 도기에는 이런저런 형태의 상징이 새겨져 있다.[19] 그 상징들을 모두 합치면 대략 210개이고, 그중 30개가 주로 사용되고, 나머지는 주된 상징이 변형되거나 혼합된 것이다. 루마니아의 투르다슈에 정착한 빈차 문화는 +와 −라는 단순한 형태부터 다소 복잡한 형태의 빗과 만자무늬(卍)까지 이런 상징을 상당히 많이 사용했다.(그림 6) 투르다슈에서 동쪽으로 20킬로미터 떨어진 타르타리아에서 1961년 3개의 점토판이 발굴되었다.(그림 7) 처음에 그 점토판들은 빈차 문화의 것이라 주장되었지만, 훨씬 나중에 형성된 미노아 문명의 상형문자가 지역적으로 변형된 형태일 가능성도 있다.(3장 참조)[20] 실제로 같은 시기의 것으로 추정되는 비슷한 상징들이 약 37곳에서 발견되었다.

이런 인위적 상징들은 전부까지는 아니어도 대부분은 약 6,500년 전 발칸반도 중부에서 활동하던 장인匠人에게 익숙한 '시각적 상징'인 듯하다.[21] '상징'symbol은 그 자체로 다른 무엇을 대신하는 시각적 표시인 반면, '기호'sign는 일반적으로 문자 체계를 구성하는 요소를 가리킨다. 또한 불가리아에서 발견된 두 장의 '유사한' 점토판도 방사성 탄소 연대 측정에서 기원전 4000년 이전의 것으로 추정되며, 시각적 상징이라 할 만한 표시가 있다. 따라서 이 점토판들도 발칸반도 상징 목록의 추가 증거로 여겨졌다.(그림 8) 이 최초의 발칸반도 상징 목록에 포함되는 장식적이고 표상적인 상징도 조음되는 말과 직접적인 관계가 없다는 게 현재의 주된 의견이다.[22] 달리 말하면, 발칸반도에서 발견된 점토판에 쓰인 상징들은 표어문자logograph(하나의 대상을 묘사하는 기호 자체가 하나의 단어가 되는 문자)도 아니고, 표음문자phonograph(기호가 순전히 소릿값, 곧 음가만을 갖는 문자)도 아니다.

그림 8 불가리아의 동기 시대 유적에서 발굴된 점토판의 시각적 상징들. 기원전 4000년 이전의 것으로 추정된다. (왼쪽) 그라데슈니차에서 발굴된 '명판', 높이 12cm. (오른쪽) 카라보노에서 발굴된 점토 '인장', 직경 6cm.

한편 최초의 '문자'가 중국에서 발견되고, 기원전 4000년경까지 거슬러 올라간다고 주장하는 학자들도 있다. 1954~1957년에 중국 시안西安 근처의 반포半坡에서 발굴된 양사오 문화仰韶文化의 도기 파편에 새겨진 흔적을 중국 학자들은 '숫자'로 해석했다. 하지만 모든 학자가 그 해석에 동의하지는 않았다.

징표token

미국 금석학자 이그너스 겔브Ignace Gelb, 1907~1985의 이름을 따서 '겔브 격언'이라 일컫는 "모든 문자의 기초에는 그림이 있다"라는 주장은, '징표가 완전한 문자의 궁극적인 기원'이란 이론에 따라 부정되는 듯하다.[23] 최근에 부각된 이 이론의 주장에 따르면, 초기의 징표는 초보 수준의 부기 시스템에서 계수기counter였고, 징표의 형태는 계수되는 물건을 가리켰으며, 하나의 징표는 계수된 물건 하나와 동일했고, 이런 징표들은 완전한 문자로 곧장 이어졌다. 이 이론을 근래에 지지하는 학자가 많아졌다. 구체적으로 말하면, 1980년대에 이 이론은 보편적으로 받아들여졌지만, 1990년대에 비판에 부딪혔고, 요즘에는 타협점을 찾고 있다.

완전한 문자는 일상적 물건을 기록하려는 욕구에서 생겨난 것이 분명하다. 중동에서는 수천 년 동안 작은 점토 징표(그림 9, 그 정확한 쓰임새는 여전히 논란 중이지만, 일종의 전표로 '계수기')를 사용해서 물건을 헤아린 듯하다. 그런데 하필이면 왜 점토일까? 점토는 중동에 풍부해 구하기도 쉽고 다루기도 편하다. 기존의 기록을 지우기도 쉽고, 보존하기도 쉽다. 햇볕에 말리거나 구우면 그만이다. 더구나 점토에는 저장하려는 정보를 대신할 만한 시각적 표시도 쉽게 남길 수 있다. 이런 점토판이 이란 동부에서부터 터키 남부와 이스라엘까지 여러 고고학적 유적지에서 다량으로 발굴되었다. 평행선, 수직선, 곡선 등이 그려진 그 점토들은 기원전 8000~기원전 1500년의 것으로 추정되었다. (이상하게도 이집트에서는 이런 점토가 아직까지 하나도 발견되지 않았다.) 대부분의 점토는 오늘날 이라크인 고대 수메르의 것이다. 납작한 점토판만이 아니라 원뿔, 둥그런 공 등 다른 모양을 띤 점토도 적지 않았다.

기원전 네 번째 천년시대에 작은 점토 계수기의 사용에 혁신적 변화가 일어났다. '불라'bulla(인장印章)라고 칭해지는 작은 점토 '겉싸개'가 점토 계수기를 에워싸는 경우가 있었다. '불라'는 바깥쪽에 표시되고 찍혔기 때문에 안에 어떤 상품의 징표가 얼마나 많이 있는지 확인하기 위해 불라를 굳이 깨뜨려 열지 않아도 되었다. 1930년대부터, 몇몇 학자는 이런 변화를 완전한 문자의 시작으로 해석했다.[24]

최근의 이론에 따르면, '불라' 표시는 곧이어 표준화되고 체계화되었다.[25] 이런 변화로, 부기에 새로운 기호학적 관계, 곧 간접성이 도입되었다. (기호학은 상징과 기호가 의미와 갖는 관계를 연구하는 학문이다.) 달리 말하면, '불라' 겉싸개에 찍힌 표시와 인각은 상징의 상징이었다. 예컨대 불라 안에 있는 징표는 한 마리의 양을 가리켰다면, 불라 밖에 찍힌 인각은 안에 존재하는 징표(양을 가리키는 징표)를 대신하는 것이었다. 겉면에 이차원적으로 표현된 시각적 상징이 삼차원적인 징표를 대신하기 시작했다. 수메르인은 인각을 이용한 이차적인 상징 체계를 도입함과 동시에, 수의 단위에 따라 다른 모양을 띤 '계수 돌'count stone을 사용해 기수법을 다듬었다. 수數는 개념이고, 기호는 사물이 아니라 개념을 대신한다는 점에서, 이런 기수법은 진정한 '표의문자'ideogram였다. 징표가 그랬듯이,

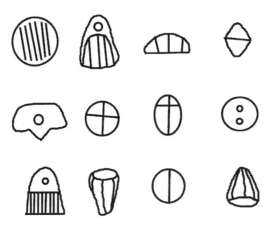

그림 9 작은 점토 징표, 곧 다양한 기하학적 형태를 띤 계수기는 기원전 8000년경 이후로 터키 남서부부터 인더스강 지역까지 광범위한 지역에서 계산하는 데 사용되었다.

계수 돌도 불라 겉싸개의 바깥 쪽에 인각되었다. 따라서 불라의 바깥쪽을 '읽으면', 안에 몇 개의 징표가 있는지 알아낼 수 있었다. 결국 불라에는 내용물의 유형과 양이 '새겨졌다'. 이처럼 겉면에 인각된 이차적인 상징이 일차적인 '기호'로 해석되고 사용된 순간, 현재 우리가 알고 있는 완전한 문자가 탄생했다. 징표 이론에 따르면, 완전한 문자가 현재 존재한다.

이 이론을 옹호하는 대표적인 고고학자 드니즈 슈망 베세라Denise Schmandt-Besserat는 징표의 형태에 따라 대신하는 물건이 다르다고, 곧 징표가 금속제, 동물, 직물 등 무엇을 대신하느냐에 따라 형태가 달라진다고 믿었다. 따라서 드니즈는 징표의 형태와 수메르인이 처음으로 양식화한 설형문자를 비교했다. 수메르의 설형문자는 기원을 삼을 만한 그림문자가 없었지만, 드니즈는 징표의 형태와 설형문자가 무척 유사하다는 걸 알아냈다. 그 결과를 근거로 드니즈는 그림문자와 무관한 설형문자가 '불라' 인각에서 파생된 것이라 주장하기에 이르렀다.(그림 10) 드니즈 슈망 베세라는 두 종류의 징표, 곧 쐐기꼴의 숫자처럼 단순한 징표와 표어문자에 해당하는 쐐기꼴 기호처럼 복잡한 징표를 구분한다.

점토 징표		점토에 새겨진 그림문자		설형문자 기호
(기원전 8000~기원전 3000년)		(고대 우르크, 기원전 3000년경)		(라가시, 기원전 2400년경)

그림 10 '양'(sheep)을 가리키는 메소포타미아의 설형문자가 초기의 징표나 '불라' 인각에서 어떤 과정을 거쳐 파생되었을까?

그러나 이 이론에 의문을 제기하는 학자도 적지 않다.[26] 그들의 주장에 따르면, 약 1,500개에 달하는 수메르 설형문자 기호 중 다수가 설명되지 않는다는 게 이 이론의 주된 약점 중 하나다. (징표가 수메르 문자체계를 가능하게 했다면, 대부분의 기호에도 영향을 주어야 했다. 게다가 설형문자의 기원은 수메르 지역에 한정된 듯하지만, 징표는 훨씬 넓은 지역에서 발견된다. 심지어 슈망 베세라가 사용한 자료 자체도 그녀의 주장을 뒷받침하지 못하는 듯하다고 의문을 제기한 학자도 있다. 예컨대 '양'을 가리키는 징표는 무척 흔했을 것이라 추정되지만 7,000년 동안 15번밖에 등장하지 않고, '못'nail과 '일하다, 건축하다'를 뜻하는 징표는 가장 흔히 사용된 두 징표다. 따라서 징표는 상당한 시간과 공간에서 균일한 의미를 유지한다는 추정에도 당연히 의문이 제기된다. 결국 "다양한 시기에 다양한 사람이 점토로 만들기가 상대적으로 쉬운 소수의 기하학적 형상을 활용했고, 그들이 개인적으로 선택한 다른 목적으로도 계수기로 이용했을 것"[27]이란 의견이 일반적이다. 불라가 사용된 회계 시스템이, 불라에서 영향을 받았다고 추정되는 단순한 점토판보다 더 복잡하고 정교한 듯하다.

하지만 징표 이론을 옹호하는 학자는 아직도 많다. 양적으로 보면, 완전한 문자가 점차 일반화된 기원전 3000년 이후의 시기에 생겨난 징표는 무척 드문 편이다. 이런 현상은 징표가 더 나은 것으로 대체되었다는 걸 뜻한다. 현재 대체로 받아들여지는 타협안에서, 고대 중동의 징표는 초기 수메르어 기호의 기원을 보충적으로 설명해주는 수단으로 여겨진다. 결론적으로 징표가 완전한 문자의 탄생에 기여한 것은 사실인 듯하지만 징표 혼자 단독으로 그 역할을 해낸 것은 아니다.

표음문자화와 최초의 서판

언어학자 플로리안 쿨마스Florian Coulmas는 "문자의 발전에서 결정적인 단계는 '표음문자화'phonetization다. 다시 말하면, 그림을 이용한 상징에서 소리 글자로 넘어간 단계다"라고 말했다.[28] 지금의 우리에게는 이 주장이 솔깃하게 들릴 수 있다. 하지만 '양'을 가리키는 그림문자나 징표를 '읽는 사람'은 양이나 그에 해당하는 징표가 눈에 들어오면 주저없이 '양'이라고 읽어냈을 것이다. 그림을 이용한 상징, 곧 이미지와 형상에도 이미지를 말소리로 바꾸는 표음문자화 단계가 이미 존재한 셈이다. 계수 돌과 그 돌에 새겨진 인각도 마찬가지다. 표음문자화가 '엄밀한 의미에서의 문자'를 정의할 때 중요한 기준으로 여겨지는 게 일반적이지만,[29] 시각적으로 표현된 문자 체계에 함축되어 있는 것도 사실이다. 예컨대 '양'을 묘사한 그림이나 '3'을 가리키는 상징(ⅠⅠⅠⅠ)이 보이면, 우리 머리는 자동적으로 그것의 이름을 떠올린다. 시각적 상징의 유사성이 초보적인 수준이거나 학습하기 전의 것도 다르지 않다. 따라서 표음문자화가 곧 완전한 문자는 아니다.

유프라테스강 하류, 곧 바빌론과 페르시아만 사이에 있는 우르크에서 기원전 3300년경의 것으로 추정되는 최초 점토 서판들이 발견되었다. 여기에서도 여전히 어떤 물건을 가리키는 (표준화되고 양식화된) 그림문자와 숫자 체계가 사용되었는데, 이 서판들이 완전한 문자를 향해 '불라'에서 한 단계 도약한 유일한 것이다.(그림 11) 숫자가 기록된 다수의 점토판도 발견되었다. 그중 하나에서, 갈대 펜의 둥근 끝을 점토에 수직으로 누르거나(완전한 구멍=10), 왼쪽에서 오른쪽으로 비스듬히 눌러(빈틈이 있는 구

그림 11
인각된 점토판. 이라크 남부 키시 근처의
젬데트 나스르에서 발굴, 원형 문자 시대
후기(우루크 시대 제4기), 기원전 3300년경.
이 초기 단계에는 여전히 많은 기호가
일상적인 물건들을 가리켰다.

명=5) 숫자를 기록했다는 것이 확인되었다. 물론 다른 수를 뜻하는 다른 가능성도 많았다. 회계에서 가장 작은 단위로는 갈대 펜의 가장자리를 아래로 눌러 구두 뒤꿈치 같은 표시를 남겼다.(그림 12) '불라' 인각이 눈에 띄게 개선된 형태의 두 시스템(불라와 서판)은 오랫동안 공존했다. 두 시스템이 전하는 메시지는 언제나 "이런저런 물건이 많기도 많다"라는 것이다. 이 시스템에서 그 이상의 것은 요구되지 않았다.

개선된 불라도 조음되는 말과 관습적으로 관련된 기호를 사용하지 않기 때문에 여전히 완전한 문자는 아니지만, 시각적 표현을 통해 복잡한 개념을 성공적으로 전달할 수는 있다.(그림 13) 서판에서는 상대적으로

| 1/2 | 1 | 10 | 60 | 600 | 3,600 |

그림 12 수메르의 장부 작성법. 부드러운 점토에 찍힌 표준화된 표시들이 사람과 가축, 그릇, 돌이나 나무로 만든 연장, 물고기, 유제품과 직물 등의 숫자를 기록하는 데 사용되었다.

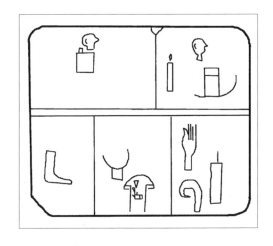

그림 13
키시에서 발굴된 점토 서판.
기원전 3300년경. 당시 필경사는
이 서판에 새겨진 그림들을
완벽하게 읽어낼 수 있었겠지만,
오늘날에는 읽어낼 만한
그림문자가 거의 없다.
왼쪽 아래의 '발'은 '가다' 혹은
'오다'를 뜻하고, 옆모습이 그려진
얼굴은 '남자'나 '노예'를
뜻했을 것으로 추정된다.

복잡한 거래에 부응하는 다소 정교한 회계 기법이 눈에 띈다. 표음문자화, 곧 이런 최초의 그림문자들(예컨대 '발', '손', '머리')을 소리내어 발음하려면, 어떤 대상과 그 대상의 시각적 표현 및 그 대상의 음가音價 사이의 특별한 관계도 인정해야 한다. 시간이 지나면서 그림문자들은 표준화되고 추상화되었지만 원래의 음가는 그대로 유지했다. 그리고 대상 자체가 더 이상 그림문자로는 알아볼 수 없는 시점이 왔지만, 그렇다고 그림문자가 대상 및 대상의 음가와 갖는 관계까지 변하지는 않았다. 그림문자가 일종의 상징이 된 셈이다. 수메르 문명의 초기 점토 서판들에는 이미 그런 상징이 많다. 당시 필경사는 문제 체계의 제한된 영역 내에서 그런 상징들을 쉽게 '읽어'낼 수 있었을 것이다. 하지만 그런 상징도 문자 체계 밖의 대상을 가리켰기 때문에 모든 생각을 예외없이 전달할 수는 없었다.(그림 14)

수메르의 초기 점토 서판에서는 적어도 1,500개의 다른 그림문자와 상징을 찾을 수 있고, 그 하나하나가 구체적인 대상을 가리킨다. 그러나

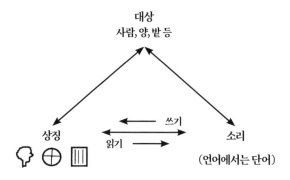

그림 14 수메르어에서 상징은 문자 체계 밖의 대상을 가리켰다.

추상적 개념, 곧 추상 명사는 이런 식으로 전달하기가 어려웠다. 따라서 그런 개념을 표현하기 위한 새로운 방법들이 지체 없이 고안되었다. 그리하여 하나의 그림문자가 여러 뜻을 갖게 되었다. 예컨대 '발'을 묘사한 그림은 [발]과 [걷기]를, '입'을 묘사한 그림은 [입]과 [말]을 뜻했다. 게다가 두 개의 그림문자가 결합되어 하나의 개념을 뜻하게 되었다. 예컨대 '눈'eye과 '물'water이 합해져 [울기]weeping를 뜻했다. 또 하나의 그림문자에 다른 그림문자가 더해지며 하나의 특정한 범주를 가리키는 경우도 있었다. 예컨대 '경작지'에 '나무'가 더해지면 [쟁기]를 뜻했지만, '사람'이 더해지면 [쟁기질하는 농부]를 뜻했다. 이런 방법을 사용하는 사회에 속한 사람에게 그런 초보적인 '읽기'는 가능했을 것이다. 그러나 그 사회에 속하지 않은 사람이 '좁고 길게 잘린 삼각형'([여자])에 '세 개의 언덕'([외국])이 더해진 것에서 곧바로 [외국인 여자]나 [여자 노예]를 떠올리는 건 거의 불가능했을 것이다. 따라서 이렇게 그림문자들을 결합하는 방법도 완전한 문자는 아니었다. 사용자의 즉각적인 요구에 부응할 수 있을 정도로 정교하게 체계화되었지만 여전히 기억을 돕는 연상 장치의 수준을 넘지 못했다. (작은따옴표(' ')로 표시한 명사는 그림문자 등 기호를 가리키고, 대괄호([ ])로 표시한 명사는 의미를 가리킨다._옮긴이)

하지만 사람들의 바람대로 더 많은 것을 전달하고 모호성을 줄이려면, 새로운 시스템이 필요했다. 달리 말하면, 기억을 돕는 연상 장치의 적합성을 크게 확대해야 했다. 해법은 '체계적 표음주의'systemic phoneticism에 있었다. 구체적으로 말하면, 소리와 (그림문자를 포함한) 상징을 체계적으로 짝지어 문자 체계의 '기호'를 만들어야 했다. 제한된 체계 내에서 어떤 시각적 상징의 음가가 그 상징의 의미를 대체하기 시작한 뒤에야 시각적 상징이 문자 체계의 기호가 되었다. 그리하여 상징이 문자 체계 밖에 존재하는 대상과 맺는 연결고리가 끊어졌고, 문자 체계가 조음되는 말로 거의 모든 것을 표현하는 가능성이 무엇보다 중요했다. 따라서 사람들은 시각적 상징(혹은 그림문자)에서 물리적인 대상이나 추상적인 것('하늘')을 알아내려고 애쓰지 않고, 그 자체로 독자적인 가치를 갖는 소리를 읽어내기 시작했다(수메르어에서 '하늘'을 뜻하는 소리는 /안/an).

소리와 상징을 체계적으로 짝짓는 표음주의적 해법은 수메르어의 속성 때문에 촉발되었을 가능성이 크다. 수메르 말은 주로 단음절이었고, 동음이의어가 많았다(영어 예를 들면 to, too, two). 더구나 수메르어는 교착어agglutinative language여서, 핵심 어휘에 독자적으로는 사용되지 않는 접두어와 접미어가 덧붙었다. 따라서 소리내어 표현된 단어를 이해하기 위해서는 이렇게 덧붙는 접사들도 소리를 지녀야 했다. 소리가 문자 체계에서 우선적 지위를 가지게 되며, 불완전한 문자가 완전한 문자가 되었다. 이런 변화 과정은 기원전 3700년경에 일어난 듯하며, 그 결과로 문자의 역량이 급격히 확대되었다. 궁극적으로 소리와 상징을 체계적으로 짝

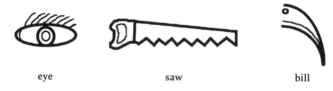

eye   saw   bill

그림 15 리버스 원리를 사용해 I saw Bill이란 문장을 '썼다'.

짓는 표음주의적 해법은 나일강에서부터 인더스강 계곡까지 앞다투어 받아들여졌다.

어떤 상징의 소리는 체계적인 지위를 가진 뒤에야 기호가 되었다. 표음주의적 해법은 수메르어의 특성에서 촉발했더라도 '리버스 원리'rebus principle 덕분에 가능했다. 리버스 원리는 수메르어처럼 단음절 언어에 완벽하게 맞아떨어진다. 리버스 원리에 따라, 어떤 대상의 그림이 입말에서 하나의 음절로 표현되고, 동음이의어적 속성이 이용된다. 따라서 단음절 단어 eye를 가리키는 그림이 I라는 단어도 대신한다. '톱'을 뜻하는 saw는 동사 see의 과거인 saw이기도 하다. 또 새의 '부리'를 뜻하는 bill은 고유명사 Bill이 된다. 그럼, 우리는 그림만을 사용해서도 I saw Bill이란 문장을 '쓸 수 있다'.(그림 15) 이런 이유에서 많은 학자가 리버스 원리를 '그림문자에서 완전한 문자로의 전환을 유도한 열쇠'라 생각한다.[30]

이런 전환은 '점진적인 과정'이 아니었다. 제한된 지역에서 인지된 사회적 욕구의 직접적인 결과로 급격히 일어난 사건이었다. 거래 상황을 더 효과적으로 기록하려는 사회적 요구는 오래전부터 꾸준히 제기되었다. 그래서 시각적 도구가 제공되었지만 문제가 제기되었고, 당연히 해결책이 필요했다. 해결책은 이제 다음의 세 기준을 충족한 새로운 형태의 문자에 있었다.

- 새로운 문자의 목적은 의사소통에 있었다.
- 새로운 문자는 인위적으로 만들어진 시각적 기호들로 이루어졌고, 그 기호들은 내구성을 띤 표면에 쓰였다.
- 새로운 문자는 의사소통이 완결되도록, 조음되는 말과 전통적으로 관련된 부호들을 사용했다.

완전한 문자가 그 결과였다.(그림 16)

처음에 수메르어의 체계적 표음주의는 독립된 정보 조각을 명확히 표기하기 위한 작은 도구에 불과했다. 구체적으로 말하면, 외국 단어를 기록하거나 서너 개의 의미를 가져 식별하기 힘든 기호에 음성적인 소리를 부여하는 도구였다. (예컨대 어떤 기호가 복수를 뜻한다는 걸 보여주려고 그 기호에 음성적 표지 mesh가 접미어로 덧붙었다. 그 전이라면 어떤 상징이 복수라는 걸 보여주려고 그 상징을 반복해 그렸을 것이다.) 네 번째 천년시대 초부터 세 번째 천년시대 초까지 메소포타미아에 남겨진 대부분의 글은 기본적으로 그림문자였고, 표음주의적 기록은 극히 제한적이었다. 하지만 기원전 2600년쯤에는 표음주의적 표기가 크게 증가하며, 수메르 문자 체계를 구성하는 요소들의 수가 1,500개의 그림문자와 상징에서 약 800

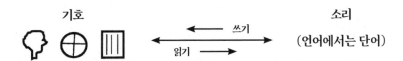

기호 ←── 쓰기 ── **소리**
읽기 ──→ **(언어에서는 단어)**

그림 16 체계적 표음주의. 기호와 소리가 문자 체계 밖의 대상에 더 이상 구속되지 않은 뒤에야 완전한 문자가 가능해졌다.(그림 14와 비교) 그때부터 사람들은 제한된 기호들로 이루어진 표준화된 체계 내에서 소릿값만으로 기호를 읽기 시작했다.

개의 그림문자와 상징 및 기호로 줄어들었다. 표어문자(단어문자, 동음이의어 포함)와 표음문자(절대적인 소리 글자)는 기원전 2400년경에야 메소포타미아에서 완전히 발달했다.

하지만 그즈음 수메르의 체계적 표음주의는 초기 단계부터 티그리스강과 유프라테스강을 훌쩍 넘어, 동쪽으로는 인더스강, 서쪽으로는 나일강까지 널리 확산되며 새롭게 태동하던 문명권에도 뿌리를 내렸다. 그때부터 언어의 차이와 다양한 사회적 욕구에 따라, 고유한 새로운 해결책이 요구되었다.[31]

○ ○ ○

지금도 많은 학자가, 문자는 높은 수준의 문명을 이룬 사회의 표현 수단으로 세계의 여러 지역에서 독자적으로 기원한 것이라 믿고 싶어 한다. 하지만 문자는 사회 발전에 자동적으로 주어지는 보상이 아니다. 문자는 정교하게 다듬어져야 한다. 이때 사회적 욕구의 변화에 따라 결정되는 오랜 과정이 수반된다. 다른 해석이 얼마든지 가능하지만, 여러 증거를 종합해보면 완전한 문자라는 개념은 인류의 역사에서 단 한 번만 생겨났을지 모른다는 생각을 지우기 힘들다. 메소포타미아의 수메르 사람들은 새김눈부터 시작해 서판까지 오랫동안 사용되며 표준화된 그림문자들과 상징들을 정교하게 정리했고, 그 결과가 이후로 인류에게 가장 다양한 목적에서 사용되는 도구가 되었다. 그렇다면 다른 모든 문자 체계는, 메소포타미아에서 6,000년 전과 5,700년 전 사이에 잉태된 이 독창적인 개념, 곧 체계적 표음주의에서 파생된 것일 수 있다.

PART TWO

말하는 그림

기원전 3700년경 상징이 기호가 되었고, 그때부터 시각적으로 표현된 그림이 '말하기'talk 시작했다. 그림문자는 곧 음성문자 phonetic writing였다. 그림문자에서 이렇게 표음주의를 의식적으로 도입함으로써, 불완전 문자가 완전한 문자가 되었다.[1] 황소 그림은 처음에 '황소'만을 뜻했지만, 나중에는 그 단어를 소리내어 말하도록 자극했다. 또 리버스 원리가 도입되며, 사람들은 더는 시각적 이미지만을 전달하지 않고 소리까지 발음하기 시작했다. 리버스 원리는 수메르가 인류에게 기여한 아주 특별한 선물이다.

대부분의 언어학자가 인정하는 주장에 따르면, 컴퓨터 프로그램을 제외할 때 완전한 문자는 특정 언어의 발음을 반영할 수 있어야 한다. 그렇다고 완전한 문자가 그 언어로 '모든 것'을 말할 수 있는 것은 아니다. 어떤 문자 체계는 종교적 의례용으로만 쓰인다. 이스터섬의 롱고롱고 문자, 고대 중국의 역점筮占, 옛 히브리어 성서가 대표적인 예다. 많은 형태의 문자가 이렇게 제한된 영역의 수단으로 시작했지만, 결국 그 한계를 떨쳐내고 다른 것들도 표현하게 되었다. 이처럼 제한적이던 초기 단계에도 완전한 문자는 가능했지만, 그 완전한 문자는 관련된 언어로 '모든 것'을 전달하지 못했을 것이다. 실제로 이스터섬의 문자는 그 한계를 넘어서지 못했고, 중국 문자는 고대 세계에서 가장 방대한 문자 체계로 변해갔다.

앞 장에서 보았듯이, 메소포타미아에서 잉태된 리버스 원리는 나일강, 이란고원, 인더스계곡까지 퍼져나갔다. 어쩌면 발칸반도까지 전해졌을 가능성도 있다. 표의문자와 표음문자 및 '한정사'determinative(혹은 기호 식별자)를 사용하던 이 새로운 문자 체계는 그 뒤로 지역적 필요성에 따라 조정되고 개조되었고, 그 셋을 적절히 조합하며 '혼합 문자 체계'mixed system을 만들어냈다. 혼합 체계는 지금도 가장 널리 사용되는 문자 체계다.

이집트는 대부분의 지역에서 수백 개의 표의적 '상형문자'hieroglyph가 지배적인 문자였고, 그 문자가 피피루스에 먹墨으로 쓰였다. (문자의 역사에서 중요한 위치를 차지하는 문명답게, 이집트도 많지는 않지만 그림과 자음이 연결되는 기호를 도입했다. 이때 그림은 시작되는 자음의 소리만을 나타냈다.) 이집트에서 새롭게 형성된 상형문자는 곧이어 매끄러운 흘림체 모양으로 나타났다. 한편 메소포타미아에서는 부드러운 점토에 쐐기 모양의 기호들을 인각하는 표어 음절문자 체계logosyllabic system가 지배적이었다. 달리 말하면, 상대적으로 소수인 표준화된 모형을 사용해 개별 음절(예: in-di-vi-du-al)들을 모아 단어를 표현했다.

이집트의 상형문자와 메소포타미아의 설형문자는 동일한 원천, 곧 표어문자나 단어문자에서 시작되었다. 공교롭게도 두 언어는 근본적으로 달랐다. 따라서 완전히 다른 두 문자 체계가 나타난 셈이었다. 하지만 두 언어는 3,400년 넘게 해당 사회의 발전에 큰 역할을 해냈다. 인더스계곡에서 발견되었지만 아직 해독되지 않은, 점토에 인각된 유사한 문자도 약 1,700년 동안 번성한 뒤에 사라졌다. 고대 아프리카와 아시아에서 쓰인 모든 문자 체계는 직접적인 차용이나 개량 혹은 간접적인 영향 등 어떤 식으로든 서로 관계가 있었던 듯하다.(그림 17)[2]

파피루스와 점토의 시대에 도시들이 신속히 연합하기 시작했고, 그 연합은 다양한 형태로 3,500년 동안 지속되었다(종이가 세계에서 가장 선호되는 필기구가 된 것은 500년 전에 불과하다). 문자가 문명의 기준은 아니다. 최근의 고고학 발굴물을 분석한 결과에 따르면, 도시 활동은 기원전 8000년에 이미 시리아 동부 지역에서 존재한 듯하다. 달리 말하면, 왕국이나 초기 형태의 국가가 완전한 문자보다 앞서 형성되었을 수 있다는 뜻이다. 하지만 이집트에서는 상형문자가 개량되고 수 세기가 지난 뒤에 상왕조와 하왕조가 통일되었다. 마찬가지로 메소포타미아에서도 완전한 문자가 나타난 뒤에야 도시국가들이 강력한 제국으로 발전했다. 물론 어

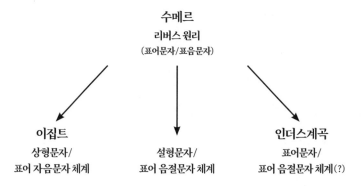

그림 17
아프리카와 아시아의 초기 문자 체계들은 어떤 관계가 있는가

수메르
리버스 원리
(표어문자/표음문자)

이집트	설형문자/	인더스계곡
상형문자/	설형문자/	표어문자/
표어 자음문자 체계	표어 음절문자 체계	표어 음절문자 체계(?)

떤 직접적인 인과관계도 파악되지 않지만, 그런 극적인 변화에 힘을 더해준 경제적 팽창을 자극하는 데 문자가 큰 역할을 했다는 걸 부인하는 학자는 거의 없다.

마침내 이런 초기 문자 체계에서 개별적인 기호들이 자체적인 생명을 띠며, 객관적 현상이란 물리적 세계와 완전히 결별했다. 기호들이 양식화되었고, 문자 체계 내에서 기능을 넓혀갔다. 기호를 사용한 글이 길어지고 다각화되며 계산을 기록하고 검증하는 수준을 넘어, 다양한 형태로 탄원과 선전과 봉헌에 사용되었고, 그 밖에도 입말을 남기는 데도 이용되었다. 많은 사회가 이 경이로운 새로운 형태의 문자 체계를 차용해, 각자 고유한 방식으로 개선해나갔다.

1,000년이 지날 때쯤 표음문자는 문명의 발전에서 없어서는 안 될 가장 기본적인 도구가 되었다.[3]

이집트 문자Egyptian Writing

고대 이집트는 문자를 '신의 언어'mdw-ntr라 칭했다. 문자가 토트 신, 곧 신들의 필경사, 치유자, 지혜의 군주, 학자들의 수호자로 따오기 얼굴을 한 신의 선물이라 생각했기 때문이다. 이집트 문자를 처음으로 '신성한 조각'hierogluphiká이라 칭한 학자는 약 1,800년 전 그리스 알렉산드리아의 클레멘스다. 세계에 여태껏 존재한 문자 체계 중에서 이집트 상형문자만큼 아름답고 매혹적인 문자는 거의 없었다. 또 이집트 상형문자만큼 인류에 큰 영향을 남긴 문자도 없었다.

최근의 발굴 작업에서야 밝혀졌듯이, 완전히 발달한 상형문자는 이미 기원전 3400년에 리버스 방식으로 읽혔고, 현재 카이로에서 500킬로미터쯤 떨어진 곳으로 상이집트의 권력 중심지이던 아비도스에서 사용되었다. 상이집트와 하이집트가 통일되기 전, 게르제 문화, 곧 나카다 문화 2기 초에 리버스 원리가 적용된 수메르 문자 체계가 문화 전달의 일부로서, 더 효율적인 관리 방법을 추구하던 상이집트의 지배자들에게 이미 영향을 미친 게 분명했다.[4] 표의문자와 표어문자의 형태를 띤 문자가 정보를 저장하고 관리하는 데 유리하다는 평가는 그 이전부터 있었다. 이집트의 상형문자 체계도 이와 동일한 사회적 요구의 일부로 생겨나서, 결국에는 수 세기 후 기원전 3100년경 상이집트와 하이집트의 통일을 부추겼을 수 있다.[5]

이집트는 수메르에서 '문자라는 개념'만이 아니라, 표의문자와 표어문자 및 글쓰기의 연속성까지 차용했다. 이집트 문자에서 기호 목록은 무척 일찍부터 체계적으로 정리되며, 기호의 소릿값과 용례가 결정되었다.[6] 그 뒤에 필경사들이 이집트어의 특수한 어법을 알아내고는 혁신적인 새로운 표기법들을 도입했다. 그중 하나가 두음 서법acrophony, 곧 상형문자를 사용해 해당하는 자음으로 시작하는 단어를 대신하는 방법이다. 예컨대 다리leg 모양을 띤 기호는 b를 대신했다. (반면에 수메르의 필경사는 개별적인 자음이 아니라 음절 전체를 대신하는 기호를 사용했다.) 이집트 필경사는 두 자음을 대신하는 기호, 세 자음을 대신하는 기호도 만들어냈다. 또 표음적 보완재를 대신하는 기호(글쓴이의 의도를 독자에게 알리기 위해 더해지는 기호), 개별적으로는 표어문자인 기호('단어 기호')와 한정사로 쓰인 기호('식별자')도 있었고, 모호성을 줄이려고 기호를 반복해 잉여적

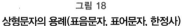

그림 18
상형문자의 용례(표음문자, 표어문자, 한정사)

1. 단자음

b 다리 n 물 š 물웅덩이

2. 두 자음

ìr mr šs

3. 세 자음

ʿnḫ nṯr ḥtp

4. 표음적 보완재

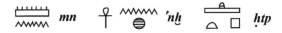

mn ʿnḫ ḥtp

5. 한정사(한정사로 쓰인 걸 알려주는 표음문자)

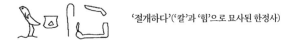

'절개하다'('칼'과 '힘'으로 묘사된 한정사)

그림 19
이집트 상형문자에서의 반복

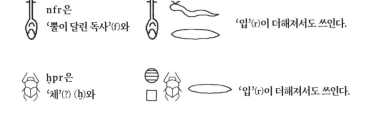

nfr은
'뿔이 달린 독사'(f)와

'입'(r)이 더해져서도 쓰인다.

ḫpr은
'체'(?) (ḫ)와

'입'(r)이 더해져서도 쓰인다.

으로 사용하는 경우 등도 있었다.(그림 18) 하나의 기호가 표음문자인 동시에 표어문자일 수도 있었다. 문맥으로만 둘 중 무엇으로 읽어야 하는지 파악되는 경우가 빈번했다.

상형문자의 가장 흥미로운 특징 중 하나는 보완재 역할을 하는 기호와 반복되는 기호가 빈번하게 사용되는 현상이다. 많은 상형문자에, 별개의 독립된 기호가 아니라 다른 기능을 지닌 종속된 기호가 덧붙었다. 가령 영어에 이런 특징을 적용한다면, 인간의 눈을 가리키는 기호 뒤에 올바른 발음을 유도하기 위해 문자 i가 더해질 것이다. 이집트 상형문자에서, 필경사는 주된 기호의 마지막 자음을 표음적 보완재로 흔히 덧붙였다. 간혹 그들은 순전히 독자의 이해를 도우려는 목적에서 이런 보완재를 두 번, 심지어 세 번까지 덧붙였다.(그림 19)

이집트 상형문자가 지닌 또 하나의 매력적인 특징은 한정사, 곧 기호 식별자가 쓰였다는 데 있다. (오랜 시간이 지난 뒤에야 한정사라는 기호 식별자는 다른 문자 체계에서도 나타난다.) 한정사는 의미가 아니라 소리를 식별한다는 점에서 표음적 보완재와 확연히 달랐다. 한정사는 표음문자, 곧 소리 기호의 뒤에 달라붙는 표어문자인 단어 기호였다. 영어에서 동음이의어 Bill과 bill처럼, 특히 단어의 소리가 모호성을 띨 때 원하는 단어의 정확한 의미를 알아보게 할 목적에서 한정사가 더해졌다. 한정사는 가급적 명확해야 하기 때문에 대다수의 한정사는 표어문자보다 그림문자였다.(그림 20) 또한 원하는 단어를 독자가 올바로 식별하도록, 필경사는 단어 하나에 둘 혹은 그 이상의 한정사를 사용하기도 했다.(그림 18.5 참조)

오직 하나의 자음만을 전달하는 약 26개의 단자음 기호를 빈번하게

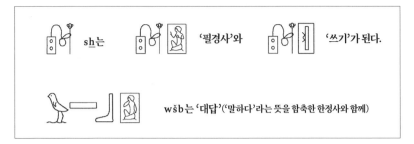

그림 20 이집트어의 한정사.(상자로 강조됨)

사용한 예는 고대 이집트 필경사가 이루어낸 혁신적 변화였다.(그림 21) 이 단자음 기호들은 세계 최초의 알파벳이지만 모음이 없었다. 또한 이 자음 기호들이 관습적으로 사용되면서도 이집트 상형문자의 나머지 표음적 기호들과 명확히 구분되지도 않았다. 자음 기호들은 거의 언제나 표어문자와 표음문자 및 한정사와 함께 사용되었다. 이집트 필경사는 자음의 알파벳 원리, 곧 자음만으로 글을 쓰는 원리를 기원전 2000년 직전에 이해한 듯하다. 이 원리는 셈족에 종속된 국가들에 신속히 퍼져나갔다.(3장 참조) 그러나 정작 이집트인은 이 원리를 아주 드문 상황에서만 사용했다. 상형문자와 신관神官 문자는 지독히 보수적인 데다 타성에 젖어, 급진적 변화를 용납하지 못했다. 그리하여 이집트의 가장 위대한 유산이 될 뻔했던 음소문자alphabetism는 그 기원의 땅에서 버림받은 채 아무런 진전을 이루지 못했다.

　이집트 상형문자는 단어의 '뼈대'만을 제공하기 때문에 글을 읽는 사람이 적절한 모음을 덧붙여야 했다. 물론 어떤 모음인지는 원어민도 문맥을 통해서만 파악할 수 있었다.[7] (고대 이집트인은 대부분의 경우 모음을 표시하지 않아, 고대 이집트 단어의 소릿값은 거의 알려져 있지 않다. 하지만 고

그림 21
단자음 기호. 고대 이집트어의 '자음 알파벳'

기호	표기/의미	소리
	3 / 콘도르	성문 파열음
	i / 갈대꽃	I
	y / 두 갈대꽃	Y
	y / 사선	Y
	' / 팔뚝과 손	Y
	w / 메추라기 새끼	W
	w / 흘림체	W
	b / 발	B
	p / 매트	P
	f / 뿔이 달린 독사	F
	m / 매트	M
	n / 물	N
	r / 입	R
	h / 갈대 은신처	H
	ḥ / 뒤틀린 아마	H(약간 목구멍소리)
	ḫ / 체(?)	KH(스코틀랜드어 loch)
	ẖ / 짐승의 배	KH(연음軟音)
	s / 문의 빗장	S
	ś / 접힌 직물	S
	š / 웅덩이	SH
	ḳ / 언덕	Q
	k / 손잡이가 있는 바구니	K
	g / 항아리 받침(?)	G
	t / 빵 덩이	T
	ṯ / 묶는 줄	CH(chin)
	d / 손	D
	ḏ / 뱀	J

대 이집트인의 고유명사를 전달하던 당시 설형문자와 다른 문자들에서 얻은 경험과 지식에 근거한 추측을 통해 일부 음가를 찾았다.) 상형문자는 오른쪽에서 왼쪽으로, 혹은 왼쪽에서 오른쪽으로 읽힌다. 어떤 글은 위에서 아래로 쓰였다.(그림 22) 기호들은 각 줄의 시작점을 마주본다. 따라서 오른쪽에서 왼쪽으로 읽어야 한다면, 예컨대 새의 부리는 오른쪽을 향한다. 읽기 쉽다거나 왕실에 대한 존중, 예술적 대칭 등 다른 방향을 선택할 뚜렷한 이유가 없다면, 상형문자는 오른쪽에서 왼쪽으로 읽는 게 '기본' 방향이었다. 기원전 3500년경과 기원전 2500년경 사이에 이러한 방향으로 결정된 이후로, 상형문자는 수천 년 동안 거의 변하지 않았다.(그림 23) 그 이후로 줄곧 북아프리카와 중동에서 쓰인 대부분의 문자 체계는 오른쪽에서 왼쪽으로 읽는 방향을 유지했다.

Wsr-m3ꜥ.tRꜥ-stp-n-Rꜥ
(User-maatre-Setepenre)

앞으로 움직이며 존경심을 보여준다.
태양은 레 신을 가리키는 표어문자.
무릎을 꿇은 형상은 정의의 여신
마아트를 가리키는 표어문자.
자칼 머리는 세 자음 기호 wsr이며,
'강하다'라는 단어를 대신한다.
레 신이 메시지의 후반부에서 다시 앞으로 움직였다.
나무토막에 달린 자귀는 세 자음 기호 stp이고,
'선택받은'이란 단어를 대신한다.
물은 단자음 기호 n이다.

그림 22 이집트 상형문자 읽기: '태양신 레를 대신해 선택된 자, 레의 마아트는 강하다. 레를 대신해 선택된 자'. 상감 세공된 기와에 새겨진 람세스 2세의 첫째 이름, 곧 제왕에 걸맞은 이름에 대한 해석이다. 기원전 1250년경.

그림 23
이집트 문자의
초기 리버스 단계.
제왕조의 창건자
메네스와 동일한 인물로
여겨지는 아카의 명판.
기원전 2900년경.

상형문자는 전통적인 이집트 그림들에서 개별적으로 취해지거나 다듬어졌다.[8] (토착적인 기호로 자체의 언어를 표현하며, 문자라는 개념이나 문자의 제한된 기능만을 차용하는 경향은 인류의 역사에서 끊임없이 반복되었다. 3장에서 다룬 에게 문명의 음절문자와 7장에서 다룬 이스터섬의 기호를 참조하라.) 이집트 문자가 글로 쓰인 발전 단계를 요약하면 다음과 같다.

① 고대 이집트어: 고왕국(기원전 2650년~2135년경)의 언어로 계속 이어지는 글이 처음 나타났다.

② 중 이집트어: 이집트어의 '고전적' 단계.(기원전 2135년~1785년경)

③ 신 이집트어: 특히 람세스 시대에 세속적 문헌이 등장.(기원전 1300년~1080년경)

④ 민중 문자 시대의 이집트어: '민중어'Demotic라 불리던 토착어에 사용되던 문자.(기원전 700년경~기원후 5세기)

⑤ 독립적이지만 주로 그리스어에서 파생된 콥트 문자(4세기 이후):

이집트어에서 두 개의 방언, 사이딕어와 보하이릭어를 지닌 것으로 알려진 유일한 단계로, 콥트어를 전달하는 데 쓰였다.(그림 24)[9]

이집트 상형문자는 세계에서 가장 아름다운 문자 체계인 듯하다. 적어도 오늘날까지 알려진 문자로는 그렇다. 대부분의 문자 체계와 서체는 기능적이지 미적이지 않다. 아랍과 동아시아의 서법calligraphy이 다른 문자들에서는 도달하기 힘든 우아함을 보여주는 건 사실이다. 하지만 이집트 상형문자는 장식물인 동시에 문자이며, 결코 눈에 거슬리지 않는다.(그림 25) 메소아메리카의 마야 문자만이 고대 이집트 문자의 웅장함에 비견된다고 믿는 사람도 적지 않다.

약 4,000년 동안, 이집트 문자는 '구분되지만 서로 관련된' 네 종류의 서체(상형문자, 신관 문자, 민중 문자, 콥트어)로 발전했고, 그 서체들은 서로 상호보완적으로 빈번하게 쓰였다.[10] 상형문자는 주로 기념물이나 의례용으로 쓰였다. 철자가 자연스레 연결되어 쓰인 흘림체 문자, 곧 신관 문자와 훨씬 나중의 민중 문자는 거의 언제나 파피루스에 먹으로 쓰였다. 상형문자, 신관 문자, 민중 문자는 외적인 모습에서만 달랐다. 기능과 형식과 용법에서는 하나의 문자 체계였다. 상형문자는 처음에 대략 2,500개의 기호로 이루어졌지만, 약 500개만이 주로 사용되었다. 상형문자는 금속과 돌과 나무 등 단단한 겉면에 특히 의례와 선전을 목적으로 특별한 글과 문구를 기록하는 데 선호되는 서체였지만, 파피루스와 가죽, 오스트라콘(도기 조각)에 먹[墨]으로 쓰이기도 했다.

하지만 고대 이집트에서 대부분 글은 상형문자로 쓰이지 않았다. 상형문자는 그리거나 조각하는 데 시간이 너무 오래 걸렸기 때문이다. 훨씬

그림 24
세 이집트 서체에서 선택된 기호들과 그 변화 과정

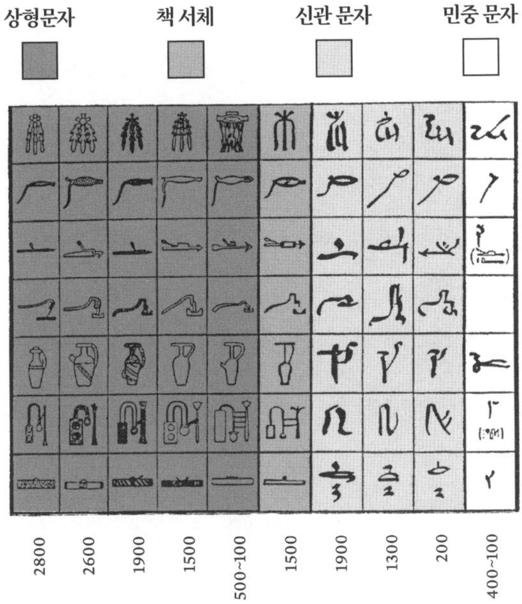

상형문자	책 서체	신관 문자	민중 문자

2800	2600	1900	1500	500~100	1500	1900	1300	200	400~100

그림 25
아름다운 이집트 상형문자.
필레에 있는 이시스 신전의
'복원된' 포르티코.

나중에야 '신관 문자'로 불렸지만, 흘림체 상형문자가 거의 곧바로 일반적인 문서(편지, 장부, 명세서)를 작성하는 실질적인 도구로 개발되었고, 또 기원전 두 번째 천년시대쯤에는 문학적인 글을 쓰는 데도 사용되었다.(그림 26) 신관 문자는 고대 이집트에서 거래와 행정, 서신과 일반적인 문예물 등에 일상적인 서체로 사용되었다. 상형문자의 표기가 선적으로 단순화되며, 파피루스, 양피지, 나무, 오스트라콘 등의 표면에 오직 오른쪽에서 왼쪽으로만 쓰였다. 신관 문자는 처음에 나일 문화의 회계사 집단에서 주로 쓰였지만, 나중에는 파피루스에 광범위하게 쓰이며 양식화되었고, 문학적이고 종교적인 글에 예술성을 더해주는 서법으로 발전하기도 했다. 또 부기를 비롯해 상거래 기록을 혁신적으로 단순화하려는 시도들

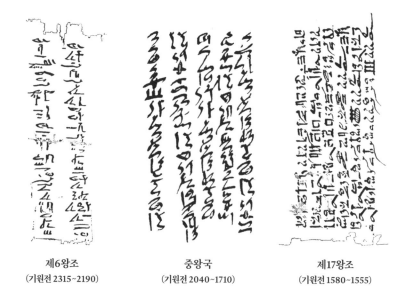

그림 26
이집트 신관 문자의 세 단계

제6왕조	중왕국	제17왕조
(기원전 2315~2190)	(기원전 2040~1710)	(기원전 1580~1555)

(예컨대 두 기호를 연결하는 획)도 고안되었다. 그 결과로 다양한 양식의 서법이 탄생했고, 지역적으로도 다른 형태의 서법이 생겨났다.

제25왕조, 곧 기원전 첫 번째 천년시대 중반경에는 남부와 북부의 서체가 완전히 달랐다. 따라서 새로운 민중 문자를 쓰던 북부의 서체에 익숙한 사람은 남부의 서체로 쓰인 '변칙적인 신관 문자'abnormal hieratic를 읽어내지 못했다. 기원전 700년경, 북부에서는 신관 문자가 이집트인에게 '편지 문자'sš-š'.t라고 불리며 속기 형태로 쓰였기 때문이다. 그런 문자를 그리스 역사학자 헤로도토스는 '민중'demotikós의 문자라 칭했다. 이 민중 문자는 나일강 델타 지역에서 쓰이던 상거래 서체에서 파생된 것으로, 기원전 7세기부터 기원후 5세기까지 신관 문자의 옛 역할을 빠짐없이 대신했다. (신관 문자는 성직자의 전유물이 되었다. 그 때문에 알렉산드리아의 클레멘스는 신관 문자를 hieratikós, 곧 '성직자의 것'이라 칭했다.) 민중 문자는 기원이 상형문자지만 무척 축약된 형태를 띠었다. 또 연결된 단어들에서 원래 상형문자들과 시각적 유사성을 전혀 찾아볼 수 없다. 신관 문자처럼 민중 문자도 오른쪽에서 왼쪽으로 읽혔다. 그러나 신관 문자와 달리 민중 문자는 프톨레마이오스 왕조부터 돌에도 새겼다. 유명한 로제타석이 대표적인 예다.(그림 27)

나일강을 따라 문자가 개선되며, 필경사 계급의 영향력이 막강해지는 사회적 변화도 뒤따랐다. 인간 사회에 새로이 나타난 현상이었다. 필경사는 메소포타미아보다 이집트에서 더 높은 대우를 받았다. 메소포타미아의 필경사는 서기書記에 불과했다. 반면에 이집트에서 필경사는 막대한 부와 권위, 지위까지 얻을 수 있었다. 특히 선택받은 소수에게만 허락된 지위이던 성직자 필경사는 최고의 존중을 받았다. 4,000년 전, 이집트

그림 27 프톨레마이오스 5세를 추념한 송덕비 로제타석(기원전 196년)의 일부. 이집트 상형문자(위), 이집트 민중 문자(가운데), 그리스어(아래) 등 3가지 서체로 쓰였다.

관료이던 두아 케티가 나일강을 따라 남쪽으로 항해할 때였다. 두아 케티는 아들을 필경사 학교까지 바래다주던 길이었다. 이때 두아 케티는 아들에게 "이제부터 너는 글에 전념해야 한다. (…) 필경사에 비교될 만한 직업을 여태껏 본 적이 없다. (…) 애비는 네가 어머니보다 책을 더 사랑하도록 만들려고 한다. 너에게 책의 장점을 알려주려고 한다"라고 말했다.

필경사는 누구나 자신의 필기구(점판암 석판, 검은 물감과 붉은 물감을 담는 깊이가 얕은 그릇 두 개, 연결끈에 매달린 가느다란 목제 필갑과 작은 물병)를 갖고 다녔다.(그림 20 참조) 고대 이집트 필경사가 글을 쓰던 방식은, 지금 우리가 수채화를 그리는 방법과 무척 유사했다. 붉은색은 강조하고, 제목 아래의 글을 분할하는 데 사용되었다. 필경사가 되려는 학생은 몇 년 동안 집중적으로 온갖 노력을 다하며, 대략 700개의 기호를 배워야 했다. (오늘날 중국과 일본의 교육 방식과 크게 다르지 않았다.) 학생들은 석고와 아교의 혼합물인 '제소'gesso로 덮인 연습용 글씨판에 글을 썼다. 글씨판 겉면은 쉽게 지워졌다. 어디에서나 흔히 사용되던 종이는 파피루스였다. 파피루스는 사초과 다년생 식물Cyperus papyrus의 껍질을 벗긴 줄기를 두들겨 얇게 만든 일종의 종이다.

이집트 문자는 메소포타미아의 육중하고 불편한 점토 서판에 비해 물리적으로 매우 유리했다.[11] 파피루스는 얇고 가벼웠으며 잘 구부러지고 보관하기도 쉬웠다. 파피루스에 먹으로 글을 쓰는 데는 시간이 걸리지도 않았다. 게다가 단어가 차지하는 표면적도 설형문자의 쐐기 음절보다 적었다. 적어도 이집트어 자음은 그랬다. 지금까지 발견된 최초의 파피루스는 기원전 3000년경의 것으로, 사카라에 있는 제1왕조의 한 무덤에서 발견되었다. 하지만 파피루스는 나일강변에서 먹과 날카롭게 깎은 갈대 펜으로 첫 문자를 쓰는 데 이미 사용되었을 가능성도 있다. 여하튼 파피루스는 기원 원년 이후에도 수 세기 동안, 다시 말하면 약 3,700년 이후에도 종이로 사용되었다.

결국 민중 문자는 일상적인 삶과 행정적 관리에서, 또 이집트어를 글로 표현하는 데도 침략자들의 그리스 알파벳문자로 대체되었다. 나중에

이집트 문자	원형 시나이 문자	페니키아 문자	초기 그리스 문자	그리스 문자	라틴 문자
				A	A
				B	B
				Γ	G
				E	E
				K	K
				M	M
				N	N
				O	O
				P	R
				T	T
				Ƨ	S

그림 28 고대 이집트 상형문자는 변형되고 또 변형되었지만 현재의 알파벳에도 흔적이 남아 있다.

콥트어는 당시 모음까지 갖춘 이집트어 단어를 표기하는 데도 주로 그리스 문자를 사용했다.(4장 참조) 이집트 문자는 기원전 250년경부터 시작된 수단 쿠시 왕국의 메로에 문자에 영향을 미쳤고, 최초의 자음문자 consonantal alphabet(기원전 2200년경)에도 적절한 형태를 부여했다. 최초의 자음문자로부터 시나이 레반트 지역에서 다양한 형태의 셈조어 문자가 생겨났고, 때가 되었을 때 셈조어 문자가 오늘날 우리가 사용하는 라틴 문자가 되었다.

세계가 나일 문명에 진 빚은 어마어마하다. 기원후 세 번째 천년시대가 시작된 지금, 우리가 사용하는 문자가 기원전 세 번째 천년시대의 이집트 필경사들이 사용하던 문자와 크게 다르지 않은 것은 우연의 일치가 아니다.[12] 완전한 문자라는 개념은 수메르에서 잉태되었을 수 있지만, 지금 우리가 글을 쓰는 방식은 물론이고, 우리가 '글자'letter라고 칭하는 기호 중 일부는 고대 이집트가 남긴 궁극적인 유산이다.(그림 28)

설형문자Cuneiform Wiriting

설형문자는 라틴어 cuneus(쐐기)와 forma(형태)에서 파생한 단어다. 설형문자의 역사는 표어문자인 단어문자부터 표음주의, 곧 소리가 그림을 완전히 대체한 소리글자까지 추적하는 역사다. (이집트 상형문자에서는 이런 극적인 대체가 없었다.) 고대 중동에 존재한 가장 중요한 유형의 문자인 설형문자는 엄격히 말하면 여러 문자 체계에서 사용되던 하나의 서체였다. (반면에 이집트 상형문자는 서로 관련된 세 가지 서체에서 사용된 하나의 문자 체계였다.) 앞에서 보았듯이, 세계 최초의 완전한 문자는 수메르에서 경제적 요구에 대한 응답으로 탄생했다. 그 응답은 상품과 용역, 사회적 특권을 관리하는 관료 계급이 휘두르는 효과적인 도구가 되었다.[13] 메소포타미아 상인들의 역동성만이 아니라, 그 도구를 통해 구축된 제국적인 체제 덕분에, 설형문자는 수천 년 동안 그 지역에서 지배적인 문자로 군림했다.[14]

원형 설형문자proto-cuneiform, 곧 우르크와 젬데트 나스르의 서판에 쓰

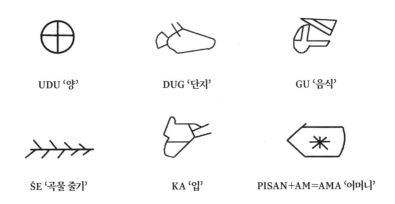

UDU '양'   DUG '단지'   GU '음식'

ŠE '곡물 줄기'   KA '입'   PISAN+AM=AMA '어머니'

그림 29 원형 설형문자 기호. 우르크에서 발굴. 기원전 네 번째 천년시대 말.

인 설형문자는 그림문자로 기록된 부기와 별로 다르지 않았다.(그림 29) 설형문자는 뾰족한 철필로 점토에 그려졌다. 다양한 각도로 기울어진 쐐기 모양은 수 세기가 지난 뒤에야 나타났다. 그 최초의 문자는 어느 정도 '이해'되지만, 현대적 의미에서 완전히 '독해'되지는 않는다. 이집트는 일찍부터 상형문자와 신관 문자 기호들을 정리하고 분류해 체계화했지만, 수메르는 약 1,800개의 그림문자와 상징으로 이루어진 느슨한 목록을 오랫동안 유지했다. 그리하여 단순화와 관습화가 진행될 수 있었다. 따라서 기원전 2700년~기원전 2350년쯤의 것으로 슈루팍에서 발굴된 서판들을 분석하면, 그림문자와 상징의 목록은 약 800개로 줄어들었지만 글을 줄지어 쓰는 선조성은 증가했다. 기원전 2500년경에는 수메르 문자 체계에서 거의 모든 시각적 요소가 음운 단위가 되었다. 또 기원전 2000년쯤에는 약 570개의 표어문자만이 일상적으로 사용되었다.[15]

설형문자가 등장하며 서체가 향상된 것은 분명하다.(그림 30) 그림문자

그림 30
설형문자 기호의 원형과 변화 과정(기원전 3000년~기원전 600년경)

의미 수메르	영어	그림문자 (기원전 3000년경)	90도 회전된 형태	고전 시대 (기원전 2500년경)	바빌로니아 (기원전 1800년경)	아시리아 (기원전 600년경)
kur	산					
sal	질/여자					
geme	여자 노예					
ninda	음식					
an	천국					
du	가다,서다					
sag	머리					
gud	황소					

들이 갈대 펜으로 부드러운 점토에 찍은 쐐기꼴로 대체되었다. 처음에는 그림문자의 원래 모양을 흉내 냈지만 점차 쐐기꼴은 양식화되고 결국에는 식별성을 상실했다. 확실하지는 않지만 기원전 세 번째 천년시대 중엽(기원전 2500년경), 느닷없이 필경사들이 그림문자가 왼쪽으로 넘어진 것처럼 대부분의 그림문자를 90도 기울여 쓰기 시작했다. 여하튼 이런 변화가 두 번째 천년시대 초(기원전 1900년경)에 있었던 건 분명하다. 서체 방향도 바뀌었다. 글이 더는 세로로 오른쪽에서 왼쪽으로 쓰이지 않고, 요즘의 신문에서 보듯이 가로로 왼쪽에서 오른쪽으로 세로단으로 나뉘어 쓰였다.(그림 31) 하지만 기원전 18세기 초의 함무라비 법전을 포함해, 돌 기념물들에서는 원래의 글쓰기 방향이 기원전 1500년경까지 유지되었다. 글쓰기 방향이 변한 이유는 필경사의 편의성 때문인지 통치자의

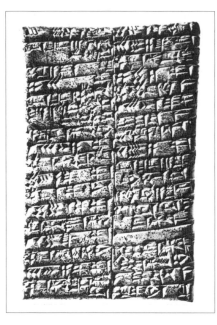

변덕 때문인지 아직까지 밝혀지지 않았다.[16]

이집트에서 그랬듯이, 메소포타미아에서도 필경사는 특수 학교에서 어린 소년(아주 드물게는 소녀)을 훈련했다. 세계 최초로 정식 교육 제도를 도입한 셈이다. 학생들은 연습용 텍스트(격언, 단편적인 문학 구절, 신들의 이름 등)를 교사의 점토 서판 뒤쪽에 그대로 베껴 쓰는 것부터 시작했다.(그림 32) 그리하여 마침내 사회적으로 필경사 계급이 생겨났다. 대부분이 농업 부문에 고용되었지만, 일부는 개인 비서가 되거나, 세계 최초의 변호사가 되었다. 다수가 사회적으로 상당한 영향력을 행사했다. 하지만 메소포타미아의 필경사는 결코 이집트의 필경사만큼 존경받지는 못했다.

설형문자는 주로 갈대 펜으로 점토에 썼다. 그러나 돌에 조각하거나, 밀랍과 상아, 황금을 포함한 금속, 심지어 유리에 새기는 때도 있었다. 하지만 파피루스에 먹으로 쓴 설형문자는 극히 드물었다. 이런 점에서도 이집트의 상형문자와 뚜렷이 대비되었다. 파피루스는 고대 메소포타미아에서도 넉넉히 자랐기 때문에, 일반적인 통설과 달리 이런 차이는 소재보다 지역적 요구와 화석화된 전통과 더 깊은 관계가 있는 듯하다.

점토에 갈대 펜은 이상적인 도구였다. 여러 면에서 오늘날의 이차원적인 펜이나 연필, 컴퓨터 모니터보다 훨씬 더 창의적이었다. 갈대 펜은 끝이 삼각형이고, 삼차원적으로 방향을 전환할 수 있다. 특히 서판이 작으면, 갈대 펜과 서판을 손으로 동시에 돌렸다. 하지만 혼동을 피하려고 기호가 기울어지는 각을 엄격히 제한했다. 갈대 펜은 손에 쥐어야 한다는 물리적 한계 때문에, 설형문자가 왼쪽이나 똑바로 위쪽이나 오른쪽으로 기울어지는 경우는 극히 드물었다. 각 기호의 표준 모양은 일찌감치 결정되었고, 제한된 변형만이 허용되었다.[17] 기호는 갈대 펜을 비스듬히 쥐고 눌러 점토에 남긴 삼각형 모양의 '쐐기'들을 모은 것으로 이루어졌다. 그렇게 서판이 완성되면 햇볕에 말리거나, 보존해야 할 만큼 중요한 것이면 구웠다. 메소포타미아의 자료들은 점토로 만들어져, 얄궂게도 많은 자료가 보존되는 데는 파괴적인 대화재가 적잖은 역할을 했다. 반면에 고대 이집트의 파피루스 자료는 모두 불에 타거나 오랜 풍상에 바스러져 먼지로 변해버렸지만, 개별적으로는 많은 문서가 전한다.

기원전 2500년쯤에 설형문자는 완전했고, '모든 생각을 예외없이' 전달할 수 있었다. 이 과정에서 음절문자표 확립이 무엇보다 중요했다. 달리 말하면, 티ti, 무mu, 사sa 등 음절을 이룬 소릿값에 대응하는 특정한 기호의 목록을 완성해야 했다. 목록화는 구체적인 대상부터 시작되었다. 수메르어 기호 mu('식물')는 '년'을 뜻하는 mu, '이름'을 뜻하는 mu로도 사용되었고, 나중에는 기능어에도 사용되었다. 그러다 mu라는 기호가 '나의'my와 '3인칭 남성 접두어'도 가리키게 되었다. 결국 수메르어의 모든 mu가 '식물' 기호로 표현될 수 있었던 것은, 수메르어 시스템 내에서는 소리만이 중요했기 때문이다.[18] 그리하여 메소포타미아의 설형문자는 그림문자/상징, 표음문자, 한정사라는 세 축에 근거를 두고, '표어음절' 문자 체계를 거의 완성해냈다.[19] 독자적으로 완성된 어구는 단일한 기호이든 기호 뭉치이든 표어문자로 표현되었다. 어구에서 의존적인 부분은 리버스 원리에서 파생한 '음절 기호'syllabogram로 표시되고, 그 음절 기호는 대체로 V(모음), CV(자음-모음), 혹은 VC(모음-자음)이란 구조를 띤다. 이집트에서 그랬듯이, 한정사는 단어 기호의 의미를 알아보게 하는 데 사용되었다. 설형 기호들은 단순한 것부터 복잡한 것까지 일종의 구조물이었다. 단순한 기호는 복잡한 기호의 일부를 이루더라도 그 소릿값은 그 과정에서 사라졌다. 최종적인 기호가 자체의 고유한 소릿값을 가졌다.

수메르인은 사회의 요구를 충분히 충족하는 무척 단순한 서체를 치밀하게 만들어갔다. 그러나 3,000년의 역사 동안, 설형문자는 약 14곳의 다른 언어와 문화에서도 사용되었다. 민족적으로 다른 공동체, 동東셈족 아카드인이 수메르를 침략해 기원전 2800년 이후로 주도권을 갖게 되자, 다른 언어권이 설형문자를 사용하는 데서 비롯되는 문제가 처음으로 야기되었다. 그 이후로도 종교와 문학에서 1,000년 넘게 수메르어는 계속 설형문자로 말해지고 쓰였지만, 고古아카드어로 쓰인 문헌은 사르곤 1세 시대인 기원전 2350년경에 나타나기 시작했다.[20] 아카드어는 유형에서 수메르어와 정반대였다. 달리 말하면, 수메르어는 주로 단음절이지만 아카드어는 다음절이다. 또 수메르어는 어미의 변화로 굴절되지 않았지만, 아카드어는 심하게 굴절되었다. 따라서 수메르어 체계로 아카드어를 쓰면

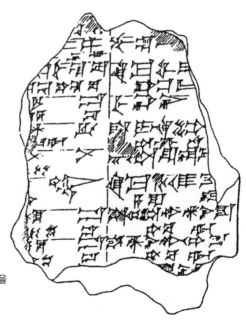

그림 33
수메르·아카드어 사전.
아카드인 학생에게 수메르어를 쓰는 법을
가르치는 데 사용되었다.
기원전 1750년경.

모호성과 혼돈이 야기될 수밖에 없었다.(그림 33) 아카드어 필경사는 표어문자(단어 기호) 총량의 10분의 1만을 사용했지만, 음절 기호와 한정사는 두 배 넘게 사용했다. 달리 말하면, 아카드어 필경사는 문자의 표음적 기능을 우선시해야 했지만, 여전히 여러 경우에 옛 수메르어의 표어문자를 사용했다는 뜻이다. 요컨대 옛 수메르어에 아카드어를 더한 정도였다. 약 3,000년 뒤에 일본인이 중국 한자를 이런 식으로 사용했다.

그리하여 여러 의미를 갖는 기호polyvalence가 급속히 확산되었다. 왜 아카드인은 단순화하지 않았을까? 그들은 전통에 얽매이고 효율에 집착한 듯하다. 어쩌면 비타협적인 시스템, 곧 아카드 제국이 존재하는 동안 내내 쓰이던 문자 시스템의 관성에 사로잡혔을 수도 있다. 아카드어는 기원후 100년경까지 주로 문학어로 쓰였다. 입말로는 바빌로니아어와 아시리아어와 경쟁하며 그 언어들에 합해졌다. 일부 학자의 주장에 따르면, 두 언어는 나중에 형성되었고, 서로 별개의 것이었으며, 진화된 아카드어와도 언어학적으로 다른 언어였다.

기원전 2000년 이후에도 메소포타미아 남부의 바빌로니아어 사용자와 메소포타미아 북부의 아시리아어 사용자는 계속 쐐기문자로 글을 썼다. 바빌로니아는 기호의 수를 약 570개로 줄였고, 그중에서 대략 200~300개만이 일상적으로 사용되었다.[21] 한편 아시리아는 과거의 기호들을 대거 재도입하며, 문자 체계를 훨씬 더 복잡하게 만들었다. 따라서 단순화가 좌절될 수밖에 없었다. 대부분의 이웃 언어는 수메르·바빌로니아어(혹은 수메르·아카드어)의 기호 모양과 음절문자 체계를 채택했다. 하지만 일부 언어는 점토에 쐐기 모양으로 글을 쓴다는 개념만을 차용하고, 완전히 독자적인 모양과 음가音價를 사용하는 자체의 '설형문자'

를 만들어냈다. 설형문자는 아모리인의 고유명사, 카시트인의 주석이나 완결된 글을 동족 셈어들, 예컨대 에블라어, 가나안어, 아람어로 쓸 때 사용되었다.[22] 완전히 무관한 언어들, 예컨대 히타이트어, 후르리어, 우라르투어도 설형문자를 사용했다. (히타이트족의 선조로 비인도유럽어를 사용한 하티족의 하티어를 포함하는 학자도 적지 않다.)

예컨대 오늘날 터키의 일부, 동아나톨리아에서 인도유럽어를 사용하던 히타이트족은 수메르어 음가와 아카드어 음가를 지닌 설형문자 기호와 음절문자표를 기원전 1900년경 차용한 뒤에 자체의 음가를 덧붙였다. 따라서 히타이트어 기호는 수메르어, 아카드어, 하타이트어 등 세 가지로 읽힐 수 있었고, 어느 것으로 읽히느냐는 문맥에 따라 결정되었다. 히타이트인은 바빌로니아어(아카드어)로도 글을 썼지만, 히타이트 제국의 수도 하투샤(현재의 보아즈칼레)에서 1906년에 발견된 1만 개의 서판 중 대부분은 히타이트어로 쓰였다. 그러나 이때의 히타이트어에서는 색다른 설형문자 서체가 사용되었다. 아카드어도 설형문자 체계에 적합하지 않았지만, 히타이트어도 아카드어의 그런 부적합한 체계에 어울리지 않았다. 특히 자음군consonant cluster은 음절 기호를 사용해 전달하기가 어려웠다. 이 문제를 해결하려고 히타이트인은 새로운 음절 기호들을 도입했지만, 이런 시도는 자음군에 원래는 없는 모음을 더 많이 끼워 넣었을 뿐이다. 다른 요인도 있지만 이 때문에도 히타이트어로 쓰인 문서를 해독하기가 오늘날 더욱더 어렵다.[23] 하지만 그 문자 체계를 일상적으로 사용하며 일하던 히타이트 필경사에게는 당장 필요한 문제를 해결하기에 충분했을 것이다.

기원전 1450년부터 기원전 1250년 사이에 시리아의 북부 해안 우가

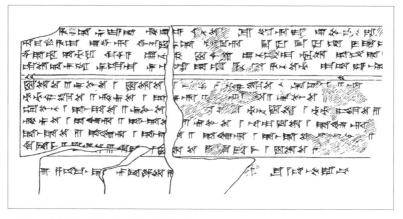

그림 34 세계에서 가장 오래된 '음악 관련 문서'(노랫말과 공연 방법) 중에는 후르리어 설형문자로 쓰인 서판이 있다. 우가리트 근처에서 발굴. 기원전 1400년경.

리트에서 일하던 셈어 필경사들은 표어문자나 한정사를 배제하고 완전히 표음적 설형문자를 사용했다. 그들이 사용한 문자는 혼종어, 곧 메소포타미아 설형문자의 물리적 특성을 이용한 자음문자였다.[24] 달리 말하면, 부드러운 점토에 인각된 쐐기 모양이란 외적인 형태(서체)는 설형문자였지만, 내적인 형식인 문자 체계는 가나안어에서 차용한 음소문자였다.(3장 참조) 우가리트에서 우가리트 설형문자는 두 동족어, 아카드어와 후르리어를 쓰는 데도 사용되었다.(그림 34) 여기에서 흥미로운 점은, 메소포타미아 설형문자를 '분해'하면 완전히 다른 문자 체계, 이번 경우에는 선형문자linear alphabet를 표현하는 데도 사용할 수 있다는 것이다.[25]

설형문자는 엘람 왕국(이란의 남서부)에서도 아카드어를 쓰는 데 사용되었다. 엘람인이 사용한 언어는 수메르어도 아니고 셈어도 아니기 때문에 아카드어는 그들에게 외국어나 다름없었다.(다음 내용과 그림 37 참조)[26] 따라서 엘람인은 차용한 아카드어 문자 체계를 자신들의 언어에 수용하려면 아카드어에 대대적인 변화를 가해야 했다. 그들은 음절 표기를 원칙으로 삼았다. 그리하여 기원전 두 번째 천년시대가 끝날 즘에는 음절 문장표를 113개의 설형문자 음절 기호로 줄였고, 그 기호들은 주로 수메르·아카드어 음가로 읽혔지만, 일부는 새로이 엘람어 음가를 얻었다. 표어문자는 25개만 사용되었고, 일부에는 수메르어에서 차용한 단어가 포함되었다. 한정사는 7개밖에 사용되지 않았지만 무척 빈번하게 사용되었다. 예컨대 하나의 수평 쐐기(나중에는 수직 쐐기)는 뒤에 오는 명사가 대체로 장소 이름이라는 걸 알리는 데 사용되었다. 나중에 그 쐐기는 단어를 경계짓는 실질적인 표시가 되었다.[27]

1. D(a)-a-r(a)-y(a)-v(a)-u-š(a)   2. x(a)-š(a)-a-y(a)-ϑ(a)-i-y(a)
3. v(a)-z(a)-r(a)-k(a)   4. x(a)-š(a)-a-y(a)-ϑ(a)-i-y(a)   5. x(a)-š(a)-a-
y(a)-ϑ(a)-i-y(a)-a-n(a)-a-m(a)   6. x(a)-š(a)-a-y(a)-ϑ(a)-i-y(a)
7. d(a)-h(a)-y(a)-u-n(a)-a-m(a)   8. Vi-i-š(a)-t(a)-a-s(a)-p(a)-h(a)-y(a)-
a   9. p(a)-u-ç(a)   10. H(a)-x(a)-a-m(a)-n(a)-i-š(a)-i-y(a)   11. h(a)-
y(a)   12. i-m(a)-m(a)   13. t(a)-č(a)-r(a)-m(a)   14. a-ku-u-n(a)-u-š(a)

Dārayavauš xšāyaϑiya vazrka xšāyaϑiya xšāyaϑiyānām
xšāyaϑiya dahunām Vištāspahya puça Haxāmanišiya hya
imam tačaram akunauš

그림 35 고대 페르시아어 설형문자로 쓰인 비문. 페르세폴리스 궁전, 기원전 500년경. "다리우스, 위대한 왕, 왕 중의 왕, 열국의 왕, 히스타스페스의 아들, 아케메네스가 이 궁전을 세우다." (숫자까지 더해진) 원래의 글은 다른 문자로 그대로 옮긴 것이다.

히타이트어처럼 인도유럽어족에 속한 고대 페르시아어도 기원전 첫 천년시대, 주로 기원전 550년과 기원전 350년 사이에 설형문자로 쓰였다. 다리우스 왕의 베히스툰 비문은 고대 페르시아어, 엘람어, 신바빌로니아어로 쓰여 설형문자를 해독하고, 세 언어를 재구성하는 실마리가 되었다.[28] 다리우스 시대에 고대 페르시아어 필경사는 차용한 중동의 서체를 과감하게 단순화했다.(그림 35) 설형문자 목록이 음절(ka)과 음소(/k/)를 동시에 지니는 41개의 기호로 줄어들었다. 따라서 고대 페르시아어 설형문자는 '절반은 음절문자, 절반은 편지 문자'였다.[29] 또 고대 페르시아어 설형문자는 바빌로니아 설형문자와 레반트의 자음문자 사이에서 절충점을 찾아, 쐐기꼴로 쓰인 36개의 음절 음소 기호에 표어문자를 4개만 사용한 혼종어였다. 고대 페르시아어에서 특히 주목되는 것은 1,000년 전에 우가리트에서 사용하던 장모음 /a/(a:로 발음), /i/(i:로 발음), /u/(u:로 발음)가 그대로 유지되었다는 점이다.

설형문자의 탄생과 더불어 '문학'이 시작되었다. '문학'을 뜻하는 literature는 라틴어에서 '알파벳과 문법'을 뜻하는 litteratura에서 파생되었다. 세계에서 가장 오래된 문학적인 글은 수메르의 점토 서판들에서 볼 수 있다. 시(찬가와 애가, 신의 속성과 행적)와 준準서사적 이야기(수백 년이 지난 뒤에 쓰인, 기원전 2700년경의 길가메시 전설을 노래한 5편의 시), 우르크를 세운 엔메르카르를 찬미한 두 편의 시, 루굴반다를 칭송한 두 편의 시가 대표적인 예다. 하지만 메소포타미아에서 발굴된 15만 개의 설형문자 비문 중 75퍼센트 이상이 거래와 관리에 대한 기록이며, 초기의 기록들은 대체로 상품과 사람, 지불 등에 관련된 것이다.[30] 이윽고 법률 문서, 종교와 천문에 관한 문서도 나타났다. 심지어 의학 논문과 조리법에 대한 문서도 있다. 필경사들은 세계 최초의 사전을 편찬하기도 했다. 단어들을 발음과 형태와 의미에 따라 순서대로 정리했다. 시기를 추정할 수 있는 최후의 설형문자 서판은 바빌론의 천문력으로, 기원후 74~75년의 행성 위치를 설명한 것이다.

설형문자는 지금도 꾸준히 발견되며 우리에게 자료를 제공해준다. 1975년에는 시리아의 에블라에서 15,000개가 넘는 설형문자 서판이 발견되었다. 에블라는 기원전 2300년경에 화재로 타버린 공공 도서관이 있던 곳이다. 학자들이 그 엄청난 양의 자료를 읽고 평가하는 데는 적어도 한 세기가 걸릴 것이다. 설형문자는 약 3,000년 동안 사용되었다. 3,000년이란 시간은 현재의 자음과 모음, 곧 완전한 알파벳이 알려진 시간과 거의 똑같다. 그것만으로도 설형문자는 인류가 낳은 최고의 서체 중 하나로 평가받기에 충분하다.

원형 엘람어 문자Proto-Elamite Script

부분적으로 그림문자가 사용되었고, 아직까지 해독되지 않은 기원전 3000년경의 원형 엘람어 문자는 인더스계곡의 문자에도 영향을 미친 문자에서 파생된 것으로, 페르시아만을 맞댄 이란 남서부에서 엘람어를 전달할 목적으로 부드러운 점토에 인각되었다. 이 문자가 새겨진 표본들은 엘람 왕국의 옛 수도인 수사부터, 동쪽으로 1,200킬로미터 떨어진 아프가니스탄과의 국경 지역 샤흐레 쇼흐타까지 광범위한 지역에서 발견되었다.[31] 기원전 네 번째 천년시대가 끝나갈 때쯤, 메소포타미아인들과 이란고원 거주자들은 여러 이유에서 주기적으로 서로 대화를 나누었다. 물론 가장 큰 이유는 무역이었다. 이집트에서 그랬듯이 체계적 표음주의라는 개념이 이란고원에도 수메르에서 전해진 게 분명하다. 갈대 펜으로 부드러운 점토에 쐐기꼴로 쓰인 원형 엘람어 문자는 숫자 표기에서 원형 설형문자와 똑같고, 두 문자에서 적어도 하나의 기호가 공유된다. 아직 해독되지 않은 언어이자 서체인 원형 엘람어로 쓰인 약 1,500개의 서판은 그 문화가 발견된 이후로 20세기에 공개되었다.(그림 36)[32] 대부분의 서판은 바빌론 동쪽 수사에서 발굴되었다.

원형 엘람어 서판에서 약 1,500개의 기호가 확인되었다. 결국 원형 엘람어 문자가 표어문자라는 뜻이다. 다수의 기호가 추상적이어서, 사실적인 모형보다 기하학적 모형을 의식적으로 선호한 듯하다. 모든 문서가 선적으로 오른쪽에서 왼쪽으로 쓰였고, 위에서 아래로 읽어가는 방식이다. 이 점에서는 수메르의 원형 설형문자와 다른 게 없다. 글을 세로단으로 정리하려는 의식적인 노력은 보이지 않는다. 모든 문서가 목적을 소개하고 관련된 사람이나 기관의 이름을 언급하는 것으로 시작되는 듯하다. 그러고는 사람(기관)이나 계량화된 상품을 가리키는 표어문자, 혹은 둘

그림 36
수사에서 발견된 원형 엘람어 서판.
기원전 3000년경.

그림 37 아카드어 설형문자와 선형 엘람어, 두 문자로 엘람 왕국 왕, 수사의 푸주르 인슈시나크에게 헌정된 비문. 기원전 2200년경.

모두가 포함된 별개의 표제어가 뒤따른다. 모든 글은 수메르 방식으로 표기된 숫자로 끝맺는다.

서판이 행정 서류이고, 언어적 문헌보다 거래 기록이 더 많은 것은 분명하다.[33] 가장 큰 문서는 7줄로 이루어지고, 수사의 중앙 관청에 세금으로 납부된 양에 대해 언급한다. 동일한 관청이 파종기에 씨옥수수를 분배하는 방법을 다룬 듯한 문서도 있다. 일반적으로 원형 엘람어 '문학'은 지역 농산물 생산에 대한 기록이 거의 전부다.

원형 엘람어가 800년 후인 기원전 2200년경의 선형 엘람어 문자에 영향을 미쳤을 가능성이 있다.(그림 37) 선형 엘람어에는 음가가 읽히는 기호가 적잖게 있다. 이를 근거로 학자들은 고립된 원형 엘람어 기호들과의 관련성을 찾아보려 시도했다. 하지만 원형 엘람어와 선형 엘람어의 관련성은 여전히 오리무중이다. 이란고원의 엘람어를 재구성할 수 없다는 게 더 깊은 분석을 가로막는 주된 장애물이다. 게다가 고대 엘람인과

800년 후의 엘람인이 같은 언어를 사용했는지도 불확실하다.[34] 기원전 두 번째 천년시대에 엘람인은 아카드어 설형문자로 글을 썼다.(앞의 내용 참조)

인더스 문자Indus Valley Writing

인더스 문명의 문자는 아직까지 해독되지 않은 가장 중요한 문자라 할 수 있다. 하지만 최근에 그 문자 체계를 이해하는 데 상당한 진전이 있었다.[35] 기원전 3500년경부터 기원전 1700년경까지 사용된 것으로 추정되며, 기존에 알려진 언어들과 아무런 관계도 없는 듯한 '인더스 문자'는 유럽 고고학자들이 1870년대에 발견할 때까지 거의 4,000년 동안 잊혀 있었다. 그 문자를 만들어낸 인더스 문명 자체도 1921년에야 그 존재가 확인되었다.

동양 문자의 첫 증거는 기원전 3500년경에 제작된 도기류에 남겨진 '도공의 표식'potters' mark이나, 소유권을 뜻하는 낙서 혹은 그림문자다. 발루치스탄 동부와 인더스계곡에서 발달한 초기 하라파 문명권에서 발굴된 동양 문자의 첫 증거는, 이집트에서 지금까지 알려진 첫 리버스 기호(기원전 3400년경)와 수메르의 첫 표음 기호(기원전 3200년경)보다 약간 앞선다. 초기 하라파의 문자는 기원전 2600년경에 사용된 완전한 문자의 원형인 듯하다.(그림 38) 도공들은 자신들의 작품에 특별한 상징을 표시했다. 그 표식은 장식적인 무늬가 아니라, 제작자나 내용물을 가리키는 상징이고, 도기에 남겨진 낙서는 소유자나 헌정받는 사람에 대한 '기록'

으로 보인다.

1,500곳 이상의 크고 작은 도시가 개입해 기원전 2600년경에 끝난 문화 통일이 진행되던 동안, 체계적으로 정리되고 일반적으로 인정되는 '인더스 문자'가 잉태되었다. 인더스 문자로 쓰인 글의 80퍼센트는 인장과 도장에서 볼 수 있다. 나머지는 점토 서판과 도기 서판, 청동 도구와 가정용품, 뼈와 상아, 구리와 동석의 소형 서판에 남아 있다. 뼈 장식편, 테라코타 장식 고리, 금 세공품에는 극히 작은 문자가 쓰였다. 인더스 문자는 1센티미터를 넘는 경우가 극히 드물지만, 돌라비라 유적지 북쪽 입구의 옆문에서 발견된 비문에 쓰인 기호들은 30센티미터가 넘는다. 대중

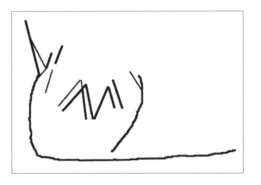

그림 38
기원전 2800년~기원전 2600년의 것으로 추정되는 하라파 문명의 도기 조각. 1999년 고고학자들이 발견한 여러 유물 중 하나로, 인더스계곡에서 문자의 발전이 과거의 통설보다 더 빨리 시작되었음을 증명해주었다.

그림 39
인더스 문명의 인장에 남겨진 비문들. 기원전 2500년~기원전 2000년. 오른쪽에서 왼쪽으로 읽는다.

에게 알리기 위한 기호라면, 문맹률이 낮았다는 증거일 수 있다.

인더스 문자가 쓰인 유물은 지금까지 약 4,200점이 발굴되었다. 유물에 남겨진 글은 대체로 짧고 간결하다. 따라서 문자가 유물의 성격을 요약하는 데 관례적으로 사용되었을 것이라 추정된다. 인장에 일반적으로 남겨진 글은 두세 개의 기호가 한 줄에 쓰였고, 모두 합해도 다섯 개를 넘지 않았다.(그림 39) 가장 긴 비문은 20개의 기호가 3줄에 쓰인 것이다. 1998년에는 13개의 기호로 쓰인 비문이 발굴되기도 했다. 글이 새겨진 여러 돌인장에서 눈에 띄는 것은 주변을 둘러싼 그림들이다. 예컨대 호랑이, 물소, 코끼리 등 동물이나, 의미와 목적이 여전히 오리무중인 인간을 닮은 형상이 그려졌다. 그러나 지금까지 알려진 내용에 따르면, 무덤과 조각상, 벽과 건축물 등에는 인더스 문자로 어떤 글도 남겨지지 않았다. 점토 서판이나 파피루스에 쓰는 글도 발견되지 않았지만, 인더스 문자 체계를 고려하면 점토 서판과 파피루스의 존재를 떠올리게 된다. 인더스 문자의 기호들이 이집트 상형문자나 메소포타미아 설형문자와 전혀 닮지 않은 것도 주목할 만하다.

바다를 넘나들던 인더스 상인이라면 서쪽 지역의 교역 상대들이 문자를 사용하는 걸 보았을 것이다.[36] 기원전 2600년경에야 인더스 문명과 함께 나타난 완전한 문자는 초기 하라파 문자의 상징을 기초로 삼아 기호들을 다듬은 것으로 여겨진다. 인더스 문명은 기원전 2500년부터 기원전 1900년 사이에 파키스탄과 인도 북서 지역에서 번창했다. 인더스 문명의 주된 중심지로는, 인더스강 남쪽에는 모헨조다로(현재 카라치 근처)와 인더스강 북쪽에는 하라파(현재 이슬라마바드 근처)가 있었다. 인더스 문명은 선진 도시 계획을 자랑하며, 당시에도 이집트와 메소포타미아

그림 40
모헨조다로에서 발견된 인장.
기원전 2500년~기원전 2000년경.

에 버금가는 문명 수준을 누렸다. 인더스 문자가 새겨진 대부분의 인장
과 도기 등 인공물은 하라파 시대의 것이다.(그림 40)

인더스 문자에는 400~450개의 기호가 있다. 그런데 형태는 약간 다
르지만 소릿값은 같은 알로글리프alloglyph가 많다. 기호들은 인간과 동
물만이 아니라 기하학적 모형과 상징을 묘사한 것이다. 그 모든 기호가
동시에 보편적으로 사용되지는 않았다. 예컨대 하라파의 인장과 서판에
쓰인 기호들은 시간이 지나면서 변했다. 초기 설형문자가 그랬듯이, 인
더스 문자도 오른쪽에서 왼쪽으로 쓰였다. 하지만 상대적으로 긴 비문
중 일부에서는 좌우 교대 서법boustrophedon이 적용되었다. 좌우 교대 서
법은 '황소가 밭을 갈듯이' 줄을 바꿀 때마다 방향을 바꿔 글을 쓰는
방식을 가리킨다. 또 인더스 문자는 수메르어처럼 표어 음절문자 체계였
을 것이다.[37]

인더스 문자의 기호들은 주로 상업적 목적에서 사용된 것으로 추정된

다. 예컨대 짐짝에 찍는 확인 표시로 사용되었을 것이다. 인장이 무엇을 뜻하는지 알아내는 단서는 중동 거래 상대의 인장에 있었다. 인장에는 이름과 직책이 쓰였고, 특히 직책에는 신의 이름이 포함되는 경우가 많았다. 인더스 문자는 지배 계급과 주요 도시의 상인들과 밀접한 관계가 있었을 것이다. 도시에 기반을 둔 문자 체계로, 그들의 경제적 권한을 인증하고 공고히 하는 데 사용되었다. 또한 문자는 지배 계급의 종교를 강력하고 숭배해야 마땅한 것으로 합법화하는 데도 일조했다.[38]

고고학적 기록에 따르면, 인더스 문명의 지배 계급은 기원전 1900년 경에 권력을 잃었고, 그 결과로 북쪽 지역 모두에서 문자도 버려졌다. 문자는 남부 지역의 외딴 중심지 다이마바드에서만 기원전 1700년경까지 유지되었다. 최근까지 인더스 문자로 기록을 남긴 종족은 침략을 받아 고향, 곧 크고 작은 도시를 떠나야 했다고 믿어왔다. 이런 믿음을 심어준 이론에서 주장하듯이 그 침략자가 인도·아리아인이라면, 인더스 문자의 기저를 이룬 언어는 원형 드라비다어Proto-Dravidian, 곧 현재 파키스탄의 발루치스탄, 아프가니스탄, 남인도에 국한된 드라비다어족의 모어였을 수 있다.[39] 하지만 그 침략을 뒷받침하는 고고학적 증거는 그렇게 말하지 않는다. 오히려 인더스강의 변덕스런 등락이 자주 홍수를 일으켰고, 홍수로 말미암아 인더스 문명의 농업 기반이 파괴되며 무역과 경제까지 무너졌을 것이다. 따라서 '근본적으로 다른 자료가 발견되지 않는 한' 인더스 문자의 완전한 해독은 불가능해 보인다.[40]

○ ○ ○

체계적 표음주의(말은 제한된 수의 기호를 체계적으로 사용해 시각적으로 재현될 수 있다)라는 개념은 정교하게 다듬어지자 인류 최초의 문명지들에서 꽃피웠다. 지역마다 발전 방향이 달랐지만, 해당 지역의 요구에 부응한 것이다. 메소포타미아와 이집트, 두 문화권에 내재한 근본적인 차이는 문자 체계에 고스란히 녹아 있다. 메소포타미아 설형문자는 추상적인 실용주의를 앞세웠지만, 이집트 상형문자는 "우아한 멋을 체계적으로 보여주었다."[41] 메소포타미아에서는 '하드웨어'가 '소프트웨어'를 결정했다. 손으로 다룰 수 있는 작은 점토를 사용함으로써 쐐기꼴 문자 체계가 정리되었고, 그 과정에서 그림과 상징이 소리와 연계되는 경우가 많아졌다. 이렇게 표음주의가 향상되며, 다른 언어들, 심지어 수메르어와 별다른 관계가 없는 언어조차 설형문자를 차용하고 채택할 수 있었다. 그러나 이집트에서는 '소프트웨어'가 '하드웨어'를 결정했다. 리버스 원리가 적용되는 문자는 먹을 사용하거나 조각할 수 있는 표면에 유리했다. 따라서 리버스 원리는 이집트의 문자 체계에 배타적으로 계속 존재하며, 일찍부터 철자의 단순화를 재촉했다. 설형문자는 광범위하게 차용되고 변형되었지만, 이집트의 세 문자는 그렇지 않았다. 하지만 이집트에서도 결국 자음문자가 완전한 문자가 되었다. 설형문자는 약 2,000년 전에 끝났지만, 이집트 상형문자는 의미를 파악할 수 없어도 여전히 사용되고 있다. 둘 차이는 필기구에도 존재한다. 수천 년 동안, 부드러운 점토에 갈대 펜으로 새긴 쐐기꼴이 파피루스에 끄적대는 먹과 경쟁했다. 결국 먹이 승리를 거두었고, 오늘날에도 여전히 인쇄의 기초다.

동쪽에서 외따로 사용되던 인더스 문자는 홀로 생겨나 소멸된 까닭에 누구에게도 영향을 주지 않았고, 인류의 기억에서도 사라졌다. 인더스 문자만이 아니라, 여러 문자 체계와 서체가 이런 운명을 겪었다.

문자는 다음과 같이 다양한 방법으로 차용된다.

- 문자라는 개념만을 차용할 수 있다.
- 문자라는 개념과 글쓰기 방향을 차용할 수 있다.(예컨대 선적으로, 오른쪽에서 왼쪽으로, 세로단으로)
- 문자 체계(표어문자, 음절문자, 음소문자)를 차용할 수 있다.
- 문자 체계와 서체를 차용할 수 있다.
- 기존 체계를 보완할 목적에서 문자 체계의 일부만을 차용할 수 있다.
- 서체의 일부만을 차용할 수 있다.

실질적으로 모든 문자 체계와 서체는 하나 이상의 차용으로 이루어진다. 차용된 문자가 다른 언어를 전달하는 순간, 적응이나 변환이 요구된다. 가장 일반적인 적응은 불필요한 소리를 배제하고, 새로운 소리를 도입하며 기호 목록을 바꿔가는 것이다. 아카드어가 수메르 설형문자에 그랬듯이, 차용자는 부적합한 체계를 받아들이기 위해 혼합 기능을 덧붙일 수 있다. 또 문자를 더 신속하고 더 쉽게 쓰기 위해 차용자는 다른 종류의 서체를 개발할 수도 있다. 이집트인이 상형문자를 더 빨리 쓰기 위한 수단으로 고안해낸 신관 문자가 대표적인 예다.

문자 체계와 서체를 분류하면 차용 관계를 개관하는 데 유익할 수 있다. 관점에 따라 다른 식으로 분류할 수 있기 때문이다. 하지만 대부분의 문자 체계와 서체가 문자를 구성하는 요소들 중 여러 곳에서 차용하기 때문에 분류하기 쉬운 작업은 아니다.(그림 41) 분류하는 데는 여러

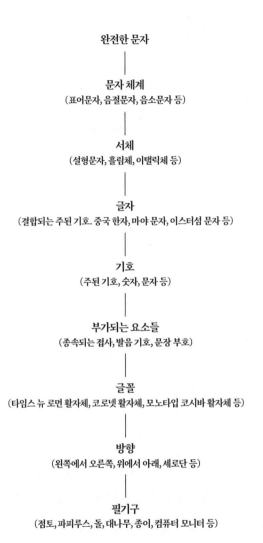

그림 41
문자를 구성하는 요소들

완전한 문자
|
문자 체계
(표어문자, 음절문자, 음소문자 등)
|
서체
(설형문자, 흘림체, 이탤릭체 등)
|
글자
(결합되는 주된 기호. 중국 한자, 마야 문자, 이스터섬 문자 등)
|
기호
(주된 기호, 숫자, 문자 등)
|
부가되는 요소들
(종속되는 접사, 발음 기호, 문장 부호)
|
글꼴
(타임스 뉴 로먼 활자체, 코로넷 활자체, 모노타입 코시바 활자체 등)
|
방향
(왼쪽에서 오른쪽, 위에서 아래, 세로단 등)
|
필기구
(점토, 파피루스, 돌, 대나무, 종이, 컴퓨터 모니터 등)

그림 42
기원전 1000년 이전의 주된 문자 분포도

❶ 메소파티미아 설형문자 ❷ 이집트 상형문자와 신관 문자 ❸ 원형 엘람어와 엘람 설형문자 ❹ 인더스 문자 ❺ 이집트 자음 기호 ❻ 시나이와 가나안의 원형 알파벳, 비블로스의 음절문자 ❼ 히타이트 설형문자와 아나톨리아 음절문자(루비아어) ❽ 우가리트 알파벳 설형문자 ❾ 그리스 초기 음절문자 ❿ 중국 표어문자

방법이 있다. 유형을 중심에 두면 표어문자, 음절문자, 음소문자 등으로 분류된다. 또 계통, 연대, 지리 등을 분류 기준으로 삼을 수도 있다. 물론 문자 체계와 서체를 분류하는 '최적'의 방법은 없다. 명확한 목적에 따른 '가장 유용한' 분류만이 있을 뿐이다. 몇몇 분류 방법은 오해를 불러일으킬 수 있다. 예컨대 유형적 분류는 지금도 논란의 여지가 있다. 완전한 문자 체계에는 의미론적 기호와 표음적 기호, 곧 의미와 소리를 나타내는 기호들이 어김없이 공존하기 때문이다. 계통에 따른 분류도 여전히

모호하기는 마찬가지다. 대부분 문자 체계가 일종의 '혼합물'이기 때문이다. 차용과 쇄신이 반복되며, 아무런 관계도 없는 문자 체계들이 겉으로는 비슷하게 보이는 결과를 낳는 경우가 많다.[42]

여러 문자 체계와 서체가 기원전 1000년 이전에 세계 곳곳에서 꽃피웠다.(그림 42) 이집트어(와 그 파생어들), 중국어, 둘을 제외하면 모든 문자 체계가 이제는 소멸되고 후손이 없다. 문자 체계와 서체는 그 문자로 전달되는 입말보다 소멸되는 빈도가 무척 낮다. 설형문자는 수메르어가 종말을 맞은 뒤에도 수천 년 동안 존재했다. 라틴어는 입말로는 오래전에 소멸되었지만, 이집트 문자의 후손인 라틴 문자는 이집트어의 후손으로 오늘날에 가장 공통된 문자로 쓰인다. 인류의 역사에서 문자 체계와 서체의 궁극적인 운명은 언어와 문자의 즉각적인 요구보다 경제와 정치, 종교와 문화적 권위에 따라 언제나 결정되었다.

메소포타미아의 표음적 문자가 나일강에 전해졌을 때 이집트 필경사는 자신들의 상반된 언어에 수용할 목적에서 표음적 문자라는 개념을 상당히 다른 것으로 바꿔나갔다. 그들이 생각해낸 해결책의 일부는 자음만을 재현하는 소수의 기호에 있었다. 기원전 2200년경, 이집트 필경사가 상형문자와 별개로 그 자음 기호로만 글을 쓰는 경우는 드물었다. 그래도 자음 기호가 인류와 말하는 그림 사이의 관계에 새로운 차원을 보탠 것은 분명했다. 또한 자음 기호는 유럽에서 문자의 행로를 근본적으로 바꿔놓았다.

PART THREE

말하는 문자 체계

"내 어린 아들이 손을 폈습니다. 선생께서 그 손에 지혜를 주셨고, 내 아들에게 말하는 그림의 요점들을 알려주셨습니다." 3,500년 전, 메소포타미아에서 한 아버지가 아들의 선생에게 자랑스레 말했다.

문자는 지혜로 가는 길이라는 게 인정된 직후부터, 고대 중동 전역에 퍼져나갔다. 문자를 가장 능동적으로 받아들여 혁신적 변화를 모색한 사람은 셈족이다. 권력의 축이 이동하던 시기에, 그들은 혁신적 변화를 모색했다. 기원전 2200년, 곧 최초로 체계화된 그림문자 음절문자표와 원형 알파벳이 등장한 때는 메소포타미아의 아카드인이 종속된 부족들에 대한 지배권을 상실한 뒤였다. 아카드 제국은 무너지고 있었다. 그 때문에 서지중해 해안 지역의 서(西)셈족은 익숙하지 않은 자유를 누리게 되었고, 곧이어 막대한 부를 급속히 축적하며 눈부시게 성장했다. 서셈족은 새로운 무역로를 개척해 이집트에 들어갔고 가나안에도 들렀다. 그들은 요르단강과 지중해 사이에 있는 팔레스타인 지역(현재의 팔레스타인과 이스라엘)이었던 가나안에 이집트 문물을 새로이 전해주었고, 그곳에서 이집트 문물은 낡은 메소포타미아 관습을 신속히 대체했다. 기원전 2080년경 바빌로니아가 남부에서 다시 부흥할 때쯤, 가나안은 이집트와 문화적으로 훨씬 더 밀접한 관계였고, 이집트의 영향력은 레반트 지역을 넘어 그리스와 다른 종족의 영역이던 에게해에까지 뻗어갔다. (파라오 세소스트리스 3세가 통치하던 기원전 1878년~기원전 1841년에 시나이반도와 남팔레스타인은 이집트의 실질적인 지배하에 들어갔다.) 이때는 가나안이 세계주의를 표방하며 국제 경제와 외교를 통합하고, 역동적인 무역으로 막대한 부를 축적하던 시대였다.

기원전 2000년경부터 기원전 1200년경까지는 두 주된 문자 체계가 이 지역을 지배했다. 하나는 메소포타미아 음절문자로, 음절 표어문자의 탄생을 부추겼다. 하지만 가나안 문자 체계는 메소포타미아의 설형문자를 서체로 받아들이지 않고, 한 단어의 음절 하나하나(in-di-vi-du-al)를 표기하려는 목적에서 이집트 상형문자와 유사한 그림문자 기호를 사용했다. 다른 하나는 이집트 자음문자다. 이 문자도 그림문자에 근거를 두었고, 원형 알파벳 탄생에 영향을 미쳤다. 두 문자 체계는 광범위하게 퍼지며 큰 영향을 미쳤다. 그러나 둘은 상반된 체계여서 하나만이 살아남을 수밖에 없었다.

처음에 문자는 "신격화된 군주를 섬기는 소수의 필경사와 예언자와 성직자의 손에 쥐어진 권력 도구"였다.[1] 문자는 사회적 신분 상승에 반드시 필요한 도구였고, 소수 지배 계급이 이데올로기를 표현하는 데도 필요했다. 하지만 자음문자가 등장한 이후로 문자가 확산됨에 따라, 문자는 더 이상 부자와 권력자의 전유물이 될 수 없었다. 그때부터 문자는 모두에게 도움이 되었다. 많은 사람이 읽고 쓰는 법을 짧은 시간에 쉽게 배울 수 있었기 때문이다. 게다가 단순한 문자 체계는 조금만 변형을 가하면 충분해서 외국어들이 차용하는 데도 더할 나위 없이 적합했다.

마지막까지 살아남은 음절 표어문자인 키프로스 문자는 강력한 경쟁자, 곧 완전한 알파벳에 기원전 2세기쯤에 결국 무릎을 꿇었다. 그 승리자는 오늘날에도 여전히 우리 곁에서 사용되고 있다. 이집트와 시나이와 가나안에서 4,000년 이상 전에 처음 제기되고 다듬어진 알파벳이란 개념이 이제 세계화의 가장 뚜렷한 징후로서, 세계의 다른 문자 체계를 대체하고 있는 듯하다.

비블로스 음절문자Syllabic Writing of Byblos

가나안은 이집트와 메소포타미아, 아나톨리아와 에게해가 만나는 국제적인 교차로였다. 언어학자 플로리안 쿨마스는 이렇게 말했다.

이집트어와 아시리아어와 히타이트어 등 다른 문자 체계가 존재한다는 걸 알게 되는 데 그치지 않고, 여러 언어와 문화가 서로 접촉함으로써 새로운 가능성과 단순화를 실험하는 이상적인 조건이 갖추어졌다.[2]

상인들은 어느 누구보다 빨리, 필경사 계급에게서 벗어나 거래 장부를 직접 작성하기 위해서라도 물려받은 문자를 단순화해야 한다는 경제적 필요성을 깨달았을 것이다.[3] 셈 문자는 초기의 문자 체계를 받아들였지만 그 체계에서 멀어졌다. 그리하여 기원전 2000년 직전에는 두 별개의 문자 체계가 동시에 부상했다. 셈족은 리버스 원리를 사용해, 제한된 숫자의 그림문자 기호를 체계적으로 표준화한 음절문자 체계를 만들었다. 달리 말하면 /푸/(pu), /모/(mo), /티/(ti) 등에 하나의 기호만을 사용하는 음절 표어문자 체계를 만들었다. 이 문자 체계는 오랫동안 셈족이 잘 사용했고, 아나톨리아와 에게해의 비非셈족도 차용했지만, 결국에는 이집트에서 건너온 문자 체계인 자음문자 체계에 무릎을 꿇고 말았다.

음절문자 체계는 기본 구조가 CV(자음+모음, 예: p+u=pu)가 아닌 언어의 문자 체계로는 특히 결함이 많았다. 자음군, 영어에서 예를 들면 mpt(exempt), skt(risked), rts(hearts)처럼 자음이 연속되는 덩어리가 많은 언어에서도 마찬가지다. 많은 음절문자 체계에서는 표현 가능성도 크게 줄어들어, 예컨대 유성 자음(bin)과 무성 자음(pin), 숨이 거세게 나오는 기식음(which)과 그렇지 않은 비非기식음(witch)이 구분되지 않는다. 음절문자 체계는 한 언어의 소리 체계와 관련된 음운을 재현하는 데도 부족하다. 물론, 음절문자 체계와 해당 언어의 제한된 어휘에 익숙한 사용자의 요구가 목적의 맥락에서는 충족된다. 그러나 그 맥락을 벗어나서는 그 체계로 쓰인 글을 읽어내기는 쉽지 않다.

고대 크레타의 선형문자 A에 기초한 선형문자 B가 그랬듯이, 어떤 음절문자가 처음 발견되었을 때는 외국 서체를 무분별하게 차용한 증거로 여겼다. 해당 언어에 그런 차용이 어울리지 않는다고 생각했기 때문이다. 그런데 이제는 음절문자가 서체가 아니라 하나의 체계로 여러 종족(비블로스의 셈족, 아나톨리아의 루비아인, 에게해의 그리스인, 키프로스인)이 사용한 것으로 해석된다. 그들은 자체의 본래 기호, 곧 자체의 서체를

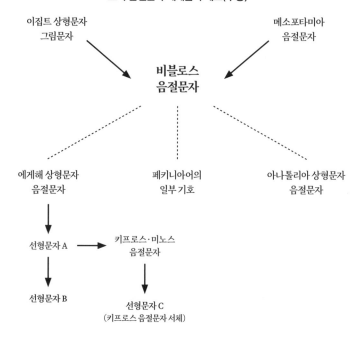

그림 43
초기 음절문자 체계들의 계보(추정)

이집트 상형문자
그림문자

메소포타미아
음절문자

비블로스
음절문자

에게해 상형문자
음절문자

페키니아어의
일부 기호

아나톨리아 상형문자
음절문자

선형문자 A → 키프로스·미노스
음절문자

선형문자 B

선형문자 C
(키프로스 음절문자 서체)

사용해 자신들의 언어를 표기했기 때문이다.(그림 43) 여러 언어에서 사용하기 어려운 것은 음절 체계 자체이지, 기호를 음절로 표시할 수 있느냐가 아니었다. 다른 어떤 것보다 이 어려움 때문에 음절문자가 결국 알파벳문자로 대체되었고, 지금 알파벳문자는 서양에서 보편적으로 사용되고 있다.

비블로스는 서셈족의 초기 중심지 중 하나였고, 이집트와 활발히 무역했고, 기원전 세 번째 천년시대에 이미 북서 지역을 향하고 있었다. 비블로스 문서에는 두 시대의 것이 있다. 하나는 청동 시대(기원전 1200년 이전)의 것으로, 기호가 이집트 상형문자를 닮았기 때문에 '유사 상형문

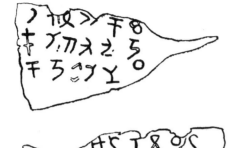

그림 44
가나안의 비블로스에서 발굴된 청동 시대
주걱의 앞면(위)과 뒷면(아래). 비블로스의
'유사 상형문자' 음절문자가 새겨져 있다.

자'pseudo-hieroglyphic라 일컫는 그림문자로 돌과 금속에 쓰인 비문이다.(그림 44) 다른 하나는 다수를 차지하는 페니키아어로 쓰인 비문이다. 정확히 말하면, 비블로스 방언이 페니키아 알파벳을 사용해 철기 시대(기원전 1200년 이후)에 쓰인 것이다. 청동 시대의 비블로스 문자에는 하나의 알파벳으로 정리하기에 너무도 많은 기호, 약 114개가 있었지만, 그래도 이집트와 메소포타미아 문자 체계보다는 적었다. 여기에서 비블로스 문자는 단순한 음절문자였을 것으로 추정된다. 달리 말하면, 제한된 수의 기호로 음절 전체를 표시하고, 대부분의 음절이 CV 구조를 띠었을 것으로 추정된다.[4]

이 음절문자는 메소포타미아 설형문자에서 차용한 음절이란 개념과, 이집트 상형문자에서 차용한 '그림문자'라는 개념이 결합된 것으로 보인다. 비블로스 필경사는 이 둘을 결합하고 리버스 원리에 근거해 단순화된 체계를 고안해냈다.[5] 비블로스 기호 중 20개 이상이 이집트어에서 직접 차용한 듯하고, 서셈어 단어를 사용해 그 이집트 기호들을 발음했을 것으로 추정된다. 달리 말하면, 차용한 기호들을 자기들의 언어로 구분할 목적에서 그 기호들의 음가를 '재분석'했다. 최근에 해독된 문서에 따르면, 비블로스 음절문자는 청동 시대 초(기원전 2000년 이전)에 형성된 것으로 추정된다.[6] 하지만 모든 학자가 이 추정에 동의하지는 않는다.[7] 철기 시대 말에는 자음 알파벳문자, 곧 비非음절문자가 더 빈번하게 쓰였지만, 비블로스 음절문자의 몇몇 기호도 페니키아 선형문자 알파벳이 된 것을 쓰는 데 사용되었다.[8]

아나톨리아 음절문자Anatolian Syllabic Script

호메로스의 《일리아스》(제24권 602~617행)에서 아킬레우스는 아나톨리아 스미르나 근처의 돌비문을 보고, 제우스에 의해 돌로 변한 테베의 왕비 니오베와 그녀의 친척들에 대한 이야기를 떠올린다. 호메로스가 이 이야기를 노래하던 때인 기원전 800년경에는 아나톨리아 음절문자가 여전히 사용되었을 것으로 추정된다. 그보다 1,000년 전, 종족과 언어에서 관련된 여러 부류가 떼지어 동아나톨리아에 들어왔고, 결국에는 히타이트 제국을 세웠다. 메소포타미아에서 들어온 그들은 차용한 수메르·아카드어 설형문자를 이미 사용하고 있었다.(2장 참조) 기원전 15세기, 그들 중 일부가 때때로 '히타이트 상형문자'Hittite hieroglyphic라 칭하는 토착 문자를 사용하기 시작했다.[9] 저장용 단지들에 우가리트어 한 단어로 쓰인 주석들, 히타이트 신전에 후르리어로 쓰인 몇몇 신의 이

름을 제외하면, 지금까지 알려진 모든 문서가 루비아어, 곧 초기 인도·
유럽어로 쓰였다.[10]

호메로스가 그랬듯이, 일부 학자는 초기의 아나톨리아 상형문자가 장
면을 묘사하는 '그림문자', 혹은 개념을 전달하는 '표의문자'라고 생각하
는 경향을 띤다. 그러나 이제는 대부분의 학자가 루비아어 상형문자를
음절 표어문자로 받아들인다. 루비아어는 히타이트에서 나중에 사용된
수메르·아카드어 설형문자와 무척 다르다. 따라서 루비아어는 가나안,
특히 비블로스에 넘어온 거래 상대가 일찍부터 사용하던 체계에 영향받
았을 가능성이 크다. 하지만 음절 표어문자 원리만이 가나안에서 차용되
었지, 개별적인 기호나 규칙이 차용되지는 않았다. 다수의 식별할 수 있
는 음절은 가나안의 것과 일치하며, 리버스 원리에 기반을 두었다는 건
반론의 여지가 없다. 예를 들면, ta는 targasna('나귀, 당나귀')에서 비롯되
었다. 아나톨리아 음절문자 체계의 모든 기호가 리버스 원리에 기초를
두고 있다는 게 인정되는 추세다. 리버스 원리에 기초한 것으로 지금까
지 확인된 모든 기호는 루비아어와 밀접한 관계가 있다. 따라서 아나톨
리아 음절문자가 애초부터 루비아어를 표현하려고 고안되었다는 데는
의문의 여지가 없어 보인다.[11]

아나톨리아 음절문자는 특별한 비문에 쓰인 듯하다. 대부분의 비문은
돌판에 돋을새김으로 새기거나, 돌벽이나 바위벽에 끌로 새겼다. 그러나
점토나 납에 인장을 조각하고 인각하는 경우도 있었다.(그림 45)[12] 아나
톨리아 음절문자는 소아시아와 시리아 거의 전역에서 발견된다. 따라서
그 지역 문화, 곧 차용한 외국 문자인 수메르·아카드어 설형문자로는 전
달할 수 없는 부분을 표현할 목적에서 고안된 것이 분명했다.[13] 아나톨

그림 45
아나톨리아 음절문자로 부조된
기원전 9세기의 루비아어.
터키 카르케미시에서 발굴.

아 음절문자는 주된 목적이 커뮤니케이션이 아니라 프로파간다라는 점에서, 순전히 '기념물'용 문자 중 하나였다(이런 점에서 초기 메소포타미아 문자에 비견된다). 아나톨리아 음절문자는 무엇보다 루비아어를 표현하려는 토착 문자였다.

　대부분의 기호는 동물과 식물, 인간 형상, 신체 부분들, 일상의 물건 등을 재현하고 있어, 그림문자로 시작한 듯하다. | | | |라는 예에서 보듯이, 숫자에도 리버스 원리가 사용되었다. 루비아어에서 mauwa-('4')는 m, ma, mi를 뜻하는 기호이기도 하다. 우리가 지금 '4ever', '4bidden'이라 쓰는 경우를 생각해보면 된다. 나중에는 대다수의 기호가 표준화되어, 원래 가리키던 대상을 파악할 수 없게 되었다. 여기에서 문자의 역사가 유구하다는 걸 알게 된다.

위에서 아래로 읽고, 줄이 넘어갈 때마다 글을 쓴 방향이 바뀐다. 일반적으로 비문은 일련의 가로줄로 이루어지고, 이집트 글쓰기가 그렇듯이 모형의 머리가 줄이 시작하는 쪽을 향한다. 줄을 분할하는 가로선이 빈번하게 끼어든다. 단어를 구분하는 간격은 없다. 세로로 '무리'지어지는 기호들도 위에서 아래까지 빠짐없이 읽힌다. (기호의 배치와 배열은 말의 내용보다 미학적인 관점에서 우선적으로 결정된다.) 아나톨리아 음절문자를 이룬 기호의 총수는 대략 220개이고, 이집트어에서 그렇듯이 다수가 특정한 단어의 발음을 명시하는 한정사로 사용된 표어문자다. 기호들은 표어문자(단어 기호)이거나 표음문자(소리 기호)이지만 다수는 둘 모두다. 반면에 히타이트의 설형 음절문자는 약 60개의 기호로만 이루어지고, 에게해의 여러 음절문자에서 사용된 음절 기호의 수와 비슷하다. 아나톨리아 음절문자도 유성 자음(b)과 무성 자음(p), 비기식음(p)과 기식음(ph)을 구분하지 않아, 에게해의 음절문자와 유사하다. 마지막 자음, 또 모든 자음군에서는 '빈'empty 모음을 사용한다. 예컨대 asta는 a-s(a)-ta와 같다. 에게해의 음절문자도 다르지 않다. 또 자음 앞에 쓰인 /n/은 철자에서 나타나지 않는다. 예컨대 anda는 a-ta로 쓰인다. 이 경우도 에게해 음절문자에서 똑같이 확인된다. 아나톨리아 음절문자 체계에서는 외형적인 표현이 크게 절제되어, 실제 루비아 말을 재현하는 데 상당한 결함이 있다.

아나톨리아의 혼합된 음절 표어문자는 기원전 7세기까지 사용되었다.

에게해와 키프로스 음절문자Cypriote Syllabic Script[14]

　　동유럽 평원 지대에서 인도·유럽어를 사용하던 그리스인은 기원전 세 번째 천년시대 중반쯤에 이미 본토와 크레타섬을 비롯해 에게해의 여러 섬에 거주하고 있었다. 그리스인은 가나안과 교역하며 부를 축적했고, 기원전 2000년경 크레타에서 힘을 구축한 뒤에는 크노소스, 파이스토스 등 크레타섬의 주된 지역들을 중심으로 복잡한 궁중 경제를 시작할 수 있었다. 그리하여 유럽 최초의 고도 문명인 미노아 문명이 탄생했다. 가나안과 교역하는 과정에서 그리스인은 비블로스의 그림문자 음절문자를 틀림없이 보았을 것이고, 그 내재한 원리를 미노아·그리스인이 차용했을 것이다. 그리하여 크레타섬 사람들은 음절 '하나하나'(in-di-vi-du-al)를 대신하는 소수의 음절 표어문자 기호를 사용해 미노아·그리스어를 표기할 수 있었다. 기호 자체와 그 음가[거의 모든 음가가 V(예: e)이거나 CV(예: te)]는 완전히 토착적이어서, 리버스 원리가 적용된 기호가 묘사한 것은 모두 크레타 세계에서 비롯된 것이고, 미노아·그리스어로 발음되었지 셈어로 발음되지 않았다. (미노아·그리스어는 본토에서 사용된 미케네·그리스어의 자매어였을 것으로 추정된다.)

　　에게해에서는 기원전 2000년경과 기원전 1200년경 사이에, 세 개의 다르지만 관련성을 띤 음절 표어문자(미노아·그리스어의 '상형문자'와 선형문자 A, 그리고 미케네·그리스어의 선형문자)가 차례로 나타났다. 미노아·그리스인은 곧바로 자신들의 문자를 키프로스에 전해주었고, 그 문자는 그곳에서 두 단계의 변화를 겪었다. 하나는 (선형문자 A에서 파생된 게 분명한) 키프로스·미노스 문자고, 다른 하나는 그 자매어인 선형문자 C, 곧

'키프로스 음절문자'다. 에게해와 키프로스에서 사용된 모든 문자는 음절 표어문자였다. 따라서 리버스 원리가 적용된 기호의 뜻은, 그 기호를 배우고 사용하는 사람이 어렵지 않게 알아낼 수 있었을 것이다. 한정사는 에게해와 키프로스 문자에서 전혀 사용되지 않은 듯하다. 하지만 거래를 표기한 서판에서 음절문자로 쓰인 항목에는 추가로 표어문자가 더해졌다. 이런 별개의 표어문자를 제외하면, 에게해와 키프로스에서 사용된 모든 문자는 철저히 표음적이었다.

크레타의 '상형문자'는 이 활달한 어족의 조어助語이고, 그 영향력은 기원전 2000년경에 키프로스를 거쳤지만 비블로스에서 비롯된 것으로 추정된다.(그림 46) 그 명칭에서 짐작되듯이, 크레타 '상형문자'는 미노아·그리스어의 음절을 표현하는 데 그림문자 기호를 사용했고, 비블로스에서 그랬듯이 크레타에서도 리버스 방식이 사용되었다. 크레타 상형문자는 돌 인장, 돌 인장을 점토에 인각한 결과물, 구운 점토, 금속과 돌로 만든 장식물 등에 남겨졌으며, 대부분이 크노소스에서 발견되었고, 기원전 2000년~기원전 1400년의 것으로 추정된다(크레타 상형문자는 선

그림 46 구운 점토. 이름표가 앞면(왼쪽)과 뒷면(오른쪽)에 크레타 상형문자로 새겨졌다. 기원전 1600년경.

형문자 A와 공존했다). 총 140개 정도의 기호가 존재한다. 정확히 말하면 70~80개의 음절 기호와 그것들의 알로글리프(같은 소릿값을 지닌 다른 기호)만이 아니라 인간의 형상, 신체의 부분, 식물과 동물, 기하학적 형상 등을 띤 표어문자가 있다. 글을 쓰는 방향은 일정하지 않았다. 왼쪽에서 오른쪽으로, 오른쪽에서 왼쪽으로, 줄이 바뀔 때마다 방향이 바뀌었고, 심지어 나선형으로 쓰인 경우도 있다. 크레타 상형문자에 표어문자와 숫자가 포함되었다는 사실에서, 이 문자가 처음에 무엇보다 부기를 위해 사용된 것으로 짐작된다. 나중에 부기 기능은 단순화된 문자인 선형문자 A로 대체되었기 때문이다. 아나톨리아 상형문자가 그랬듯이, 그 이후에 크레타 상형문자는 미노아·그리스 사회에서 의례용 문자로만 사용되며 둥근 점토판에 남겨진 신성한 비문과 봉헌, 칙령 등에 배타적으로 쓰였다.

의례용으로 사용된 증거는 고대 크레타의 유명한 '파이스토스 원반'Phaistos Disc에서 볼 수 있다.(그림 47) 크레타 상형문자는 다양한 형태로 변형되고, 지역마다 고유한 상형문자를 사용한 듯하다. 하지만 기원전 1600년경의 것으로 추정되며 리버스 원리에 따른 기호가 사용된 파이스토스 원반의 상형문자가 가장 정교하고 가장 뛰어나다.[15] 파이스토스 원반은 유럽 최초의 문헌인 동시에, '활자'로 인쇄된 세계 최초의 자료이기도 하다(여기에서는 부드러운 점토에 돋을새김으로 누른 활판). 손바닥 크기의 원반으로 크레타섬의 남쪽 해안, 파이스토스 궁전에서 1908년 발견되었다. 총 241개의 크레타 상형문자 기호가 양쪽에 61개의 칸으로 나뉘어 있다(31개+30개). 45개로 구분되는 음절 기호가 오른쪽에서 왼쪽으로 쓰이고, 안쪽으로 소용돌이처럼 돌아가며 미노아·그리스어로 '동

그림 47 구운 점토 파이스토스 원반의 A면(직경 16cm). 가장 정교한 형태의 크레타 '상형문자'이며, 아래쪽 두 '발'부터 시작해 오른쪽에서 왼쪽으로 읽는다. e-qe ku-ri-ti | de-ni qe, 곧 Ekue Kurwitis Deneoi-que("그대들, 크레타인과 그리스인은 잘 들어라"). 이 원반은 유럽 최초의 문헌이자, 세계 최초로 활자가 사용된 인쇄판이다.

원 칙령'을 전달하는 듯하다.[16] 아나톨리아 상형문자를 쓸 때의 관례와 유사한 관례가 원반에도 사용된 듯하며, 그 관례는 크레타 상형문자의 모든 형태에서 예외없이 적용된 게 분명하다. 달리 말하면, 유성음과 무성음, 기식음과 비기식음이 구분되지 않는다. 따라서 하나의 기호로 b/p, g/k, d/dh를 나타낸다. (하지만 /d/는 /t/와 구분된다.) 또 /r/과 /l/에도 하나의 기호가 사용된다. 자음군은 '빈' 모음과 함께 쓰인다. /s/와 /n/은 자음 앞이나 단어의 끝에서 쓰이지 않는다. 자음+/w/에서는 /w/가 탈락하고, 이중모음 /ai/, /ei/, /oi/는 오로지 /i/로만 쓰인다.

　동일한 관례가 선형문자 A에도 존재한다. 선형문자 A는 상형문자 직후에 고안된 크레타 상형 음절문자의 다양한 형태들이 표준화되고 양식화된 문자다. (선형문자 A가 동일한 미노아·그리스어를 전달했다는 증거는 ku-ro라는 단어에 있다. 회계 서판에서 확인되는 이 단어는 '합'을 뜻하며, 미노아·그리스어에서는 krōs였다. krōs는 본토 그리스어에서 '머리, 한계, 극단'을 뜻하는 krās와 어원이 같고, 현대 영어 cranium(두개골)의 원형이기도 하다.) 회계용 문자로서 선형문자 A는 거의 언제나 점토 서판에 쓰였지만, 드물게나마 뼈와 돌, 금속과 테라코타 인공물에서도 선형문자 A가 발견된다.(그림 48) 선형문자 A의 여러 기호에서는 상형문자의 기원을 쉽게 찾을 수 있다. 물론 기원을 추적하기가 쉽지 않은 기호도 있고, 완전히 오리무중인 기호도 있다. 선형문자 A는 궁중 거래와 목록을 작성하는 데 시간이 걸리는 상형문자보다 더 간결하고 더 빨리 기록하는 방법을 찾으려는 욕구에서 생겨났다. 기원전 1850년경 파라오 세소스트리스 3세 치하의 이집트 시장에 진입한 이후로 크레타의 궁중 경제가 커졌기 때문이다. 그리하여 선형문자 A는 크레타와 키클라데스 제도를 지배하던 '해양 제국'thalassocracy 미노아의 기능적인 문자 체계가 되었고, 이집트의 아바리스만큼 멀리 떨어진 크레타의 전초 기지에서 사용되었다. 선형문자 A는 기원전 1400년경까지 사용되었다.[17]

　선형문자 B는 선형문자 A에서 직접 파생된 문자로, 기원전 1550년경에 그리스 본토에서 아르고스(펠로폰네소스)의 그리스인, 곧 다나안이 미케네·그리스어를 전달하려고 처음 사용한 듯하다. 다나안은 자신들의 언어가 적어도 음절 표기에서는 미노아·그리스어와 다르다는 걸 인지하

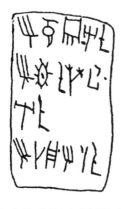

그림 48 (왼쪽) 파이스토스에서 발굴된 초기 서판. 기원전 1700년경. (오른쪽) 크노소스 궁전에서 발굴된 컵 내부에 나선형으로 새겨진 글자. 기원전 1500년경.

며 지역적 차이를 정당화했다. (하지만 미케네·그리스어의 거의 모든 음절 기호에서는 미노아·그리스어의 음가가 유지되었다. 달리 말하면, 묘사된 대상들이 여전히 미노아·그리스어식으로 발음되었고, 또 그때쯤 의미가 소리에 의해 완전히 대체되었다는 걸 뜻했다.) 본토의 다나안 사회는 미노아 사회가 융합된 기원전 1450년 이후에는 선형문자 B도 선형문자 A와 공존하며 크레타의 크노소스에서 쓰였다. 미케네·그리스어가 미노아·그리스어를 대체하자, 결국 궁전 필경사들 세계에서도 선형문자 B가 선형문자 A를 완전히 대체했고, 크노소스와 하니아의 크레타 궁전에서는 물론이고 본토 미케네·그리스의 중심지인 테베와 필로스에서도 쓰였다.

선형문자 A와 마찬가지로, 선형문자 B에도 약 120개의 기호가 있다. 그중 절반은 음절문자(모음 5개, 12종류의 자음을 조합한 CV 54개)이고, 나머지는 표어문자다. 표어문자는 대체로 물품 '식별자'이고, 선형문자 B로 쓰인 대부분의 문서는 이름과 숫자, 표어문자만이 나열된 회계 서판이다.(그림 49) 물론 돌이나 금속에 표어문자가 하나도 쓰이지 않는 비문도

그림 49
출판물로 처음 소개된 선형문자 B로
쓰인 회계 서판.
영국 고고학자 아서 에번스가 잡지
《아테나눔(The Athenæum)》(1900년 5월 18일)에
소개한 고대 크레타 문자에 대한
보고서에서 인용.

존재한다. 선형문자 B의 거의 모든 기호는 선형문자 A까지 거슬러 올라
가며, 형태에서 약간의 변화만을 보여준다. 선형문자 B는 글쓰는 방법에
서도 선형문자 A의 관례를 대부분 유지했다. 하지만 선형문자 B는 이중
모음 /ai/, /ei/, /oi/를 표기할 때 첫 번째 모음만을 사용했다. 반면에 선
형문자 A는 세 경우 모두에서 /i/라는 기호만을 사용했다. 자음+/w/에
서도 /w/가 독립된 음절로 유지되지만, 선형문자 A에서는 /w/가 탈락하
고 자음만이 쓰였다. 이런저런 방식으로, 선형문자 B는 선형문자 A의 모

호성을 약간 줄였다. 선형문자 A보다 선형문자 B로 쓰인 글은 규모가 더 크고, 더 신중하게 쓰였다. 시간이 흐름에 따라, 글의 세련미도 더해졌다. 선형문자 B를 사용한 글쓰기는 다나안의 영향권에서 기원전 1200년경, 에게해 사회가 아직 알려지지 않은 이유로 붕괴된 때까지 계속되었다.[18]

키프로스·미노스 음절문자로 쓰인 최초의 자료는 기원전 1500년경의 것으로 추정된다. 그림문자로 그리지 않고, 셈어처럼 부드러운 점토에 첨필尖筆을 눌러 쓴 이 문자는 약 85개의 음절 기호를 사용했다. 선형문자 B처럼, 그 음절 기호들도 선형문자 A를 본떠 양식화되었다.(그림 50) 키프로스·미노스 음절문자의 첫 조각이 발견된 때는 1930년대였다.[19] 키프로스·미노스 문자는 키프로스에서 기원전 14세기부터 기원전 12세기까지 광범위하게 사용되며, 키프로스에서 사용되던 초기의 그리스 방언을 표기하는 데 사용된 듯하다.

키프로스·미노스 문자에서 파생된 선형문자 C, 곧 '키프로스 음절문자'는 키프로스·미노스 문자가 소멸한 직후에 만들어지며, 음절문자의 맥을 거의 중단없이 이어갔다. 선형문자 C를 사용한 최초의 그리스 비문은 기원전 11세기의 것으로, 쿠클리아(구舊파포스)에서 발견된 청동 꼬챙이다. 선형문자 C는 선형문자 A, 선형문자 B와 여러 기호를 공유하며, 기

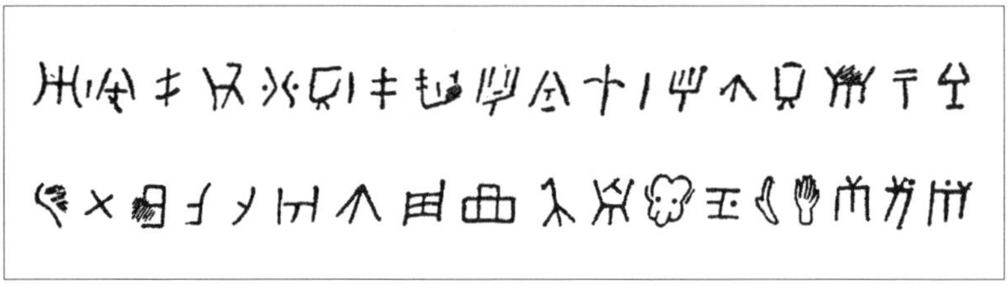

그림 50 키프로스·미노스 문자의 음절문자. 기원전 1500년경.

그림 51 도시국가 이달리온과 한 의사 집안이 그리스어로 맺은 계약을 선형문자 C로 표기한 청동 서판. 키프로스에서 발굴. 기원전 5세기 초.

원전 7세기부터 기원전 220년경까지 (초기 키프로스·그리스어로 쓰여) 의도적으로 고풍스런 서체를 선택한 기념물, 동전에 새긴 구문, 청동 서판에 (본토 그리스어로) 쓰인 계약에 배타적으로 사용되었다.(그림 51) 셈어 방식으로 오른쪽에서 왼쪽으로 쓰였다는 사실을 제외하면, 선형문자 C는 규칙에서 대체로 선형문자 A와 B의 그것을 따랐다. 하지만 이중모음 /ai/, /ei/, /oi/의 경우, 선형문자 A에서는 셋 모두에서 /i/만이 사용되고, 선형문자 B에서는 /a/, /e/, /o/만을 표기했지만 선형문자 C에서는 모두 기호를 표기했다. 또 선형문자 C에서는 r/l, s/z, 종성 m/n으로 끝나는 음절이 예전처럼 하나의 음절문자가 아니라 두 개의 음절문자로 예외없이 쓰였다. (선형문자 A와 B는 이런 자음들을 명확히 구분해 표기하지 않았다.) 그리스 알파벳, 곧 그리스 문자에 앞서 존재한 서너 종류의 그리스 음절문자 중, 키프로스의 선형문자 C는 그리스 말을 불완전하게 전달할 수밖에 없는 문자 체계 내에서도 모호함을 덜어내려 최대한 애썼다. 선형문자 C는 소멸될 때까지, 거의 2,000년 동안 에게해에서 사용된 활달한 어족의 마지막 자손 역할을 훌륭히 해냈다.

키프로스를 제외하면, 기원전 1100년경까지 그리스인은 문자를 완전히 상실한 상태로 지냈다. 대략 한두 세기 뒤에야 그들은 가나안에서 다시 문자를 차용했다. 그즈음 가나안인은 페니키아인으로 불렸다. 그러나 페니키아 문자는 체계가 완전히 다른 문자, 곧 조금만 변형을 가하면 그리스어를 전달하기에 훨씬 적합한 문자였다. 쉽게 말하면, 알파벳문자다.(4장 참조)

한편 멀리 북서쪽 발칸반도 중부의 거주자들, 곧 빈차 문화Vinča culture의 후손들은 기원전 2000년경 미노아의 상형문자를 처음 접촉한 뒤에 이른바 '타르타리아 서판'(그림 7)을 새긴 것으로 추정된다. 하지만 이 발칸 '비문'의 진짜 연대는 여전히 오리무중이다.

이집트와 가나안의 원형 알파벳

말에만 집중하면, 표음식 표기phonography, 곧 소리를 개별적인 음소로 표현하는 문자 체계에서 기호의 수는 최소한으로 줄어든다. 따라서 기호를 배우고 차용하기가 한결 쉬워진다. 이렇게 기호가 줄어들어도 말을 정확히 재현할 수 있으면 많은 언어가 그 문자를 사용하게 된다. 단어가 더는 완전히 그림이나 음절들의 모음(in-di-vi-du-al)이 아니라, 조음점을 분리해 전달할 목적에서 시각적으로 표기된 소리 기호의 연쇄다. 단어는 알파벳을 구성하는 '글자'letter로 이루어진다.

극소수의 예외가 있지만, 글자는 그 자체로 아무런 의미를 갖지 않는다. 하나 이상의 글자가 짝을 맺어 단어를 형성할 때, 그때에만 의미와 소릿값을 갖게 된다. 하지만 영어에서 보듯이, 알파벳문자도 여러 표의문자, 표어문자, 상징을 사용해 음성적 부문을 보완하거나 보충한다. 숫자(1, 2, 3), 수학 기호(+, =), 문장 부호(멈춤, 억양, 의미 구분 등을 나타내는 . , ! ?), 그 밖의 중요한 부호들(£, $, †, %, &, @) 등이 대표적인 예다. 모든 알파벳문자에는 이런 기호가 포함되기 때문에 알파벳문자는 혼잡 문자이지, '순수한' 알파벳문자는 없다. 하지만 어떤 경우에나 알파벳문자에서는 음성적인 부문이 우위를 차지한다.

알파벳은 문자의 '진화'에서 '더 높은 단계'가 아니라, 말을 표기하는 또 다른 방법에 불과하다. 공교롭게도 통계적으로 확인되듯이, 대부분의 언어에서 알파벳을 사용하는 것이 이집트 상형문자, 메소포타미아 설형음절문자, 중국 한자보다 더 효율적이다. 많은 언어가 동일한 알파벳문자를 공유할 수 있고, 소수의 표식이나 부호 및 기호를 기존 글자에 더해 쉽게 개선할 수도 있다. 프랑스어 모음에 더해진 à, ê, é, ï, ô 등이 대표적인 예다.

최초의 알파벳문자는 4,000년 이상 전에 이집트에서 처음 만들어진 듯하다. 당시 알파벳문자는 자음문자였다. 곧 모음은 배제되고 자음만이 쓰였다. 대부분의 함·셈어가 그렇듯이, 이집트어도 단어를 구성하는 어형에서 자음을 우선시하기 때문이다. 이집트어는 수적으로 제한되고 쉽게 알아볼 수 있는 '자음꼴'consonantal skeleton들을 사용하고, 함·셈어에서 네 개의 주된 모음(/a/, /i/, /o/, /u/)이 달라지며 문법적 기능을

제공한다. 대부분의 언어는 모음(아랫줄)보다 자음(윗줄)으로 읽히는 게
훨씬 더 쉽다.

W cn rd cnsnnts, bt nt vwls

e a ea ooa, u o oe

(→ We can read consonants, but not vowels.

우리는 자음은 읽을 수 있지만, 모음은 읽을 수 없다. _옮긴이)

인도·유럽어와 셈어 등 거의 모든 어족이 마찬가지다. 그러나 모든 언
어에 해당하는 진리는 아니다. 예컨대 타히티어는 자음이 아니라 모음으
로만 읽힌다.

문자의 유구한 역사에서, '생존자의 시대'Age of the Survivors가 자음 알
파벳문자로 시작되었다는 사실이 의미심장하다. 오늘날 동아시아의 몇몇
문자 체계를 제외하면, 모든 문자가 이집트와 가나안에서 시작된 원형
알파벳의 후손이다.

이미 기원전 세 번째 천년시대에 이집트인은 자음을 표현할 방법, 곧
고대 이집트어의 '자음 알파벳'을 고안해냈다.(그림 21 참조) 하지만 오랜
기간 동안 이집트에서 자음 알파벳은 상형문자, 한정사와 함께 사용되었
다. 또한 불필요한 중복만이 아니라 여러 뜻을 지닌 기호도 많았다. 고대
이집트의 자음 알파벳은 훈련받은 전문가만이 이해할 수 있을 정도로
무척 복잡한 기호 체계였다. 기원전 2200년경, 이집트 필경사는 '필수적
이지 않은 부분'을 제거하면 문자 체계를 크게 단순화할 수 있다는 걸
이미 알고 있었다. 따라서 그들은 문자 체계 전체를 이집트어에서 자음

그림 52 이집트 알파벳문자. (위) 카훈에서 발견된 비문 중 하나로, 어떤 연장의 소유자 이름 Ahitob이 새겨진 것으로 추정된다. 기원전 2000년~기원전 1800년경의 작은 나무토막에 새겨진 것이다. (아래) 1998년 테베와 아비도스 사이의 와디 엘 홀 골짜기에서 발견된 두 알파벳 비문 중 하나. 기원전 1900년경.

부문을 강조하는 방향으로 축소했다. 달리 말하면, 이집트 필경사는 자음 알파벳만을 사용해 글을 쓰기 시작했다. 셈족 무역 상대들과 이주 노동자들이 이집트의 자음 알파벳을 배웠을 것이고, 그 문자 체계와 기호들을 가나안으로 가져가 그들의 말을 표기하기 시작했을 것이다. 그로부터 1,000년 후, 그리스인이 동일한 문자 체계와 기호를 가나안의 후손 페니키아인에게 차용했고, 모음을 덧붙여 완전한 알파벳문자, 곧 오늘날 대부분의 세계에서 사용되는 문자 체계를 만들어냈다.

이집트도 자음 알파벳만을 사용해 글을 썼다는 게 알려진 건 거의 한 세기 전이다. 기원전 2000년~기원전 1800년경의 것으로 추정되는 몇몇 비문이 1900년대 초에 카훈(현재는 엘 라훈)에서 발견되고 공개되었다.(그림 52)[20] 1998년에는 두 개의 유사한 알파벳 비문이 발견되었다. 대략 기원전 1900년의 것으로 추정되고, 테베에서 아비도스로 가는 구도로변의 골짜기, 와디 엘 홀에 있는 자연 석회암 벽에 조각된 비문이었다. 시나이

반도에서 발견된 가장 오래된 원형 알파벳 비문보다 더 오래된 것으로, 이집트 알파벳문자가 한두 세기를 앞서 상당히 이른 시기에 꽤나 빈번하게 쓰였다는 걸 보여주는 증거다. 알파벳문자는 상형문자라는 바퀴에서 단순히 하나의 바큇살이 아니라, 완전히 별개인 바퀴였을 수 있다.

따라서 여러 학자가 주장하듯이, 그리스인이나 페니키아인이 알파벳을 '창조'해낸 것은 아니었다. 이집트인이 상형문자 체계에서 알파벳을 '증류'distill해냈다. 기원전 세 번째 천년시대부터 이집트 상형문자는 단어를 소리내어 발음하기 위한 보조 수단으로 자음 '글자'를 사용했다.

이집트에서는 셈어를 사용하는 용병과 광부와 상인이 상형문자를 단순화하고, 그런 단순화를 소수의 자음 알파벳 상징으로 표준화하며 알파벳을 처음으로 다듬어갔다고 믿는 학자가 적지 않다. 이집트에 거주하던 셈족은 다수의 이집트 기호만이 아니라, 생면부지인 자음문자라는 개념도 사용했을 게 분명하다. 그들은 이집트 '그림'에 셈어식 이름을 부여하며, 이집트 자음 알파벳의 소릿값을 바꿔갔다. 그들은 두음 서법, 곧 '첫 자음' 원칙을 사용해 새로운 기호도 만들어냈다.[21] 이집트어가 그랬듯이, 하나의 소리는 하나의 기호로 제한되었다. 셈어로 말하는 것을 글로 완전히 표현하는 데 필요한 글자는 모두 합해도 30개를 넘지 않았다.

이집트어의 원형 알파벳이 셈어의 아브자드abjad(자음 알파벳)로 변하는 과정에서는 기원전 1800~기원전 1600년경의 (아직 해독되지 않은) 원형 시나이 문자가 중추 역할을 했다.[22] 이 문자는 시나이반도의 여러 지역에서 처음 확인되었기 때문에 원형 시나이 문자라 일컫는다. 원형 시나이 문자의 많은 글자가 이집트어 글자 및 표어문자와 아주 비슷하지만,(그림 28 참조) 셈어에서는 두음 기호가 그림으로 묘사된 대상을 대신

했다. 그리하여 이집트 자음 알파벳에서 n에 해당하는 ∧∧∧∧∧∧∧이 m이 되며, 셈어 mayim의 첫 자음을 재현했다. (현재의 라틴어 알파벳 m은 여전히 '파도' 모양을 띤다는 점에서 직접적인 후손이라 할 수 있다.) 원형 시나이 문자에는 적어도 23개의 독립된 기호가 있고, 거의 절반이 이집트어에서 차용된 게 분명하다. 글은 세로단이나 가로줄로 흔히 쓰였지만, 왼쪽에서 오른쪽으로 쓰인 것은 이집트어와 달랐다. 글자는 명확한 방향이 없이 어느 방향이나 향하지만, 원형 시나이 문자로 쓰인 모든 문서는 내적으로 일관성을 띤다.(그림 53) 원형 시나이 문자는 이집트 문자와 셈어의 자음 목록 사이의 '잃어버린 고리'missing link가 아니라, 갓 잉태된 체계의 초기 파생물에 불과했다.[23] 셈 문자의 이 조상은 지금도 여전히

그림 54

원형 서셈어에서 파생된 고대 문자들(요약)

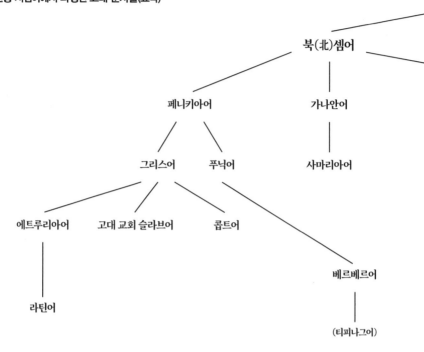

그림 55 기원전 두 번째 천년시대 중엽의 원형 가나안 알파벳문자. (위, 왼쪽부터) 게셀에서 발굴된 질그릇 조각에 쓰인 비문, 라기스에서 발굴된 비문. (아래, 왼쪽부터) 세켐에서 발굴된 명판, 텔 엘−아줄에서 발굴된 비문.

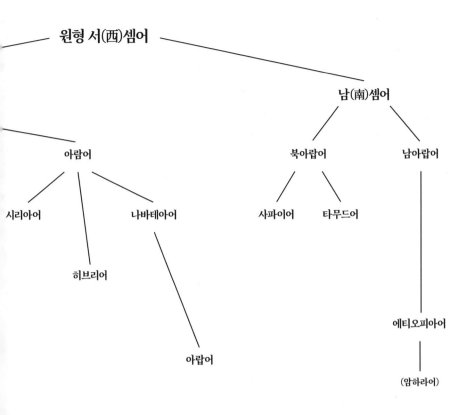

원형 서(西)셈어

남(南)셈어

아람어

북아랍어

남아랍어

시리아어

나바테아어

사파이어   타무드어

히브리어

에티오피아어

아랍어

(암하라어)

사용되지만, 처음에는 원형 서(西)셈어의 자음들을 표현하려고 고안된 알파벳이었다.(그림 54)[24]

나중에 청동 시대 중반에 생겨난 가나안 원형 알파벳도 그림문자, 선형문자, 자음문자였고, 기호 하나가 자음 하나를 전달했다. 이집트와 바빌론, 아나톨리아와 에게해의 교역 중심지에서 새롭게 고안된 문자는 쓰기에 간단하고 탄력적이어서 빠른 속도로 확산되고 발달했다. 이집트 필경사가 그 알파벳을 증류해낸 주역이라면, 가나안 필경사는 그 알파벳을 널리 퍼뜨린 주역이다. 가나안에서 가장 오래된 알파벳문자는 이스라엘에서 발굴된 게셀 항아리Gezer Jar에 있고, 기원전 16세기의 것으로 추정된다. 이보다 약간 후대의 인공물은 라기스, 세겜, 텔 엘-아줄 등 여러 유적지에서 발견되었다.(그림 55)[25] 이 비문들은 하나의 문자, 혹은 여러 개의 관련된 문자로 쓰인 것일 수 있지만 여전히 독해되지 않는 상태다. 기원전 1050년 이전에 쓰인 이런 글, 곧 가나안 지역에서 발견된 청동 시대의 선형문자로 쓰인 글들은 뭉뚱그려 원형 가나안 문자, 혹은 고대 가나안 문자로 불린다. 한편 기원전 1050년 이후에는 이 문자가 페니키아 문자가 된다. 모든 고대 북北셈어 문자(페니키아 문자, 가나안 문자, 아람 문자)는 자음 알파벳을 사용하며, 그 글자 수는 30개를 넘지 않았다.[26]

물려받은 기본적인 문자를 정교하게 다듬는 것은 전통적으로 필경사의 몫이었다. 현재 시리아 북부 해안의 라스 샴라로, 청동 시대에는 가나안 영향권의 주변부에 있던 우가리트에서는 기원전 1450년쯤 자음문자를 사용했다.(2장 참조) 우가리트는 10개의 언어와 5개의 문자를 사용하는 중요한 무역 중심지였다. 그중 가장 중요한 문자는 메소포타미아의 수메르·아카드어 설형문자였다. 그 문자의 기원은 동東셈어지만, 공교롭게도 대부분의 우가리트인은 서西셈어를 사용했다. 경제적이고 문화적인 이유만이 아니라 언어적인 이유에서도 우가리트 필경사는 독특한 방식으로 혁신적 변화를 시도하기로 결정하고, 자음 알파벳문자라는 개념을 남쪽의 가나안에서 차용하는 동시에, 메소포타미아 문자 같은 쐐기꼴을 점토에 기록하는 전통을 계속 유지했다.(그림 34 참조)

우가리트의 자음 알파벳에서는 설형문자가 30가지로 독특하게 조합되며 30개의 다른 자음 소리를 표현했다. 방향이 다른 쐐기꼴 문자들을 가급적 간단하게 조합하며, 우가리트에서 가장 빈번하게 사용되던 자음

/g/, /ʔ/, /t/를 표현해냈다. 이 방법은 우가리트 필경사가 글을 쓸 때 선호하는 방법이 되었다. 우가리트 문자는 자음 목록으로 서셈어의 선형문자 자음 알파벳을 그대로 받아들였지만, 놀랍게도 3개의 장모음(/aː/, /iː/, /uː/)까지 도입했다. 그 때문에 우가리트 문자는 셈어파에서 가장 두드러져 보인다. 지금까지 보존된 몇몇 서판에 남겨진 우가리트 문자의 알파벳 목록abecedary은 부분적이지만 분명히 알아볼 수 있을 정도로 서셈어 선형문자 알파벳의 전통적인 글자 순서를 따른다. 라틴어 알파벳이 a-b-c···라는 순서를 따르듯이, 그 전통적인 순서는 기원전 두 번째 천년시대 중반경에 가나안에서 결정된 순서다.[27] (나중에 이 동일한 순서를 그리스어와 아랍어가 물려받았고, 적절한 변화가 더해졌다.) 세금 명세와 상거래, 공문서만이 아니라 종교적이고 문학적인 글까지 우가리트 알파벳문자로 쓰인 1,000개 이상의 서판이 1929년 이후로 발견되었다. 이 서판들은 30개가 아니라 27개의 자음 쐐기꼴 문자로만 쓰였다.

기원전 1125년부터 기원전 1175년 사이, 곧 50년 사이에 청동 사회들이 붕괴되고, 300년 넘게 지속되던 번영의 시대가 끝났다. 강력하던 히타이트 제국이 소멸되었고, 트로이를 비롯해 에게해를 지배하던 대부분의 중심지도 파괴되었다. 크레타 문화는 허물어졌다. 타르수스, 우가리트, 알랄라크, 아슈켈론 등 무역 중심지도 잿더미가 되었다. 이집트 신왕조도 폐허로 변했다. 이 모든 파멸의 뒤에는 에게해를 주름잡던 '바다의 사람들'Sea Peoples이 있었다. 블레셋인Philistines이라고도 불리던 그들은 바이킹과 유사한 다나안(미케네·그리스인)으로 추정된다. 그들은 먼저 자기들끼리 싸웠지만 나중에는 다르다넬스 해협을 공포에 떨게 했고, 급기야 레반트까지 세력을 확대해 식민지들을 세운 뒤에 문화적 영향을 강력하게 휘둘렀다. 그들은 에게해, 아나톨리아, 키프로스, 가나안을 비롯한 레반트 해안 지역(그 이후에 그들의 이름을 따서, 이 지역이 '팔레스타인'이라 불리게 되었다)을 끊임없이 침략하고 파괴했다. 우가리트의 설형 알파벳은 그야말로 하룻밤 사이에 버려진 듯했다. 하나의 파생된 알파벳(비블로스의 서셈인, 곧 페니키아인이 사용하던 알파벳)만이 뒤이은 혼돈의 시기를 이겨내고 살아남았다.

페니키아 알파벳

'아브자드', 곧 셈어의 선형문자는 두 형태로 발전하고 확산되었다. 두 형태 모두 가나안 원형 알파벳에서 파생된 문자임이 분명하다.[28] 기원전 1300년대 초에는 남셈어가 북셈어에서 갈라져 나온 뒤였고, 남셈어 문자에는 28개의 자음이 있었다. 기원전 1000년경, 북셈어에서는 페니키아 자음 알파벳이 충분히 발달해서, 22개의 자음밖에 남지 않았다. 달리 말하면, 북셈어에서 서너 개의 자음 음소가 탈락했다는 뜻이다. 페니키아 알파벳은 약 1,000년 동안 사용되며, 푸닉어로 변형되었다. 푸닉어는 페니키아 식민지들의 후손이 서지중해에서 기원후 3세기까지 사용했다.

청동 시대의 가나안이 철기 시대에 페니키아인이 된 것이다. 페니키아인을 문자 그대로 번역하면 '자주색 옷을 입은 장사꾼'이란 뜻이다. 페니키아인은 갑자기 한 종족으로 등장한 게 아니었다. 그들은 원래 비블로스와 티레, 시돈, 베이루트와 아슈켈론 등 해안 지역의 중심지에 거주하

그림 56 모아브인의 땅에 세워진 메사 석비(Mesha Stele). 가장 널리 알려진 페니키아 비문 중 하나다. "나는 메사, 케모슈멜레크의 아들, 디본인, 모아브의 왕이다." 고대 히브리어를 페니키아 문자로 쓴 것이다. 기원전 842년.

며 셈어를 사용하던 사람들이다. '바다의 사람들'의 힘이 약해지자, 그들은 그 다나안을 밀어내고, 기원전 1050년쯤에 지중해 무역항의 지배자가 되었다. 페니키아인은 갑작스레 찾아온 자유를 만끽하며 지중해 곳곳에 무역단을 파견했고, 동지중해 해안 지역을 따라 상업 중심지를 빼곡히 세웠다.

이렇게 상업 중심지를 세우고 나자, 새롭고 더 나은 문자가 필요해졌다. 쉽게 말하면, 단순화된 자음 알파벳이 필요했다. 페니키아 문자는 엄밀한 의미에서 서셈어 문자다.(그림 56)[29] 서셈어로 쓰이고 해독되는 가장 오래된 글은 기원전 1150/1000년경에 제작된 아히힘 왕의 석관에 페니키아 문자로 새겨진 비문이다. 페니키아는 비블로스의 음절문자를 대체한 뒤에, 청동 시대 가나안 조상이 사용하던 그림문자 알파벳을 간결하고 능률적인 알파벳으로 바꾸었다. 그때부터 페니키아인은 그 알파벳을 인근 지역에 전파하며, 북서北西셈어를 쓰는 데 사용했다. 이 새로운 문자의 외형은 무역 중심지마다 조금씩 달랐지만, 어디에서나 페니키아 문자를 기초로 삼았다. 현재 서양 언어의 모든 알파벳은 이 페니키아 문자에서 파생한 것이다. 고대 그리스인은 자신들의 알파벳을 Phoinīkia grámmata(페니키아 글자)로 불렀다. 페니키아 문자는 기원전 1050년부터 기원전 850년까지도 레반트 전역에서 가장 선호하는 문자였다. 그 기

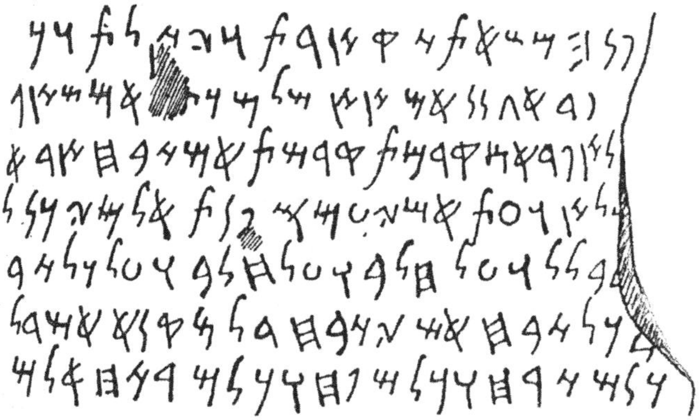

그림 57 카르타고가 공표한 제물에 대한 관세. 페니키아 식민지이던 프랑스 마르세유에서 발견된 푸닉어로 쓰인 비문의 일부다. 기원전 300년경.

간 동안, 페니키아 문자는 글쓰기 방향이 일정하지 않았다. 때로는 왼쪽에서 오른쪽으로, 때로는 오른쪽에서 왼쪽으로, 심지어 줄이 바뀔 때마다 글쓰기 방향이 바뀌기도 했다. 기원전 800년경 이후에야 페니키아 문자는 오른쪽에서 왼쪽으로만 쓰였다. 하지만 기원전 1세기 말까지도 모음이 표기되지 않은 채 쓰였다.

페니키아 문자에서 파생된 가장 중요한 문자는 푸닉 문자다. 푸닉 문자는 서지중해의 페니키아 식민지들에서 기원후 처음 몇 세기까지 광범위하게 사용되었다.(그림 57) 후기 푸닉 문자에서는 자음에서 후두음들('ālep, 'ayin, hē, hēt)이 탈락했고, 오늘날처럼 자음 사이에 쓰이는 모음으로 사용되었다. 이런 변화는 당시 지중해를 지배하던 라틴 문자를 모방한 것이지만, 지금도 전통적으로 자음만을 인정하는 셈 문자에서는 주목할 만한 현상이었다.

고대 베르베르어, 혹은 베르베르어파는 베르베르 문자로 표기되었다.

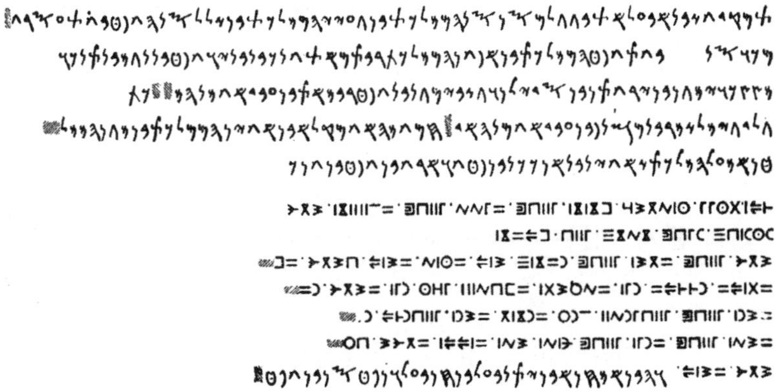

그림 58 '투가에서 발굴된 마시니사 비문'. 푸닉어(위)와 누미디아어(아래), 두 문자로 쓰였고, 제2차 포에니 전쟁(기원전 218년~기원전 201년) 때의 것으로 추정된다. "투가의 시민들이 마시니사 왕을 위해 세운 이 신전은…."

베르베르 문자는 누미디아 문자 혹은 고대 리비아 문자로도 일컫는다. 셈어와 이집트어처럼, 베르베르어파는 아프리카·아시아어족에 속한다. 베르베르어파는 서이집트부터 모로코까지 북아프리카에서 사용된다. 고대 누미디아 문자는 푸닉 문자에서 파생된 듯하다.(그림 58)[30] 페니키아가 베르베르족의 북아프리카에 세운 식민지에서 잉태된 고대 누미디아 문자는 기원전 6세기 초에 완성된 것으로 추정된다. 하지만 시기를 추정할 수 있는 최초의 비문은 기원전 2세기의 것이다. 베르베르 문자는 기원전 1세기의 것으로 추정되며, 스페인과 카나리아 제도에서 발견된 켈트베리아 동전들에서 확인된다. 베르베르 문자는 로마 점령기에 줄곧 사용되었다.

서기 1100년대 이후로, 베르베르의 글들은 히브리 문자로 쓰인 소수의 문서를 제외하고 모두 아랍 문자로 쓰였다. 북아프리카의 투아레그족이 현재 사용하는 티피나그(Tifinagh=ti+'페니키아'를 뜻하는 라틴어 Punicus) 문자에 고대 베르베르 문자의 흔적이 남아 있다. 남자와 여자 모두가 연애편지를 쓸 때, 집 안을 장식할 때, (여자가 아랍어를 읽지 못하는 경우) 가족끼리 메시지를 주고받을 때 지금도 사용하는 티피나그 문자는 가정에서 문자가 보존된 특이한 사례라 할 수 있다.

아람 문자 계통Aramic Writing Family

기원전 10세기경, 북셈어 문자가 두 종류로 갈라졌다. 하나는 아람 문자, 다른 하나는 가나안 문자다.(그림 59) 아람 문자는 페니키아 문자만큼 중요해질 운명이었다. 아람 문자는 그로부터 3,000년 뒤에

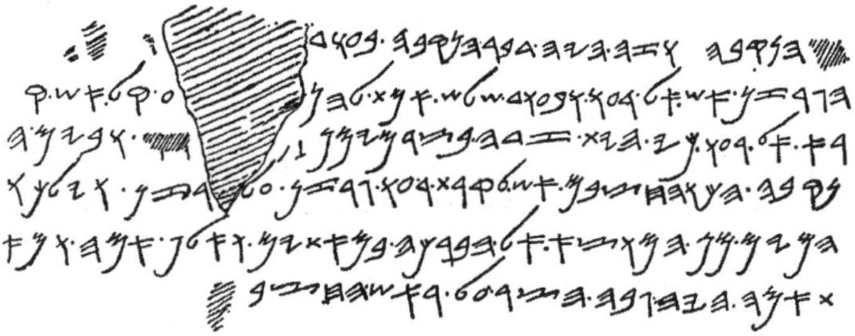

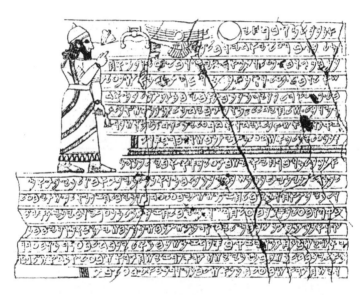

그림 59
가나안 문자로 쓰인 '실로암 비문'. 1880년 예루살렘 근처 실로암 수로 배출구에서
발견된 비문으로, 지하 수로를 건설한 공적을 칭송하는 내용이다. 기원전 700년경.

그림 60
가나안·아람 문자로 쓰인 유명한 '킬라무와 비문'. 상반부는 야디의 왕, 카야의 아들,
킬라우모아 왕자가 아시리아 왕 살마네세르 3세(기원전 858년~기원전 824년 재위)에게 바치는
공물을 고대 아람 문자로 설명한 내용이다.

중동에서 가장 널리 사용되는 두 문자인 히브리 문자와 아랍 문자의 조상일 뿐만 아니라, 인도 아대륙Indian subcontinent과 그 너머로 수백여 문자의 조상으로도 여겨지기 때문이다.

북레반트, 남아나톨리아, 북메소포타미아에서 아람어로 말하던 사람들은 처음에 페니키아 문자를 사용했다. 아람어로 말하지만 페니키아어로 쓰인 최고最古 비문들은 기원전 9세기의 것으로 추정된다. 그러나 바로 그 시기에 아람어로 말하던 사람들은 자체의 문자를 고안해냈고, 그 문자도 '아람 문자'(그림 60)로 일컫는다. 기원전 8세기나 기원전 7세기경, 아람어는 고대 중동에서 가장 널리 말하는 언어가 되었다. 달리 말하면, 어느 지역에서나 소통되는 언어였다. 따라서 결국에는 페르시아 제국(기원전 550년~기원전 330년)의 공식 언어가 되었다.

아람 문자로 글을 쓰는 사람들은, 셈어를 사용하던 우가리트 필경사가 오래전에 도입한 관행을 되살려내며 단어 끝에 장모음을 표시하기 시작했고, 나중에는 단어 안에도 장모음을 끼워 넣었다. 이때 보충 기능을 하는 기존 자음들이 matres lectionis('읽기의 어머니')라 일컫는 특별한 모음 기호로 사용되었다. (단모음은 훨씬 나중에 표시되었다.) 자음만으로 표기할 때는 애매모호한 경우가 비일비재했기 때문이다. 매우 짧은 '자음꼴'을 지닌 단어는 여러 방법으로 읽힐 수 있어 더더욱 모호했다(영어를 예로 들면, 자음 mn은 man, men, moon, mean, mane, mine 등이 될 수 있었다). 게다가 초기 비문의 어휘는 제한적이었지만, 말을 조금이라도 더 정확히 표기하려면 어휘가 더 복잡해져야 했다. 따라서 아람 문자로 글을 쓰던 사람들은 장모음을 표시하기 시작한 것이다. 이런 관행은 무척 유용해서, 관련된 가나안 문자로 글을 쓰던 사람들에게도 급속히 확산되었다. (하지만 남셈족은 계속 자음만으로 글을 썼다.)

페르시아 제국이 떠오르는 별이 되면서 아람어의 영향도 증대하자, 페르시아 제국이 공식 언어로 선택한 아람 문자는 서쪽에서도 주된 문자가 되었다. 아람 문자는 아시리아의 설형문자까지 대체했고, 가죽이나 파피루스에 쓰이는 먹이 부드러운 점토에 누르는 쐐기보다 더 선호되었다. 그리하여 점토의 시대는 서서히 종말을 맞았고 다시는 되살아나지 못했다. 아람 문자는 널리 전해지고 영향력이 커져, 페르시아(아케메네스) 제국 자체가 붕괴된 이후에도 살아남았다. 정치적 환경이 아람 문자의 안정성과 일관성을 한동안 계속 지탱해주었다. 아람 문자는 이란에 전해졌고, 이어 남아시아와 중앙아시아에도 전해졌다. 하지만 기원전 3세기가 끝나갈 무렵, 아람 문자가 새로운 문자로 돌연변이를 일으켰다. 서쪽에서 나바테아인이 자체의 문자를 만들었고, 그 문자가 훗날 아랍 문자로 발전했다. 시리아 사막에서는 팔미라인이 똑같은 변화를 시도했고, 북메소포타미아와 남메소포타미아에서는 몇몇 파생 언어가 나타났다.[31] 유대 민족의 문자인 히브리 문자도 아람 문자에서 그즈음 형성되었다.

기원전 850년경, 가나안의 히브리인 세계에서는 페니키아 자음 알파벳이 주로 종교적인 글에 쓰이던 고대 히브리 문자(그림 61)에 큰 영감을 준 뒤였다. '바빌론 유수'Babylonian Captivity, 곧 유대인이 바빌론으로 끌려가던 시기(기원전 597년~기원전 539년)에는 선형 히브리 '아브자드'가 쓰이며, 고대 히브리 문자는 더 이상 세속적 목적으로는 쓰이지 않았다. 그때 고대 히브리 문자는 여러 형태의 아람 문자로 대체되었다. 물론 아람 문자 자체도 고대 히브리 문자에 크게 영향을 받았다. (고대 히브리 문자는 기원후 135년까지 특정한 목적에서 계속 사용되었다. 고대 히브리 문자는

그림 61
초기 히브리 알파벳의 변화 단계

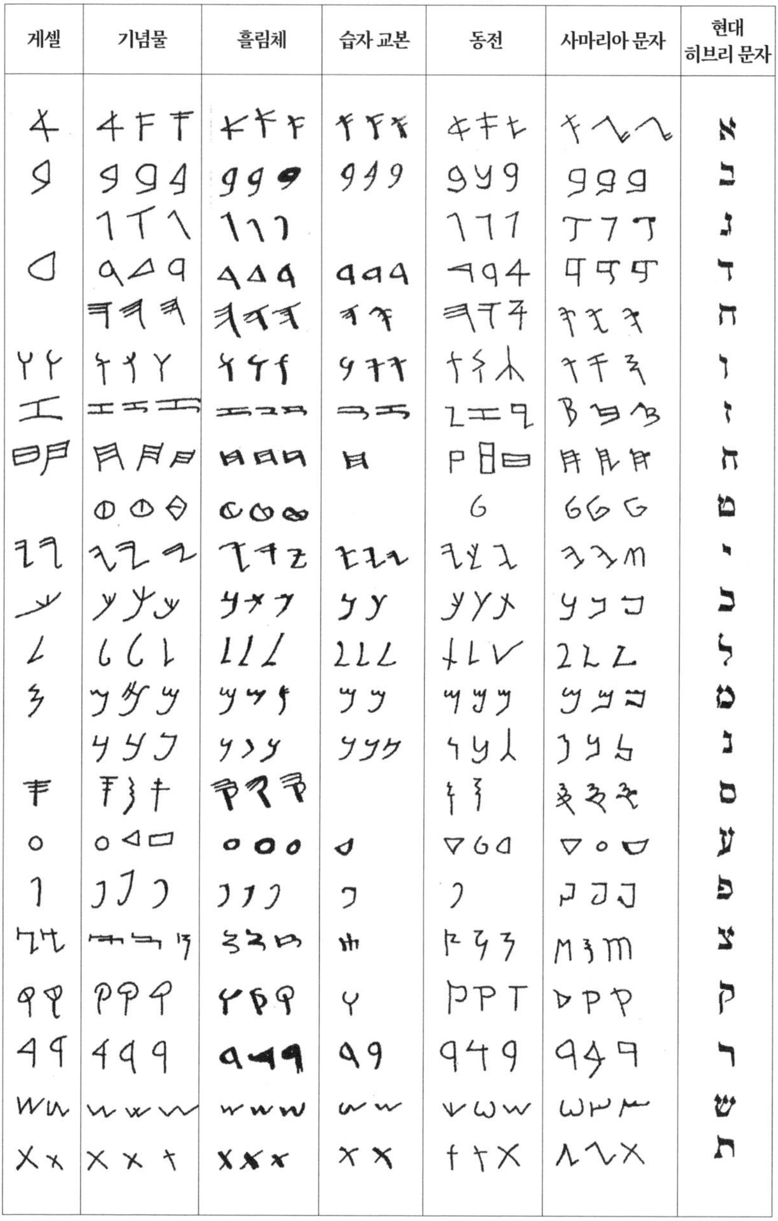

게셀	기념물	흘림체	습자 교본	동전	사마리아 문자	현대 히브리 문자
𐤀	𐤀 𐤀 𐤀	𐤀 𐤀 𐤀	𐤀 𐤀 𐤀	𐤀 𐤀 𐤀	𐤀 𐤀	א
𐤁	𐤁 𐤁 𐤁	𐤁 𐤁 𐤁	𐤁 𐤁 𐤁	𐤁 𐤁 𐤁	𐤁 𐤁 𐤁	ב
	𐤂 𐤂 𐤂	𐤂 𐤂 𐤂		𐤂 𐤂	𐤂 𐤂 𐤂	ג
𐤃	𐤃 𐤃 𐤃	𐤃 𐤃 𐤃	𐤃 𐤃 𐤃	𐤃 𐤃 𐤃	𐤃 𐤃 𐤃	ד
	𐤄 𐤄 𐤄	𐤄 𐤄 𐤄	𐤄 𐤄 𐤄	𐤄 𐤄 𐤄	𐤄 𐤄 𐤄	ה
𐤅 𐤅	𐤅 𐤅 𐤅	𐤅 𐤅	𐤅 𐤅 𐤅	𐤅 𐤅 𐤅	𐤅 𐤅 𐤅	ו
𐤆	𐤆 𐤆 𐤆	𐤆 𐤆 𐤆	𐤆 𐤆	𐤆 𐤆 𐤆	𐤆 𐤆 𐤆	ז
𐤇 𐤇	𐤇 𐤇 𐤇	𐤇 𐤇 𐤇	𐤇	𐤇 𐤇 𐤇	𐤇 𐤇 𐤇	ח
	𐤈 𐤈 𐤈	𐤈 𐤈 𐤈		𐤈	𐤈 𐤈 𐤈	ט
𐤉 𐤉	𐤉 𐤉 𐤉	𐤉 𐤉 𐤉	𐤉 𐤉 𐤉	𐤉 𐤉 𐤉	𐤉 𐤉 𐤉	י
𐤊	𐤊 𐤊 𐤊	𐤊 𐤊 𐤊	𐤊 𐤊	𐤊 𐤊 𐤊	𐤊 𐤊 𐤊	כ
𐤋	𐤋 𐤋 𐤋	𐤋 𐤋 𐤋	𐤋 𐤋 𐤋	𐤋 𐤋 𐤋	𐤋 𐤋 𐤋	ל
	𐤌 𐤌 𐤌	𐤌 𐤌 𐤌	𐤌 𐤌 𐤌	𐤌 𐤌 𐤌	𐤌 𐤌 𐤌	מ
𐤍	𐤍 𐤍 𐤍	𐤍 𐤍 𐤍		𐤍 𐤍	𐤍 𐤍 𐤍	נ
𐤎	𐤎 𐤎 𐤎	𐤎 𐤎 𐤎	𐤎	𐤎 𐤎 𐤎	𐤎 𐤎 𐤎	ס
𐤏	𐤏 𐤏 𐤏	𐤏 𐤏 𐤏	𐤏	𐤏 𐤏 𐤏	𐤏 𐤏 𐤏	ע
𐤐	𐤐 𐤐 𐤐	𐤐 𐤐 𐤐	𐤐	𐤐	𐤐 𐤐 𐤐	פ
𐤑 𐤑	𐤑 𐤑 𐤑	𐤑 𐤑 𐤑	𐤑	𐤑 𐤑 𐤑	𐤑 𐤑 𐤑	צ
𐤒 𐤒	𐤒 𐤒 𐤒	𐤒 𐤒 𐤒	𐤒	𐤒 𐤒 𐤒	𐤒 𐤒 𐤒	ק
𐤓 𐤓	𐤓 𐤓 𐤓	𐤓 𐤓 𐤓	𐤓 𐤓	𐤓 𐤓 𐤓	𐤓 𐤓 𐤓	ר
𐤔 𐤔	𐤔 𐤔 𐤔	𐤔 𐤔 𐤔	𐤔 𐤔	𐤔 𐤔 𐤔	𐤔 𐤔 𐤔	ש
𐤕 𐤕	𐤕 𐤕 𐤕	𐤕 𐤕 𐤕	𐤕 𐤕	𐤕 𐤕 𐤕	𐤕 𐤕 𐤕	ת

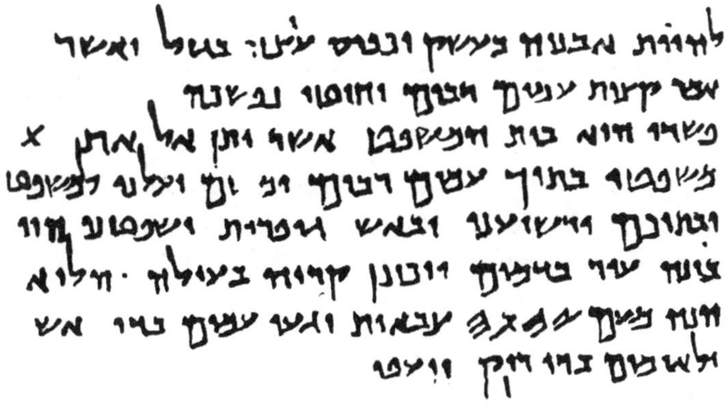

그림 62 예언자 하박국이 가죽 '사해 문서'에 초기 단계의 정사각형 히브리 문자로 남긴 글. 끝에서 두 번째 줄에서, 오른쪽 끝에서부터 세 번째 단어는 고대 히브리에서 존대어로 쓰인 YAHWEH로 읽힌다. 기원전 170년경.

기원전 1세기에 생겨난 사마리아 문자의 표본이었고, 사마리아 문자는 지금도 종교와 관련된 행사에서 유대인이 사용하고 있다.)[32] 기원전 5세기경 대부분의 유대인은 여전히 아람 문자를 사용했고, 각 글자를 정사각형 틀에 끼워 넣으며 표준화했다. 이런 이유에서 kĕtāb merubbā'(정사각형 서체)라는 명칭이 생겼다. 사해 문서Dead Sea Scrolls(그림 62)에서 보듯이, 기원전 1세기쯤에 히브리 문자는 완전히 표준화되었다. 얼마 후에는 두 종류의 변형 문자가 생겨났다. 하나는 둥글둥글한 스파라드 히브리 문자고, 다른 하나는 각진 아슈케나즈 히브리 문자다. 정사각형 히브리 문자Square Hebrew는 세속과 종교를 막론하고 모든 유대 문헌에서 쓰이는 문자가 되었다. 중세 시대에 정사각형 히브리 문자는 종교적 목적에서만 사용되었는데, 1800년대에 들어 유대인 작가들이 세속적인 목적에서 다시 정사각형 히브리 문자를 사용했고, 이제는 이스라엘 국가의 문자가 되었다.

정사각형 히브리 문자는 기원전 수 세기의 아람 문자와 무척 가깝다.

בְּרֵאשִׁית בָּרָא אֱלֹהִים אֵת הַשָּׁמַיִם וְאֵת הָאָרֶץ: וְהָאָרֶץ
הָיְתָה תֹהוּ וָבֹהוּ וְחֹשֶׁךְ עַל־פְּנֵי תְהוֹם וְרוּחַ אֱלֹהִים מְרַחֶפֶת עַל־פְּנֵי
הַמָּיִם:

*bə-rē'šîþ bārā' älōhim' eþ ha-ššāmajim wə' eþ hā-'āräṣ. wə
hā-'āräṣ hājəþā þōhū wā-βōhū wə ḥošäχ 'al-pənē þəhōm,
wə rūäḥ älōhim mərahḥäfäþ 'al-pənē ha-mmājim.*

그림 63 창세기 1장 1~2절. 발음 구분에서 '티베리아스 시스템'을 사용한 현대 정사각형 히브리 문자
로 쓴 것이다. "태초에 하나님이 천지를 창조하시니라(1절) 땅이 혼돈하고 공허하며 흑암이 깊음 위에 있
고 하나님의 영은 수면 위에 운행하시니라(2절)."

이런 현상은 현대 영어의 대문자가 역시 기원전 수 세기의 라틴 문자 알
파벳에 무척 가까운 것에 비견된다. 히브리인은 아람 문자에서 모음 표
시를 물려받아, 모호성을 줄이기 위해 그 원칙을 확대해나갔다. 모음을
나타내기 위해 발음을 구별하는 부호들(예컨대 자음 주변에 더해진 빗금과
점)이 처음 사용된 곳은 시리아 비문이다. 이런 사례에 영향을 받아, 히
브리인은 아람 문자의 장모음 표시 이외에 발음을 구별한 부호까지 도입
했다.[33] 하지만 기원전 첫 번째 천년시대의 마지막 수 세기에, 히브리 필
경사는 하나 이상의 발음 구분 체계를 이미 사용하고 있었다. 오늘날에
도 히브리 문자로 쓰인 시와 어린이책, 특히 종교적인 글에서 모음을 표
시하기 위해 사용하는 '티베리아스 시스템'Tiberias System은 1,100년 전
에 팔레스타인의 중요한 항구 티베리아스에서 만들어졌다.(그림 63)
　히브리 문자는 여전히 공식적으로는 자음문자이지만, 장모음을 표시
하는 물려받은 자음 이외에 다른 모음을 표시하려고 정교하게 만들어낸
발음 구분 부호들이 있어, 모음 표현에서 대부분의 현대 라틴 알파벳보
다 여러모로 더 정확하다.[34] 또 현대 입말 히브리어에서는 장모음과 단모

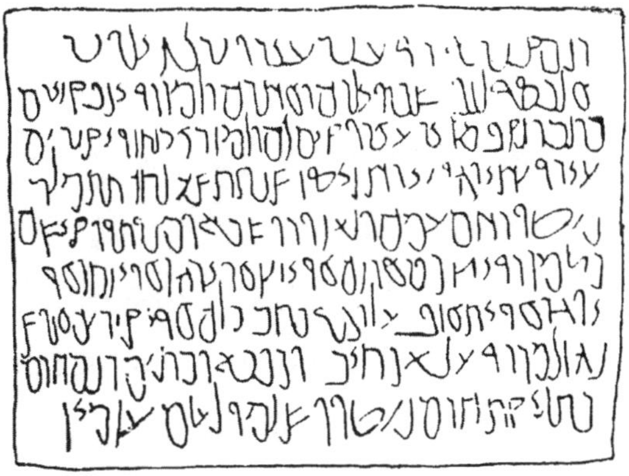

그림 64
나바테아 문자로 쓰인 비문.
"알카시의 아들, 쿠하일루의
아들, 아이두가 자신과
자손을 위해 지은 무덤…."
기원전 1세기.

음이 구분되지 않지만, 히브리 문자에서는 두 모음이 시각적으로 구분된다. (cot[kɒt]와 cart[kɑːt]에서 보듯이, 영국 영어에서도 기본값에서만 모음 길이가 표시된다.) 따라서 히브리 문자는 예스럽고, 불필요한 중복이 많다. 일례로 /i/는 자음 jodh나 앞선 자음 아래에 점으로 쓰일 수 있다. 둘 모두를 사용하는 작가도 적지 않다. 아랍어가 그렇듯이, 히브리어에서도 두 종류의 문자가 하나처럼 일상적으로 사용된다. 하나는 모음이 빠짐 없이 표기되는 지극히 치밀한 문자이고, 다른 하나는 모음 식별을 문맥에만 맡겨두는 지극히 축약된 문자다.[35] 하지만 오늘날에도 히브리 문자는 여전히 자음이 지배적이며, 그 이유는 셈어족에 속한 모든 문자가 그렇듯이 자음이 글쓰기 토대이기 때문이다.

나바테아 아랍인은 특별히 문화적인 면에서는 아람어를 제2언어로 사용했다. 그들은 기원전 1세기와 기원후 3세기 사이에는 아람 문자로 글을 썼다.(그림 64) 나바테아인은 시나이반도에서부터 아라비아반도 북부 지역과 동요르단까지 이어진 지역에서 살아가는 아랍인 유목 부족을 가리킨다. 알렉산더 대왕이 정복한 뒤, 헬레니즘 시대에 나바테아인은 왕국을 건설했고, 그 왕국은 기원전 150년경부터 시작해 기원후 105년 로마에 정복될 때까지 유지되었다. 그 왕국의 수도는 암벽에 세워진 도시, 페트라였다. 아람 문자에서 파생된 그들의 나바테아 문자는 아랍 문자의 직계 모어母語가 되었다.

히브리 문자처럼 아랍 문자도 중요한 종교 문자여서, 믿음의 도구로 공경받는 덕분에 소중하게 여겨지며 널리 확산되고 장수하는 것이다.[36] 북셈어족에서 가장 최근에 탄생한 아랍 문자는 기원후 4세기에 형성되었다.(그림 65) 달리 말하면, 이슬람교가 탄생하기 전부터 존재했다. 7세기에 코란을 전달하는 수단으로 선택된 이후로 아랍 문자의 헤게모니는 그 지역과 그 너머에서 보장되었다. 오늘날 아랍 자음 알파벳은 아라비아반도만이 아니라 중동 전역, 서아시아와 중앙아시아 및 동남아시아에서, 또 아프리카 일부 지역과 이슬람에 영향을 받은 유럽에서 읽히고 쓰인다.(그림 66) 아랍 문자는 셈어족의 다른 어떤 문자보다 많은 언어, 예컨대 베르베르어, 소말리아어, 스와힐리어(그림 67), 우르두어, 터키어, 위구르어, 카자흐어, 파르시어(페르시아어), 카슈미르어, 말레이어, 심지어 유럽의 스페인어와 슬라브어에도 받아들여졌다.[37] 아랍 글자들은 차용되는 때도 결코 사라진 법이 없었고, 아랍 문자에 없는 소리를 재현할 때는 새로운 글자나 파생된 글자가 주저없이 더해졌다. 아랍 문자 체계는 각 글자와 함께 쓰인 점의 수에 변화를 주어, 각 글자를 구분하는 방식을 택하기 때문에 그 과정이 용이한 편이다. 외국어에서도 외형적으로 아랍 문자와 양립할 수 있는 새로운 글자가 필요한 경우에는 이 기능이 쉽게 적용될 수 있다.[38] 아랍 문자는 무척 뛰어난 문자 중 하나이며, 앞으로도 오랫동안 존속할 게 분명하다.

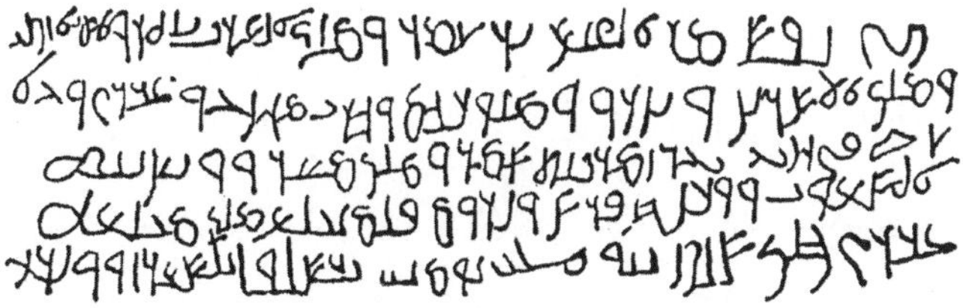

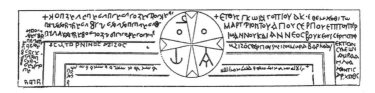

그림 65

시리아 나마라에서 발견한 비문. 이 비문은 나바테아 문자에서 아랍 문자로 전환되는
과정을 보여준다. 특히 글자를 연결해 합자(合字)를 만드는 선이 눈에 띈다. 기원후 328년.

그림 66

그리스어(위 오른쪽), 시리아어(위 왼쪽), 아랍어(아래), 세 언어로 쓰인 비문.
아랍 문자로 쓰인 최초의 비문이다. 기원후 512년.

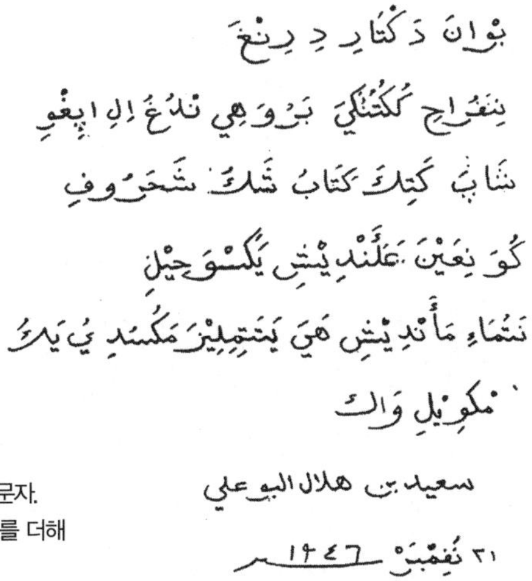

그림 67

변형된 아랍 자음 알파벳을 사용해
오른쪽에서 왼쪽으로 쓴 스와힐리 문자.
자음의 아래와 위에 발음 구별 부호를 더해
모든 모음을 보여주는 글이다.

그림 68

고대 나바테아 서체에서 현대 나스히 서체까지, 표준 아랍 서체

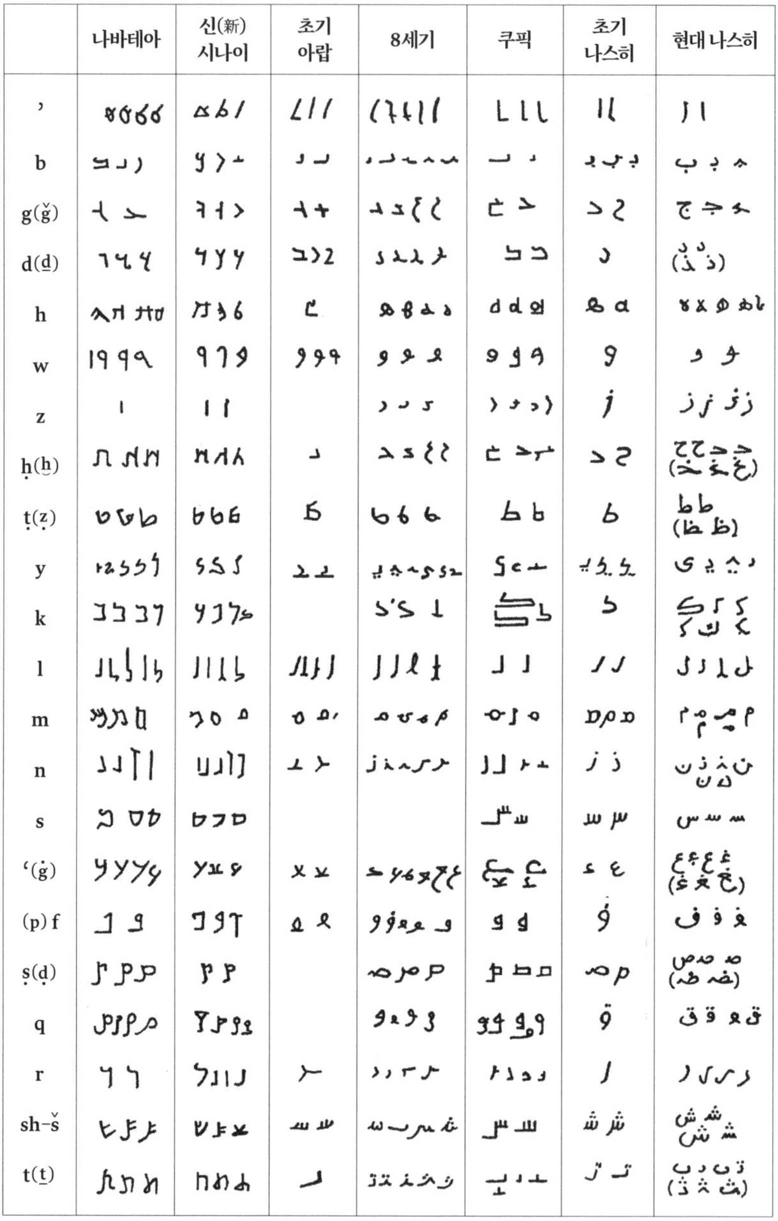

	나바테아	신(新)시나이	초기 아랍	8세기	쿠픽	초기 나스히	현대 나스히
ʾ							
b							
g(ǧ)							
d(ḏ)							
h							
w							
z							
ḥ(ḫ)							
ṭ(ẓ)							
y							
k							
l							
m							
n							
s							
ʿ(ġ)							
(p)f							
ṣ(ḍ)							
q							
r							
sh–š							
t(ṯ)							

셈어계의 모든 문자가 그렇듯이, 아랍 문자도 자음 알파벳을 사용해 주로 단어의 핵심 부분만을 나타낸다. 그러나 기본 글자는 28개에 불과하지만, 기존 문자 아래에 점을 덧붙여 추가로 새로운 글자를 만들어낼 수 있다.(그림 68) (lām과 ’ālif가 결합된 글자가 ‘29번째’ 글자로 여겨지기도 한다.) 아랍 문자도 몇몇 자음을 장모음으로 사용하는 관례와, 모음을 구분하기 위한 특별한 발음 구별 부호들을 이어받았다. 하지만 아랍 문자에서 모음은 코란과 시에서만 일관되게 나타난다. 다른 종류의 글은 자음만을 사용하고, 모호한 글에서만 발음 구별 부호가 간혹 더해진다. 장모음 /a:/를 대신해 ’ālif를 사용한 건 아랍 문자에서 혁신적 시도라 할 수 있다. 단모음 /a/, /i/, /u/는 단순화된 자음의 파생된 형태를 사용한다. 예컨대 /a/를 대신해서는 자음 위에 짤막한 가로선, /i/를 대신해서는 자음 아래에 짤막한 가로선, /u/를 대신해서는 자음 위에 작은 고리를 덧붙였다. 자음 위에 작은 원이 더해지면, 그 자음에 동반하는 모음이 없다는 뜻이다. 여섯 개의 아랍 글자를 제외하면 모든 문자가 기본적으로 네 가지 형태로 쓰이며, 그 형태는 글자가 단어에서 차지하는 위치[단독형(중립 혹은 표준형), 어두형, 어중형, 어말형]에 따라 결정된다.(그림 69)[39]

아랍 문자가 지리적으로 크게 확산됨에 따라, 용법에서 지역적 차이도 크게 나타났다. 같은 시기에 라틴 문자가 서유럽에 확산될 때도 마찬가지였다. 하지만 아랍 문자는 코란 및 그 주석과 밀접한 관계가 있어 본질적으로 보수적이었다. 따라서 문자 자체는 거의 변하지 않은 반면에 아랍 문자를 사용하는 언어는 크게 변했다. 학교는 보수적인 종교와 밀착된 관계여서, 글말과 입말 사이의 괴리가 점점 커졌다.[40] 현재 아랍어에서는 입말과 글말이 뚜렷이 구분되지만, 한 언어의 두 형태로 여겨진다.

그림 69

현대 나스히 서체. 표준 아랍어 자음 알파벳. 위치에 따라 변하는 형태 목록.

이름	어두형	어중형	어말형	단독형	소릿값
’elif			ل	ا	’
bā	بـ	ـبـ	ـب	ب	b
tā	تـ	ـتـ	ـت	ت	t
t̲ā	ثـ	ـثـ	ـث	ث	t̲
ǧīm	جـ	ـجـ	ـج	ج	ǧ
ḥā	حـ	ـحـ	ـح	ح	ḥ
ḫā	خـ	ـخـ	ـخ	خ	ḫ
dāl			ـد	د	d
d̲al			ـذ	ذ	d̲
rā			ـر	ر	r
ẓā			ـز	ز	z
sīn	سـ	ـسـ	ـس	س	s
šīn	شـ	ـشـ	ـش	ش	š
ṣād	صـ	ـصـ	ـص	ص	ṣ
ḍād	ضـ	ـضـ	ـض	ض	ḍ
ṭā	طـ	ـطـ	ـط	ط	ṭ
ẓā	ظـ	ـظـ	ـظ	ظ	ẓ
‘ain	عـ	ـعـ	ـع	ع	‘
ġain	غـ	ـغـ	ـغ	غ	ġ
fā	فـ	ـفـ	ـف	ف	f
kaf	قـ	ـقـ	ـق	ق	ḳ(q)
ḵāf	كـ	ـكـ	ـك	ك	k
lām	لـ	ـلـ	ـل	ل	l
mīm	مـ	ـمـ	ـم	م	m
nūn	نـ	ـنـ	ـن	ن	n
hā	هـ	ـهـ	ـه	ه	h
wāw			ـو	و	w
jā	يـ	ـيـ	ـي	ي	j
lām-elif			ـلا	لا	lā

그림 70
에티오피아 문자

	+ā	+ū	+ī	+ā	+ē	+ē 혹은 모음 없이	+ō
h	ሀ	ሁ	ሂ	ሃ	ሄ	ህ	ሆ
l	ለ	ሉ	ሊ	ላ	ሌ	ል	ሎ
ḥ	ሐ	ሑ	ሒ	ሓ	ሔ	ሕ	ሖ
m	መ	ሙ	ሚ	ማ	ሜ	ም	ሞ
š	ሠ	ሡ	ሢ	ሣ	ሤ	ሥ	ሦ
r	ረ	ሩ	ሪ	ራ	ሬ	ር	ሮ
s	ሰ	ሱ	ሲ	ሳ	ሴ	ስ	ሶ
q	ቀ	ቁ	ቂ	ቃ	ቄ	ቅ	ቆ
b	በ	ቡ	ቢ	ባ	ቤ	ብ	ቦ
t	ተ	ቱ	ቲ	ታ	ቴ	ት	ቶ
ḫ	ኀ	ኁ	ኂ	ኃ	ኄ	ኅ	ኆ
n	ነ	ኑ	ኒ	ና	ኔ	ን	ኖ
ʾ	አ	ኡ	ኢ	ኣ	ኤ	እ	ኦ
k	ከ	ኩ	ኪ	ካ	ኬ	ክ	ኮ
w	ወ	ዉ	ዊ	ዋ	ዌ	ው	ዎ
ʿ	ዐ	ዑ	ዒ	ዓ	ዔ	ዕ	ዖ
z	ዘ	ዙ	ዚ	ዛ	ዜ	ዝ	ዞ
j	የ	ዩ	ዪ	ያ	ዬ	ይ	ዮ
d	ደ	ዱ	ዲ	ዳ	ዴ	ድ	ዶ
g	ገ	ጉ	ጊ	ጋ	ጌ	ግ	ጎ
ṭ	ጠ	ጡ	ጢ	ጣ	ጤ	ጥ	ጦ
p̣	ጰ	ጱ	ጲ	ጳ	ጴ	ጵ	ጶ
ṣ	ጸ	ጹ	ጺ	ጻ	ጼ	ጽ	ጾ
ḍ	ፀ	ፁ	ፂ	ፃ	ፄ	ፅ	ፆ
f	ፈ	ፉ	ፊ	ፋ	ፌ	ፍ	ፎ
p	ፐ	ፑ	ፒ	ፓ	ፔ	ፕ	ፖ

기본적인 단모음 /a/의 음가를 보유한 자음에, 모음의 소릿값에 따라 각기 다른 표식을 일정하게 덧붙이는 방식으로 완전한 알파벳문자를 만들어갔다.

일찍이 기원전 1300년에 북셈어에서 갈라져 나온 남셈어 문자는 아라비아반도에서 기원했다. 이 남쪽의 선형 '아브자드'abjad는 기원전 첫 번째 천년시대에 소멸되었지만, 훗날 북아랍어(시리아어)와 아비시니아어(에티오피아어)를 전달하는 문자들의 표본 역할을 해냈다. 남셈어파에 속하는 가장 중요한 두 문자는 남아랍 문자와 에티오피아 문자다. 북셈어 문자가 그렇듯이, 남셈어 문자도 무척 대칭적이고, 각진 모양이 두드러진다.

비문에서 확인된 에티오피아 문자에는 처음에 모음에 해당하는 글자가 없었다(음절문자이던 에티오피아 문자와는 다른 것이다). 에티오피아에서 발굴된 비문들은 그으즈Ge'ez 문자로 썼다. 그으즈 문자는 에티오피아 정교회가 기원후 첫 수 세기에 쓰던 언어다. 기원후 4세기, 에티오피아 필경사는 일곱 개의 모음을 다른 식으로 표기할 목적에서 자음 형태에 체계적인 변화를 가하기 시작했다. 그리하여 그으즈 음절문자 체계, 곧 CV음절 구조를 띤 '아부기다'abugida를 만들어냈다. 에티오피아 문자는 이런 식으로 변해가며 완전한 알파벳문자가 되었다.(그림 70) 에티오피아의 모음 표기는 셈어계 문자들 중에서도 무척 독특하다. 따라서 어느 학자는 인도의 카로슈티 문자와 접촉했기 때문일 것이라 추정했다. 카로슈티 문자는 각 글자가 '자음+/a/'를 대신하고, 특별한 발음 구별 부호를 사용해 모음을 구분한다는 점에서 에티오피아 문자와 동일한 원리를 따르지만, 에티오피아 문자보다 몇 세기를 앞서 존재한 문자다.[41] 또한 셈어계 문자 중에서 오직 에티오피아어만이 왼쪽에서 오른쪽으로 읽힌다는 사실은 시사하는 점이 크다. 오늘날 에티오피아 문자에는 에티오피아 정교회가 오래전에 사용했지만 지금은 사라진 그으즈어의 형태가 남아 있다. 700년 전부터는 암하라어가 에티오피아에서 사용되었고, 결국에는 공식 언어가 되었다. 그 기간 동안에도 에티오피아 문자는 적절히 변형되어 암하라어와 몇몇 토착어를 전달하는 데 사용되었고, 이제는 암하라 문자가 만들어져 암하라어를 전달하는 데 사용된다.

인도와 동남아시아의 인도계 문자 Indic Script

인도 아대륙에서 과거에 사용되었고 현재 사용되는 수백여 문자와, 그 문자에서 파생되어 아시아와 태평양에서 사용되는 문자들은, 문자의 역사를 간략히 살펴보는 이 책에서는 충분히 설명될 수도 없고 목록으로 작성하기도 힘들다. 인도 및 아시아와 태평양은 그야말로 문자의 보고여서, 문자의 역사를 5권의 책으로 쓴다면 인도계 문자가 3권을 차지할 것이다. 하지만 인도 국민의 50퍼센트 이상이 문맹이고, 수백 개의 소수 언어는 아직도 문자가 없다. 이 지역에서는 예부터 구전口傳이 흔히 선호되었다. 인도의 성직자 계급 브라만은 글을 말보다 하등한 것으로 보았다. 무엇보다 이런 이유에서, 문자가 인도 아대륙에서는 기원전 8세기에야 처음 등장한 듯하다. (인더스 문명의 문자는 1,000년 전에 소멸되었고, 후손 언어조차 남기지 않았다.) 문자가 등장한 뒤에도 구전은 오랜 세기 동안 계속되었다. 마침내 글을 짓는 방법이 발달하며, 다양한 언어와 문자로 위대한 문학이 구현되었다. 하지만 글쓰기는 소수의 전문가에게 국한되었고, 거의 모든 지역에서 글쓰기가 누리던 권위와 명예도 일반적으로 없었다.

인도는 "세계에서 가장 풍요롭고 가장 다채로운 문학적 전통"을 지닌 곳 중 하나다.[42] 1900년대 중반경 인도 국가가 세워진 이후, 모든 인도인이 읽을 수 있는 하나의 문자를 채택하자는 요구가 빗발쳤다. 한 인도 학자에 따르면, "오늘날 인도에서는 석 달마다 하나의 새로운 문자가 만들어지고 있다."[43] 이런 현상에서 문자의 사회·상징적인 의미가 드러난다. 문자는 말을 기록하는 도구에 그치지 않고, 사회 권력의 상징이기도 하다. 이런 사실을 가장 명확히 보여주는 곳이 바로 인도다.[44]

인도 민담에서는 코끼리 머리를 가진 지혜의 신 가네샤가 문자를 발

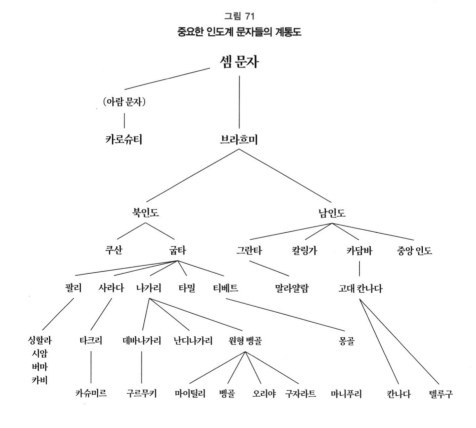

그림 71
중요한 인도계 문자들의 계통도

명했다고 말한다. 가네샤는 엄니 하나를 부러뜨려 연필로 사용했다고 한다. 한편 학자들은 셈문자가 인도 아대륙에서 쓰인 문자의 직접적인 근원이라는 데 대체로 동의한다. 정확히 말하면, 기원전 첫 번째 천년시대에 중동을 지배하던 아람 문자에서 인도 문자가 파생된 듯하다. 초기의 인도 문자가 남겨진 조각들이 알려져 있지만, 상대적으로 긴 글은 아소카 왕이 기원전 253년~기원전 250년경에 내린 유명한 칙령들이다. 그 칙령들은 힌두스탄 곳곳의 돌기둥이나 암벽에 새겨져 있다. 초기의 두 인도 문자인 카로슈티 문자와 브라흐미 문자가 모두 아소카 비문에서 확인된다. 달리 말하면, 초기의 인도 문자가 토착 문자가 아니라는 뜻이다. 인도 아대륙에서는 어떤 문자도 밑바닥에서 '창조'된 적이 없다. 인도가 지금은 200개 이상의 문자가 있다는 걸 자랑스레 주장하지만, 그 문자들은 모두 브라흐미 문자에서 파생된 것이고, 브라흐미 문자 자체는 셈어계에서 파생되었다.(그림 71)

카로슈티 문자는 오른쪽에서 왼쪽으로 읽히는 것으로 보아, 북인도에서 아람 문자에서 영향을 받은 게 분명한 듯하다. 카로슈티 문자는 서쪽에서는 시리아부터 동쪽에서는 아프가니스탄까지 이어지는 지역에서 통용되던 언어를 표현하던 문자였다.(그림 72) 카로슈티 문자에서는 모음이 명시되지 않으면 각 글자는 Ca(자음+모음 /a/)를 전달한다. 에티오피아

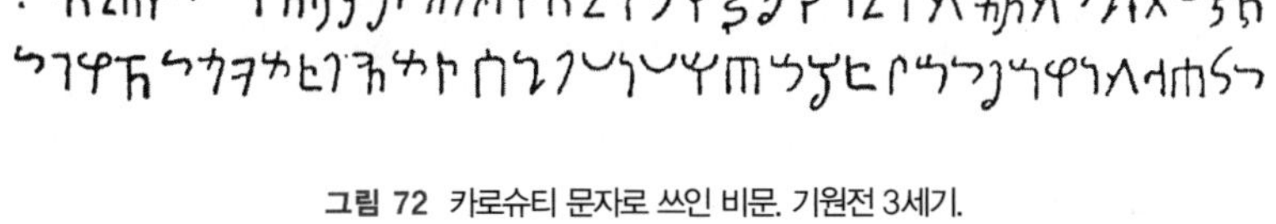

그림 72 카로슈티 문자로 쓰인 비문. 기원전 3세기.

문자가 나중에 그랬듯이, 카로슈티 문자에서도 모음은 발음 구별 부호를 자음에 덧붙이는 방식으로 명시되었다. 이런 표기를 음절문자 체계로 생각하는 학자가 적지 않지만, 이런 자음 체계는 '아부기다'에 가깝다. 곧 특정한 모음이 자음에 더해져 하나의 기호가 되고, 그 밖의 모음은 각 자음을 일관되게 변형해 표현하는 문자 체계다. ('아부기다'라는 명칭은 에티오피아 문자의 전통적인 순서에서 처음 네 자음과 처음 네 모음의 이름을 따서 지은 것이다.) 카로슈티 문자는 기원전 처음 수 세기 동안 인도 북서 지역에서 주로 사용되었지만, 브라흐미 문자가 부상하며 소멸되었다.

그 이후의 인도계 문자들은 브라흐미 문자를 의도적으로 본떠 만들어졌다. 따라서 브라흐미 문자는 카로슈티 문자를 제외하고 모든 인도계 문자의 조상이라 할 수 있다. 브라흐미 문자는 기원전 8세기~기원전 7세기에 잉태되었고, 기원전 5세기 때쯤에는 벌써 널리 확산되어 쓰였다.(그

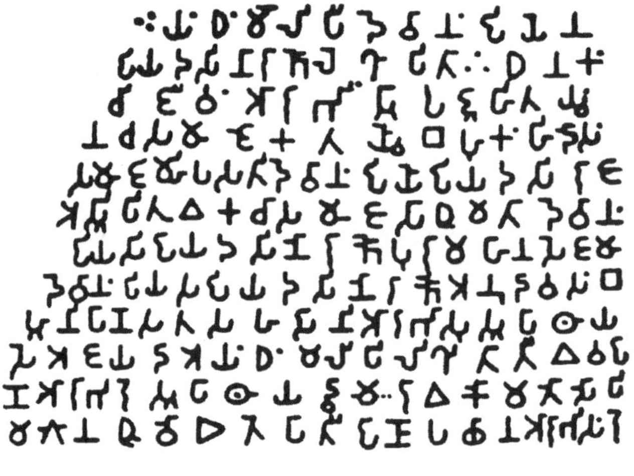

그림 73 브라흐미 문자로 쓰인 아소카 비문. "모든 신에게 사랑받는 비야다시 왕의 칙령이다…." 기원전 253년~기원전 250년경.

림 73) 역시 셈 문자에서 차용한 까닭에 브라흐미 문자 체계는 카로슈티 문자와 무척 유사하다. '아부기다'도 그대로 받아들였다. 인도 필경사는 자체적으로 이해한 음운 원리에 따라 셈 문자를 의식적으로 다시 체계화했다.[45] 그 인도인들은 고대 세계에서 최고의 언어학자였다. 서양 세계는 1800년대 초, 어떤 경우에는 1900년대 초에야 인도의 정교한 언어 수준에 접근하기 시작했다.[46] 고대 인도의 필경사는 조음점에 따라 글자를 분류했다. 이런 분류법 자체가 놀랍게도 '근대적'인 것이다. 5개의 모음과 이중모음, 다음에는 (기본음 /a/가 더해진) 자음(후두음, 구개음, 권설음, 치음, 순음, 반모음, 마찰음)이 조음점의 순서대로, 곧 뒤쪽에서부터 앞쪽으로 순서에 따라 분류되었다. 따라서 인도인이 뛰어난 언어적 통찰을 지닌 이유도 있겠지만, 그리스 문자를 보았을 때 그 능률적인 알파벳 체계에 비해 자신들의 '거추장스런' 문자 체계를 버리지 않은 데는 문자 체계들이 근본적으로 동일하다고 확신했기 때문인 듯하다. 달리 말하면, 인도인은 자신들의 문자 체계가 인도인의 말소리를 가장 잘 전달한다고 믿었기 때문에 그 문자 체계를 유지한 것이다.[47] 적어도 인도 필경사에게는 '자음+발음 구별 부호'라는 아부기다 체계에서 '시각적으로 표기되는 음절'이 단순한 글자보다 음성 정보를 더 확실하게 담고 있는 것처럼 보인 듯하다. 따라서 브라흐미 문자에서 파생된 모든 인도계 문자에는 자음 알파벳이 유지되었다.

브라흐미 문자에서 자음에는 /a/가 내재해 있다. 그러나 다른 모음이 사용되는 경우에는 발음을 구분하는 부호가 자음에 덧붙는다.(그림 74) 어두에 쓰이는 모음 /a/, /i/, /u/, /e/는 각각 자체의 고유한 글자를 가지며, '성절 모음'syllabic vowel이라고 불린다. 셈 문자에서 어렵지 않게 발

그림 74
브라흐미 문자와 파생 문자들

	브라흐미(기원전 3세기)	동굴 산견 문자(기원후 100년경)	굽타 문자(기원후 380년경)	중앙아시아의 홀림체 굽타 문자	토하라 문자	삿다마트리카 문자	데바나가리 문자	모디 문자
a								
i								
u								
e								
o								
ā								
ka								
kha								
ga								
gha								
ṅa								
c̄								
cha								
ja(=ğa)								
jha (=ğh)								
nā								
ṭā								
ṭhā								
ḍa								
ḍha								
ṇa								
ta								
tha								
da								
dha								
na								
pa								
pha								
ba								
bha								
ma								
ya								
ra								
la								
va								
śa								
ṣa(ša)								
sa								
ha								

견되는 간단한 자음꼴이 인도계 언어들에서는 복잡해졌다. 인도계 언어들에는 CV 구조(V, CV, CCV, CCCV, CVC, VC 등)가 많아지며, 모음을 명확히 표기하라는 요구가 뒤따랐다. 아소카 비문에서 보듯이 브라흐미 문자는 주로 왼쪽에서 오른쪽으로 쓰였지만, 브라흐미 문자로 처음 쓰인 비문들은 대부분의 셈 문자가 그렇듯이 오른쪽에서 왼쪽으로 쓰였다. 브라흐미 필경사가 2,000년 전에 글쓰기 방향을 갑자기 뒤바꾼 이유는 아직까지 전혀 밝혀지지 않았다.

세계에서 손꼽히는 두 어족이 브라흐미에서 파생된 문자로 표현된다. 하나는 오늘날 주로 남인도에서 사용하는 드라비다어족이고, 다른 하나는 북인도와 남서인도에서 사용한 인도·유럽어와 산스크리트에서 파생된 어족이다. 약 2,000년 전, 브라흐미 문자는 크게 두 유형의 문자(북인도 문자와 남인도 문자)로 갈라졌다.(그림 71) 두 문자에서도 각각 여러 문자가 파생되었다. 모든 문자가 브라흐미 문자와 똑같이, 발음 구별 부호를 사용해 모음을 표기하는 원칙을 사용하고, 겉모습에서도 무척 유사하다. 하지만 어떤 문자 하나를 읽을 수 있다고 다른 문자까지 쉽게 읽을 수 있는 것은 아니다. 문자 체계만이 근본에서 거의 똑같을 뿐, 글자 형태와 발음 구별 부호는 그렇지 않다.

북인도 문자에는 인도의 북서부부터 남동부까지 이어진 지역의 문자들, 또 네팔과 티베트와 방글라데시 문자들이 포함된다. 북인도 문자는 초기, 곧 기원후 4세기경에 굽타 문자였다. 굽타 문자는 브라흐미 문자에서 처음으로 파생된 자손 문자다. 인도의 북부와 중부와 서부를 지배한 강력한 굽타 제국을 등에 업고, 굽타 문자는 기원후 4세기 초부터 6세기 말까지 널리 확산되었다. 그리하여 굽타 문자는 (주로 데바나가리 문자

व्यवहारान्नृपः पश्येद्विद्वद्भिर्ब्राह्मणैः सह ।
धर्मशास्त्रानुसारेण क्रोधलोभविवर्जितः ॥ १ ॥

vyavahārān nṛpaḥ paśyed vidvadbhír brāhmanaiḥ

saha dharmaśāstrānusāreṇa krodhalobhavivarjítaḥ

그림 75 데바나가리 문자. 산스크리트로 쓰인 글의 주된 도구다. "분노와 격정을 버리고, 법에 따라 지도자도 브라만들과 똑같이 시험을 치러야 한다."

를 통해) 인도계 문자 대부분의 조어가 되었다. 굽타 문자는 지역별(동부와 서부, 남부와 중앙아시아)로 다시 크게 네 유형으로 갈라졌다. 그리고 중앙아시아 굽타 문자는 중앙아시아 빗금체 굽타 문자(여기에서 변형된 아그나 문자와 쿠차 문자)와 중앙아시아 흘림체 굽타 문자(혹은 호탄 문자)로 갈라졌다.

서기 600년경부터 굽타 문자는 나가리 문자, 사라다 문자, 티베트 문자, 팔리 문자에 영향을 주었다. 나가리 문자는 인도 북서 지역에 서기 633년경 처음 등장했다. 충분히 발전한 나가리 문자는 11세기에 데바나가리('천국의' 나가리)가 되었고, 그때부터 다른 문자들을 물리치고 산스크리트로 쓰이는 글의 주된 도구가 되었다.(그림 75)[48] 데바나가리의 알파벳은 48개로 이루어진다. 모음이 13개, 자음이 35개이며, 순서는 인도 문법학자들에 의해 고대부터 결정된 순서를 따른다.(그림 76) 학생들이 배워야 할 표기법이 많다. 모음은 어두에 위치하느냐 어중에 위치하느냐에 따라 형태가 달라진다. 또 비음화, 기본음 /a/의 변형, 약한 기식음, 특히

그림 76

산스크리트로 쓰인 글에서 사용된 데바나가리 문자의 자음 알파벳

모음		자음			

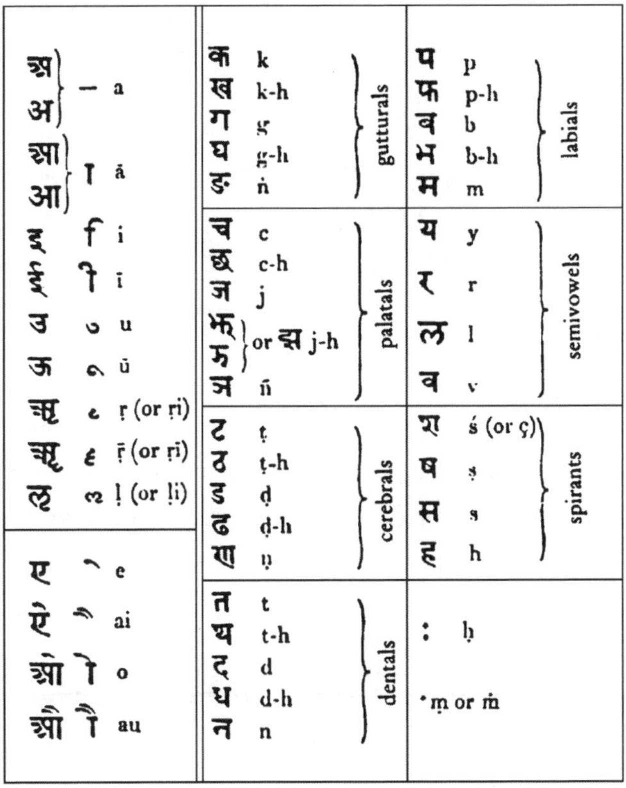

모음						
ऋ अ	— a	क	k	gutturals	प	p	labials
आ आ	ा ā	ख	k-h		फ	p-h
इ	ि i	ग	g		ब	b
ई	ी ī	घ	g-h		भ	b-h
उ	ु u	ङ	ṅ		म	m
ऊ	ू ū					
ऋ	ृ ṛ (or ṛi)	च	c	palatals	य	y	semivowels
ॠ	ॄ ṝ (or ṛi)	छ	c-h		र	r
ऌ	ॢ ḷ (or ḷi)	ज	j		ल	l
		झ	or झ j-h		व	v
		ञ	ñ			
ए	े e	ट	ṭ	cerebrals	श	ś (or ç)	spirants
ऐ	ै ai	ठ	ṭ-h		ष	ṣ
ओ	ो o	ड	ḍ		स	s
औ	ौ au	ढ	ḍ-h		ह	h
		ण	ṇ			
		त	t	dentals	ः	ḥ
		थ	t-h			
		द	d		•ṃ or ṃ
		ध	d-h			
		न	n			

✱ 어두형   ✛ 어중형

산스크리트에서 빈번하게 쓰이는 데다 무척 복잡한 합자법合字法도 배워
야 한다.[49] 인도계 문자가 그렇듯이, 데바나가리 문자도 왼쪽에서 오른쪽
으로 쓰인다. 특유한 표기법 때문에 단어들은 특별한 경우에만 구분된
다. 구체적으로 말하면, 단어가 모음이나 이중모음, 비음이나 약한 마찰
음으로 끝날 때 혹은 단어가 자음으로 시작할 때, 일반적으로 자음 글

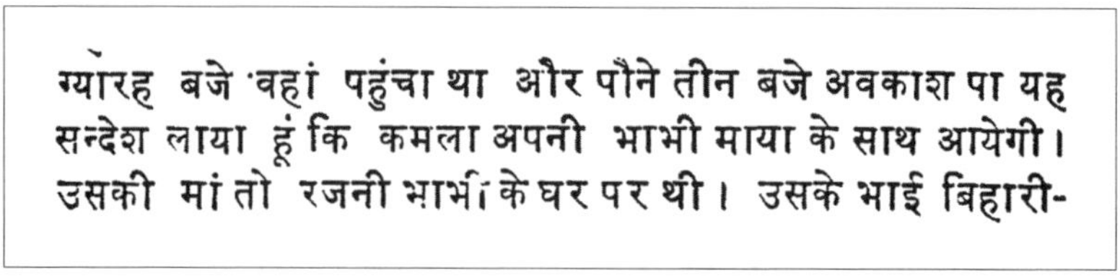

ग्यारह बजे 'वहां पहुंचा था और पौने तीन बजे अवकाश पा यह
सन्देश लाया हूं कि कमला अपनी भाभी माया के साथ आयेगी।
उसकी मां तो रजनी भाभी के घर पर थी। उसके भाई बिहारी-

그림 77 힌디 문자

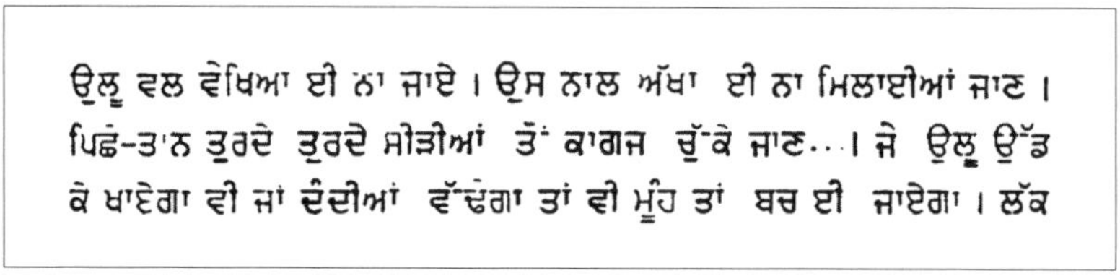

ਉੱਲੂ ਵਲ ਵੇਖਿਆ ਹੀ ਨਾ ਜਾਏ। ਉਸ ਨਾਲ ਅੱਖਾ ਹੀ ਨਾ ਮਿਲਾਈਆਂ ਜਾਣ।
ਪਿੱਛੇ-ਤੋਂ ਤੁਰਦੇ ਤੁਰਦੇ ਸੋਝੀਆਂ ਤੋਂ ਕਾਗਜ ਚੁੱਕੇ ਜਾਣ...। ਜੇ ਉੱਲੂ ਉੱਡ
ਕੇ ਖਾਏਗਾ ਵੀ ਜਾ ਦੰਦੀਆਂ ਵੱਢੇਗਾ ਤਾਂ ਵੀ ਮੂੰਹ ਤਾਂ ਬਚ ਹੀ ਜਾਏਗਾ। ਲੋਕ

그림 78 구르무키 문자

বদলে রইলো এই ঘড়ি। একটু অদ্ভুত ঘড়ি। এই ঘড়িটাই শব্দ ক'রে
তাল দিতো গানের সঙ্গে-সঙ্গে। একটা যন্ত্র ঘুরিয়ে দিলে প্রত্যেকটি
টিকটিক আওয়াজ রীতিমতো। জোরে তবলার বোলের মতো টকটক

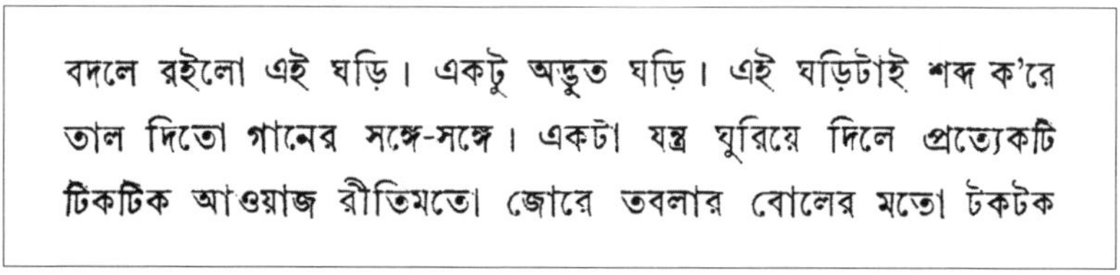

그림 79 벵골 문자

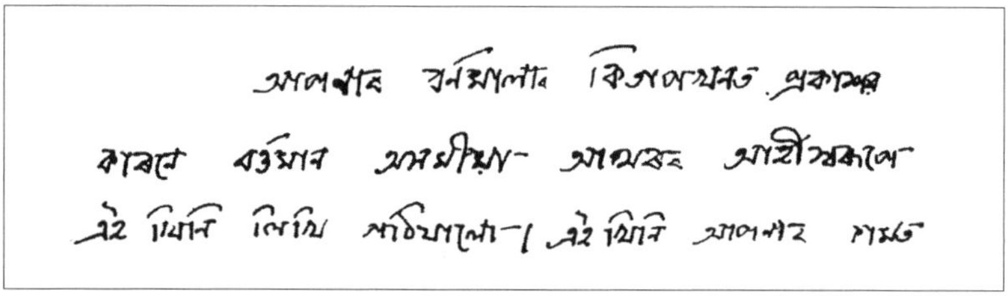

그림 80 아삼 문자

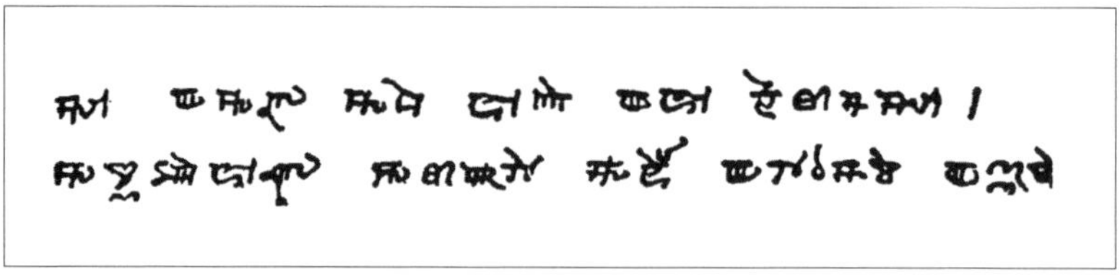

그림 81 마니푸리 문자

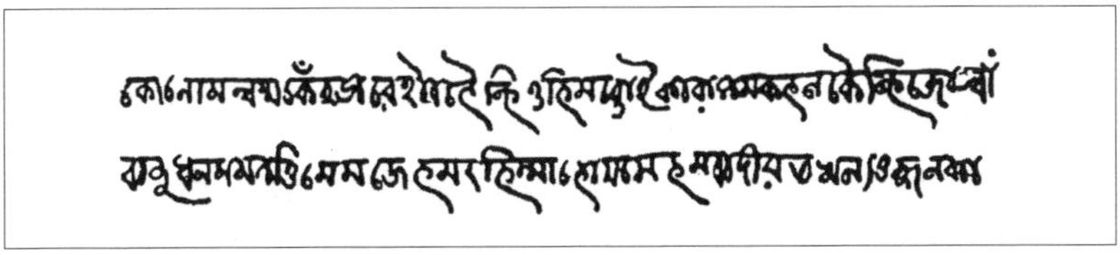

그림 82 마이틸리 문자

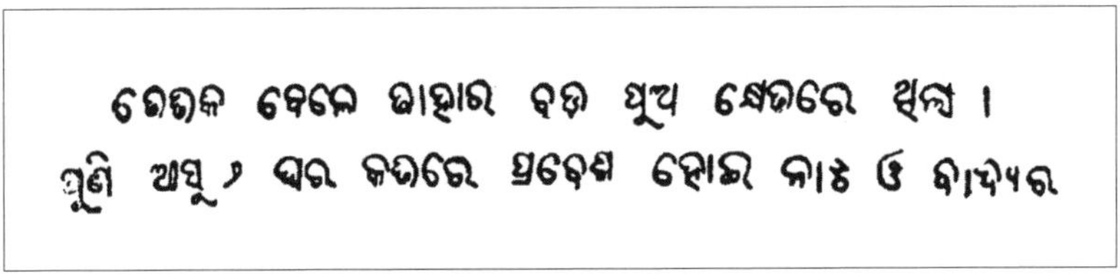

그림 83 오리야 문자

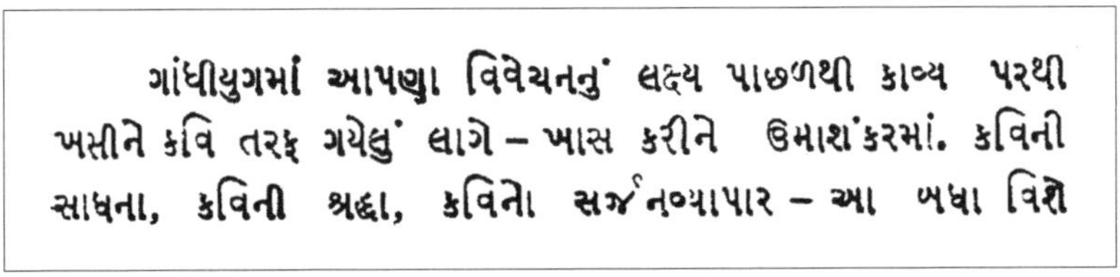

그림 84 구자라트 문자

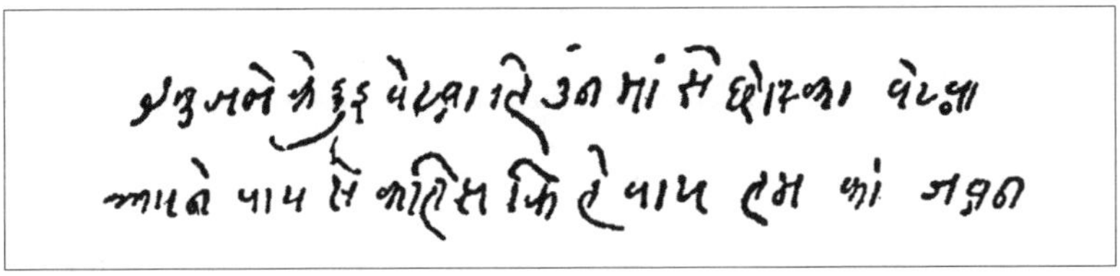

그림 85 카이티 문자

자를 이어주는 줄표가 끊어진다. 그 밖의 경우에는 모든 단어가 연이어 쓰인다. 단어 구분은 '산디'sandhi로 일컫는 것에 의해서만 표시된다. 산스크리트 필경사는 무척 신경써서 단어를 구분했다. 예컨대 문장을 구성하는 단어들보다 문장 자체를 우선시하며 '마디'breath group로 표시했

다. 한 문장이 끝나는 곳은 |, 단락이 완전히 끝나는 곳은 ||로 표시했다.(그림 75 참조)

마침내 데바나가리 문자는 인도의 주된 문자가 되었고, 더 나아가 힌디어(그림 77)를 비롯해 마르와리어, 쿠마오니어 및 여러 비非인도·아리아어 등 그 지역의 여러 언어를 표기하는 데 사용되며 세계에서 가장 중요한 문자 중 하나가 되기도 했다. 데바나가리 문자가 인도 유일의 문자가 되지 못한 것은 그 지역이 오랫동안 분열된 게 큰 원인일 수 있다. 그래도 나중에 데바나가리 문자는 시크교도들이 펀자브어를 표기하려고 1500년대에 만들어낸 구르무키 문자의 모어가 되었다.(그림 78) 데바나가리 문자는 지금까지도 살아남아, 인도에서 10개의 주된 문자(라틴 문자와 페르시아·아랍 문자 포함) 및 약 190개의 소수 문자와 더불어 경쟁하고 있다.

북인도에서 나가리 문자에서 파생된 또 하나의 중요한 문자는 원형 벵골 문자다. 원형 벵골 문자에서 파생된 벵골 문자(그림 79)는 상당수의 중요한 언어들[벵골어, 벵골어에 네 글자가 더해진 아삼어(그림 80), 마니푸리어(그림 81), 마이틸리어(그림 82), 티베트·버마어족의 일부, 산탈어군(서벵골, 비하르, 오리사)]을 표기하는 데 거의 500년 동안 사용되었다. 오리사에 살던 오리야어를 사용하던 오리야족은 벵골 문자를 기초로 자체의 문자를 만들어냈다.(그림 83) 구자라트 문자(그림 84)와 카이티 문자(그림 85)는 각각 구자라트어와 비하르어를 표기하는 데 사용되었고, 벵골 문자와 밀접한 관계가 있다. 하지만 현재 비하르어를 표기하는 데는 데바나가리 문자가 사용된다.

사라다 문자는 굽타 문자의 또 다른 자손 문자로, 타크리 문자를 낳왔다. 다시 타크리 문자에서는 카슈미르의 카슈미르 문자가 파생했다.

굽타 문자의 또 다른 자손 문자인 팔리 문자는 불교와 관련된 프라크리트어를 표기할 목적에서 특별히 고안된 많은 문자[예컨대 시암 문자(혹은 고대 타이 문자), 버마 문자, 싱할라 문자 등]의 모어가 되었다. 프라크리트어는 인도의 북부와 중부에서 사용하던, 산스크리트와 직간접적으로 관련된 방언들의 총칭이다. 불교가 널리 전파됨에 따라, 팔리계 문자들도 덩달아 알려졌다. 오늘날 인도에는 팔리계 문자들을 사용하지 않는다. 지금까지 살아남은 몇몇 문자는 중앙아시아와 동남아시아의 불교국들, 인도네시아의 섬들에서 찾아볼 수 있으며, 그곳에서 여러 새로운 문자를 만들어내는 모태 역할을 해냈다. 시암 문자, 곧 고대 타이 문자는 성조聲調를 나타내는 방법론을 유일무이하게 개발해냈다.[50] 시암 문자가 도입된 뒤에 타이어가 변했기 때문에 몇몇 자음은 불필요한 것이 되었다. 그 '잉여적' 글자들은 나중에 성조 글자로 바뀌었다. 또 타이 문자에는 4개의 발음 구별 부호가 있고, 그 부호는 자음의 오른쪽 '어깨'에 덧붙어 성조를 전달한다. (자음에 이미 모음을 구별하는 부호가 있는 경우에는 성조 표시가 바로 위쪽에 더해진다.) 인도·아리아어군에서와 달리, 타이어군에서는

그림 86 1800년대에 대나무에 쓰인 레장 문자. 카비 문자에서 파생된 레장 문자는 남수마트라에서 레장족이 말레이어를 표기할 때 사용한다.

모음이 연속되는 경우가 흔하다. 따라서 그런 경우에 특별한 표시가 융통성 있게 사용된다. 더구나 영어 bean에서 a처럼 더는 발음되지 않는 묵음, 곧 과거의 철자를 그대로 유지하는 묵음에도 발음 구별 부호가 더해진다. 이 원칙을 영어 bean에 적용하면 bea*n으로 쓰일 것이다.

팔리 문자에서 파생된 또 하나의 문자는 카비 문자다. 인도에서 종교와 문화의 영향을 장기적으로 받은 뒤에 인도네시아 섬들에서는 카비 문자를 비롯해 여러 새로운 문자가 만들어졌다. 카비 문자는 9세기부터 15세기까지 자바섬에서 지배적인 문자로 사용되었다. 시암 문자를 본떠 만들어진 카비 문자는 자바어 사용자, 곧 자바섬에서 가장 큰 언어 공동체의 문자가 되었다. 하지만 자바섬에서 카비 문자는 독특한 특징을 띠었다. 예컨대 서신에서 수신자에 대해 발신자 계급을 나타내는 특별한 기호가 사용되었다(신분의 고하 및 동등함을 나타내는 기호가 있었다. 자바계 카비 문자는 인도계 문자에서 사회적 관계를 체계적으로 표현한 유일한 문자였

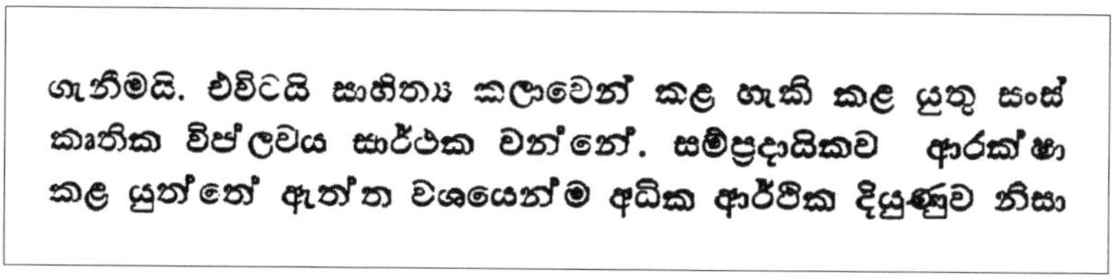

그림 87 싱할라 문자

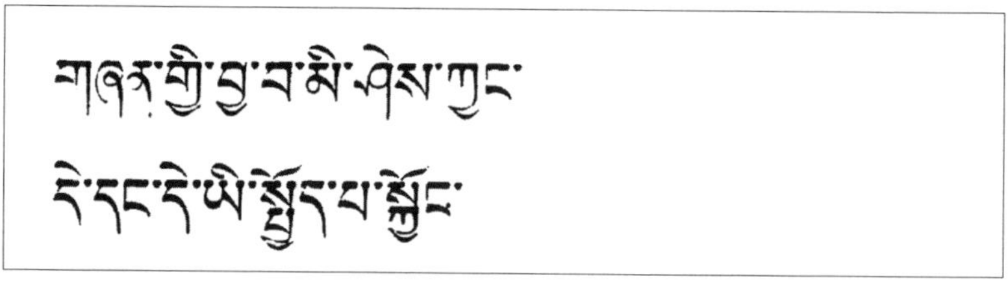

그림 88 티베트 문자

다). 또 새로운 단락의 시작을 알리는 문장 부호가 있었고, 고유명사를 표기할 때는 모든 글자가 대문자로 쓰였다.[51] 이 지역에는 카비 문자에서 파생된 몇 개의 문자가 있다.(그림 86) 유럽인이 도래하기 전에 오세아니아에서 통용되던 모든 문자도 카비 문자에서 파생한 것이다. 셀레베스섬의 마카사르·부기 문자(수마트라섬의 바탁 문자를 차용한 경우)와 지금은 소멸한 필리핀의 타갈라 문자와 비사야 문자가 대표적인 예다. 필리핀이 서양인을 처음 접촉한 때는 1521년이다.

남인도, 스리랑카, 몰디브에서 사용되는 싱할라 문자도 팔리 문자에서 파생되어 팔리 문자의 원칙들을 기반으로 하지만, 남인도의 말라얄람 문자에 크게 영향을 받았다.(그림 87)

또 하나의 중요한 북인도계 문자는 굽타 문자에서 파생된 문자, 따라서 나가리 문자와 사라다 문자, 팔리 문자와 자매 관계에 있는 티베트 문자다.(그림 88)[52] 하지만 티베트어를 표기하는 데 티베트 문자는 무척 부

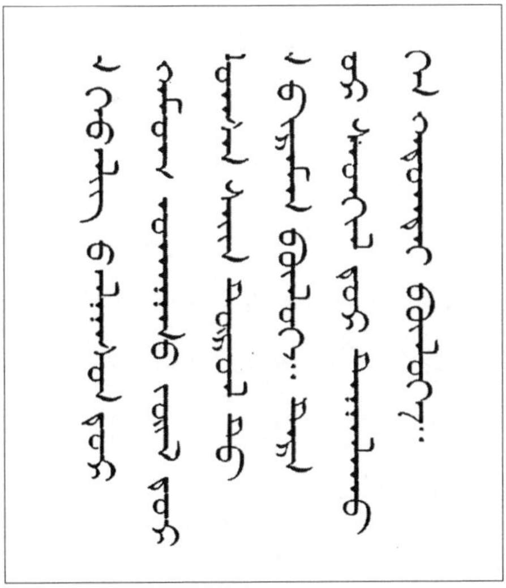

그림 89 현대 몽골 문자

족한 편이다. 티베트 문자 역시 인도·아리아계 문자여서, 모음을 나타내기 위해서 발음 구별 부호가 자음 알파벳에 덧붙여진다. 그러나 모음 글자는 /a/ 하나밖에 없고, 이 /a/는 문자 체계 자체의 '기본음' /a/와 똑같다. 따라서 다른 모음을 나타내기 위해 다른 발음 부호를 덧붙일 때 이 /a/가 사용된다. 티베트 문자가 굽타 문자를 기초로 만들어진 서기 700년경 이후로 티베트어는 크게 달라졌지만 문자는 거의 변하지 않았다. 따라서 오늘날 티베트어를 읽어내는 게 무척 어렵다. 가장 큰 문제는, 티베트어가 성조 언어인 데도 성조가 전혀 표시되지 않는다는 것이다. 티베트인은 글말을 입말에 맞추려고 오랫동안 노력했지만, 실패한 대가가 높은 문맹률로 나타났다. 이제 티베트에서는 정부 명령으로 모든 학교가 중국어로 중국 한자만을 가르친다.

몽골 문자는 크게 파스파 문자와 변형된 위구르 문자로 나뉘며, 둘 모두 음소문자다. 파스파 문자는 1260년 몽골 제국의 황제이자 중국 원나라의 시조인 쿠빌라이 칸의 명령으로 달라이 라마인 파스파(1235~1280)가 티베트 문자를 기초로 만든 문자다. 위구르 문자의 궁극적인 기원은 아람 문자다. 몽골 필경사는 1300년대에 티베트 문자에서 몇몇 기호와 부호를 차용해 위구르 문자를 개선해보려 했다. 그 결과로 만들어낸 문자가 갈릭 문자다. 왼쪽에서 오른쪽으로 세로로 쓰이는 현대 몽골 문자(그림 89)는 갈릭 문자에서 탄생한 것이다.

절대적이지는 않아도 일반적으로 말할 때 북인도계 문자들이 기원전 1900년경 인도 아대륙에 침략해 들어온 인도·유럽어족의 한 분파인 인도·아리아어군을 표기하는 데 쓰였다면, 남인도계 문자들은 주로 아대륙의 주된 토속어들, 곧 드라비다어족에 속한 언어들을 표기하는 데 쓰였다. 남인도계 문자는 북인도계 문자만큼 광범위하게 쓰이거나 영향력이 크지는 않다. 현재 남인도계 문자들은 타밀어, 텔루구어, 말라얄람어, 칸나다어 등을 전달하는 데 쓰인다. 나가리 문자보다 200년 앞서 남인도에서는 다섯 종류 이상의 문자가 쓰이고 있었다. 카담바 문자는 고대 칸나다 문자의 본보기가 되었고, 고대 칸나다 문자는 남인도에서 지역적으로 상당한 중요성을 띤 여러 문자의 탄생에 도움을 주었다. 서기 1500년경에는 고대 칸나다 문자에서 발전한 칸나다 문자(그림 90)와 텔루구 문자(그림 91)가 요즘 형태의 문자들로 개량되기 시작했다. 두 문자는 현재 남인도에서 가장 중요한 위치를 차지하는 문자다.

또 하나의 중요한 남인도계 문자는 그란타 문자다. 약 800년 전 그란타 문자는 말라얄람 문자의 본보기 역할을 했고, 말라얄람 문자는 말라얄람어만이 아니라 남인도 산스크리트를 전달하는 데 쓰였다.(그림 92) (현재 말라얄람 문자는 남부에서는 말라얄람어만을 표기하고, 서부에서는 텔루어도 표기한다.) 그란타 문자는 서기 750년경에 타밀 문자를 만들어냈다. 타밀 문자는 기능적인 면에서 북인도계 문자들과 유사했다. 나가리 문자가 중간 다리 역할을 한 듯하다. 전통적인 타밀 문자로 쓰인 글은 단순하고 쉽게 읽히는 것으로 유명하다. 반면에 현대 타밀 문자로 쓰인 글은 난해하기 이를 데 없다.(그림 93)[53] 전통적인 타밀 문자에서는 /ph/ 같은 기식음이나 /f/ 같은 마찰음을 나타낼 필요가 없었다. 따라서 글자 수는 약 20개로 적은 편이었다. 반면에 고대 칸나다 문자에는 글자 수가 약 40개, 말라얄람 문자에는 53개가 있었다.

북인도계 문자와 남인도계 문자의 공통점은 모음을 구분하는 부호를 자음에 의무적으로 덧붙인다는 브라흐미 문자의 원리를 공유한다는 데

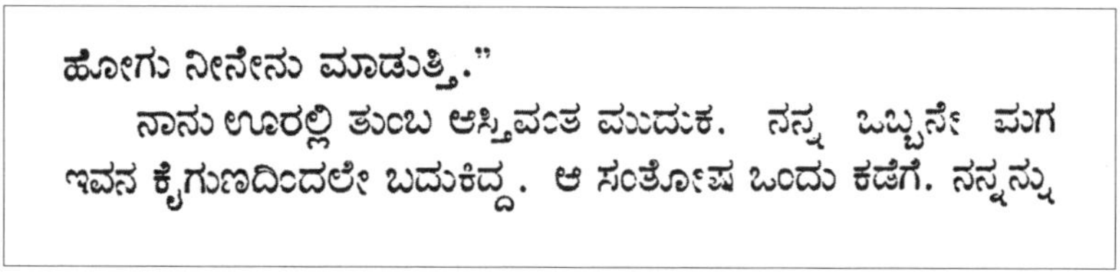

ಹೋಗು ನೀನೇನು ಮಾಡುತ್ತಿ."

ನಾನು ಊರಲ್ಲಿ ತುಂಬ ಅಸ್ತಿವಂತ ಮುದುಕ. ನನ್ನ ಒಬ್ಬನೇ ಮಗ
ಇವನ ಕೈಗುಣದಿಂದಲೇ ಬದುಕಿದ್ದ. ಆ ಸಂತೋಷ ಒಂದು ಕಡೆಗೆ. ನನ್ನನ್ನು

그림 90 칸나다 문자

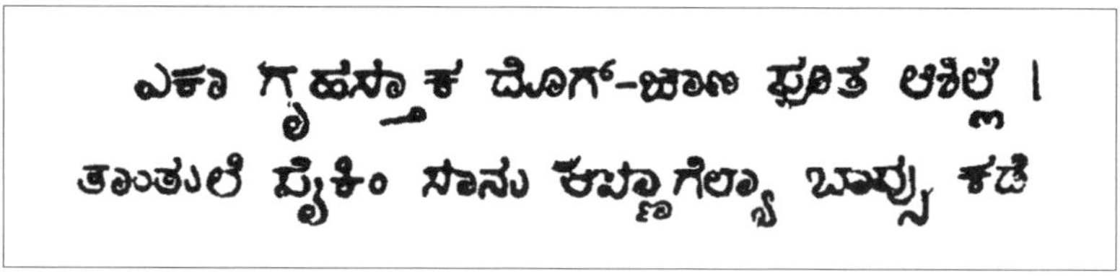

ఎకా గ్యహస్థాక దొగ్-జాణ ఫూత లఇల్ల l
తాంతులె బ్యఖం సాను కఱ్ణగిల్యా బావ్సు కఇ

그림 91 텔루구 문자

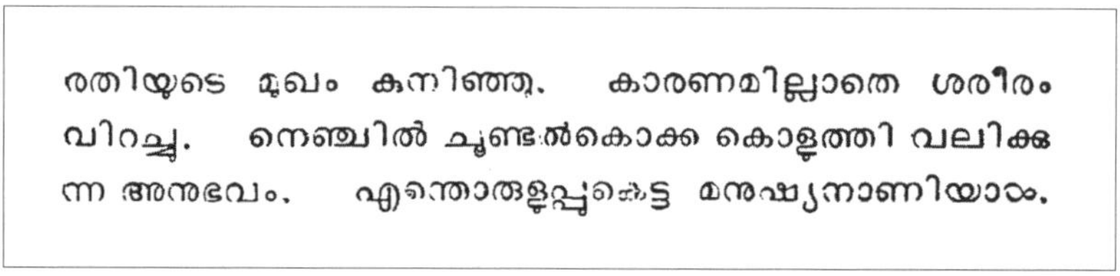

രതിയുടെ ഝൂഖം കുണിഞ്ഞു. കാരണമില്ലാതെ ശരീരം
വിറച്ചു. നെഞ്ചിൽ ചൃണ്ടൽകൊക്ക കൊളുത്തി വലിക്ക
ന്ന ആനുഭവം. എന്തൊരുളപ്പെട്ട മനുഷ്യനാണിയാം.

그림 92 말라얄람 문자

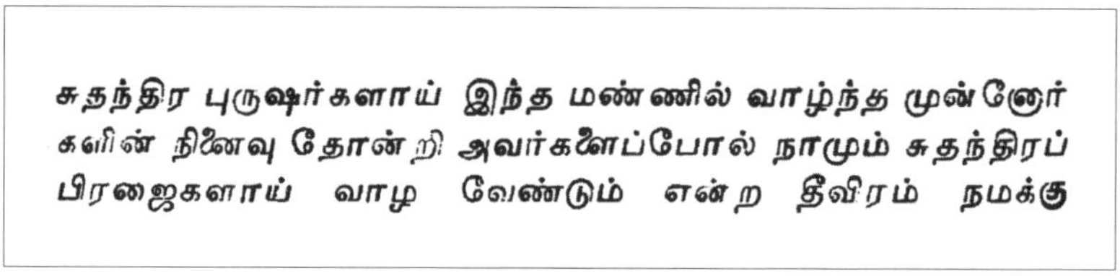

சுதந்திர புருஷர்களாய் இந்த மண்ணில் வாழ்ந்த மூன்றோர்
களின் நினைவு தோன்றி அவர்களைப்போல் நாமும் சுதந்திரப்
பிரஜைகளாய் வாழ வேண்டும் என்ற தீவிரம் நமக்கு

그림 93 타밀 문자

있다. 차이점은 지역적 요구에 따라 달라진 개별적인 언어들에 있을 뿐
이다. 모든 인도계 문자는 내적인 구조보다 외형에서 크게 다르다. 비유
해서 말하면, 모두가 한 식구이지만 다른 옷을 입고 있는 모양이다. 문자
의 내적인 형식, 곧 자음문자 체계라는 점에서 인도계 문자들은 유전적

으로 연결된다. 수백 개의 다른 모습을 띠는 외적인 형태에서 인도계 문자들은 사회적으로 분리된다. 일반적으로 사람들은 다른 무엇보다 외적인 형태, 곧 글자의 모양에서 유사성을 따지지, 시스템 자체는 거의 인식되지 않는다.

대부분의 인도계 문자가 여기에서는 거론조차 되지 않았다. 그 모두가 브라흐미 문자에 기원을 두고, 2,400년 동안 수백여 개 언어를 표기하는 데 사용된 문자들이다. 브라흐미 문자는 수적으로 많은 인류와 함께한 문자였다. 기원후 세 번째 천년시대에 들어서도 인도는 여전히 세계에서 가장 다채로운 문자를 보여주는 지역이다. 세계화의 영향으로 인도도 단순화와 축소, 또 폭넓은 대체는 피할 수 없지만, 변화에는 다른 어떤 지역보다 오랜 시간이 걸릴 것이다.

○ ○ ○

문자 체계가 처음으로 정립되자 문자의 급속한 확산과 다각화가 뒤따랐다. 음절문자가 비블로스, 아나톨리아, 에게해에서 오랜 세기 동안 행해졌다. 자음문자는 처음에는 이집트, 다음에는 레반트를 기점으로 서서히 확산되어, 결국에는 음절문자를 완전히 대체했다. 자음문자는 체계 자체가 변해가며 인도 아대륙의 언어들, 중앙아시아와 동남아시아의 언어들을 표기하는 데 계속 사용되었다. 그렇게 오랫동안 사용이 가능했던 이유는, 자음 음소를 표현하는 자음문자의 기저를 이루는 구조적 원리는 차용하기 쉽기 때문이었다. 요컨대 문자의 수명과 영향력을 결정하는 것은 문자 체계나 서체의 효율성이 아니라, 그 문자를 사용하는 집단의 경제력과 권위라는 뜻이다. 따라서 문자의 탄생과 소멸은 고대 사회에서 힘이 어떻게 이동했는지 보여주는 지표라 할 수 있다. 페니키아 문자에서 아람 문자로, 다시 아랍 문자로의 변천은 중동에서 1,700년 동안 경제력이 이동한 과정과 크게 다르지 않았다. 강력한 사회의 문자 체계, 예컨대 자음문자는 역사에 흔적을 남긴 반면, 약한 사회의 문자 체계는 소멸되었다. 이런 현상은 앞으로도 다르지 않을 것이다.

하지만 자음문자가 어떤 경우에나 편안한 표기법은 아니다. 자음문자는 셈어계에 대단히 적합했을 수 있지만, 자음과 모음을 똑같이 표현해야 하는 비셈어계 언어에는 부족한 면이 있다. 본질적으로 '더 나은' 문자 체계는 없다. 강력하고 부유한 종족의 언어도 마찬가지다. 앞에서 보았듯이, 어떤 종족이든 고유한 문자를 갖기 전에는 다른 문자를 차용한 뒤에 차근차근 고쳐나갔다. 기존 문자 체계를 실질적으로 사용할 수 있는 문자로 만들기 위해서는 혁신적인 변화가 필요한 경우가 많았다. 세 종류의 문자, 곧 표어문자와 음절문자와 음소문자는 각각 특정한 언어와 사회에서, 특정한 시대에 극대화되었다.[54] 자연과학에서 그렇듯이, 한 체계의 성공이나 생존은 반드시 우월성을 의미하지는 않는다. 적응성을 의미할 뿐이다.

문자의 역사에서 그런 적응력이 가장 최근의 주된 혁신으로 이어졌다. 그리스인은 적응력이란 타고난 능력을 발휘하며, 알파에서 오메가까지 어떤 것에나 적응할 수 있는 완전한 알파벳문자를 만들어냈다.

PART FOUR

알파에서
오메가까지

"페니키아인이 카드모스와 함께 그리스에 정착한 뒤에 많은 것을 이루어냈지만, 그중 가장 중요한 것은 문자였다. 내 생각에 문자는 그때까지 그리스인에게 전혀 알려지지 않은 것이었다." 기원전 5세기에 헤로도토스는 페니키아의 왕자이자 에우로페의 오빠인 전설적인 인물, 카드모스에 대해 이렇게 말했다.

그리스인은 자음문자를 페니키아인에게서 전해 받았지만, 그보다 훨씬 전부터 음절문자에 대해서는 알고 있었다.(3장 참조) 헤로도토스도 주장했듯이, 카드모스는 대략 1,650년 전, 다시 말하면 페니키아인의 조상이 음절문자를 그리스에 전해준 때 살던 인물이다. 그래서 헤로도토스는 그리스가 처음으로 문자를 차용했다는 전설을 언급한 것이다.

물론 그리스 문자와 페니키아 문자보다 이집트 문자가 이집트어의 자음 음소에 해당하는 하나의 기호로만 각각의 자음 음소를 표기한 최초의 문자로 여겨진다. (영어 bin과 pin에서 b와 p처럼, 음소는 언어 체계에서 기능적 관계로 규정되는 언어음이다.) 각각 자음 음소에 오로지 하나의 기호만을 부여하는 문자 체계는 시나이와 가나안에 전해지며, 융통성과 경제성으로 문자 체계를 혁명적으로 바꿔놓았다. 그때부터 수백 개에 달하는 기호를 배우지 않아도 되었다. 많아도 30개 '글자'(알파벳을 이루는 기호)이면 어떤 언어의 자음 음소를 충분히 표기할 수 있었다. 그리하여 문자는 누구나 사용할 수 있는 것이 되었다.

특히 북셈어 문자들에서 확인되고 입증되듯이, 이 혁신은 신속히 확산되며, 지역적으로나 언어적으로 세 방향의 발전을 끌어냈다.[1] 페니키아인은 아람 문자에 영향을 주었고, 다시 아람 문자는 남아시아와 동남아시아의 수백여 문자에 영향을 주었다.(3장 참조) 게다가 페니키아 문자에서 영향을 받은 아람 문자는 몽골 문자와 중국 청나라 문자에도 자극을 주었다. 몽골 문자와 청나라 문자는 별다른 관계가 없는 인도계에서 파생된 문자에서 이차적인 영향을 받은 것이다. 그러나 이 모든 혁신적 변화가 일어나기 전에, 페니키아인이 그리스인에게 영감을 주었다. 요컨대 그리스인이 페니키아의 자음문자를 차용해 훌륭히 개량한 뒤에야 '완전한' 문자(모음에도 자음과 동등한 지위를 부여하는 문자)가 탄생할 수 있었다. (물론 언어학자의 음성 기호만이 완전하지만, 일상적으로 사용하기에는 너무 짐스럽다.)

그리스 알파벳Greek Alphabet

'바다의 사람들'Sea Peoples이 몰락한 뒤로 지중해 무역을 지배하던 레반트의 상인들, 곧 티레와 시돈, 비블로스와 아슈켈론 등 레반트의 부유한 항구를 기반으로 활동하던 상인들에게서 그리스인이 '페니키아 글자'를 직접 전달받았을 것이란 추정을 부정하는 학자는 없다. 하지만 이 차용이 언제 어디에서 일어났느냐에 대해서는 의견이 분분하다. 그리스인이 호메로스의 시를 기록해두려는 목적에서 그리스 알파벳을 '발명'했다는 최근의 주장은 허황된 것이다. 또 미케네 문명이 기원전 13세기에 붕괴된 이후로 그리스인이 글을 쓰는 기술을 상실했다는 관련된 주장도 사실이 아니다.[2] 미케네 문명이 붕괴된 직후, 키프로스의 그리스인이 키프로스·미노스 문자를 선형문자 C로 바꾸었고, 나중에는 페니키아 문자를 차용해 선형문자 C와 함께 사용했다.

페니키아 문자의 차용은 페니키아 상인들과 긴밀히 접촉한 결과였다. 키프로스 필경사는 페니키아 상인의 알파벳문자가 음절문자보다 더 신속하고 더 쉽게 회계를 작성할 수 있다는 걸 경험적으로 알았다. 이런 추정은 초기 키프로스 알파벳문자의 어떤 현상(음절문자에 길든 필경사만이 보여주는 어법)에서 확인된다. 그리스가 페니키아 알파벳을 차용한 정확한 시기는 불분명하지만, 기원전 10세기, 아무리 늦어도 기원전 850년경에 차용했을 거라는 게 고전학자들의 전반적인 의견이다.[3] 대영박물관 관장이자 도서관장이던 에드워드 몬드 톰프슨Edward Maunde Thompson, 1840~1929이 일찍이 1906년에 제기한 의견이 한 세기가 지난 지금도 여전히 유효하다. "그리스인은 늦어도 기원전 9세기에는 페니키아인에게서 글을 쓰는 문자를 배웠을 것이다. 어쩌면 한두 세기 먼저 페니키아 문자를 받아들였을 가능성도 있다."[4]

글을 쓰는 전통이 그리스에서는 중단된 적이 없다. 기원전 2000년경 레반트에서 문자를 얻은 뒤로 그리스인은 문자를 완전히 상실한 적이 전

혀 없다. 인도·유럽어를 사용하는 어떤 민족도 그처럼 오랫동안 문자를
보유하지는 못했다.

다시 말하면, 그리스어를 사용하던 언어 공동체들이 문자를 두 번 차
용했지만, 두 문자는 체계적으로 다른 것이며, 두 번 모두 레반트에서 차
용했다는 뜻이기도 하다. 기원전 2000년경, 크레타섬의 미노아·그리스
인은 비블로스에서 음절문자라는 개념을 빌려왔지만, 개별적인 기호나
셈어의 음가까지 차용하지는 않았다. 그 뒤로, 기원전 1000년~기원전
900년경에는 키프로스·그리스인이 페니키아에서 알파벳문자, 곧 음소
문자라는 개념을 빌려왔고, 이번에는 기호만이 아니라 셈어의 음가도 차
용했다. 알파벳문자는 기원전 850년~기원전 775년경부터 로도스섬과
크레타섬을 필두로, 에비아섬을 거쳐 에게해의 그리스인에게도 전해졌
다. 음절문자에서 음소문자로 변하며, 그리스 문자에서는 모음이 증가했
다. 곧이어 인도 아대륙에서도 유사한 변화가 일어났다. 두 지역에서 모
음이 증가한 현상은 모어母語인 셈어와 배치되는 현상이었다. 셈어는 근
본적으로 자음문자이기 때문이다.

그리스가 레반트에서 두 번째로 문자를 차용한 행위는 '일차적인 전
달'primary transmission과 다르지 않았다. 그 행위가 완전히 새로운 문자 형
태를 만들었고, 그 뒤에 '이차적인 전달'을 통해 새로운 문자가 그리스 언
어 공동체 전체에 퍼졌기 때문이다.[5] 이 이차적인 전달로 말미암아, 고고
학적 탐사에서 확인되듯이 지역에 따라 조금씩 다른 그리스 알파벳의
변이체가 생겨났다. 알파벳의 여러 지역적 차이는 영토의 재확장에 나선
그리스의 역사적 역동성에서 비롯된 것일 수 있다. 주로 에비아·그리스
인이 그 새로운 알파벳을 그리스 해안을 넘어 멀리까지 갖고 나가기 시

작했다.[6] 특히 기원전 8세기 초, 에비아·그리스인은 새로운 길을 개척해 무역로를 확대하며, 동쪽으로는 시리아부터 서쪽으로는 나폴리 근처의 이스키아섬까지 곳곳에 무역 거점을 세웠고, 자신들이 사용하던 그리스 알파벳의 변이체도 그곳들에 전해주었다.[7] 그 에비아 문자는 기원전 8세기에 만들어진 것이어서, 크레타와 티라, 밀로스 등에서 사용되던 것으로 페니키아 문자의 원형에 더 가까운 고대 그리스 알파벳을 개량한 친척 문자다.

역사적으로 그리스인은 모음 음소를 체계적이고 지속적으로 표기한 최초의 민족이다. [아람어 필경사는 수백 년 뒤에야 matres lectionis(읽기의 어머니)라는 모음 기호를 사용했고, 뒤이어 히브리인이 모음을 구별하는 부호를 도입했다.](3장 참조) 게다가 그리스인은 모음이 자음인 것처럼 모음마다 다른 기호를 부여했고, 나중에는 모음 기호를 단독으로나 자음과 결합해 사용했다. 이렇게 자음과 모음을 함께 사용함으로써, 그들은 앞뒤로 고안된 어떤 문자 체계보다 말을 충실히 재현해냈다. 그리하여 그리스인은 언어에서 유의미한 소리들을 처음으로 '정리해 배치'mapping하는 데 성공했다. 키프로스 필경사는 그저 자신들의 언어를 표기할 목적에서 새로운 페니키아 문자를 이용했지만, 작은 수정만으로 지상의 어떤 언어도 표기할 수 있는 혁신적 방법을 생각해냈다. 이렇게 그리스인은 주어진 한계 내에서 알파벳문자를 '완성'해냈다.

기원전 2000년경 음절문자를 차용했을 때 그리스인은 사물에 대한 미노아·그리스어 명칭을 기초에 두고, 리버스 원리를 적용해가며 완전히 새로운 일련의 그림 음절 기호를 만들어내야 했다. 한편 알파벳문자를 차용할 때 키프로스·그리스인은 알파벳이란 개념만이 아니라 페니키아 기호까지 받아들였다. 그 기호들이 글자이지 그림이 아니기 때문이다. 달리 말하면, 중요한 것은 기호의 소리이지 의미가 아니라는 뜻이다. 내 친김에 그리스인은 각 명칭의 고대 페니키아 명칭까지 채택했다. 또 알레프, 베트, 기멜, 달레트 등으로 이어지는 셈어계의 전통적인 순서도 채택했지만 그리스어로 알파, 베타, 감마, 델타로 발음했다. 각 명칭에 담긴 의미는 중요하지 않았다. 각 글자의 이름이라는 것만으로 충분했다.

다시 말하면, 그리스인도 많은 종족이 수천 년 전에 유사한 환경에서 행한 대로 행동했을 뿐이다. 곧 다른 문자 체계를 차용한 뒤에 토착 언어의 요구에 맞추어 문자 체계에 변화를 주었다. 그보다 약 500년 전에 우가리트 필경사가 일찌감치 세 개의 장모음과 단모음 /a/, /i/, /u/를 사용하며, 자신들의 자음문자를 '완전하게' 만들려고 시도한 적이 있다. 단순화해서 말하면, 자음과 모음으로 구성된 그리스 알파벳은 우가리트 문자의 변이형에 불과했다. 페니키아인도 자신들의 요구에 완벽하게 부합하는 알파벳, 또 그 자체로 선진화된 알파벳 서체로 표현된 알파벳을 이미 사용하고 있었다.(그림 94) 하지만 단순성과 적응성을 기준으로 보면, 키프로스·그리스인의 기여는 문자의 역사에서 가장 최근에 이루어진 혁신적 변화로 여겨야 마땅하다.

그리스인이 그런 변화를 도모한 이유가 무엇일까? 언어학자 플로리안 쿨마스가 통찰력 있게 지적한 내용에 따르면, "셈 알파벳이 비셈어에 적용되면, 상당한 변형 없이는 해당 언어를 표기하는 데 사용할 수 없기" 때문이다.[8] 페니키아인이 사용한 셈어와 달리, 그리스어의 모음과 자음에는 정보가 동등한 정도로 담겨 있다. 그리스의 예전 음절문자에도 모음이 내재해 있다는 걸 키프로스 필경사는 당연히 알았을 것이다. 그런

그림 94
페니키아 자음 알파벳을 차용한 그리스 알파벳

페니키아 기원전 1000~기원전 900년경	크레타 기원전 750년경	아테네 기원전 700년경	이오니아 기원전 400년경	이름/음가
알레프 /ʔ/	A	⊬	A	알파 /a,ā/
베트 /b/	٩	없음	B	베타 /b/
기멜 /g/	Λ	없음	Γ	감마 /g/
달레트 /d/	Δ	없음	Δ	델타 /d/
헤 /h/	⅃	⅃	E	엡실론 /ɛ/
바브 /w/	⅄	없음	없음	(디감마 /w/)
자인 /a/	I	|	I	제타 /z/
헤트 /h/	日	日	H	에타 /æ/
테트 /ṭ/	⊗	없음	Θ	테타 /tʰ/
요드 /j/	⛎	⛎	I	요타 /i,ō/
카프 /k/	⅄	⋉	K	카파 /k/
라메트 /l/	∧	⌐	Λ	람다 /l/
멤 /m/	⌐	M	M	무 /m/
눈 /n/	∿	∿	N	누 /n/
사메크 /ṣ/	없음	없음	Ξ	크시 /ks/
아인 /ʕ/	⊙	O	O	오미크론 /o/
페 /p/	⌐	⌐	Γ	피 /p/
차데 /sɒ/	M	없음	없음	(산 /s/)
코프 /kɒ/	Φ	없음	없음	(코파 /k/)
레쉬 /r/	٩	٩	P	로 /r/
신 /s,š/	없음	⟨	Σ	시그마 /s/
타우 /t/	T	T	T	타우 /t/
	Y		Y	윕실론 /y,ȳ/
			Φ	피 /pʰ/
		X	X	키 /kʰ/
			Ψ	프시 /ps/
			Ω	오메가 /ō/

각 글자는 여러 변이형 중 하나로 표현된 것이다.

데도 그들은 페니키아 알파벳을 기초로 모음들을 만들어냈다. 페니키아 알파벳을 구성하는 글자들의 이름을 '연도'連禱하듯 암송해보면, 기존 그리스 모음들과 유사한 소리들이 있었다. 그러나 그리스인이 인지하지 못하는 자음(그 자음에 해당하는 소리가 그리스어에는 존재하지 않기 때문에), 혹은 자음적 가치보다 모음적인 속성을 살리기 위해 의도적으로 무시해야 하는 자음이 그 모음들을 앞서는 경우가 많았다.[9] 따라서 페니키아 글자들의 재해석은 "비셈어의 음운 체계를 지닌 언어를 사용하는 사람들이 글자의 이름과 두음 원리를 알게 된 결과"로 자연스레 일어났다.[10]

셈어의 음운 체계(한 언어가 지니는 유의미한 소리들의 관계)는 그리스어와 무척 달랐다. 모든 페니키아 단어는 자음으로 시작했지만, 그리스 단어는 모음으로 시작하는 경우가 많았다. 그리스 필경사는 그 의미조차 사라져 모르는 페니키아 글자들의 이름을 발음하기 위해서라도 중대한 변화를 감행할 수밖에 없었다. 몇몇 자음 글자의 소리는 기원전 1000년경에 그리스어에서 입말로 필요하지 않았지만, 순전히 이름에 담긴 모음 때문에 차용되었다. 이리하여 페니키아 글자들에서 '약한 자음'이나 '반모음' 소리는 자음이나 반모음이 아니라 순수히 모음으로 들리거나, 순전히 모음으로 선택되어 사용되었다. 따라서 고대 페니키아에서 ʾālep(알레프)는 성문음이지만, 그리스어에서는 모음 A(알파)가 되었다. 고대 페니키아 글자 hē(헤)는 그리스어 E로 해석되었다. (/h/는 그리스어에서 종종 나타났지만 아무런 표식이 없었고, 나중에는 필요할 때 발음을 구분하는 부호가 되었다.) 고대 페니키아 글자 yōd(요드)는 반자음이지만 그리스어 I가 되었다. 또 고대 페니키어 글자 ʾayin(아인, 성문음)은 그리스어 O가 되었다. 달리 말하면, 최초의 그리스어 알파벳문자에는 이 모음들이 모두 있었다.

/y/(프랑스어에서 tu)는 애초부터 고대 페니키아어에 존재하지 않아, 이 소리에 해당하는 그리스어 Y는 다른 곳에서 차용한 것이다. 오랜 시간이 지난 뒤에 그리스인은 Y와 ou(영어에서 boot)를 구분했다. 현대 프랑스에서 u와 ou를 구분하는 경우라 생각하면 된다. 하지만 Y는 고대 페니키아 글자 wāw(바브, /w/)이기도 했다. 이 글자가 나중에 변형된 형태로 초기 그리스어에서 '디감마' /w/가 되었다. (이 소리도 나중에 그리스어가 변하며 최종적으로 알파벳에서 탈락했다.)

그리스인은 그 밖에도 3개의 기호를 새롭게 추가했다. 이 기호들은 키프로스 문자에서 차용했을 가능성이 크다. 세 기호는 고대 페니키아 문자에는 없었지만 그리스어에서 빈번하게 사용한 자음들을 표기하는 데 쓰였다. 그리하여 원래 p+h(영어에서 top hat)를 합한 음이던 /ph/에 해당하는 φ, /kh/에 해당하는 x, 이중자음 /ps/에 해당하는 Ψ라는 세 기호가 만들어졌다.[11] 초기 그리스어에서는 모음 길이도 음소적 가치가 있었다. 달리 말하면, 몇몇 단어는 모음의 길이에 따라 의미가 달라졌다. 따라서 초기의 비문부터 고전 그리스어Classical Greek까지, 가장 자주 쓰인 두 장모음에는 특별한 글자가 주어졌다. 구체적으로 말하면, 장모음 /o:/에는 Ω(그리스어 o에서 아랫부분을 펼친 모양), 장모음 /ε:/에는 H(장모음 /e:/로 발음되던 고대 페니키아 글자 hēt에서 차용)가 주어졌다.

그리스 알파벳의 목록은 처음부터 상당히 완성된 수준이었다. 하지만 초기 그리스 문자로 글을 쓰는 작업은 꽤나 '원시적'이었다.(그림 95) 무척 오랫동안 표준화된 철자법이 없었기 때문이다. 소문자와 대문자를 구분하지 않았고, 문장 부호와 띄어쓰기도 없었다. 또 지역마다 고유한 관례를 따랐는데, 심지어 자체적으로 고안한 글자를 사용하는 곳도 있었다.

그림 95
디필론 항아리. 아테네의 고대
서문 근처에서 발굴. 그리스 문자로
초기에 쓰인 비문이 있다. "지극히
섬세하게 춤을 추는 그 사람에게."
기원전 730년경.

초기 그리스어로 쓰인 비문은 셈어처럼 오른쪽에서 왼쪽으로, 또 '황소가 밭갈이하듯이'boustrophedon 줄이 바뀔 때마다 글을 쓰는 방향도 달라졌다. 하지만 기원전 6세기경, 대부분의 필경사는 줄바꿈에 개의치 않고 항상 왼쪽에서 오른쪽으로 쓰는 방법을 선호했다. 결국 이 방법이 다른 모든 방법을 대체했다.

초기 그리스 알파벳문자는 크게 세 부류로 나뉜다. 크레타와 티라와 밀로스에서 사용하던 예스러운 알파벳, 에게해와 아티카 지역 및 소아시아 서부 해안에서 사용하던 동부 알파벳, 그리스 서부와 시칠리아 식민지에서 사용하던 서부 알파벳이다. 이 기간 동안 거의 그리스는 독자적인 도시 국가들의 잡다한 모임이었지 왕국이나 통일 국가가 아니었다. 하지만 기원전 4세기 중반경, 그리스에서 경쟁적으로 사용하던 잡다한 문자들이 폐기되고, 그리스 알파벳이 이오니아 알파벳으로 정리되었다. 쉽게 말하면, 이오니아(현재 튀르키예의 서부 지역)에서 사용하던 동부 알파벳이다. 이오니아 알파벳은 당시 고전 그리스어를 글로 옮기던 그리스 필경사에게 모든 곳에서 우선적인 대우를 받았다. 고전 그리스어는 아테네를 기반으로 사용하던 아티카어였다.(그림 96) 이오니아 출신인 호메로스의 《일리아스》와 《오디세우스》 덕분에, 이오니아 문자는 아테네의 그리스인에게 훌륭한 문자로 인식되었다. 그리하여 고전 시대 아테네의 그리스인은 기원전 403년~기원전 402년에 아테네에서 제작되는 모든 문서에 이오니아 문자를 의무적으로 사용하도록 했다.

헤로도토스의 시대인 기원전 5세기에 책은 주로 파피루스 두루마리였고, 때로는 20미터가 넘는 책도 있었다. 그리하여 과거에 종이로 쓰인 짐승 가죽들은 민족학적 골동품이 되었다. 기원전 2500년경 가죽(아카시아 꼬투리나 떡갈나무 껍질 같은 물질로 무두질한 가죽)에 이집트 상형문자로 쓰인 몇몇 문서가 아직도 전해진다. 고대에 짐승 가죽은 서아시아, 이라크, 페르시아 전역에서 일반적인 필기구였다. 털이 없는 쪽만이 글을 쓰는 데 쓰였고, 그래서 한쪽에 글을 쓴 가죽을 연결해 둥그렇게 만 두루마리 형태가 나타났다. 헤로도토스는 《역사》에서 "이오니아인은 가죽을 '스킨'이라 칭한다. 파피루스를 구하기 힘들었던 과거의 잔재인 셈이다. 과거에 글을 쓰는 가죽은 주로 염소와 양에게서 얻었다. 요즘에도 외국에서는 많은 사람이 가죽에 글을 쓴다"라고 말했다. (물론 기원후 첫 번째 천년시대에 짐승 가죽이 다시 우선적인 필기구가 되었다. 양피지와 송아지피지처럼 가공한 형태로 쓰였고, 기독교인 작가는 송아지피지를 선호했다.)(7장 참조) 오랜 세기 동안 그리스와 에트루리아와 로마는 돌과 나무껍질, 아마포, 점토와 도기, 벽, 귀금속, 납과 청동, 목재, 때로는 짐승 가죽에 기록을 남겼다. 하지만 대부분의 기록은 밀랍을 입힌 서판(그리스어로는 피나크소이 pínaksoi 혹은 델토이déltoi, 라틴어로는 체라cēra 혹은 타불라tabula)과 파피루스에 쓰였다. 고전 고대에는 방대한 자원을 지닌 이집트에서 양피지를 구하기 쉬웠다. 그렇게 글이 쓰인 뒤에 파피루스를 둥글게 말거나, 극히 드물었지만 낱장에 쓰인 뒤에 책으로 묶였다. 여기에서 그리스어로 bíbloi, 라틴어로 libri라는 단어가 만들어졌다.

문자에 대한 이야기들은 주로 공식적인 서체에 집중한다. 손으로 쓰는 공식적인 서체는 흔히 '북 핸드'book hand라 일컫는데, 이집트 상형문자의 경우가 그렇듯이 대부분의 공식적인 서체는 일반적인 것을 신속하고 간단하게 쓰는 방법으로 결국 귀결되기 때문에 '북 핸드'는 특별한 목적에 국한된다. 간단한 서체는 대체로 흘림체, 곧 물 흐르듯이 이어지는 서체다. 따라서 북 핸드보다 흘림체로 쓰이는 경우가 훨씬 더 많았다. 그리스 흘림체는 늦게 계산해도 기원전 3세기경에 시작된 듯하고, 대부분이 파피루스에 쓰였다.(그림 97) 각각의 글자가 한 획으로 쓰는 게 보통이었던 게 분명하다. 때로는 글자들이 이어지며 합자合字를 만들어냈다. 흘림체 그리스어 문자는 파피루스, 밀랍을 입힌 서판, 오스트라콘(도기 조각), 낙서 등에 쓰이는 일상적인 문자가 되었다.(그림 98) 그러나 석조 기념물, 온갖 종류의 금속과 점토에 새겨진 글은 거의 언제나 북 핸드로 쓰였다.

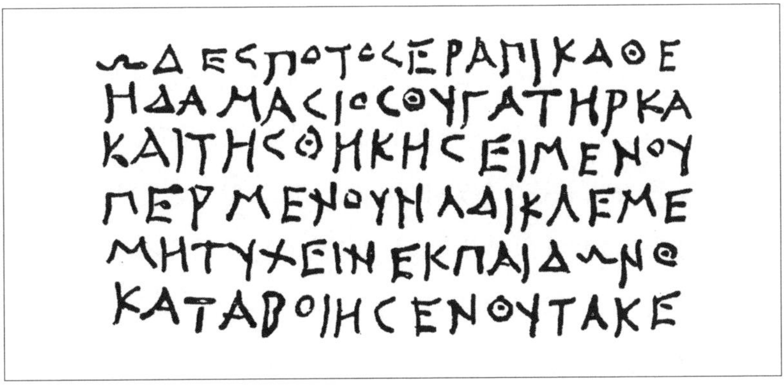

그림 96 고전 그리스어. 이른바 '아르테미시아의 파피루스'. 자식을 둔 아버지들에게 전하는 교훈이 담긴 글이다. 기원전 3세기 전반기의 것으로 추정되며, 지금까지 전해지는 가장 오래된 그리스 서체 중 하나다.

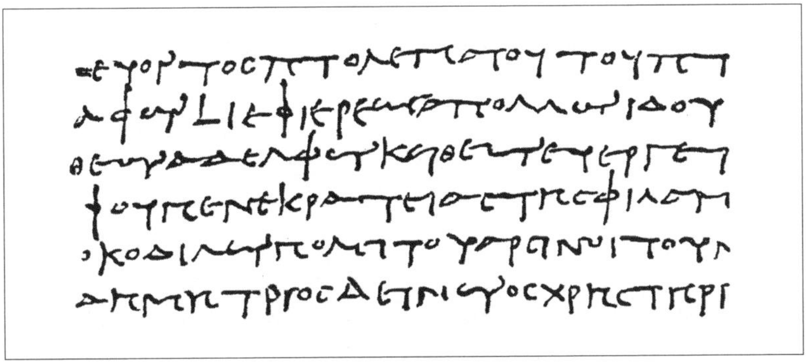

그림 97 초기 그리스 흘림체. 디논의 아들 데메트리오스의 유언. 기원전 237년.

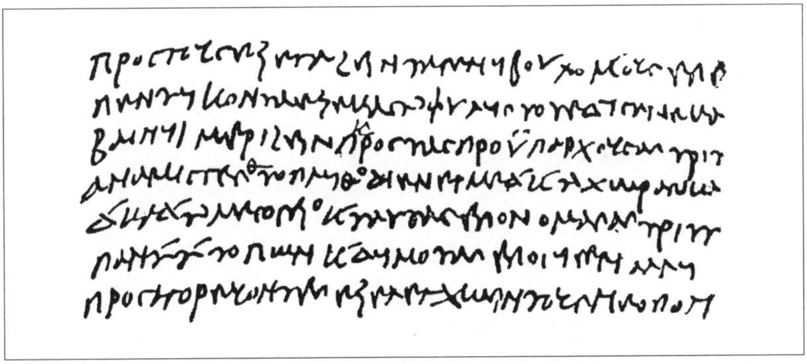

그림 98 후기 그리스 흘림체. 아리스토텔레스의 《아테네 헌법》. 기원후 100년경.

고문서학은 과거에 남겨진 서체와 글을 연구하는 학문이다. 그리스·로마 시대의 고문서를 연구한 결과에 따르면, 대문자와 소문자가 구분되지 않았다. 초기 그리스·라틴 문자에서 대문자가 처음 도입되었고, 그때 대문자에는 두 가지 종류가 있었다. 하나는 그리스 알파벳 글자에서 가장 오래된 형태로, 식별하기 위해 필요한 경우가 아니면 획이 직각으로 만나며 곡선이 되는 걸 피하는 대문자였다. 다른 하나는 기념물 및 일반 공식적인 비문에 쓰인 표준형 글자인 대문자였다. 곡선을 허용하는 언셜체

그림 99
그리스 문자에서 파생된 문자들의 계통도(요약)

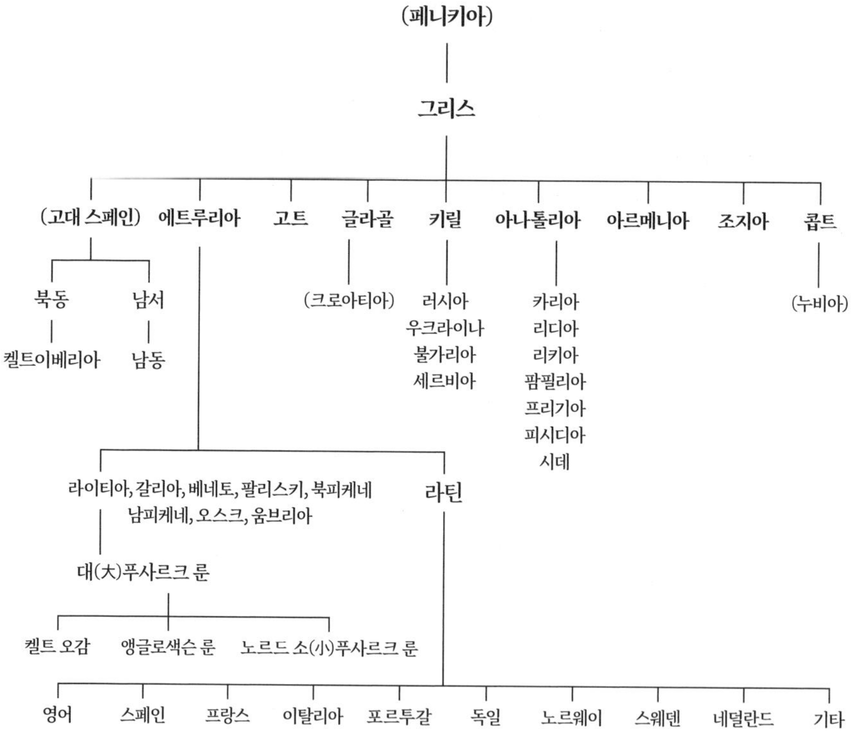

(페니키아)

그리스

(고대 스페인) · 에트루리아 · 고트 · 글라골 · 키릴 · 아나톨리아 · 아르메니아 · 조지아 · 콥트

북동 — 켈트이베리아

남서 — 남동

(크로아티아)

러시아
우크라이나
불가리아
세르비아

카리아
리디아
리키아
팜필리아
프리기아
피시디아
시데

(누비아)

라이티아, 갈리아, 베네토, 팔리스키, 북피케네
남피케네, 오스크, 움브리아

라틴

대(大)푸사르크 룬

켈트 오감 · 앵글로색슨 룬 · 노르드 소(小)푸사르크 룬

영어 · 스페인 · 프랑스 · 이탈리아 · 포르투갈 · 독일 · 노르웨이 · 스웨덴 · 네덜란드 · 기타

uncial script는 파피루스 같은 부드러운 재질에서 더 쉽게 쓰인다. 그 때문인지 초기의 파피루스에서는 언셜체가 일반적인 서체다. 현대 대문자와 무척 유사하지만 더 둥근 형태를 띠는 언셜체는 양피지와 송아지피지를 거의 절대적으로 사용한 필사본에서 기원후 4세기부터 8세기까지 주로 사용되었다.

그리스가 군사(알렉산더 대왕)와 경제와 문화 부문에 남긴 막강한 영향력 덕분에, 그리스 알파벳은 그 이후로 유럽에서 생겨난 '완전한'(모음이 충분히 표현된) 알파벳들의 원조가 되었다. 그 완전한 알파벳이 거의 전적으로 손자 격인 라틴 문자와 키릴 문자를 통해 세계 전역으로 퍼졌다. 그 과정은 2,000년이 지난 지금까지도 계속되고 있다.(그림 99)

기원전 첫 번째 천년시대에 소아시아(지금의 튀르키예)에서, 그리스 알파벳은 많은 비非그리스계 사람에게 영감을 주어 고유한 아나톨리아 알파벳을 만들게 했다. 그리하여 카리아 문자, 리디아 문자, 리키아 문자, 팜필리아 문자, 프리기아 문자, (로마 시대의) 피시디아 문자, 시데 문자가 만들어졌다.[12] 하지만 이 문자들은 해당 지역의 경제력이 쇠퇴하고, 뒤이은 외세의 침략으로 오랫동안 사용되지 못했다.

아르메니아 수도자 메스로프 마슈토츠(360~440)는 서기 405년경 아르메니아 문자를 처음으로 만든 언어학자로 여겨진다. 아르메니아어는 영어를 비롯해 게르만어파와 그리스어파가 속한 인도·유럽어족의 한 분파다. 그리스 알파벳에 기초한 아르메니아 문자는 처음에 대략 36개의 대문자로 만들어졌다. 1200년대, 아르메니아 소문자 흘림체notrgir가 고안되어 대문자로 글을 쓰는 걸 대체했다.(그림 100)

메스로프 마슈토츠는 서기 400년대 초에 알바니아 문자와 조지아 문

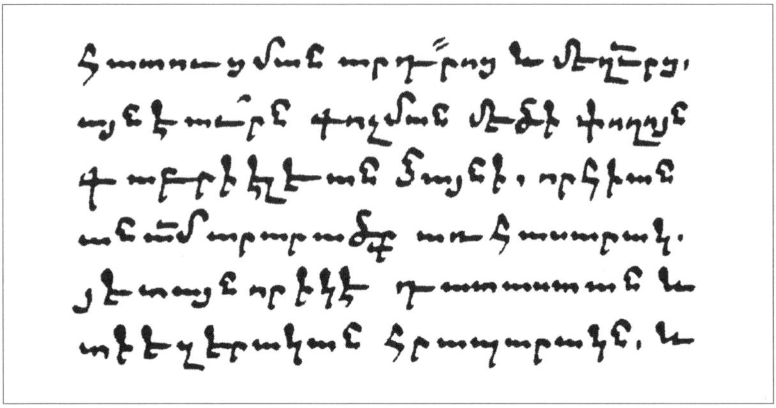

그림 100 소문자 흘림체(notrgir)로 쓰인 아르메니아 문자. 1616년.

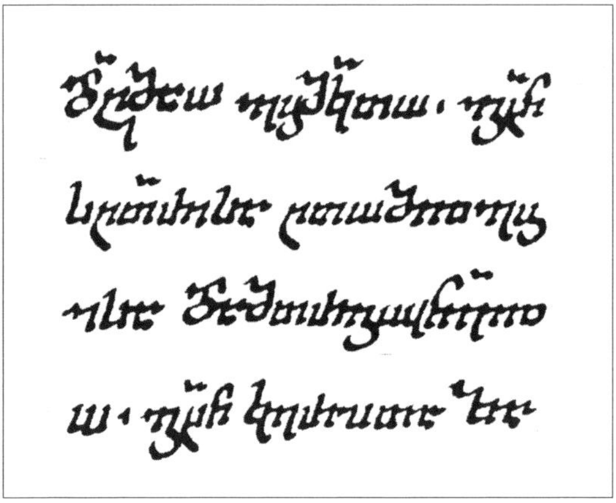

그림 101
조지아의 신성 서체.
1621년의 기도서.

자까지 고안한 주역으로도 여겨진다. 조지아어는 캅카스어계이지 인도·
유럽어계가 아니다. (이처럼 많은 일을 해냈다는 주장에 마슈토츠의 역할이 오
히려 의심스럽다.) 조지아 문자는 처음에 38개의 글자를 사용했다. 시간이
지나면서 조지아 문자의 여러 표기법이 개발되었고, 표기법에 따라 글자
수도 달라졌다.(그림 101) 비종교적인 글을 쓰는 도구로 시작된 '므헤드룰

리체'mkhedruli(민중 서체)가 이제 조지아에서 가장 빈번히 사용되는 서체가 되었고, 오늘날에도 여전히 사용되고 있다.

이집트(다음 내용 참조)에서는 그리스 알파벳이 콥트 알파벳을 낳았고, 콥트 알파벳은 세계에서 가장 오래된 문자 중 하나를 대체하기에 이르렀다. 발칸반도에서는 그리스 알파벳에서 글라골 문자와 키릴 문자가 잉태되었고, 키릴 문자는 궁극적으로 러시아 문자를 만들어냈다. 그리스 문자는 이탈리아반도의 여러 문자에도 영향을 주었다. 그중 가장 중요한 문자가 에트루리아 문자이고, 에트루리아 문자는 다시 라틴 문자, 곧 세계에서 가장 성공한 문자로 이어졌다.

메로에 문자Meroïtic Script와 콥트 문자Coptic Script

메로에어는 아프리카 '쿠시 왕국'의 언어이자 문자였다. 쿠시 왕국의 수도는 메로에(오늘날 수단의 베그라위야)였기 때문이다.[13] 기원전 250년경, 메로에의 필경사는 이집트 상형문자를 차용하거나 이집트어에서 파생된 기호를 사용해서, 자신들의 언어를 23개의 글자로 구성된 알파벳으로 표기하려 했다. 여기에서 각 글자는 세 모음이나 15개 자음, 혹은 어두의 /a/와 4개의 특별한 음절 기호 중 하나를 대신했다. 시기를 추정할 수 있는 최초의 글은 샤낙다헤테 왕비(기원전 180년~기원전 170년경 재위)의 신전에 상형문자로 쓰인 비문이다. 메로에 문자는 바위와 파피루스, 오스트라콘과 도기, 조각상과 석비, 신전 벽, 제단과 사당 및 제물대에 쓰였다.

메로에 문자 체계는 단순함에서 셈어가 기원이라는 걸 보여주고, 나중에 나바테아를 거쳐 아랍어를 만들어낸 아람 문자 규칙들을 그대로 따르는 듯하다.(3장 참조) 메로에 문자는 외형적으로는 이집트 문자와 유사하게 보일 수 있지만, 내적인 체계는 사실상 셈어와 똑같았다. 엄격히 말하면, 메로에 문자에는 두 종류가 있다. 하나는 거의 사용되지 않은 메로에 상형문자로, 이집트 상형문자와 마찬가지로 그림문자이고, 왕실과 종교적 목적으로만 사용되었다. 다른 하나는 메로에 흘림체 선형문자로, 원형으로 사용된 이집트 민중 문자처럼 다른 모든 상황에서 사용되었고, 궁극적으로는 상형문자를 완전히 대체했다.(그림 102)[14]

메로에 상형문자는 대개 세로행으로 쓰였고, 모든 셈어계 문자가 그렇듯이 가로줄의 흘림체 문자는 오른쪽에서 왼쪽으로 읽혔다. 하지만 메로에 문자에서 자음 뒤에 /i/, /e/, /o/가 붙지 않는 경우에는 '기본' 모음 /a/와 자동으로 짝지어진 현상은 인도계 문자와 유사했다.[15] 달리 말하

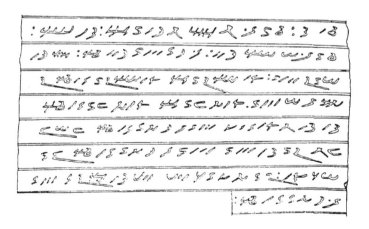

그림 102 메로에 흘림체 선형문자. "오… 이시스여! 오… 오시리스여! 고결한 사람, 타메예가 여기에 있나이다…."

면, 자음 뒤에 어떤 모음도 쓰이지 않으면 /a/가 그 위치에서 읽혀야 했다. 물론 단어의 어두에서 /a/는 독자적인 글자로 사용되었다. 이 경우에는 Ca(자음+/a/)처럼 자음과 자동으로 짝지어질 수 없었기 때문이다. 빈번한 음절 결합체, 예컨대 ne, se, te, to는 특정한 문자로 표현되었고, 글자 /e/도 자음 뒤에 모음이 없다는 걸 표시하는 데 사용되었다. 한편 /s/와 /n/처럼 어미에 자주 쓰이던 자음들이 항상 표기되지는 않았지만, (에게해의 음절문자들에서 그렇듯이) 그런 자음이 당연히 있는 것으로 이해되었다. 또 메로에 흘림체 문자에서 /i/는 앞에 쓰인 자음과 합자合字되는 게 일반적이었다.

메로에 문자로 쓰인 1,000종 이상의 글은 이집트 남부 지역에서 쓰였다. 에트루리아 문자가 그렇듯이, 안타깝게도 그 글들은 다른 글자로 음역될 수 있어도, 예컨대 쉽게 읽히는 라틴 문자로 변환될 수 있어도 번역되는 단어는 소수에 불과하다. 그 이유는 메로에 문자로 표기되는 메로에어가 이집트어와 셈어처럼 아프리카·아시아어족도 아니고, 그 뒤에 그 지역에서 사용된 언어와도 별다른 관계가 없어, 아직까지 거의 해독되지 않기 때문이다. 따라서 대부분의 비문이 독해되지 않는다. 메로에 흘림체 문자는 서기 325년경까지, 곧 메로에 제국이 붕괴한 때까지 메로에어를 표기하는 데 계속 사용되었다. 그 뒤에 짧은 기간이지만 메로에 흘림체 문자는 누비아어를 표기하는 데도 사용되었다. 서기 5세기 이후에는 메로에 흘림체도 소멸되었다.

기원전 332년에는 알렉산더 대왕이 이집트를 정복했고, 기원전 331년 초에는 상업과 학문의 중심지인 알렉산드리아가 세워졌다. 이즈음 그리스어와 그리스 문자는 상업에 힘을 보태고, 문자 문화에 영감을 주며 이집트에서 쓰이던 문자에 큰 영향을 주었다. 그로부터 기원후 첫 수 세기까지, 이집트 토착 문자(상형문자, 신관 문자, 민중 문자)와 그리스 문자가 사이좋게 나란히 쓰였다. 하지만 이집트어로 된 많은 문서가 그리스 알파벳으로 표기되기 시작했다. 서기 4세기에는 기독교, 그노시스주의, 마니교를 전도하려는 선교사들의 활동과 더불어 새로운 문자가 나타났다. 그 선교사들은 수정된 그리스 알파벳을 사용해 성경과 경전을 번역했고, 이집트인이 일상적으로 사용하던 방언인 콥트어Coptic['이집트인'을 뜻하는 그리스어 Αἰγύπτιος(Aigúptios)에서 파생된 아랍어 Qubti에서 파생]를 표기했다.[16] 그리스 문자는 이집트에서 상업적인 목적과 공무용으로, 아랍에 침략당한 서기 639/640년까지 줄곧 사용되었다. 오늘날 콥트어는 기원후 4세기부터 10세기까지 이집트에서 사용된 언어와 문자를 주로 지칭한다.

콥트 문자는 32개의 자음과 모음으로 이루어진다. 당시 언셜체 그리스 문자에서 25개, 이집트 자체의 민중 문자로 7개를 차용했다. 그리스 알파벳에는 콥트어 음운에 해당하는 소리가 없어, 민중 문자 기호를 사용할 수밖에 없었다. 특히 고대 콥트어에서는 지역 방언에 따라 민중 문자에서 차용한 기호의 수가 달랐다. 예컨대 콥트어의 표준어인 사이드 방언에서는 6개의 민중 문자 기호가 사용되었다.(그림 103)[17]

고대 콥트어는 대체로 오른쪽에서 왼쪽으로, 셈어처럼 쓰였다. 하지만 훗날의 표준 콥트어는 왼쪽에서 오른쪽으로, 그리스어식으로 쓰였다.[18] 유성 자음, 예컨대 /r/, /l/, /m/, /n/ 등을 지닌 음절에는 수반되는 모음을 표기하지 않은 경우가 많았다. 하지만 사이드 콥트어에서는 그렇게 빠진 모음의 존재가 유성 자음 위의 획으로 표시되었다. 모어인 당시의

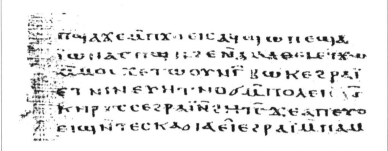

그림 103 파피루스에 사이드 방언으로 쓰인 콥트어 성경. 서기 4세기 초.

그리스어처럼, 콥트어도 단어를 띄어 쓰지 않았고, 문장 부호도 사용하지 않았다. 몇몇 발음 구별 부호가 특정한 위치에서 단어에 표기되었다. 예컨대 모음 위의 곡절 부호 ∧는 음절을 구분하라는 신호로 여겨졌다. 하지만 이 부호는 서기 7세기 이후에야 도입되었다.

7세기에 이슬람 제국이 정복하며 아랍어와 아랍 문자가 이집트에 들어왔지만, 콥트 문자는 9세기까지 일상적인 문자로 계속 사용되었다.[19] 콥트어와 콥트 문자는 이집트 기독교인 사이에서 1200년대까지 지속되었고, 일부 기독교 집단에서는 그 이후에도 사용되었다. 하지만 결국 콥트어는 종교의식에서만 사용되는 언어와 문자가 되었다. 달리 말하면, 이집트 콥트 교회의 기독교 의식에서만 사용되었다. 제한적으로 사용되지만, 오늘날에도 콥트 정교회의 전례典禮에 그 흔적이 남아 있다.

나일강 남쪽에서는 누비아 교회가 콥트 알파벳을 차용해 지역 언어에 맞추어 보완했다. 적잖은 변화가 있었지만, 특히 메로에 흘림체 기호들의 외형과 음가를 기반으로 새로운 글자 3개를 추가했다. 누비아 교회는 그렇게 수정한 문자를 사용해 누비아의 일상 언어로 전례서를 썼다.

에트루리아 문자Etruscan Writing

그리스 알파벳의 역사에서, 이탈리아반도가 차용한 때만큼 중대한 사건은 없었다. 기원전 775년경, 그리스 에비아섬의 식민지 개척 자들은 나폴리 서쪽 이스키아섬에 식민지를 세웠다. 이스키아섬은 그리스가 이탈리아에 마련한 첫 교두보였다. 그 뒤에는 쿠마에가 세워졌다. 두 곳을 발판으로 삼아, 그리스 문화가 이탈리아 중부와 북부의 에트루리아인에게 영향을 미치기 시작했다. 결국 에트루리아는 그리스인과 서유럽인을 이어주는 주된 중개자가 되었다. 에트루리아는 문화적으로 많은 것을 차용했지만, 가장 중요한 것은 그리스 알파벳이다. 덕분에 그들은 처음으로 자신들의 언어를 글로 쓸 수 있게 되었다. 현재 에트루리아 문자는 거의 해독되지 않는 데다 기존의 어떤 언어와도 관계가 없다. 이탈리아 오르비에토 박물관 관장 주세페 델라 피나Giuseppe Della Fina가 말했듯이, "현재 주어진 극소수의 예를 바탕으로 에트루리아어를 이해하려는 시도는, 묘비를 보며 이탈리아어를 배우려는 것과 같다. 새로운 글이 발견될 때마다 에트루리아어를 해독할 가능성이 크게 올라간다."[20]

에트루리아는 에비아를 기반으로 성장해나갔다. 이 과정에서 형성된 에비아·에트루리아 알파벳은 마침내 로마인에게 차용되었고, 그들은 그 문자로 라틴어를 표기하기 시작했다.(그림 104) 여기에서 오늘날 라틴 문자가 현대 그리스 문자와 크게 다른 이유가 설명된다.

에트루리아 문자로 쓰인 최초의 비문은 기원전 7세기의 것이다.(그림 105) 지금까지 약 13,000개의 에트루리아 비문이 발견되었는데, 대부분이 로마 북쪽으로, 고대 에트루리아가 있던 이탈리아반도의 서쪽에서 발

그림 104
에트루리아 문자에 차용된 에비아·그리스 문자와 파생된 라틴 문자

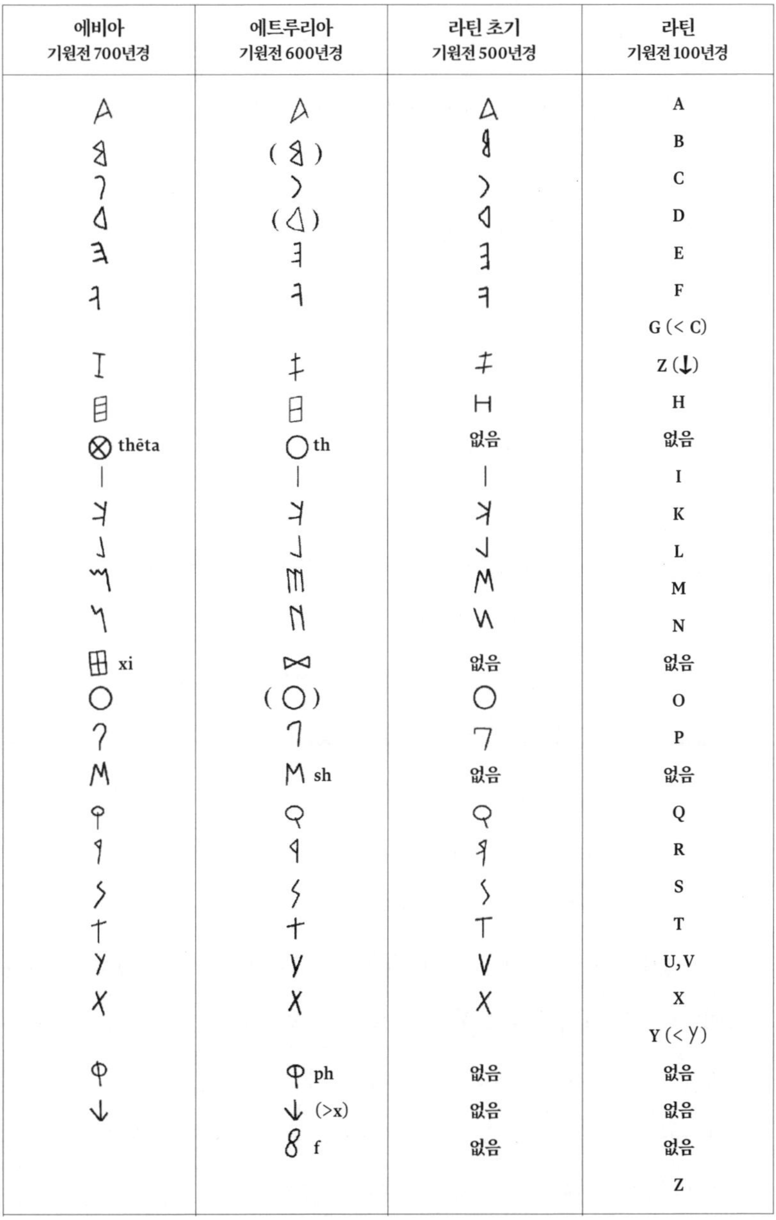

에비아 기원전 700년경	에트루리아 기원전 600년경	라틴 초기 기원전 500년경	라틴 기원전 100년경
A	A	A	A
8	(8)	8	B
7	)	)	C
◁	(◁)	◁	D
ㅌ	ㅌ	ㅌ	E
ㅋ	ㅋ	ㅋ	F
			G (< C)
I	‡	‡	Z (↓)
目	目	H	H
⊗ thēta	○ th	없음	없음
I	I	I	I
ㅓ	ㅓ	ㅓ	K
ㄴ	ㄴ	ㄴ	L
ㄱ	ㅌㅜ	M	M
ㄱ	M	M	N
⊞ xi	⋈	없음	없음
○	(○)	○	O
?	7	7	P
M	M sh	없음	없음
♀	♀	♀	Q
۹	۹	۹	R
﹥	﹤	﹥	S
ㅜ	ㅜ	ㅜ	T
Y	V	V	U, V
X	X	X	X
			Y (< Y)
Φ	Φ ph	없음	없음
↓	↓ (>x)	없음	없음
	8 f	없음	없음
			Z

견되었다. 또 다수가 묘비로, 사망자의 이름과 사망한 날짜와 장소가 쓰인 것으로 추정된다.(그림 106) 지금도 이탈리아에서는 에트루리아 문자로 쓰인 문서량이 라틴어 다음으로 많다. 에트루리아가 로마 제국에 동화된 기원전 200년경까지 에트루리아 문자가 일반적으로 쓰인 문자라는 뜻이다.[21]

에트루리아어는 그리스어와 크게 달랐다.[22] 무엇보다 에트루리아어는 파열음에서 유성음과 무성음을 구분하지 않았다. 따라서 /b/와 /p/, /d/와 /t/, /g/와 /k/를 구분할 필요가 없었다. (결국에는 에트루리아 알파벳에서 /b/와 /d/가 지워졌다.) 또 /o/도 없었고, 결국에는 탈락했다. 페니키아 문자에서 ḥēt 기호는 원래의 소릿값 h를 간직했지만, 그리스어에서는 H, 곧 모음 ēta를 대신해 그 기호를 사용했다. x는 이중자음 /ks/였지, 그리스어 /χ/, 곧 'kh'가 아니었다. /k/를 표기하는 데는 환경에 따라 달라지는 3가지 방법이 있었다. /a/ 앞의 /k/는 c, /u/ 앞의 /k/는 Q, /i/와 /e/ 앞의 /k/는 ᴚ로 쓰였다. 또 에트루리아어에는 /g/가 없어, 에비아 문자에서 감마 기호 c는 대부분의 경우에 /k/를 대신했다. (기원전 5세기 동안, 북에트루리아는 간혹 /a/ 앞의 /k/를 K로 표기했다.) 다양한 치찰음, 예컨대 /s/, /z/, /š/(sh) 등에는 지역적 차이가 반영되었다. 몇몇 에트루리아 단어에서 무성 파열음(/p/, /t/, /k/)은 기식음(/f/, /θ/ 곧 'th', /χ/ 곧 'kh')과 구분되지 않고 쓰였다. 예컨대 /k/와 /χ/는 비문에서 빈번하게 번갈아가며 쓰였다. 하지만 유음流音과 비음鼻音, 곧 /l/, /r/, /m/, /n/ 뒤에는 /χ/만이 쓰이고, /k/는 결코 쓰이지 않았다. /wh/를 표기하는 데는 /f/에 해당하는 F+페니키아 문자 ḥēt가 처음에 쓰였지만, 기원전 6세기에 에트루리아 알파벳의 끝에 추가된 새로운 글자 '8'로 교체되었다. 에트루

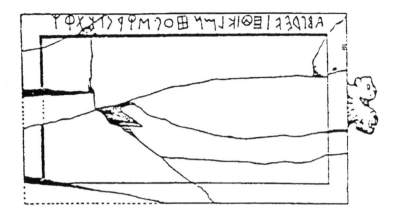

그림 105

마르실리아나 서판. 상아 서판에 쓰인 에트루리아 원형(그리스) 알파벳.
이탈리아 마르실리아나 달베냐에서 발견.

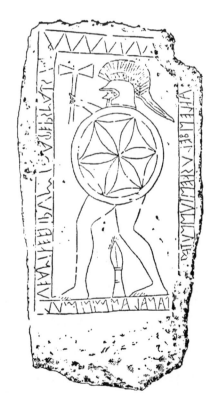

그림 106

기원전 5세기경의 베툴로니아 석주에
에트루리아 문자로 새긴 비문.
이탈리아 토스카나의 베툴로니아에서 발견.

리아 문자에서 z는 언제나 무성음 /ts/였다.[23]

그리스인은 알파벳 글자의 명칭을 셈어에서 차용했지만, 에트루리아인은 그 관습을 이어가지 않았다.[24] 그들은 모음에는 실제 소리를 본떠 이름을 부여했고, 자음에는 실제 소리에 중성 모음 /e/(혹은 AY)를 더해 이름을 붙였다. 따라서 T는 '테'(te, TAY), P는 '페'(pe, PAY)가 되었다. 특수 글자인 K와 Q는 제한된 범위에서만 사용되었기 때문에 '카'(ka, KAH)와 '쿠'(ku, KOO)가 되었고, 반면에 C에는 정상적으로 ke(KAY)라는 이름이 붙었다. 마찰음(f, v 등과 같이 소리를 길게 늘린 자음)은 '으' 모음이 더해진 발음으로 이름이 정해졌다. 따라서 s는 '스'(sss), L은 '르'(lll)가 되었다. 나중에는 일반 자음들과 구분되게 마찰음에는 모음 /e/가 앞에 덧붙었다. 그리하여 S는 /es/가, L은 /el/이 되어, 지금까지도 그렇게 불린다. X는 /eks/였지 /kse/가 아니었다. 그 이유는 그리스어와 달리, 에트루리아어에서는 어두에 /ks/가 쓰이지 않았기 때문으로 추정된다. 마침내 21개 글자 모두가 대상을 가리키는 단어의 두음 원리에 근거하지 않고, 순전히 소리에만 근거해 에트루리아 이름이 정해졌고, 시간이 흐른 뒤에는 두 글자만 제외하고 모든 글자가 로마식 이름으로 바뀌었다. 또 시간이 지나며 주기적으로 소리가 변함에 따라, 결국에는 로마식 이름도 영어식 이름이 되었다.[25]

에트루리아 문자를 쓰는 방향은 대체로 오른쪽에서 왼쪽으로, 과거에 에비아 문자와 페니키아 문자를 쓰는 방향과 같았다. 하지만 얼마 뒤에 세워진 에트루리아 비문들은 라틴어처럼 왼쪽에서 오른쪽으로 쓰였다. 기원전 6세기까지는 단어들을 띄어 쓰지 않았다. 그전까지 필경사는 단어 사이에 점을 한두 개 찍는 것으로 만족했다.

에트루리아 문자에 대해서는 아직 알아내야 할 것이 많다. 기원전 2세기에 로마인의 라틴어와 라틴 문자가 승리를 거두며 에트루리아 문자도 더는 사용되지 않았기 때문이다. 지금도 중요한 유적이 꾸준히 발견되고 있기는 하다. 1999년, 한 건설업자가 토스카나 코르토나에서 에트루리아 문자로 쓰인 32줄의 청동 서판을 발굴했다. 기원전 300년경의 것으로 추정되는 그 서판은 '코르토나 서판'Tabula Cortonensis이라 일컬으며, 상당한 길이로 쓰이고, 현재까지 발굴된 10개 글 중 하나다. 그때까지 알려진 약 500개의 어휘에 27개의 새로운 단어가 더해진 이 서판은 두 가문 간의 재산 계약으로 여겨진다.

에트루리아 알파벳은 에트루리아와 캄파니아와 에밀리아에 살던 비非 에트루리아인도 사용했다. 게다가 에트루리아 문자는 이탈리아에서 비로마계 종족들의 알파벳에도 영향을 주었다. 그러나 이탈리아 남부와 시

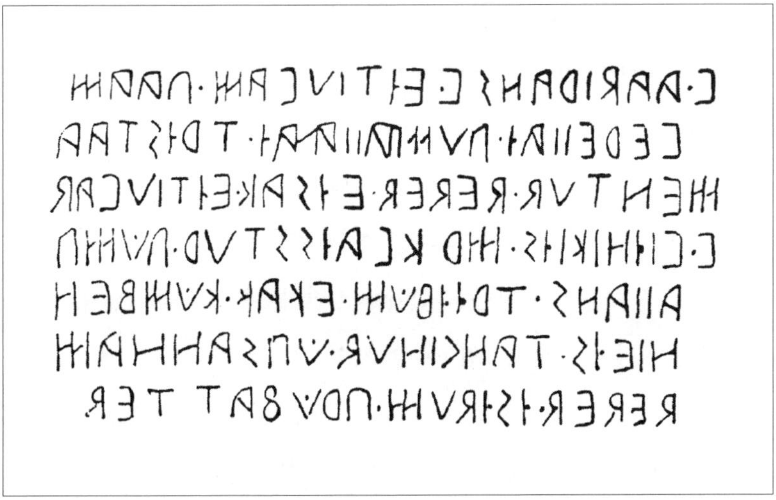

그림 107 오스크 문자로 쓰인 폼페이 비문. 기원전 1세기.

칠리아는 예외로, 그곳에서는 그리스 알파벳이 우세했다. 에트루리아 문자에서 파생된 모든 문자, 예컨대 라틴 문자(다음 내용 참조), 리구리아 문자, 레폰티이 문자, 라이티아 문자, 갈리아 문자, 베네토 문자, 팔리스키 문자, 북피케네 문자, 남피케네 문자, 오스크 문자(그림 107), 움브리아 문자 등은 수수께끼에 싸인 에트루리아 문자와 달리, 인도·유럽어계 언어들을 표기하는 데 쓰였다.

라틴 문자Latin Script

기원전 753년 로마가 세워지고 한 세기가 지난 뒤, 로마인은 북부를 지배하던 에트루리아 문화에서 문자 체계만이 아니라 알파벳까지 차용했다. 또 로마인은 글을 쓰는 용품들과 그것들의 에트루리아 이름들, 곧 '스틸루스'(글을 쓰는 도구), '체라'(밀랍), '엘레멘툼'(알파벳), 그리스-에트루리아식 이름 '디프테라'(글이 쓰이는 가죽)까지 받아들였다. 라틴어로 쓰인 가장 오래된 비문은 포룸 로마눔Forum Romanum(로마 광장)에 있는 라피스 니게르에 좌우 교대 서법으로 쓰인 글로, 기원전 6세기 후반의 것으로 추정된다. 인류의 역사에서 문자가 차용될 때마다 그랬듯이, 로마인도 차용한 문자를 라틴어에 적합하도록 수정해나갔다. 그 과정은 오랜 시간이 걸렸다.(그림 104 참조)

로마가 에트루리아 문자를 차용할 때쯤, 에트루리아인은 여전히 b와 d를 사용하고 있어, 로마인도 라틴어에서 관련된 소리를 표기하는 데 이 글자들을 사용할 수 있었다. 또 로마인은 에트루리아 알파벳에서 /k/에 해당하는 세 글자도 받아들여 C, K, Q(Q 대신)로 바꾸었다. 하지만 K는 라틴어에는 불필요해서, 특별한 고어古語에만 제한적으로 사용되었다. 에트루리아의 관례가 살아남아, C는 계속 유성음으로도 사용되었고, Gaius라는 이름 대신에 'C.'라는 약어로 쓰였다. 로마인은 /k/가 /u/ 앞에 올 때의 특별한 소리 /kw/로만 Q를 사용하기 시작했고, QV로 표기했다(이런 관습이 오늘날에도 계속되며 qu-로 쓰인다). 이중자음 혹은 자음군 /ks/는 단순히 X였다. 로마인은 에트루리아 문자 Z를 알파벳 순서에서 일곱 번째에 두었지만, 라틴어에는 /dz/라는 소리가 없었다.

라틴어 모음에는 길이가 특별히 표시되지 않았다. A, E, I, O, V는 문맥에 따라 장모음이나 단모음이 될 수 있었다. I와 V는 차례로 두 반모음 /j/(y 소리)와 /w/을 표기하는 데도 사용되었다.(그림 108)

기원전 세 번째 천년시대, 로마 사립학교의 첫 교장이던 스푸리우스 카르빌리우스 루가Spurius Carvilius Ruga는 로마 알파벳에 /g/가 필요하다고 말했다. 그래서 그는 에트루리아 문자에서 C를 취해 고리를 넣어 G를 만들었고, 그 소리로 로마 알파벳을 보완했다. 다시 말해, 루가는 C에

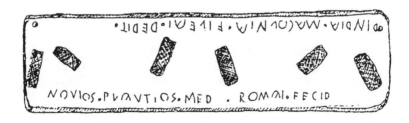

그림 108 기원전 4세기의 청동 화장함. 피코리니 치스타의 덮개에 초기 라틴어로 쓰인 비문. 이탈리아 팔레스트리나에서 발굴. "NOVIOS·PLAUTIOS·MED·ROMAI·FECID / DINDIA·MACOLNIA·FILE AI·DEDIT·"(Novios Plautios는 나를 로마에서 만들었고 / Dindia Macolnia가 나를 자신의 딸에게 주었다.)

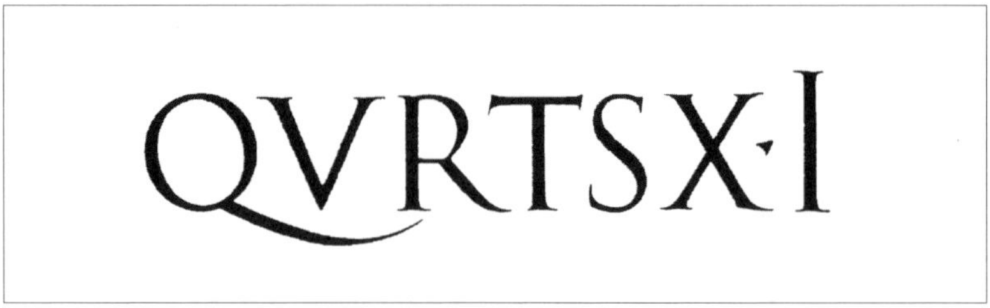

그림 109 기념물에 주로 쓰인 라틴어 정사각형 대문자. 로마에 있는 트라야누스 원주에 쓰인 글자. 서기 113년 완성.

하나의 획을 더해 유성음을 만들며, 두 소리의 유일한 차이는 무성(C)과 유성(G)에 있다는 인식을 가감 없이 보여주었다. 이런 인식은 언어의 내적 구조에 대한 수준 높은 통찰을 보여준다. 인류의 역사에서 그 시점에, 이런 인식은 인도의 산스크리트 문법학자들에게서만 확인되는 것이었다. 여하튼 루가는 로마 알파벳에서 일곱 번째 자리에 그 새로운 글자 G를 끼워 넣으며, 불필요한 Z를 빼내 끝자리에 밀어놓았다. 그리하여 오늘날 z로 끝나는 'a-b-c-d-e-f-g'라는 순서가 완성되었다. 단순히 새로운 글자를 보충하는 데 그치지 않고 글자의 순서까지 교체했다는 사실은, 알파벳 순서가 기원전 3세기의 로마인에게 무척 중요하게 인식되었다는 걸 보여준다.[26]

한 세기 뒤, 로마가 그리스를 정복하자 그리스 문화와 단어가 로마의 일상생활에 대거 유입되며, 라틴어에서 일찍이 없어진 두 소리 /y/(프랑스어의 tu)와 /z/(초기 그리스어 /dz/)를 차용하는 게 앞당겨졌다. /y/는 /u/로 발음되는 V로 에트루리아 문자를 통해 그리스어에서 이미 차용된 적이 있어, 기원전 2세기에 그리스 글자 Y는 별도로 /y/라는 소리를 대신할 수 있었다. 그 글자의 이름인 '윕실론'은 여전히 그리스어다. (오늘날

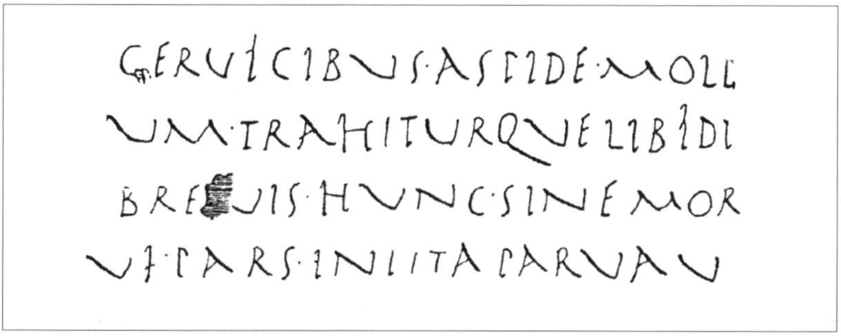

그림 110 라틴어 러스틱 대문자. 서기 79년 베수비오 화산 폭발로 파괴되기 전, 악티움 해전에 관해 쓴 시의 일부. 헤르쿨라네움에서 발굴.

독일도 y를 '입실론'이라 칭하고, 프랑스는 '이그렉'이라 칭한다. 영어에서 '와이'라고 부르는 이유는 불분명하다.) 루가가 라틴어 알파벳 순서에서 끝자리에 밀어놓은 '불필요한' Z는 당시 그리스어 '제타'zēta로 칭해졌다. 이 명칭에서 영국 영어의 '제드'zed가 생겨났고, 북아메리카에서는 그 이후에 다른 글자들과 더불어 /zi/(ZEE)로 바뀌었다.

로마 글자의 기본적인 모양은 석조 기념물에 새겨지는 대문자였다. 라틴 대문자 서체는 크게 두 갈래로 나뉘었다. 하나는 정사각형 대문자와 러스틱 대문자rustic capital, 다른 하나는 둥근 언셜체uncial로 쓰인 대문자였다. 라틴 문자로 쓰이고 지금까지 전해지는 대부분의 필사본은 러스틱 대문자로 쓰였지만, 정사각형체 대문자도 그에 못지않게 오래된 것이다. 정사각형 대문자는 주로 기념물에 쓰였고, 러스틱 대문자는 계산에 주로 쓰였다. 다시 말하면, 회계사들이 선호한 서체였다. 정사각형 대문자는 굵고 직각을 이루었고, 위아래가 깔끔한 획과 장식으로 마무리되었다.(그림 109) 러스틱 대문자는 가늘었고, 가로획이 짧았으며 별다른 마무리 장식이 없었다.(그림 110)

로마인은 모든 글자의 굵기를 똑같이 가늘거나 굵게 쓰던 전통에도 변화를 주었다. 따라서 로마제국 시대의 대문자는 글자마다 굵기가 대조적으로 쓰였고, 그 선택은 펜촉의 굵기와 잉크에 영향을 받았다. (펜촉은 처음부터 원하는 굵기로 다듬을 수 있었다.) 그리스인에 비해, 로마인은 세리프serif(글자의 주된 선이나 획의 끝에서 돌출되는 가늘고 짧은 선)의 쓰임새를 강조함으로써 글자의 식별성을 높였을 뿐만 아니라고 글자의 아름다움까지 향상하는 효과를 거두었다. (서기 113년에 헌정된 트라야누스 원주는 '가장 아름다운 로마자가 쓰인 기념물'로 여겨진다.) 이 책의 독자는 대부분 여기에서 언급되는 여러 서체를 처음 보겠지만, 로마의 정사각형 대문자 서체를 읽는 데는 아무런 문제가 없을 것이다. 정사각형 대문자는 영어에도 쓰이는 친숙한 서체의 조상이기 때문이다.

한편 언셜체는 정사각형 대문자를 변형한 서체다.(그림 111) 언셜체는 각진 형태를 피하고 곡선을 사용했다. 주된 세로획이 글을 쓰는 선의 윗단보다 올라가거나, 아랫단보다 내려가는 경우가 많다. 로마의 언셜체는 서기 4세기경에 문학적인 글의 서체로 사용되기 시작했고, 400년대부터

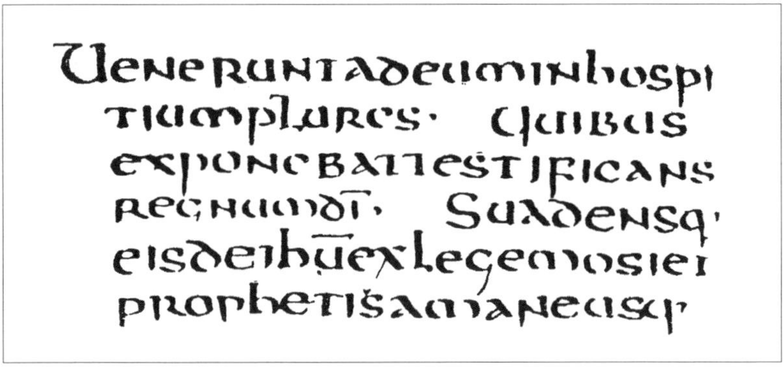

그림 111 라틴어 언셜체. 서기 546년경에 신약성경을 옮겨 쓴 '풀타 필사본'.

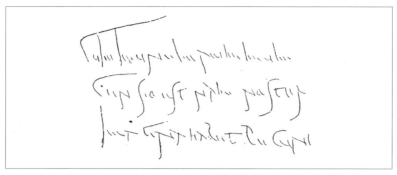

그림 112 초기 라틴어 흘림체. 서기 79년 전에 폼페이의 회반죽 벽에 쓰인 낙서. "communem nummum … / censio est nam noster … / magna habet pecuni[am]."

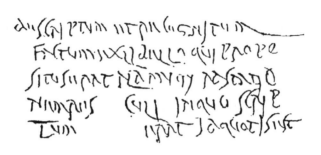

그림 113 밀랍 서판에 쓰인 라틴어 흘림체. 다키아의 아부르누스 마요르(헝가리 베레슈파타크)에서 발견. 장례 협회의 해체를 알리는 글. "Descriptum et recognitum / factum ex libello qui propo / situs erat…." 서기 167년경.

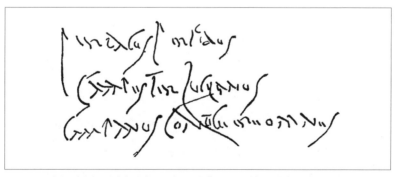

그림 114 서기 1세기나 2세기의 타일에 쓰인 라틴어 흘림체. 잉글랜드 실체스터에서 발견. 글쓰기 수업 교재로 사용된 것으로 추정된다. "Pertacus Perfidus / Campester Lucilianus / Campanus conticuere omnes."

700년대까지는 라틴 문학에서 최상의 서체였다.

　그리스인처럼 로마인도 흘림체를 개발해냈다. 그러나 로마 흘림체는 그 이름에 함축된 것처럼 단어들을 매끄럽게 이어 쓰는 게 아니었다. 로마 흘림체에서는 단어들이 거의 언제나 떨어지고 연결되지 않았다. 따라서 로마 흘림체의 주된 특징은 식별성을 유지하면서 단어당 획수를 줄이려는 시도였다. 그 결과로, 그리스 흘림체처럼 거의 모든 글자가 한 번의 획으로 줄어들었다. 폼페이와 헤르쿨라네움에서 발견된 낙서에는 초기 로마 흘림체가 약간 남아 있다. 그 대부분이 서기 63년과 79년 사이, 곧 두 도시가 베수비오 화산 폭발로 파괴되었을 때 쓰인 것이다.(그림 112) 로마의 밀랍 서판과 타일에도 흘림체가 남아 있다.(그림 113, 그림 114) 라틴어 흘림체는 로마 제국의 일상에서 사용되던 서체로, 대체로 펜으로 빠르게 쓰였다. 과거의 글자들이 그 과정에서 수정되었고, 결국 수 세기 뒤에는 소문자로 대체되었다. 폼페이와 다른 곳의 낙서는 200~300년 전에 이미 사용되던 서체로 추정된다. 흘림체로 쓰인 많은 글자는 급하게 쓰이며 식별성이 떨어지며, 다른 글자로 쉽게 잘못 읽힐 가능성이 높았다.

　시도하려는 커뮤니케이션의 성격과 거기에서 기대하는 결과에 따라, 글을 쓰는 데 필요한 서체가 결정되었다. 오늘날 우리가 그렇듯이, 로마인은 서체라는 도구도 메시지에서 중요한 부분을 차지한다고 생각했다. 서체에는 문화적이고 사회적으로 특별한 관련성이 있어, 특정한 계급이나 환경에 걸맞은 서체가 있다. 나폴리 근처 폼페이에서 발견된 로마식 주택 앞의 모자이크 타일에 간단히 쓰인 CAVE CANUM(개조심)에서도 집주인의 사회적 신분 혹은 집주인이 바라던 지위가 읽힌다.

그리스에서 그랬듯이, 로마에서도 대부분의 글은 밀랍 서판과 파피루스에 쓰였다. (파피루스는 서기 2세기까지 로마에서 선호되었지만, 그 이후로 점점 드물어졌다. 하지만 프랑스에서는 6세기까지 흔히 사용되었다.) 송아지피지는 로마 제국의 초기까지는 흔하지 않은 필기구였고, 새롭게 탄생한 기독교와 관련된 글이 기록되었다. 결국 송아지피지가 파피루스를 완전히 대체했고, 상징적 의미에서 파피루스로 '대변되던' 비기독교의 세계도 대체되었다. 가장 세련된 서체로 쓰인 최고의 문학적 산물은 그리스 세계에서는 호메로스를 되살린 것이고, 로마 고전시대에는 베르길리우스를 위한 작업이었다. 그러나 기독교 교회가 세워지고 수 세기만에 그런 문학 작품들이 적어도 송아지피지에서는 성경에 밀려났다. 성경과 관련된 글은 다른 어떤 글보다 중요한 것이어서, 소중히 다루어야 했다. 따라서 기독교와 관련된 글이 대량으로 제작되었다.

2,000년 전에 누가 그런 글을 읽을 수 있었을까? 서력기원으로 넘어가고 수 세기가 지났을 때쯤, 글을 쓰고 읽는 능력이 로마 제국에서 크게 향상되었다. 하드리아누스 방벽을 따라 북잉글랜드에 세워진 로마 군사 기지 빈돌란다에서 발굴된 자료에서 확인된 중요한 사실이다. 1973년, 빈돌란다에서 목판 서판들이 발견되었다. 약 2,000자의 글이 쓰인 그 서판들은 고대 로마 사회, 심지어 제국의 심장부에서 아득히 멀리 떨어진 지역까지 문자가 전해졌다는 사실을 증명해주기에 충분했다. 빈돌란다에서는 초기 로마 문자로 쓰인 글로는 지금까지 가장 많은 양이 발견되었다. 모든 글이 서기 85년과 130년 사이에 쓰인 것으로 추정되며, 밀랍을 입힌 목판에 잉크로 쓰거나 철필로 새겼다. 남녀를 가리지 않고 보통 사람들이 군사 기지에 있던 사람이나 멀리 떨어진 사람과 그렇게 서신을

주고받았다. 그 외딴 군사 기지에서 그런 보물이 발굴되었다는 사실은 제국 전역에서 로마인이 주고받은 서신이 엄청난 양이었음을 증명해주기에 충분하다.

사람들은 편지를 통해 개인적으로 접촉했고, 궁극적으로는 멀리 떨어진 원시적인 곳에서도 사회적 네트워크와 로마 문화를 지킬 수 있다. 또 군수품을 확보하고, 명령을 인가하며, 중요한 정보를 전달하는 데도 편지가 이용되었다. 달리 말하면, 글이 로마 제국을 제대로 기능하게 해주었다. 최근에는 칼라일, 립체스터, 웨일스의 컬리언 등 영국의 다른 로마 유적들에서도 나무 서판을 간직해둔 저장고가 발견되었다. 당시 로마의 문자 해득력은 한 세대 전보다 크게 향상한 것으로 알려진다.

라틴 알파벳이 모어인 에트루리아 문자 체계에 비해 구조적으로 나아진 데는 없었다. 달리 말하면, 라틴 알파벳을 구성하는 글자들도 똑같은 정도로 모음과 자음을 표기했다. 물론 라틴 문자는 셈 문자와 다른 세계였나. 셈 문자에서는 간혹 모음이 자음 글자 위와 아래에 선택적으로 덧붙이는 발음 구별 부호로 표기되었다. 또 라틴 문자는 인도부터 인도네시아까지, 상당히 넓은 지역에서 사용되던 브라흐미 문자의 자손들과도 상당히 달랐다. 브라흐미계 문자들에서는 일련의 모음 표시가 자음 알파벳에 규칙적으로 덧붙여지거나 아예 합해졌다. 라틴 문자에서 파생된 모든 문자는 '하나의 글자=하나의 소리(모음이나 자음)'라는 차별적 특징을 공유한다. 문자가 이 특징을 어떻게 소화하느냐는 언어마다 다르다. 이런 이유에서도 알파벳은 규칙이 아니라 하나의 도구에 불과하다.

기원전 1세기쯤, 라틴 알파벳은 "하나의 글자가 라틴어 소리 목록에서 하나의 변별적 소리에 대응하는 수준", 곧 완전한 철자 음소주의에 거의 도달했다.[27] 영어도 그 수준에 도달하려면 아직 요원하다.(8장 참조) 라틴 알파벳은 문화와 학습에 사용되던 그리스 알파벳을 제외하고, 이탈리아 반도에서 다른 모든 문자를 대체했고, 결국에는 서로마 제국의 공식 문자가 되었다. (그리스 문자는 여전히 동로마 제국의 공식 문자였다.) 또 라틴 알파벳은 세계 최대 종교 중 하나인 기독교를 전파하는 수단이 되었고, 아랍 문자는 같은 시기에 이슬람을 스페인에서부터 인도네시아까지 전파하는 수단이 되었다. 라틴 알파벳은 서양 사회에서 이런 특별한 역할을 떠맡은 덕분에, 중세 시대에 게르만 룬 문자와 켈트 오감 문자에 대체되지 않을 수 있었다.(7장 참조)

라틴 알파벳은 처음에는 기독교 덕분에, 나중에는 식민지 개척과 세계화 정책 덕분에 "이전과 이후의 어떤 문자보다 더 멀리, 여러 언어에 영향을 주었다."[28]

이베리아 문자Iberian Writing

이베리아 반도(스페인과 포르투갈)의 남동부와 서부에 살던 사람들은 기원전 첫 번째 천년시대에 4개의 다른 문자, 곧 북동이베리아(혹은 단순히 이베리아) 문자, 남이베리아(혹은 남루시타니아) 문자, 이오니아 그리스 문자, 라틴 문자를 사용하고 있었다.[29] 토착 이베리아 문자와 그 변이형들은 하나의 고대 스페인 문자에서 파생된 것으로 여겨진다. 물론 그 고대 스페인 문자는 원형 그리스 문자나 셈 문자에서 파생되었을 게 분명하다. 하지만 둘 중 어느 쪽이 기원이라고는 지금도 확실하게 말할 수는 없다.[30] 남이베리아 문자는 그 보수적인 외형에 비추어볼 때 고대 스페인 문자에 가장 가깝고, 일찌감치 기원전 6세기에 생겨났을 것이라 추정된다. 그리고 다음 세기 동안, 스페인 북부까지 전해졌을 것으로 여겨진다.

변이형을 비롯해 모든 토종 이베리아 문자들이 보여주는 세 가지 특징도 그리스 문자와 셈 문자 중 어느 것에 영향을 받았는지 명확히 말할 수 없다. 첫째, 이베리아 문자 체계는 알파벳(음소) 기호와 음절 기호가 결합된 것이다. 다시 말하면, 모든 모음과 자음(/r/, /m/, /n/ 등)이 하나의 글자를 갖는다. 그러나 이베리아어에서 /k/ 같은 파열음은 뒤따르는 모음과 함께 독립된 음절 기호(ka)로 쓰인다. 둘째, 시간과 지리적 차이를 보여주는 것은 음절 기호이지 글자가 아니다. 셋째, 음절 기호는 순음과 치음과 연구개음이지만 에트루리아 문자처럼 무성음과 유성음을 구분하지 않는다. 따라서 b/p, d/t, g/k에서 어느 음을 사용하든 차이가 없는 듯하다. 하지만 이베리아에서 발견된 그리스 문자 비문과 라틴 문자 비문에는 분명한 차이가 있다. 따라서 이베리아인이 자신들의 언어를 표기하는 데 일부러 결함이 있는 문자, 곧 맥락이 있어야만 차이를 알아낼 수 있는 문자를 선택한 것으로 보인다.

이베리아에서 발견된 비문이 한 단어 이상인 경우는 극히 드물다. 글에 서너 개의 단어가 있는 경우에는 단어 사이에 중앙점이나 콜론을 두었다. 북동이베리아 문자는 왼쪽에서 오른쪽으로 쓰였고(좌우 교대 서법이 적용된 비문도 하나가 있다), 이런 글쓰기는 그리스 문자와 라틴 문자에서는 나중에야 확인된다. 모든 셈어계 문자가 그렇듯이 남이베리아 문자도 오른쪽에서 왼쪽으로 쓰여, 셈어계 문자보다 오래된 문자라는 걸 암시하는 듯하다. 하지만 북동이베리아 문자와 남이베리아 문자는 외형적으로 큰 차이가 눈에 띄지 않는다. 똑같은 글자도 적지 않지만 완전히 다른 글자도 있다. 기저를 이루는 언어가 아직 오리무중이기 때문에 현재로서는 이베리아 비문을 문법적으로나 의미적으로 분석하는 게 가능하지 않다. 에트루리아 문자의 경우와 마찬가지로, 현재의 학문은 고유명사를 확인하고 가능한 문법적 요소를 찾아내기 위해 제한된 길이의 맥락을 분석하는 수준에 그친다.

북동이베리아 문자는 (드물게 예외가 있지만) 북동스페인과 남프랑스에서 기원전 400년~기원전 100년경에 사용된 유일한 문자였다.(그림 115) 이 문자로 쓰인 비문이 지금까지 존재하는데, 어법이 균일하다는 사실에서 동질적인 사회가 짧은 기간 동안 하나의 언어를 사용했다는 추정이 가능하다. 북동이베리아 문자를 구성하는 문자들은 하나하나가 최소한 두 개의 변이형을 갖는다. 켈트이베리아인(기원전 600년경 북쪽에서 침

그림 115
북동이베리아 문자. 기원전 300년경.

략해 스페인 곳곳에 영구적으로 정착한 켈트인)은 자신들의 켈트이베리아어로 비문을 쓰기 위해 북동이베리아 문자와 라틴 문자를 차용했다. 뒤이은 수정에는 음운의 차이가 고려되었다. 예컨대 r은 발음 구별 부호를 사용하는 다른 종류의 r과 구분되었고, 특별한 s는 특정한 그리스 기호로만 표기되었다. 켈트이베리아 문자는 북동이베리아 문자에서 15개의 음절 기호를 5개의 자음 글자(B, △, T, Γ, K)로 대폭 줄이기도 했다. 정상적인 알파벳문자에서 그랬듯이, 이 자음 글자들도 모음을 사용하여 쓰였다.

이 지역의 남부에서는 세 종류의 문자(북동이베리아 문자, 남이베리아 문자, 그리스 문자)가 동시에 사용되었다. 스페인의 남쪽 끝 안달루시아에서 발견되는 비문들은 대체로 남이베리아 문자로 쓰였고, 북동이베리아 문자로 쓰인 예는 극히 드물다.

남이베리아 문자는 시간을 두고 두 계통의 문자(남서이베리아 문자와 남동이베리아 문자)로 갈라졌다. 남서이베리아 문자는 타르테소스 문자로도 일컬으며, 역시 미지의 언어를 표기하는 데 쓰였다. 다른 문자들에는 없는 몇 글자를 사용하고 있어, 남서이베리아 문자는 이베리아 문자에서 고대 스페인 문자에 가장 가까운 듯하다. 남동이베리아 문자는 초기의 확산에 힘을 보탠 수단이었듯이, 북동이베리아 문자와 공유하는 특징이 상당히 많다.

이베리아반도의 토착 문자들은 기원전 1세기경 라틴 문자에 밀려나 완전히 소멸된 듯하다.

고트 문자Gothic Script

　　동게르만족의 일파인 고트족은 서기 4세기부터 5세기까지 계속된 게르만족의 대이동 기간에 두각을 나타냈다.[31] 그들의 고트어는 단편적으로 전해지는 일부 성경 번역을 통해 오늘날 우리에게 주로 알려졌다. 그로부터 한 세기 뒤에 세 기독교 역사학자가 남긴 글에 따르면, 성경을 서고트어로 번역할 목적에서 '고트 문자'를 만들어낸 사람은 서고트 주교 울필라스(서기 383년 사망)다. 이때 울필라스가 유일하게 참조한 문자는 4세기의 그리스 알파벳이었을 것이다.[32] 울필라스 주교의 모국어인 서고트어의 서체는 전혀 전해지지 않지만, 6세기경의 두 고트 문자 필사본에는 서고트어와 밀접히 관련된 파생 문자들이 담겨 있다.(그림 116)

　울필라스가 고트 문자를 창제했다면 당연히 '울필라스 문자'로도 불릴 만하다. 울필라스 문자는 띄어쓰기 없이 왼쪽에서 오른쪽으로 쓰인 알파벳문자다. 이베리아 문자에서 콜론이나 중앙점이 단어의 경계에 쓰였듯이, 울필라스 문자에서 공간은 문장이나 단락의 경계를 가리킨다. 콧소리, 예컨대 /m/이나 /n/이 사용되어야 하는 곳에는 때때로 앞 글자 위에 일종의 장음 기호(¯)가 더해졌다. 합자는 장음 기호보다 훨씬 더 드물게 쓰였다. 반면에 축약은 빈번하게 눈에 띈다. 예컨대 'Jesus'의 축약형으로 'ius'가 자주 사용된다. 진귀한 세속적인 글(예: 6세기에 라틴계 고트 문자로 쓰인 나폴리 토지 증서)를 제외하면, 지금까지 전해지는 소수의 비문으로 판단할 때 울필라스 문자는 전적으로 종교적인 글을 전달하는 데 쓰인 듯하다.

　울필라스가 그리스 알파벳을 기초로 만들어낸 고트 문자에서 파생된

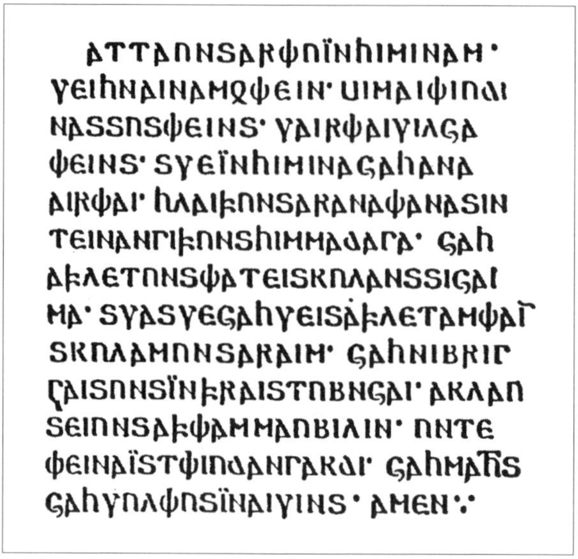

그림 116
고트 문자, 혹은
울필라스 문자.

문자는 없다. 서기 6세기 이후, 고트 문자는 거의 모든 곳에서 그리스와 라틴 알파벳의 후손들로 대체되었다. 고트 문자의 마지막 파수꾼인 9세기의 '코덱스 빈도보넨시스 795'Codex Vindobonensis 795(빈 오스트리아 국립 박물관에 소장된 코덱스)도 그즈음에는 골동품에 불과했을 것이다.

룬 문자Runic Script

고트 문자와 달리 룬 문자는 기존에 알려진 알파벳을 모방하지 않았다는 점에서, 게르만족의 유일한 자생 문자다. 스칸디나비아의 북유럽 전설에 따르면, 문자는 오딘(서게르만어로는 보단)이 발명했다. 하지만 룬 문자는 지중해의 어떤 알파벳문자에서 영감을 받은 게 분명하다. 요즘 대부분의 학자는 룬 문자의 직접적인 기원이 북이탈리아의 에트루리아 문자[혹은 라이티아 문자나 레폰티이(루가노) 문자]에 있다고 생각하는 편이다. 미지의 게르만 부족이 에트루리아 문자를 차용한 뒤에 크게 변형시켰을 것이란 추정이다. 이 과정이 기원후 1세기 초, 곧 티베리우스 황제가 통치하던 시기에 있을 것이라 여겨진다.

지금까지 알려진 초기의 룬 문자 비문들은 서기 2세기 후반기의 것으로, 이미 상당히 발전한 수준이었다.(그림 117) 다수의 비문이 유틀란트반도의 남부에서 발견되었다. 독일 슐레스비히·홀슈타인까지 포함되는 덴마크 반도의 남부여서, 그 지역이 룬 문자가 전파되는 주된 출발점이었을 것이다. 약 5,000개의 비문이 지금까지 거의 모두가 스칸디나비아, 대부분이 스웨덴에서 발견되었다. 룬 문자는 기독교의 라틴 알파벳에 굴복할 때까지, 적어도 1,100년 동안 게르만 사회에 파고들었다.

세계 곳곳에 존재한 대부분의 문자와 달리, 룬 문자는 문학적 문자나 실용적인 문자가 되지 못했다. 고대 스칸디나비아어에서 '룬'(rún)은 '은

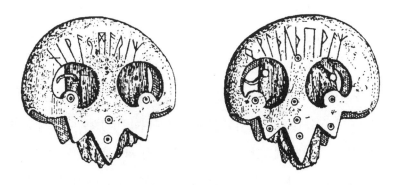

그림 117 초기 게르만 '대(大)푸사르크' 룬 문자로 칼집의 양쪽에 쓰인 비문. 독일 슐레스비히 근처 토르스베르그 습지에서 발견되었고, 서기 200년경의 것으로 추정된다.

밀하고 신비한 지식'을 뜻했다. 따라서 이름에서 짐작되듯이, 룬 문자는 사회적으로 제한된 영역에서만 사용되었다. 주로 석조 기념물에 쓰였지만, 반지와 브로치, 걸쇠와 무기, 상아함 등 소중한 물건에도 쓰였다.[33] 이렇게 제한적으로 사용했기 때문에 룬 문자는 글을 읽고 쓸 수 있는 독일 사회를 만들어내는 데 아무런 기여를 하지 못했다. 룬 문자가 처음 새겨진 나무 막대기와 뼈가 칼로는 기껏해야 수직선을 새길 수밖에 없어, 룬 문자가 각진 특징을 띠게 된 듯하다.[34]

아이슬란드부터 흑해까지의 지역에서 여러 형태의 룬 문자가 사용되며 여러 게르만어를 기록했지만, 연대적 관점에서 룬 문자는 크게 둘로 나뉜다. 하나는 초기의 게르만 문자이고, 다른 하나는 후기의 노르드 문자다. 문자의 역사에서 흔히 그렇듯이, 문자를 차용한 게르만 부족도 자신들의 언어를 기준에 두고 차용할 것은 차용하고 버릴 것은 버렸다. 요컨대 그들은 무척 신중하게 행동하며, 에트루리아 알파벳의 전통적인 순서를 폐기하고 새롭게 고유한 순서를 정했다. 그 새로운 순서에서 처음 여섯 글자가 최초의 룬 문자, 곧 초기 게르만 문자의 이름인 'FUTHARK'(푸사르크)가 되었다. 이 알파벳은 대략 서기 200년부터 750년까지 사용되었다. 푸사르크 룬 알파벳의 24개 글자는 전통적으로 세 부류로 나뉘었고, 각 부류는 '외티르'œttir라 일컫는 8개 글자로 이루어졌다.

룬 문자에서 몇몇 글자는 에트루리아 글자(혹은 라틴 문자의 변이형)와 동일하지만, 고유한 글자도 적지 않다. 에트루리아 알파벳이나 그리스 알파벳보다 룬 문자가 게르만어 소리를 더 정확히 재현한다. 예컨대 요즘의 라틴 알파벳과 달리, 룬 문자는 ungodly(n+g)와 sing(ng)에서 ng를 음소적으로 다른 것으로 구분했다. 우리는 이질적인 라틴 알파벳을 사용하기 때문에 하나의 이중 글자(ng)를 사용해 두 단어를 모호하게 표기한다. 반면에 룬 문자를 쓰는 필경사라면 세 개의 다른 글자(n, g, ng)를 사용해 두 단어를 구분했을 것이다. 룬 문자의 이런 전달력은 자신들의 고유한 언어에 적합하도록 설계된 토착 문자의 정확성을 반영하는 것이기도 하다.

8세기 전에 쓰인 룬 문자는 현재 '대大푸사르크'older Futhark라 칭한다. 이 문자로 쓰인 약 250개의 비문이 지금까지 전해진다. 그중 50개를 제외한 나머지는 모두 스칸디나비아에 있고, 스웨덴과 노르웨이에서만 대푸사르크로 쓰인 돌 비문이 발견된다. 소수에 불과하지만, 돌이 아니고 상대적으로 작은 물건에 남겨진 비문도 있다. 독일에서도 라인·프랑코니아어를 사용하는 지역에서 발견된 브로치가 대표적인 예다. 이런 초기 룬 문자를 도입한 언어(들)은 당시에 사용되던 말이 아니라, 초기 노르드어와 동게르만어의 방언들로 쓰인 예스럽고 형식을 중시하는 언어(들)이었을 수 있다. 하지만 이 가능성은 대푸사르크 문자의 경우에만 존재한다.

비문에 쓰인 푸사르크 문자는 일반적으로 표준화된 형태를 띤다. 따라서 /k/와 /j/를 제외하고는 모든 것에서 룬 글자의 형태가 거의 똑같다. 모든 룬 글자의 이름은 두음 서법 원리에 따라 결정된 것이고, 두음 서법 원리는 북이탈리아계로 추정되는 문자에서 차용한 게 분명하다. 그러나 게르만어의 소릿값은 달라서, /f/는 '페부'febu(가축), /i/는 '이사츠'isaz(얼음), /h/는 '하글라츠'haglaz(우박)였다. 이런 식으로, 룬 글자 하나는 소리와 대상, 둘을 나타낼 수 있었다.[35]

룬 글자는 표준화되었지만, 글을 읽는 방향은 무척 임의적이었다. 좌우 교대 서법은 물론이고 글자가 뒤집혀 쓰이는 경우도 있었다. 또 두 글자가 결합되어 하나의 복합 글자를 만들기도 했다. dd나 ss 같은 이중자음은 하나의 자음으로 표현될 수 있었고, 단어 간의 띄어쓰기는 거의 없었다. 5세기가 끝날 즈음에는 다섯 개의 점이나 줄을 사용해 단어를 분리하거나 단락이 끝났다는 걸 표시했다.[36]

룬 문자는 사용자를 비롯해 관련자 모두에게 주로 주술적 가치를 갖는다고 오랫동안 추정되었다. 또 룬 문자로 글을 쓰면 소원 성취와 축복, 심지어 저주까지 뒤따른다는 추정도 있었다. 하지만 요즘 학자들은 룬 문자가 여러 목적에서 쓰였다는 걸 알고 있다. 예컨대 스웨덴 북北보후슬렌에서 발견된 뢰의 묘비에는 서기 400년경 대푸사르크로 쓰인 다음과 같은 글이 새겨져 있다. "크게 갈라진 상처를 입은 스와바하리. 나, 스타이나와리는 그림을 그렸다. 나, 흐라르는 여기 강둑에 돌을 놓았다." 보석에는 소유자의 이름이 흔히 새겨졌고, 때로는 만든 사람의 이름까지 남겨졌다. "나, 친절한 홀레와가스티르가 뿔나팔을 만들었다"라는 구절이 덴마크에서 발굴된 유명한 '갈레후스의 황금 뿔나팔'에 새겨져 있다. 이 뿔나팔도 서기 400년경에 만든 것으로 추정된다. 룬 문자는 이렇게 세속에서도 사용되었지만, 초기 게르만족의 문자 해득력은 당시 그리스어와 라틴어를 사용하던 사람들의 수준에 전혀 미치지 못했을 것이다.

대푸사르크 룬 문자는 앵글족, 색슨족, 주트족에 의해 서기 450년과 600년 사이에 잉글랜드에 전해졌다.[37] 잉글랜드에서 발견되는 룬 문자 흔적은 전적으로 게르만 침략자들이 남긴 것이다. 원주민인 영국 켈트족은 룬 문자를 사용한 적이 없기 때문이다. 오히려 켈트족은 룬 문자를 게르만족의 불법 행위를 상징하는 것으로 보았다. 북해를 접한 프리슬란트와 잉글랜드, 양쪽 모두에서 새로운 형태의 룬 문자가 대푸사르크를 기초로 생겨났다. 잉글랜드의 룬 문자 필경사는 대푸사르크 체계에, 특히 모음과 관련된 부분에 변화를 주었다. 그리하여 4개의 룬 글자가 새롭게 추가되어 모두 28개가 되었다. (800년경에는 노섬브리아 왕국의 필경사가 그 숫자를 33개까지 늘렸다.) 고대 영어Old English가 이 새로운 '푸사로크'Futhork 알파벳으로 표기된 최초의 비문은 '카이스터바이노리치'Caistor-by-Norwich에서 발견되었다. 7세기에는 아일랜드와 유럽 대륙에서 기독교 선교사들이 라틴 알파벳을 잉글랜드에 '재도입'하기 시작했다. 실제로 라틴 문자는 로마 점령 이후로 영국 대부분의 지역에서 사용되고 있었다. 스칸디나비아에서 사용되던 룬 문자와 달리, '앵글로·색슨'계 잉글랜드에서는 라틴 알파벳이 쓰인 물체에 룬 문자가 간혹 쓰이기도 했다.

잉글랜드에서 기독교 교회가 룬 문자 사용을 금지하고 싶어 했을 것이란 증거는 없다. 기독교 전통은 라틴 알파벳에 워낙 확고히 뿌리를 두고 있어, 그 둘은 항상 함께했다. 로마 교회의 성서와 주석은 물론 일반적인 문학 작품까지 모두 라틴 알파벳으로 쓰였다. 서유럽에서 시행된 유대·그리스도교와 그리스·로마에 대한 교육 자료도 예외없이 라틴 알파벳으로 쓰였다. 게르만 룬 문자는 경쟁 상대가 될 수 없었다. 기독교 교회도 그런 사실을 잘 알고 있어, 룬 문자를 적대시하지 않았다.

잉글랜드에서 발견된 최후의 룬 문자 흔적은 10세기의 것으로 추정된다. 그때는 기독교 교회도 묘석과 돌 십자가, 성유물함에 룬 문자를 즐겨 사용하던 때였다. 1066년쯤에는 라틴 알파벳이 룬 문자를 대체한 지 오래였고, 노르만인의 정복으로 라틴 문자의 위상이 강화되며 게르만 시대로 회귀하는 게 불가능해졌다.

유럽 대륙에서는 잉글랜드 룬 문자와 무척 유사하던 프리슬란트의 룬 문자가 9세기에 마지막으로 사용되었다. 라인·프랑코니아 지역과 알레만니아 지역(독일 북서부와 스위스)에서는 룬 문자가 두 세기 전에 마지막으로 새겨졌다. 잉글랜드에 파견된 선교사들보다 훨씬 앞서, 그곳의 기독교 선교사들이 라틴 문자로 게르만 문자를 단호히 대체했기 때문이다.

결국 스칸디나비아에서만 룬 문자가 명맥을 이어갔다.[38] 게다가 룬 문자는 부활의 기회를 얻기도 했다. 잉글랜드처럼 스칸디나비아도 룬 문자에 혁신적 변화를 주었다. 하지만 그 변화는 문자 체계의 확대가 아니라 대대적인 단순화였다. 룬 문자 목록에서 3분의 1이 탈락하며, 글자 수가 24개에서 16개로 줄었다. 대신 하나의 글자가 무려 6개 이상의 소리를 전달하게 되었다. (오늘날 영어 철자가 가끔 이와 비슷한 수준의 모호성을 띠는 경우가 있다.) 이 새로운 스칸디나비아 알파벳은 글자 수가 지나치게 적어, 고대 노르드어의 음운을 제대로 전달하지 못했다. 그래도 800년경이 '소小푸사르크'younger Futhark 문자가 충분히 발달하자, 그때부터는 글자 형태의 단순화 작업이 시작되고 수 세기 동안 계속되었다. 예컨대 단순화된 문자 체계가 음운을 완전히 전달하지 못하는 결함을 보완할 목적에서 10세기경에 점이 도입되었다. 글자에 점을 찍어, 유성 자음과 무성 자음(b/p, d/t, g/k)을 구분했고, 심지어 모음들(e/i)도 구분했다. 하지만 스칸디나비아에서도 라틴 문자가 중요한 위치를 차지하며, 룬 문자의 알파벳 순서도 라틴 알파벳 순서(a, b, c, d…)를 따라갈 수밖에 없었다.

룬 문자의 부활에는 바이킹의 영토 확장이 수반되었다. 그린란드의 나르삭부터 그리스의 피레아스까지, 드넓은 지역에서 발견되는 기념물에 조각된 룬 문자는 바이킹 시대가 시작한 때부터 중세 중간기까지의 것으로 추정된다. 11세기경 기독교 교회의 영향력이 스칸디나비아에서 확대되며, 룬 문자는 석조 기념물에 더 빈번히 나타났고 비문의 길이도 더 길어졌다. 게다가 스칸디나비아인이 법전과 문학 작품을 비롯해 세속적인 것에도 룬 문자를 쓰기 시작했다.

스칸디나비아에서 소푸사르크 룬 문자는 오랫동안 라틴 알파벳보다 우월한 지위를 유지했다. 라틴 알파벳이 외국의 것으로 인식되었기 때문이다. 하지만 1200년대에 들어, 부유한 한자 동맹Hanseatic League과 강력한 교회가 그럴듯한 대안을 제시했다. 결국 경제적 이익과 신학적 구원에 견주어볼 때 룬 문자의 언어적 이점은 제대로 인정받지 못했다. 따라서 시간이 흐름에 따라 룬 문자는 라틴어의 위세에 점점 쪼그라들었고, 결국 스칸디나비아에서 시행되는 모든 학습의 도구는 기독교 교회의 라틴 문자가 되었다(잉글랜드에서는 이런 현상은 이미 수 세기 전에 있었다). 그럼에도 1900년대 초까지 룬 문자는 스웨덴의 여러 지역에서 계속 쓰였다.

한때 모든 게르만 종족의 목소리를 대변하던 룬 문자가 이제는 학계와 애호가들의 한 줌의 관심사일 뿐이다.

오감 문자Ogham Writing

지금까지 알려진 내용에 따르면, 오감 문자(영어로는 '옴'ohm 으로 발음, 고대 아일랜드어로는 ogam)는 아일랜드와 영국 제도British Isles 의 켈트족이 사용한 최초의 문자 체계다. 오감 문자가 쓰인 기념물들은 대체로 서기 5세기 초부터 7세기의 것으로 추정된다.[39] 같은 시대에 잉글랜드에서 앵글족, 색슨족, 쥬트족이 사용하던 룬 문자와 달리, 오감 문자는 영국 섬의 유일한 토착 문자이기도 했다. 오감 문자에서는 알파벳으로 표기한다는 개념이 무척 독특한 방식으로 차용되었다. 오감 문자를 구성하는 글자들은 아일랜드 남부(확산의 출발점)부터 맨 섬과 스코틀랜드와 웨일스까지 상당히 넓은 지역에서 사용되었다. 오감 문자는 주로 무덤과 비석을 장식하는 데 쓰였지만, 나무 말뚝과 방패 등을 꾸미는 데도 쓰였다.

오감 문자는 기원만이 아니라 글자의 순서도 불분명하다.[40] 룬 문자가 오감 문자에 영향을 주었을 법한 기원이기는 하다. 오감 문자가 만들어질 때쯤, 켈트족이 룬 문자를 사용하던 앵글족, 색슨족, 쥬트족과 활발히 접촉했기 때문이다. 또 오감 문자에 알파벳문자가 포함된 것으로 보면, 그 문자 체계는 에트루리아 문자나 라틴 문자로부터 파생된 문자에서 비롯된 게 분명하다. 여기에서도 룬 문자의 기원설이 힘을 얻는다. 오감 문자에서는 구분되는 두 소리 /u/와 /w/가 라틴 문자에서는 구분되지 않지만 룬 문자에서는 구분된다. 또 브리튼 켈트어(컴브리아어, 웨일스어, 콘월어, 브르타뉴어)가 아니라 게일 켈트어가 기원 문자를 바꿔갔다는 증거도 아일랜드에서 오감 문자가 만들어졌다는 추정에 힘을 실어준다. 그러나 오감 알파벳에는 /p/ 소리가 없다. 이 소리는 고대 아일랜드어Primitive Irish에도 없지만, 브리튼어군에 속한 언어에는 예외없이 있었다. 아일랜드의 오감 문자는 오로지 그 문자만이 사용되어 아일랜드가 오감 문자의 확산점이란 걸 간접적으로 말해주지만, 브리튼 켈트족은 오감 문자를 때때로 라틴 문자와 함께 사용했다.

오감 문자가 문학적 용도나 실생활에 사용된 문자가 아니라, 아일랜드와 영국 제도의 켈트족이 은밀하게 사용한 문자라는 데 대부분의 학자가 동의한다(게르만계 오감 문자도 존재했다). 게르만 문자의 이름 '룬'이 그랬듯이, 고대 아일랜드어에서 '오감'은 소리가 교체된 수수께끼 같은 말을 뜻했다. 비유해서 말하면, 아일랜드식 '피그 라틴'Pig Latin(예컨대 boy를 oybay라고 말하는 것처럼 앞자음을 뒤로 돌리고 그 뒤에 ay를 붙이는 말장난_옮긴이)이다.

오감 문자에는 20개의 글자가 있다.[41] 룬 글자처럼 오감 글자도 두음서법에 따른 이름을 갖는다. 오감 글자 /b/의 이름은 고대 아일랜드어로 '베세'(자작나무), /l/은 '루이스'(향초), /f/는 '페른'(오리나무) 등이다. 각 글자는 1부터 5까지 번호를 매긴 직선이나 사선, 혹은 세로선을 관통한 직선이나 사선으로 표기된다. 따라서 오감 글자의 외형은 눈금 막대기처럼 기억을 돕는 장치의 겉모습과 무척 유사하다. 그 선이 석조 기념물이나 나무 말뚝의 모서리(인접한 두 면이 직각으로 만나며 형성하는 날카로운 가장자리)가 되는 경우가 비일비재하다. 세로선, 곧 오감 글자의 선이나 모서리는 항상 오감 문자의 중앙선을 이룬다.

룬 문자가 그랬듯이, 20개의 눈금 막대기 기호도 여러 '부류'로 나뉜다. 룬 문자는 세 부류로 나뉜 반면, 오감 문자는 4부류로 나뉘고, 각 부류는 5개의 기호로 이루어진다.(그림 118) 처음 세 부류는 자음으로, 1부터 5까지의 번호가 세로선의 오른쪽(부류 1)이나 세로선의 왼쪽(부류 2)에 붙고, 세로선을 사선으로 관통한다(부류 3). 네 번째 부류는 모음으로 이루어지고, 세로선을 똑바로 가로지르는 선으로 표시되는 게 관례이지만 세로선을 관통하는 짧은 가로선으로 표현되기도 한다. 추가되는 다섯 번째 부류에는 모음과 자음이 모두 포함되지만, 나중에는 이중모

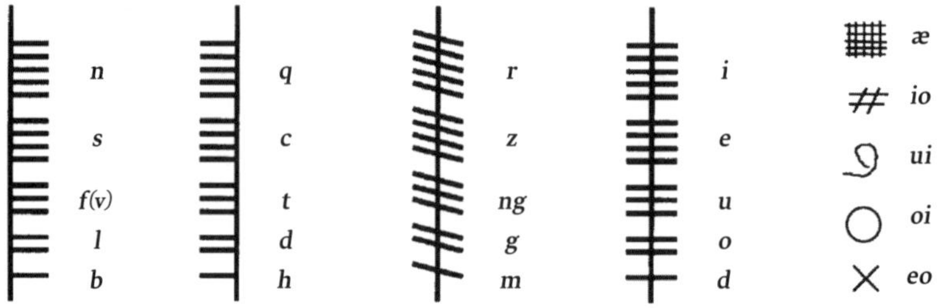

그림 118 오감 문자를 구성하는 다섯 부류. 밑에서 위로 읽는다.

음과 이중 글자를 전달할 수 있도록 바뀌었다(두 글자가 한꺼번에 쓰이며 하나의 소리를 만들어내는 경우로, æ가 대표적인 예다). 오감 문자에는 띄어쓰기, 구두점 등 다른 유형의 부호가 사용되지 않는다.

오감 문자를 쓰는 전통적인 방법에는 두 가지가 있지만 겉으로 보기에는 거의 똑같다. 첫째는 주로 기념물의 비문에 적극적으로 적용된 글쓰기로, 5세기에 시작되었다.(그림 119) 오감 문자가 쓰인 기념물의 비문을 보면, 줄이 바뀔 때마다 글쓰기 방향이 바뀐다. 돌의 왼쪽 하단에서 시작해 오른쪽 아래를 향해 점점 위로 올라간다. 이런 기념물 전통은 7세기에 끝났고, 뒤이은 필사본 전통이 중세 시대 중반까지 지속되었다. 필사본 글자에 붙은 명칭인 '학문적 오감 문자'Scholastic ogham는 아일랜드 필사본에서만 쓰였고, 그것도 라틴 문자 글쓰기를 모방해 세로로 왼쪽에서 오른쪽으로 쓰였다. 게다가 단어 사이에 간혹 〉라는 기호가 눈에 띄었다. 두 글쓰기 전통 모두에서 글자의 소릿값은 같았지만, 나중의 필사본에는 아일랜드어의 변화된 소릿값이 반영되었다.

이렇게 오감 문자는 공적인 영역에서 적극적으로 사용된 뒤에도 수세기 동안 소환되며 언급되었다. 하지만 중세 시대 중반, 오감 문자로 쓰

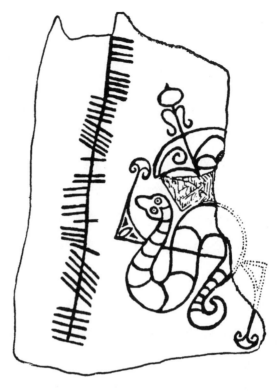

그림 119
오감 문자로 표기된 픽트어 비문.
서기 7세기의 것으로
스코틀랜드에서 발견되었다.
밑에서 위로 읽어야 한다.
IRATADDOARENS라고 썼였다.

인 많은 비문은 함께 새겨진 기독교 십자가에 의해 이미 겉으로는 '중화된' 상태였다. 결국 기독교의 라틴 알파벳은 게르만 룬 문자를 그랬듯이, 켈트족의 멋진 오감 문자도 밀어냈다.

슬라브 문자Slavonic Script

슬라브 알파벳을 사용한 가장 중요한 두 문자는 키릴 문자와 글라골(크로아티아) 문자다.[42] 전설에 따르면, 모라비아 왕국의 라스티

슬라프 왕이 게르만족을 지배하는 로마 교회에서 해방되기를 바라며, 토속어로 설교할 수 있는 선생을 보내달라고 비잔틴 황제에게 부탁했다. 비잔틴 황제는 두 수사, (나중에 키릴이라 불린) 콘스탄틴과 메소디우스를 보내주었다. 두 선교사는 히브리어, 그리스어, 라틴어로 쓰인 성서만을 허용하던 로마 교회의 관례를 끊고, 성경을 고대 교회 슬라브어Old Church Slavonic로 번역했다. 그리하여 키릴 문자와 글라골 문자가 '창제'되었다.

이 '콘스탄틴 신화'에 문제가 있다면, 슬라브족의 요구에 부응하기 위해 두 개의 다른 알파벳이 동시에 '창제'되었다는 것이다. 따라서 키릴이 '처음으로' 슬라브어를 표기하기 위해 어떤 문자를 창제했는지가 오랫동안 불분명했다. 오늘날 대부분의 학자는 키릴이 마케도니아 슬라브어를 표기하던 기존의 슬라브 문자를 개량한 게 글라골 문자라는 데 동의한다.

글라골 문자에는 40개, 키릴 문자에는 43개의 글자가 있다. 두 문자의 소릿값은 거의 똑같지만, 외형에서는 무척 다르다. 키릴 문자는 몇몇 이질적인 글자를 제외하고 9세기 말의 비잔틴 그리스 언셜체(대문자)에서 파생한 반면, 글라골 문자는 훨씬 이전의 비잔틴 그리스 흘림체에서 파생했기 때문에 그런 외형적 차이가 생긴 것으로 추정된다. 하지만 이런 순수히 외적인 차이를 제외할 때 두 문자의 체계는 거의 동일하다. 글라골 문자는 아직까지 밝혀지지 않은 이유로 7세기경에 만들어졌다. 따라서 키릴 문자가 먼저 생긴 글라골 문자에서 일부 글자를 차용했을 것으로 추정된다. 860년대, 콘스탄틴(키릴 성자)이 글라골 문자를 형식화하고 개선하며 독특한 마케도니아 슬라브어 소리들을 표기할 목적에서 몇몇 글자를 추가했다. 이때 추가된 글자들은 아르메니아 문자(자음의 경우)와 그리스 문자 변이형(모음의 경우)에서 차용한 듯하다. 한 세대가 지나 890년대에 들자, 불가리아 신도들이 키릴 성자의 글라골 문자가 종교적인 글에 부적절하다고 생각하며 비잔틴 그리스의 언셜체를 채택해 성서를 쓰기 시작했고, 나중에는 언셜체가 더 정중하고 품위있는 서체라고도 생각했다. 그리하여 키릴 문자가 태어났다. 두 문자에 정식으로 이름이 붙은 것은 수 세기가 지난 후였다. 하나에는 '단어, 말'을 뜻하는 슬라브어 '글라골'에서 '글라골리카'glagólica라는 이름이, 다른 하나에는 콘스탄틴의 수도원 이름인 키릴에서 '키릴리카'kiríllica라는 이름이 붙었다.

글라골 문자는 원래 당시 마케도니아 슬라브어를 표기하는 데 무척 적합했을 것이다. 9세기 이후, 글라골 문자와 키릴 문자는 마케도니아와 불가리아에서 나란히 존재했다.(그림 120) 하지만 수 세기가 지난 뒤에 키릴 문자가 글라골 문자에서 많은 글자를 몰아냈고, 1100년대에 들어서는 더욱 지배적인 위치에 올라섰다.(그림 121) 글라골 문자가 세르비아와 보스니아에 전해졌다는 사실은, 지역적 차이를 수용할 만큼 많은 변화가 있었다는 뜻으로 해석된다. 또 차용한 비잔틴 그리스 알파벳으로는 표기되지 않는 슬라브어 소리를 전달하기 위해서는 이중 글자와 합자合字가 도입되었다. 1300년대부터 1500년대까지, 글라골 문자는 체코와 폴란드 공동체에서 합자를 사용했다. 그 이후로 글라골 문자는 크로아티아를 제외하고 모든 곳에서 쇠락했다. 1800년대 초, 크로아티아에서는 글라골 문자의 흘림체가 지방 정부의 공적 업무에 사용되었다. 오늘날에도 글라골 문자는 라틴어보다 슬라브어가 여전히 전례 언어로 사용되는 달마티아와 크로아티아의 많은 로마 가톨릭 교구에서 전례용 문자로 존재한다.

키릴 문자의 고향은 오래전부터 불가리아와 세르비아와 키예프 루스

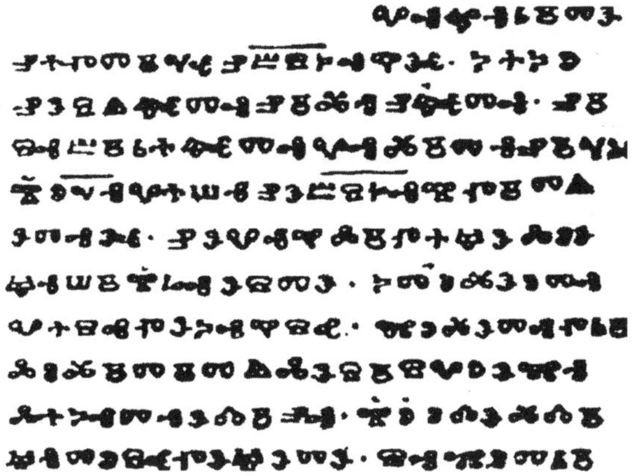

그림 120

글라골 문자. 마태복음 6 : 26 ~ 28.
조그라펜시스 필사본(Codex Zographensis). 10세기 말~11세기 초.

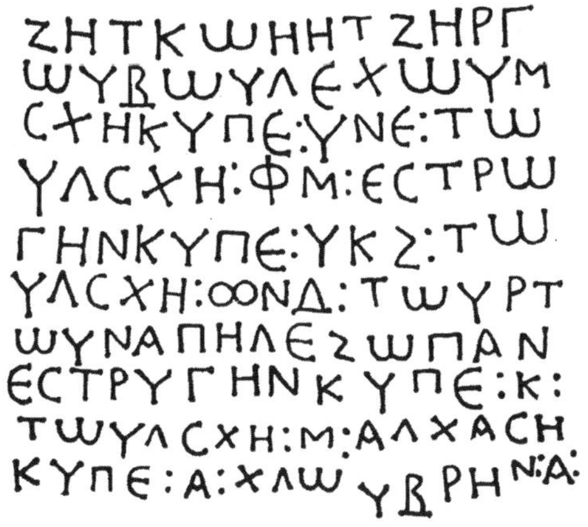

그림 121

고대 불가리아어를 키릴 문자로 표기한 비문. 불가리아 동부
프레슬라프 지역에 있는 화이트 비치 교회의 기둥. 1050년경.

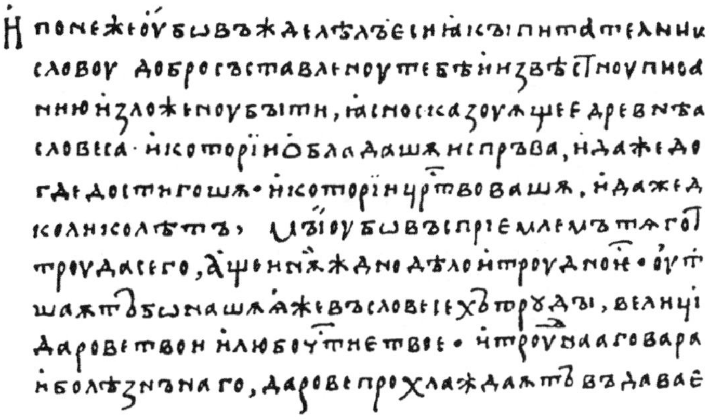

그림 122
남슬라브어로 쓰인 필사본(1345년). 1500년대 슬라브어 서적을 처음 인쇄할 때
주된 표본으로 사용된 반(半)언셜체 키릴 문자.

О любви рассказать я хотела—
Говорят: это частное дело.
Не согласна! Не стану таить!
Я считаю, любовь—это нить
Между сердцем моим и Отчизной.
Песнь любви—это здравица жизни!

О любви рассказать я хотела—
Говорят: это частное дело.
Не согласна! Не стану таить!
Я считаю, любовь—это нить
Между сердцем моим и Отчизной,
Песнь любви—это здравица жизни!

그림 123
현대 러시아 키릴 문자.
하나의 시를 표준체(위)와 이탤릭체(아래)로 쓴 것이다.

로 여겨졌다.(그림 122)[43] 1700년대에 러시아 키릴 문자에서 철자법의 큰 변화가 있었다. 주된 이유는 문자 해득률을 높이기 위해 세속적인 저작물을 조금이라도 쉽게 인쇄하려는 것이었다. 단순해진 글자 형태가 표준화되자, 교회의 불필요한 변이형들이 사라졌다.[44] 소비에트 연방이 탄생한 1918년의 대개혁으로 철자법 개혁도 마무리되며, 오늘날 러시아와 그 영향권에서 사용되는 키릴 문자도 완성되었다. 그 이후로는 약간의 조정만 더해졌을 뿐이다.(그림 123)

키릴 문자는 세계에서 손꼽히는 문자의 하나가 되었고, 오랫동안 문학적 전통을 구가하며 상당한 영향을 미쳤다. 잦은 철자법 개혁으로 외형은 크게 달라졌지만 내적인 체계는 그다지 변하지 않아, 키릴 문자는 마침내 대다수의 슬라브족이 사용하는 문자가 되었다. (서슬라브어와 남슬라브어는 라틴 알파벳을 예부터 보존했거나 재도입했다.) 러시아, 우크라이나, 불가리아, 세르비아는 키릴 문자를 국민 종교인 그리스 정교회의 문자로도 받아들였다. 따라서 서유럽에서 라틴 문자가 그랬듯이, 그들에게는 키릴 문자가 학습을 위한 문자가 되었다. 러시아의 국제적 위상이 높아짐에 따라, 키릴 문자는 마침내 '러시아 알파벳'으로 인정받았고, 구소련에 존재하던 거의 모든 다른 문자를 적어도 공식적으로는 대체하기에 이르렀다. 따라서 현재 키릴 문자는 적합성에서 상당한 차이가 있지만 60개 이상의 언어를 표기하는 데 쓰인다.

소련이 붕괴된 이후로, 아랍 문자를 사용해 자신들의 언어를 표기하던 비슬라브계 민족들에게 라틴 문자를 비롯한 다른 문자에 대한 새로운 관심이 불어닥쳤다. 그들이 대체하는 문자에서는 민족 정체성이 드러나는 경우가 많다.

○ ○ ○

페니키아의 자음 알파벳은 동쪽으로 확산되기 수 세기 전, 레반트와 그리스 사이에 상업적이고 문화적인 연결고리가 있었기 때문에 먼저 서쪽으로 전해졌다. 그 결과로 서기 1세기경에는 알파벳문자가 서양 사회의 여러 지역에 파고들어, 오늘날 그곳에서 문자가 행하는 역할과 기능을 거의 그대로 해냈다. 더는 문자가 선택받은 회계사나 강력한 성직자의 전유물이 아니었다. 더구나 번영하는 지역에서는 문자 해득력이 높아지며, 가장 고상한 영역(기념물이나 종교적인 비문, 고전적인 산문과 운문)부터 지극히 세속적인 영역(개인적인 편지, 공적인 광고, 낙서)까지 전반적인 인간 활동이 문자로 기록되었다. 서기 4세기쯤, 비잔틴 제국 베이루트 시장의 상점들에는 개별적인 주소가 부여되었고, 그 주소가 출입문 앞의 모자이크 타일에 그리스 알파벳으로 쓰여 있었다. 특히 그리스 알파벳으로 글을 쓰는 행위는 서양 대부분의 지역에서 문명사회의 필수적인 부분이 되었다. 실제로 대부분의 경우에, 문자는 '문명'civilization을 규정하는 기준이 되었다.

문자가 고전 그리스 사회에서 중대한 역할을 한 데다 문해력을 전반적으로 향상시키기도 했기 때문에 초기 민주주의의 발전에 어떤 식으로든 기여했을 것이란 주장이 최근에 제기되었다. '알파벳 효과'Alphabet Effect 이론에 따르면, 서양 사회는 알파벳에 영감을 받아 환원적으로 사고하는 방면에, 동양의 통합적 사고는 그림문자의 영향이 크다. 이 이론이 그럴 듯하게 들리지만 두 가지 점에서 오류가 있다. 그리스어든 아람어든 인도계 언어든 간에 알파벳은 민주주의와 아무런 관계가 없다. 과거에는 높은 문해력이 민주주의의 필요조건이었을지 모르지만, 요즘에는 지극히 비민주적인 국가에서도 문해력이 높을 수 있다. 중국 한자가 배우기 어렵기 때문에 글자를 해득하는 데 시간이 걸릴 수 있지만 글자 해득이 불가능하지는 않다. 가장 중요한 사실은, 표어문자나 음절문자, 알파벳문자 등 어떤 문자 체계에서나 분석적 사고가 가능하다는 것이다. 문자가 없어도 분석적 사고는 가능하다. 물론 '현재 우리가 알고 있는 사회'는 문자가 없다면 존재할 수 없다. 하지만 문자는 사회의 결과이지 원인이 아니다.

모음을 더한 그리스 알파벳을 채택해 배웠다고, 사람들이 생각하는 방법까지 달라지지는 않았다. 그리스 알파벳은 사람들이 생각을 글로 표기하는 방법을 더 쉽게 해주었다. 그리하여 문자 해득력이 높아졌고, 더 깊은 토론과 더 복잡한 영역에 대한 생각도 가능해졌다. 하지만 그리스 문자가 민주주의, 이론 과학, 형식 논리를 낳은 것은 아니었다. 그래도 그리스 문자는 그런 이념과 학문을 고뇌하는 사람들의 생각을 보존하고, 다른 사람들이 그런 생각이나 유사한 생각을 확대하도록 훈련하는 데 도움을 주었다.

중국에는 완전한 알파벳문자가 없지만 위대한 철학적 전통은 존재했다. 동아시아의 문자와 글쓰기는 완전히 다른 방향을 띠었기 때문이다.

PART FIVE

동아시아 문자의
'재탄생'

5

여러 학자가 기원전 두 번째 천년시대에 동아시아 문자의 '재탄생'regenesis은 독립된 현상이라고 주장하지만, 서양의 영향을 받은 것이라 반박하는 학자도 많다. 이에 대한 논쟁은 해묵은 것이다. 현재 중국 정부의 문화 공정에서는 당연히 첫 번째 주장에 손을 들어주겠지만, 일반적으로 인정된 고고학적 증거를 보면 적어도 현 단계에서는 서양의 영향을 받은 게 분명한 듯하다. 완전한 문자는 '어디에서도 불쑥 나타나지 않는다.' 고대 메소포타미아에서 그랬듯이 완전한 문자에 이르기 위해서는 '불완전한 문자'가 오랜 기간 있어야 한다.(1장 참조) 그럼에도 불완전한 문자가 급작스레 출현했다는 것은 차용이 있었다는 뜻이다.

비슷한 수준의 완전한 문자가 선사 시대에 자주 나타났더라면, 완전한 문자의 다양한 기원설이 설득력을 얻었을지도 모른다. 하지만 메소포타미아에서만 완전한 문자가 오랫동안 기억과 연상을 돕던 시각적 기호들의 궁극적인 '증류'로 나타난다는 사실은, 완전한 문자가 세계 전역으로 느릿하게 확산되었다는 주장을 뒷받침해준다. 요컨대 완전한 문자는 메소포타미아에서 시작되었지만 다른 지역에 점진적으로 전해지며 지역적 변화가 더해졌을 것이란 주장이다. 그렇다면 가장 멀리 떨어진 지역이 가장 나중에 문자를 갖게 된다. 완전한 문자라는 개념은 메소포타미아와 동쪽 지역에서 약 2,000년 동안 시행된 뒤에 그곳에서부터 중국 중부와 북부로 전해졌다. 중국에서는 중국어의 요구 때문에도 문자가 본연의 고유한 역할을 계속 떠맡았다.

어느 정도 발달한 뒤로 중국 문자는 동아시아 전역에 중국 문화를 전파하는 주된 수단이 되었다. 중국 문자 체계와 한자漢字는 어떤 형태의 문자에도 방해받지 않고, 중국어와 사뭇 다른 언어들을 표기하는 데 대대적으로 차용됨으로써 오히려 해당 언어를 읽는 게 힘들고 모호해졌다. 따라서 지역적 개선이 자연스레 뒤따랐다. 특히 두 곳에서 문자 체계 자체의 극단적인 변화를 시도했고, 그런 시도는 세계 어디에도 없던 현상이었다. 한국의 한글은 말을 재현하는 데 역사상 가장 효율적 문자인 듯하다. 한편 일본의 두 문자 체계는 임의적인 규칙에 따라 세 가지 서체(히라가나, 가타카나, 한자)를 사용하기 때문에 인류 역사상 가장 복잡한 형태의 문자 체계가 아닐까 싶다.

중국 문자는 지역적 우위에 힘입어 때때로 '극동의 라틴 문자'라 일컫는다. 기독교 및 라틴어와 라틴 문자가 서유럽에서 누린 특별한 지위를, 불교 및 중국어와 중국 문자가 동아시아에서 같은 시기에 향유했다는 건 사실이다. 4장에서 보았듯이, 라틴 문자의 확산은 기독교를 게르만족과 켈트족 등 다른 종족에게 전파하는 원동력이 되었다. 마찬가지로 불교는 중국 문자와 함께 중국계가 아닌 한국과 일본, 베트남 등에 전파되었다. 그러나 로마는 무너졌지만, 중국은 더욱더 강대해지며 중국어와 중국 문자가 동아시아에 스며들었다. 따라서 라틴 문자가 서양에서 그랬듯이, 중국어와 중국 문자는 과거의 이상을 넘어 문화 자체였다.

결론적으로 동아시아의 모든 문자는 중국 문자로 시작되었다. 중국 문자의 영향과 많은 한자가 다른 민족에게 차용된 뒤에 많은 개량과 변화를 겪었지만 거의 2,000년 동안 유지되었다. 따라서 동아시아 문자의 역사는 곧 중국 문자의 영광이지만, 중국 문자로는 제대로 표기되지 않는 언어를 좋든 싫든 말해야 하는 문화적으로 억눌린 사람에게는 중국 문자로 전환하는 게 지독한 고통이었다.

중국 문자Chinese Writing

동아시아 문자 체계 중 가장 오래된 중국 문자는 얼핏 보면 "난데없이 불쑥 생겨난 듯하다."[1] 기원전 두 번째 천년시대의 후반기에 이미 거의 완전히 발달한 상태로 중국 중북부에 나타난 뒤로, 중국 문자는 동아시아에서 가장 중요한 문자 형태가 되었을 뿐만 아니라 인류에게 글말의 주된 수단이 되었다. 한 학자의 추정에 따르면, 서기 1700년대 중반까지는 세계 모든 언어로 쓰인 책을 합한 것보다 중국어로 쓰인 책이 더 많았다.[2] 중국 문자는 3,000년 동안 꾸준히 사용되면서 체계 자체는 거의 변하지 않았다. (그러나 개별 한자의 형태는 크게 변했다.) 또한 중국 문자는 예부터 세계에서 가장 강력한 문화적 도구의 하나였다.

중국 문자는 황소 견갑골과 거북 배딱지(딱딱한 껍데기의 아랫부분)에 쓰인 점괘로 시작되며, 중국 최초의 문명으로 인정받는 상商나라가 형성되던 때인 기원전 1400년경부터 만들어진 것으로 추정된다.(그림 124) 그런 점괘가 새겨진 '갑골'甲骨 21개가 1971년 허난성 북단에 있는 안양 근처에서 뭉텅이로 발견되었다. 여러 학자가 중국 초기 비문들의 양식화된 겉모습을 근거로, 중국 문자도 한 지역에서 오랜 발전 과정을 거쳤을 것이라 추정한다. 이런 추정의 증거가 중국 도기의 파편들에 있다고 믿는 학자도 적지 않다. 일부는 멀리 기원전 4800년의 것으로 추정되는 데다 그 파편들에 새겨진 표식들이 일정한 형식을 띠기 때문이다.[3] 하지만 그 표식은 일정한 양식에서 상나라의 후기 문자와 닮은 데가 없다. 따라서

그림 124
중국 갑골에 새겨진 비문. 허난성 안양 근처에서 발견.
기원전 1200년경.

대부분의 서양 학자는 그 파편 조각들을 '완전한 문자로 향해 가는 불완전한 문자'의 증거로 인정하지 않는다.

한편 기원전 1400년경 중국 중북부에서 거의 완전히 발달한 문자의 갑작스런 등장을 문화 차용의 주된 증거라 생각하는 학자들도 있다. 고대 이집트가 그렇듯이, 중국 문자에서도 '잃어버린 발전 단계'가 있다는 사실이 중국 문자의 원형이 바깥에 있다는 뜻일 수 있다. 이 주장이 설득력 있게 들리는 이유는 가장 간결하고 군더더기가 없기 때문이다. 초기의 중국 비문은 기둥에 쓰였고, 위에서 아래로, 또 오른쪽에서 왼쪽으로 읽어야 했다. 이런 특징은 메소포타미아 기념물의 뒤쪽에 새겨진 비문들에서도 확인된다(기원전 1500년경까지). 또 중국 문자에서도 리버스 원리만이 아니라, 하나의 음절에 하나의 기호를 부여한 메소포타미아 원칙(초기 중국 문자에서는 아직 표준화되지 않은 표어 음절문자 체계)까지 찾을 수 있다. 문자의 기본적인 특성이 그다지 폭넓지 않다는 걸 고려하면, 이 많은 근본적인 유사성을 우연의 일치로 치부해서는 안 된다. 보편성과 특수성 모두에서, 메소포타미아 문자의 원칙과 글쓰기 방향이 기원전 두 번째 천년시대의 중반경에 차용되었다는 흔적이 뚜렷하다. (이미 1900년대 초에도 중국 문자가 메소포타미아의 원형 문자에 영향을 받았다고 주장하는 학자들이 있었다.)[4] 하지만 메소포타미아에서 차용했을 것이란 추정이 입증되지는 않는다. 초기 중국 문자 체계의 기호들은 리버스 방식으로 중국어만을 전달했고, 어딘가에서 차용한 부분이 전혀 없었다. 차용이 정말 있었다면, 처음부터 중국 문자는 고대 이집트, 에게해, 이스터섬의 문자처럼 외래의 틀에 본연의 옷을 입은 게 된다.

중국 문자의 원래 형태는 '웬'文, 곧 '단위 글자'였다. 메소포타미아와 이집트에서 그랬듯이, 어떤 물체를 단순화한 그림이 그 물체의 발음법을 상기시켰다. 고대 이집트어는 다음절어이기 때문에, 별개의 소리를 조합하는 리버스 원리를 사용해 서너 개의 상형문자로 단어 전체를 만들어 냈다.(2장 참조) 하지만 고대 중국어는 단음절 언어여서 음절 하나가 곧 '웬'이었고, 대부분의 경우에 웬은 하나의 완전한 단어였다. 동음이의어 homophony로 어휘가 확장되었고, 그리하여 고대 중국어에서는 여러 단어가 똑같이 발음되었다. 반대로 의미적으로 관련된 단어들이 하나의 '웬'으로 전달되는 다의어polyphony도 있었다. 예컨대 '입'을 뜻하는 웬이 '부르다'를 뜻하는 데 사용될 수 있었다. 동음이의와 다의 때문에, 초기 중국 문자에는 맥락에 따라 다른 의미를 갖는 하나의 웬, 곧 '다양한 의미를 갖는 시각적 기호'graphic multivalence가 많았다. 이 때문에 초기 중국 문자는 해석에서 상당한 융통성을 띨 수밖에 없었다.[5]

하지만 이러한 융통성은 모호성으로도 이어졌다. 맥락만으로는 '웬'을 어떻게 읽는 게 옳은지 판단하기 어렵기 때문에 중국 문자 체계는 느슨하기 그지없었다. 더구나 상나라 문자에는 표준화된 웬도 없어, 형태와 어가語價가 상당히 폭넓었다. 이런 현상도 문자 체계가 일천하다는 증거다. 중국 중북부는 급속히 중앙에 집중되는 사회여서, 문자의 필요조건과 잠재력이 인식되자마자 표준화가 화급히 필요했을 것이다. 웬을 복합글자로 전환하려는 시도에서 문자의 모호성을 바로잡으려는 노력을 엿볼 수 있다.

기원전 1200년경에 사용된 2,500개 이상의 '웬' 중 약 1,400개가 훗날 표준 중국 한자의 기원으로 인식될 정도다.(그림 125)[6] 게다가 이미 기원전 1200년경부터 중국 문자는 붓과 먹으로 글이 쓰였다. 상나라 문자는 여전히 그림 음절문자여서, 하나의 한자가 하나의 단어, 곧 하나의 단음절 형태소였다. (형태소는 유의미한 형태로 더는 분해될 수 없는 의미를 전달하는 언어학적 단위를 가리킨다. 영어를 예로 들면, writing은 write와 -ing라는 두 형태소로 구성된다.) 따라서 상나라 한자는 표어문자다. 상나라 문자 체계에는 두 종류의 표어문자가 있었다. 첫째로는 앞에서 보았듯이 지나치게 많은 모호성이 허용되는 '웬'이 있었다. 다음으로 그 문제를 해

그림 125
상나라 한자의 발전 과정

	늪	불	천둥	바람	물	산	땅	하늘
기원전 1400년~ 기원전 800년								
기원전 800년까지								
기원전 800년~ 기원전 220년								
기원전 209년까지								
기원전 200년까지	澤	火	雷	風	水	山	地	天
기원전 200년~ 기원후 200년								
기원후 100년경								
기원후 400년경	澤	火	雷	風	水	山	地	天

결하기 위한 '지'字, 곧 둘 이상의 '웬'이 하나의 기호로 결합된 복합 글자가 있었다. 중국 문자의 고유한 특징이 바로 여기에 있다. '기표'(소리 식별자)나 '의미소'(의미 식별자, 이집트 문자의 한정사와 유사하지만 혼자서는 쓰일 수 없다는 점에서 다르다)가 웬에 덧붙으며 어떤 단어를 의미하는지 식별하는 데 도움을 주었다. 따라서 복합 글자 '지'는 '웬'과 두 식별자 중 하나가 결합된 것이다.

이런 식으로 결합되며, 중국 문자는 중국말을 거의 표현할 수 있었다. 아무리 복잡한 한자도 하나의 단어를 뜻하는 하나의 음절이었다. 여러 개의 한자가 결합되어 하나의 단어를 대신하는 경우도 있었지만 대부분의 한자는 여러 가능성을 띠었다.

하지만 '웬'에도 그랬듯이, 중국 필경사는 '지'에도 다양한 의미와 다양한 소리를 부여했다. 복합 글자인 '지'도 복합되기 시작하자, 문자 체계가 한 차원 더 복잡해졌다. 이렇게 새로이 대두된 문제의 해결책은 의미와 소리를 식별하기 위해 하나의 기호에 더 많은 구성요소를 더하는 것이었다. 그리하여 중국 한자에는 최대로 여섯 개의 구성요소인 육서六書가 들어갈 수 있다. 예컨대 '우울하다'라는 뜻의 '울'鬱은 여섯 개의 구성요소 모두로 이루어진 한자다. 흔하지 않지만 전문가들이 쓰는 한자는 여섯 개 이상의 구성요소로 이루어지는 경우도 있다.

초기 중국 문자는 상당히 명료했다. 글자가 단순해서 누구나 일반적으로 알아보고 발음할 수 있었다. 그래도 이때의 음운 체계는 모호성을 줄이기 위해 의미소(의미 식별자)를 더하는 불완전한 수준이었다. 그러나 시간이 지나며 중국어 입말도 변했다. 기표가 더는 일치하지 않아, 더 많은 의미소가 더해져야 했다. 그 결과로 중국 문자는 표음문자의 지위를 상실했다. 달리 말하면 형태소와 글자 사이의 관계가 더는 명료하지 않았다. 그리하여 중국 문자는 완전히 표어문자(의미와 소리를 대신하지만 대체로 소리를 대신하는 문자)가 되었다.

표어문자, 곧 단어문자적 속성이 중국 문자 체계를 지배하며, 입말의 단위들을 재현한다. 글자는 단어를 전달하지, 개념이나 구체적인 대상을 전달하는 게 아니다. 영국 철학자 버트런드 러셀Bertrand Russell, 1872~1970은 한때 중국 글자인 한자를 '표의적'ideographic이라 생각하며, 글자 하나하나가 "개념을 나타낸다"라고 믿었다.[7] 이런 생각은 잘못된 것이다. 한자는 구성요소들의 결합체이며, 오로지 중국어에서만 단어이고, 단일한 단음절 형태소다.

중국 문자가 대체로 음절로 이루어지더라도 대부분의 글자가 의미소(의미 식별자)를 지닌다는 사실 때문에 음절문자 체계는 아니다. 이런 이유에서 중국 문자는 예부터 '형태소-음절문자'morpheme-syllabic writing로 일컬었다. 이 명칭이 문자의 세계에서 독특한 위치를 차지하는 중국 문자를 가장 적합하게 규정한 듯하다.[8] 언어학적으로 말하면, 중국 글자는 '형태소-음절문자'다. 다시 말해 음절이 곧 형태소를 나타내고, 숫자 같은 일부 형태소는 문자 체계의 부분으로 표의문자일 수 있다. 각 글자는 형태소이자 그 형태소가 전해지는 음절이란 점에서 '하나 안에 두 속성'이 있는 셈이다. 또 중국어의 음절보다 중국 문자에 속한 글자가 훨씬 더 많지만, 형태소 수는 거의 똑같다. 인간이 암기할 수 있는 글자의 수는 제한적일 수밖에 없기 때문에 음절 부분이 지배적 위치를 차지한다. 하지만 소리의 전달도 여전히 모호해서, 많은 경우에 정확히 재현해낼 수 없다.

따라서 모든 문자 체계가 그렇듯이 중국어에도 고유한 약점이 있다. 의미와 소리가 결합됨으로써 용례가 무척 다양하고 모순되는 경우도 많다. 달리 말하면, '지'에서 어떤 요소가 의미이고 어떤 요소가 소리인지 가리키는 표준화되고 일관된 표식이 없다. 그 표식이 형태로 나타나는지, 위치로 결정되는지도 불분명하다. 의미와 소리의 역할도 다르다. 예컨대 어떤 기표는 일정한 음절과 성조를 지니고, 어떤 기표는 성조가 달라지고, 어떤 기표는 음절과 성조 모두가 달라진다. 의미소도 변덕스럽기는 마찬가지다.

교육받은 중국인 성인이라면 기표와 의미소의 소릿값이 무엇이든 간에 즉시 읽어낼 수 있다. 한편 덜 숙련된 사람은 올바로 읽는 단서를 찾아 1~2초 동안 망설인다. 이 때문에 중국어를 읽는 데는 두 가지 방법이 있다. 하나는 즉각적인 '통문자 읽기'whole-word reading이고, 다른 하나는 의미와 소리를 귀납적으로 결합하는 방법이다. 우리가 영어에서 필수적인 것을 학습하고 예외를 내재화하면 영어를 통문자 방식으로 읽어내듯이, 대부분의 중국인도 다르지 않다. 의미소는 중국 글자를 해독할 때 의미에서 제한된 역할을 할 뿐이고, 기표가 읽는 과정에서 훨씬 더 중요하다.[9] 실제로 "의미 식별자가 의미를 예측하는 수준보다, 소리 식별자가 발음을 예측하는 수준이 훨씬 더 높다."[10] 하지만 기표와 의미소는 한 덩어리가 되어, 기억에 암기된 소리와 의미를 찾아내는 '시각적 열쇠'를 쥐고 있다.

이런 이유에서도 중국 한자는 기호sign가 아니라 '글자'字라 칭하는 게 더 적절한 듯하다. 기호에는 단위성이 함축되어 있지만, 글자에는 결합의 가능성이 담겨 있기 때문이다(마야 문자와 이스터섬의 롱고롱고 문자가 대표적인 예). 중국 한자에는 하나 이상의 의미 기호가 하나 이상의 소리 기호와 결합되는 역동성이 있고, 이런 결합에 관련된 구성요소들은 최종적인 글자와 마찬가지로 다양한 방향으로 읽힌다. 이런 다차원적 기능은 기호가 아니라 글자에서만 존재한다.

우리가 어떤 언어의 단어를 개별적으로 학습해야 하듯이, 중국 글자도 개별적으로 학습해야 한다. 발음과 의미에 대한 단서로는 기표, 의미소, 맥락 등 여러 가지가 있는데, 예측할 수 있는 것은 없다. 또 어휘 목록을 무제한으로 열어주는 열쇠를 제공하는 알파벳과 달리, 중국어 형태소-음절문자는 하나하나가 개별적으로 문자 체계에 '암호화'되어, 개별적으로 암호를 푸는 과정이 필요하다. 그 과정에는 알파벳을 읽는 독자가 사용하는 뇌 영역과는 다른 영역이 활성화되어야 하는 듯하다.

서주西周(기원전 1028~기원전 771)는 처음에는 소수의 철학적인 글을 남겼지만, 나중에는 납형법lost-wax technique을 사용한 점토로 주조한 청동그릇에 새김글을 남겼다. 글자의 형태는 나중에 '대전大篆 서체'Great Seal Script라 일컬었듯이, 상나라의 글자체와 달랐다. 주된 이유는 주조에 부드러운 밀랍을 사용했기 때문이다. 그 둥근 서체는 나중에 대나무, 명주, 나무판에 먹과 붓으로 쓰였다. 수백 년이 지나면서 정치적 분열로 필경사가 다른 언어와 다른 문자를 사용하게 되었고, 그 결과 대전 서체는 지역과 글의 성격에 따라 다양한 형태의 서체를 낳았다.(그림 126) 이렇게 서체는 크게 변했지만, 문자 체계 자체는 똑같았다.[11]

기원전 3세기쯤에는 철자의 차이로 보편적인 가독성마저 떨어졌다. 통일 중국의 초대 황제인 진시황제는 사분오열된 국민을 통합하는 데 문자의 유용성을 인식하고, 문자를 정권의 도구로 활용했다. 황제국 진은

그림 126 '슈오웬'(說文)은 기원전 첫 번째 천년시대의 중반경에 주로 쓰인 표준화된 예서체다. 이 새김 글은 진나라(기원전 221∼기원전 206)의 것으로 추정된다.

행정력과 군사력를 정비하는 과정에서 그 목적을 성취하려면 중국 문자의 표준화가 반드시 필요하다고 생각했다. 그리하여 기원전 221년, 진나라 재상 이사李斯는 문자 개혁을 추진하며 대전 서체를 단순화했다. 그결과 중국 문자는 '소전 서체'Small Seal Script로 통일되었다. 이때의 문자 개혁은 정치·사회의 중앙집권화를 위해 세계에서 최대 규모로 진행된 의식적인 서체 개혁이었다. 문자 개혁의 주된 성공 요인은 새롭게 건국된 진나라 체제의 공포스런 지배에 있었다. 그래도 이사의 소전체가 이후로 중국의 모든 서체를 낳았다는 점에서, 문자 개혁의 성공은 중국 문자의 역사에서 가장 중대한 전환점이기도 했다.

하지만 진나라는 금세 무너졌다. 한나라(기원전 202~기원후 220)가 지배하는 동안에도 서체의 변화는 계속되었다. 따라서 여러 형태의 서체, 특히 예스런 소전체와 다양한 형태의 예서체만이 아니라, 해서楷書와 행

그림 127 오른쪽에서 왼쪽으로 읽는다. 중국의 전통적인 주된 여섯 가지 서체가 두 줄씩 쓰였다.

서行書와 초서草書라는 세 가지 형태의 서체가 주로 사용되었다. 이 모든 서체가 오늘날에도 여전히 사용되고 있다.(그림 127) 의미소(의미 식별자)를 무시하는 음절 기호를 표준화하는 새로운 흐름도 시작되었다. 이런 흐름이 계속되었더라면 중국 문자는 음절문자 체계로 발전하고, 결국에는 완전한 음절 체계로 변했을 것이다. 그러나 중국 학자들은 '지', 곧 복합 글자에서 의미소를 더 의식적으로 강조했다. 그 결과로 의미소는 복합 글자에서 필수적인 부분이 되었다.

중국어 철자는 서기 120년경 허신許慎이 유명한 《설문해자說文解字》를 완성하면서 표준화되었다. 이 책에서 허신은 단위 글자 '웬'과 복합 글자 '지'를 명확히 구분하며, 540개의 부수部首(의미소 혹은 의미 분류자)를 찾아내, 글자가 아무리 복잡하더라도 각 글자의 의미를 분류하는 기초로 삼았다. 또한 중국 글자를 여섯 가지(시각적 기준에 따라 넷, 용례에 따라

둘)로 분류한 뒤에 각 글자를 그중 하나에 놓았다.

허신의 '육서'六書는 중국 글자가 어떻게 구성되는지 가장 잘 설명한 것이다.(그림 128) 첫 번째는 '상형'象形으로 '나무'木, '해'日 등이 대표적인 예다. 두 번째는 '지사'指事로, '일'一, '이'二, '삼'三 같은 숫자가 여기에 속한다. 세 번째 부류는 분석적이고 조합되는 복합어인 '회의'會意다. '나무'木와 '해'日가 합해져서 '동쪽'東이 만들어지는 경우다. 네 번째 부류는 소리의 차용과 리버스 원리가 적용된 '가차'假借다. 예컨대 '밀의 일종'인 lai麥가 '오다'to come에도 사용되었다. 이 둘이 한때 동음이의어였기 때문이다. 다섯 번째로 가장 중요한 부류는 의미와 소리가 복합된 형성形聲이다. 다시 말하면, 의미를 나타내는 '형부'形符(의미소)와 소리를 나타내는 '성부'聲符(기표)가 결합된 글자다. 예컨대 설탕糖은 의미 분류자인 '쌀'米과 소리를 담당한 '당'唐으로 이루어졌다. 마지막으로 여섯 번째 부류는 '전주'

Class 1 (Pictographic): 木 *'tree'* 日 *'sun'*

Class 2 (Symbolic): 一 *'one'* 二 *'two'* 三 *'three'*

Class 3 (Compound analytic): 木 *'tree' plus* 日 *'sun' yields* 柏 *'east'*

Class 4 (Rebus): 來 *'a kind of wheat', originally pronounced the same as 'to come'*

Class 5 (Compound semantic-phonetic): sense 米 *'cereal' and sound* 唐 *táng yield* 糖 *'sugar'*

Class 6 (Mutually interpretative): 樂 *is both yuè ('music') and lè ('pleasure')*

그림 128 허신의 육서.

轉注로, '상호적으로 해석에 도움을 주는 상징'이 여기에 포함된다. 의미는 동일하거나 유사하지만 발음은 다른 단어를 전달할 때 쓰이는 글자가 여기에 속한다. 예컨대 '음악'을 뜻하는 yuè樂은 '쾌락'을 뜻하는 lè樂에도 사용될 수 있다. 다섯 번째 부류에 중국 글자의 약 90퍼센트가 속하지만, 여섯 번째 부류에 속하는 글자는 2,000자 중 하나에 불과하다.

허신 자신은 글을 쓸 때 이사의 소전체를 기본으로 삼았지만, 소전체는 일상에서 사용하는 서체가 되지 못했다. 오랜 시간이 지난 뒤, 소전체는 공식적인 문서에 폭넓게 사용되던 '예서'로 바뀌었다. 그 이후로 생겨난 모든 중국 서체의 원형은 실제로 예서였다.

수천 년이란 시간이 지나면서 중국 글자의 수는 엄청나게 증가했다. 상나라 비문에 새겨진 글자를 모두 합하면 2,500개가 약간 넘는다. 서기 120년경에 쓰인 허신의 《자전字典》에서 다룬 글자는 정확히 9,353개다. 1100년대에는 약 23,000개의 글자가 사용되었다. 1716년에 완성되었지만 지금도 중국 고전 문헌의 권위서로 인정받는 청나라의 《강희자전康熙字典》에서 다룬 글자는 47,000개가 넘는다. 가장 최근에 발간된 《중국 자전》(1986~1990)에는 약 6만 단어가 수록되었다. 서체의 차이를 무시하고, 지금껏 존재한 중국 글자를 모두 합하면 8만 개에 달할 것이란 주장도 있다.[12] 그 이유는 중국 문자가 무제한으로 변형될 수 있기 때문이다. 다시 말하면, 중국어에서는 새로운 단어가 생길 때마다 자동적으로 새로운 문자소grapheme(의미를 나타내는 최소 문자 단위_옮긴이)가 필요하다. 이런 식으로 중국어는 3,000년 동안 새로운 단어를 만들어왔다. (반면에 라틴 문자의 기저를 이루는 알파벳 체제는 '닫힌' 구조여서, 적은 수의 글자를 조합해 소리로 새로운 단어를 만든다.)

어느 시대에나 그렇지만, 수동적인 글자는 말할 것도 없고 자주 사용되는 능동적인 글자의 수는 현존하는 글자의 약 10분의 1에 불과하다. 게다가 능동적인 글자의 3분의 1만이 보편적으로 이해된다. 그 이유는 중국인 개개인이 능동적으로 구사하는 글자 수가 평균 2,000~2,500개이기 때문이다. 따라서《중국 자전》에 수록된 대부분의 글자는 사용되더라도 드물게만 사용된다.

중국 글자를 쓰는 방법에 대해서도 특별히 언급해두어야 한다. 세계의 다른 지역에서 글을 쓰는 방법과 사뭇 다르기 때문이다. 거의 2,000년 동안, 중국인은 정해진 관례에 따라 글자를 써왔다. 구체적으로 말하면, 글자가 아무리 복잡하더라도 '방괴자'方块字, tetragram (네모난 글자)라 일컫는 동일한 크기의 정사각형에 써야 했다.[13] 최근까지도 중국어로 쓰인 모든 글은 세로단으로 쓰였고, 위에서 아래로, 오른쪽에서 왼쪽으로 읽어야 했으며, 띄어쓰기나 문장부호가 없었다.(그림 129) 1900년대에 들어서야 중국어도 문장부호가 자주 도입되었지만 표준화되지는 않았다. 이제는 많은 중국 책이 현대 라틴 문자의 방식을 따라 왼쪽에서 오른쪽으로 읽어가도록 가로로 쓰인다.

처음에 중국어는 나무껍질, 대나무 조각, 목판 등에 붓과 먹으로 쓰였다. 때로는 상아와 황소 어깨뼈, 거북 배딱지에 새겨지거나 청동 주물을 위한 부드러운 밀랍에 그려지기도 했다. 명주는 동한東漢 시대(서기 25~220)에 공문서와 편지글 및 시를 쓰는 데 주로 사용된 필기구가 되었다. 하지만 명주는 값비싼 까닭에 제한적으로 사용되었다. 서기 1세기쯤에는 낡은 명주를 펄프로 만들어, 걸쭉한 펄프를 고정된 틀에 얇게 펴서 말리면 쓸 만한 필기구가 되었다. 이 과정은 한무제 궁전의 환관인

그림 129
현존하는 최고(最古)의 인쇄본. 길이 5m, 폭 30cm인
불교 경전 《금강경》의 중국어 번역본. 868년.

그림 130
종이 제작. 중국 1600년대.

채륜蔡倫이 서기 105년에 처음으로 기록한 과정이며, 당시 값싼 필기구를 만들기 위해 중국에서 행한 여러 실험 중 하나에 불과했다.[14] 따라서 이 과정은 결국 세계에서 가장 편리하고 실용적인 필기구인 종이의 출현을 알리는 예고편이었다. 채륜의 발명품은 낡은 헝겊, 고기잡이 그물, 나무껍질 등을 재료로 삼았기 때문에 명주보다 훨씬 쌌다. 현대 식물학자들은 서기 2세기에 만들어져서 현존하는 가장 오래된 종이를 분석한 끝에, 그 종이가 낡은 헝겊과 원섬유(월계수, 뽕나무, 쐐기풀)의 합성물임을 밝혀냈다. 700년대까지 종이 제작은 국가 독점이었고, 제조법은 철저히 감추어진 비밀이었으며(그림 130), 종이의 존재도 투르키스탄까지만 알려졌다.

중국인은 한자를 쓸 때 미리 정해진 획수(1~25)를 지켜야 했다. 게다가 획에도 정해진 순서가 있었고, 각 획을 시작하는 점도 정해져 있었다. 서예가는 필획으로 64가지를 언급하지만 기본적으로는 여덟 가지 필획이 있다. 모든 글자에는 하나 이상의 획이 있다. 획수, 획의 순서와 방향은 미학을 위해서만 지켜야 하는 게 아니다. 유사하게 학습된 글자들 중에서 각 글자를 나중에 기억해내는 데도 도움이 된다. 이렇게 기억을 돕는 장치는 형태소-음절문자를 재현하며, 의미와 소리가 결합된 복잡한 글자로 이루어진 중국어 문자 체계에서 필요하다.

서예, 곧 글을 아름답게 쓰는 예술은 중국에서 예부터 중요한 위치를 차지했다. (반면에 서양의 교과 과정에서는 '서법'書法, penmanship이 1900년대 사사분기에 거의 사라졌다.) 중국인은 서예를 글쓰기 자체로 이해하지, 품격을 보여주거나 상업적 이익을 위한 행위로 생각하지 않는다. 과거에 서예는 중요성에서 음악과 그림과 시와 똑같았다. 실제로 위대한 서예가는 중국 사회에서 최고로 손꼽히던 화가나 시인보다 더 큰 명성을 누렸다.

서예가는 붓과 종이, 서진書鎭, 벼루와 먹, 작은 물그릇을 갖추어야 한다. 붓은 대체로 담비, 염소, 토끼의 털로 만든다. 가을에 잡은 야생 담비의 털은 압력에 즉각적으로 반응하기 때문에 멋진 획선을 빚어낸다고 믿었다. 전문적인 서예가는 획의 움직임만을 보고도 어떤 동물의 털을 사용했는지 구분할 수 있다. 지금도 글자 하나하나가 아주 작은 예술 작품, 곧 서예가의 경륜과 능력과 예술성이 표현된 작품으로 인식된다.(그림 131) 서양 문자의 알파벳은 거의 전적으로 기능적인 반면에 중국의 표어문자는 본디 기능적인 동시에 예술적이다. 아랍 문자의 자음 알파벳에는 중국 한자만큼의 예술성이 부족하지만, 아랍 문자를 쓰는 사람은 이런

그림 131 중국 서예가의 격언 "황금은 여수에서 난다"(금생여수)가 전통적인 서체로 쓰였다. 왼쪽부터 소전체, 예서체, 해서체, 행서체, 초서체.

차이를 그런대로 이해할 수 있을 것이다. 하지만 그리스 문자나 라틴 문자에서 파생된 알파벳문자를 쓰는 사람은 그 차이를 완전히 인식하는 게 거의 불가능하다.

그렇지만 중국 문자는 여전히 애매모호하다. 복합 글자 '지'에서 의미를 담당하는 부분이나 소리를 담당하는 부분이 정확한 의미나 소리를 가리키지 못하고 근사치만을 알려주기 때문이다. 미국인 중국학 학자 빅터 메어Victor Mair가 말했듯이 "중국어를 읽는 사람은 글에서 각 글자의 적절한 소리를 추측하거나 기억해내야 한다. 또 글자의 형태를, 이미 알고 있는 단어와 관련지어 생각해야 한다. 그래야 그 글자의 의미를 파악할 수 있다."[15] 일부 기표에는 10개가 넘는 발음이 있고, 각 발음은 그 기표를 포함한 글자에 따라 결정된다. 또 하나의 글자가 여러 형태로 발음되고, 달리 말하면 다수의 의미를 갖는 반면, 여러 글자가 똑같이 발음되는 경우도 있다. 이런 다원성이 항상 중국 문자의 특징은 아니었다. 오히려 오늘날에는 오랜 세기에 걸쳐 음운 체계가 수렴된 결과가 눈에 띈다. 요컨대 중국어 자체는 바뀌었고, 역사적으로 한때 뚜렷이 구분되던 특징들이 외형적으로는 똑같아졌다.

중국 문자는 형태소-음절문자이지만, 고전 중국어, 곧 문어체로 쓰인 중국어에도 여러 다음절 단어가 있다. 따라서 중국 문자는 표어문자인데도 소리가 의미보다 우위를 차지한다. 예컨대 근대 관화官話, Mandarin Chinese에서 단어의 평균 길이는 두 음절이다. 이런 점에서, 단음절이 지배적이던 고대 중국어와 뚜렷이 대비된다. 그럼 요즘 중국어에서는 하나의 단어를 쓰려면 두 글자가 필요한 것일까? 그렇지 않다. 정반대다. 千瓦(qiānwǎ, 킬로와트), 圖書館(túshūguǎn, 도서관), 問題(wèntí, 문제)에서 보듯이, 글자는 여전히 단음절이지만 다음절로 발음될 뿐이다.

고전 중국어는 이런 문자 체계와 맞아떨어지지만, 지역 방언과 지방어는 그렇지 않다. 고전 중국어를 제외하고 지방어 등을 전달하는 데 적합한 관례는 없다. 다시 빅터 메어를 인용하면, "오늘날까지도, 심지어 현재 공용어, 관화의 토대인 북경어로는 마음에 드는 표현을 한자로는 완벽하게 써낼 수 없다고 불평하는 작가가 많다."[16] 그 이유는 여덟 개의 주된 중국 방언들에서 가장 빈번히 사용되는 형태소 중 다수는 표준이 되는 6만 개의 글자에 포함되지 않기 때문이다. 광둥어와 대만어 같은 방언을 글로 표현하는 데는 두 가지 방법이 있다. 하나는 임의적인 글자를 만들어내는 것이고, 다른 하나는 라틴 문자를 사용하는 것이다. (1800년대 후반 이후로, 라틴 문자가 대안으로 선호되는 경우가 꾸준히 증가했다.)

현재 입말 중국어와 글말 중국어 사이에 큰 차이가 있다. 글말 중국어는 체계와 문자 모두에서 지난 2,000년 동안 상당히 안정적이었지만, 입말 중국어는 살아 있는 생명체답게 엄청나게 변했다. 결국 비영구적인 언어가 영구적인 철자로 표기되기 때문에 오늘날에는 글이 말을 정확히 반영하지 못하는 경우가 많다. 영어에서 유사한 예를 찾는다면 light와 enough가 있다.

철자의 혼란을 완화하기 위한 중국 문자의 개혁은 조금도 새로운 것이 아니다. 약 2,000년 전에도 중국어를 음절문자 체계로 전환하기 위해 시도했지만 좌절되었다는 걸 이미 앞에서 언급했다. 1100년대 이후로, 중국 학자들은 음표문자의 가능성을 알고 있었다.[17] 하지만 두 주된 요인 때문에 문자 체계의 전환이 이루어지지 않았다. 하나는 (모든 문자 체계에 해당하는) 보수적인 문화이고, 다른 하나는 ('민족 정체성'으로 인식되는) 중국 글자에 대한 개인적인 애착이다. 명나라(1368~1662) 말에, 예수회 선교사들이 중국에 입국하면서 로마자화를 향한 첫걸음이 시작되었다. 선교사들은 전에는 글로 쓰이지 않던 지방어들로 기독교 문헌을 표기하려고, 라틴 문자를 기초로 문자들을 만들어내기 위한 다양한 계획이 제안되었다.

1800년대가 끝나갈 무렵, 청나라 정부와 그들의 정책에 반대하던 저항은 중국 문화 자체를 개혁하려는 결연한 운동으로 이어졌다. 당시의 주장을 인용하면, 중국 문자를 음표문자로 전환하자는 여러 제안의 목적은 중국을 '부유하고 강력하게' 만들자는 것이었다. 1911년 청나라 체제가 붕괴하며 새로운 공화국 정부가 중국의 공식적 글말로 고전 중국어를 관화로 대체했다. 1913년에는 '국립 음성 기호'National Phonetic Alphabet, NPA가 널리 전파되며, 관화의 확산을 지원했다. NPA는 지금도 대만에서는 한자에 소리와 관련된 접사를 덧붙이는 기법으로 사용되고 있다.

1949년 중화인민공화국이 설립되며 문자 혁명에 두 가지 개혁이 추진되었다. 하나는 중국어의 더 강력한 로마자화였고, 다른 하나는 한자의 과감한 단순화였다. 중국어의 로마자화는 외세의 침략으로 인식되어, 오래전부터 논쟁적인 쟁점이었다. 서양에서는 웨이드-자일스 표기법Wade-Giles system이 중국어를 로마자로 표기하는 가장 흔한 방법이지만, 중국 정부는 한어병음漢語拼音(중국어에서 '병음'이 '핀인'이어서 '핀인'으로도 부른다_옮긴이) 시스템을 밀어붙였다. 그 이유는 1930년대에 선언된 마오쩌둥의 주된 사회 계획 중 하나가 고유한 방식에 따른 중국 문자의 로마자화였기 때문이다. 마오는 중국이 문맹으로 극심한 고통을 받는다며, 중국어의 전통적인 문자 체계가 너무 어려워 많은 사람이 적정한 시간 내에 배우지 못하기 때문이라 생각했다. (일반적인 추정에 따르면, 중국 학생과 일본 학생이 서양 학생과 똑같은 수준의 읽기 능력에 도달하려면 3년 이상의 학습이 추가로 필요하다.) 하지만 거의 2,000년 전에 음절문자 체계로의 전환이 그랬듯이, 핀윈 시스템의 시행도 학자들 때문에 중단되었다.

그래서 마오는 '한자를 단순화하자'라는 타협안을 내놓았다. 단순화는 아득한 옛날부터 꾸준히 제기된 문제였다. 하지만 마오 정권하에서는 1955년 중국 전역에 '간체자'簡体字가 도입되었다. 하지만 대부분의 중국인이 여전히 행서체 초서로 글을 썼기 때문에, 단순화를 위한 전례 없는 노력이 투자되었다. 그 결과 거의 모든 알로글리프(형태는 약간 다르지만 소릿값은 같은 불필요한 글자)가 사라졌고, 남은 글자들의 획수도 크게 줄어들었다. 많은 경우에, 전통적인 글자는 정체를 알 수 없는 파생어로 전락했다. 이제 대부분의 본토 중국인은 복잡한 형태의 고전 중국어를 읽을 기회가 없다. 따라서 대만 중국인은 본토의 '간체'를 읽는 데 어려움을 느낀다.(그림 132)

1958년, 학자들의 집요한 반대를 무시하고 마오는 핀윈 시스템을 시행했다. 핀윈은 오늘날 중국어 소리를 표기하고 중국 한자를 로마자로 표기하는 공식적인 시스템으로 사용되는 라틴 문자다. 핀윈 시스템은 외국에서도 모든 중국 이름을 로마자로 표기하는 공식적인 방법이 되었다. 여기에서 1900년대 말, '페킹'Peking에서 '베이징'Beijing으로 변한 이유가 설명된다. 하지만 1960년대 말의 문화혁명 기간에 핀윈 시스템은 외세에 오염된 것으로 여겨져서, 홍위병들은 핀윈으로 쓰인 모든 간판을 파괴했다. 따라서 오랫동안 중국인은 새 형태의 문자를 두고 어느 것을 사용해

그림 132
(위) 본토 중국에서 발행된 신문.
새로운 간체자로 가로로 인쇄되어
왼쪽에서 오른쪽으로 읽어야 한다.
(아래) 전통적인 방식으로
인쇄된 대만 신문.
전통적인 번체자로
세로로 인쇄되어 위에서 아래로,
오른쪽에서 왼쪽으로 읽어야 한다.

야 할지 모르는 혼란을 겪었다.

2000년대에 들어서도 그런 혼란은 여전하다. 간체자는 여전히 새로운 것이고 배우기 어려운 반면, 전통적인 번체자는 시대에 뒤떨어지고 현대 세계에서는 비실용적인 듯하다. 핀윈은 간체자와 더불어 현재 초등 교육 기관의 공식적인 문자이고, 교통 표지판과 지도, 고급 점포와 식당, 상표 이름, 중국 점자, 전보 등 여러 용도에 쓰인다. 컴퓨터 입력 문자로 쓰인 다는 점이 특히 주목된다. 문자에 대한 중국인의 혼란스런 상황을 오랫 동안 방치해둘 수는 없다. "글자의 단순화를 통해 문맹을 대대적으로 퇴 치하려는 갈팡질팡한 시도, 또 성공하지 못할 것이란 예측이 가능했던 시도에 한 세대의 국민과 시간이 쓸데없이 희생했다."[18]

결국 중국은 겉보기에는 자연스럽게 이중 글자 정책(간체자와 핀윈 시 스템을 상호보완적으로 사용하는 정책)을 채택한 것처럼 보인다. 이제 핀윈 은 관화를 로마자로 표기하는 표준 형태로 여겨지는 게 일반적이다. 핀 윈이 중국에서 공인된 문자 체계로 결국 사용될지는 아직 불분명하다. 학생들이 간체자보다 핀윈을 훨씬 빨리 습득하는 것은 사실인 듯하다. 이런 관행이 계속되면, 고전학을 연구하는 일부 학자층을 제외하고, 핀 윈이 전통적인 글자를 완전히 대체하는 날이 언젠가는 올 것이라 예측 하는 학자가 적지 않다.

중국 문자에 언젠가부터 두 가지 압력이 새로이 가해지며, 이제는 결 정을 강요하고 있다. 하나는 전자 기기의 문서 작성이고, 다른 하나는 외 국어 단어와 외국 이름이다. 놀랍겠지만, 후자가 전자보다 해결하기가 더 힘들다. 핀윈에 의존하지 않고도 중국 글자가 성공적으로 처리되는 걸 두 눈으로 보고 있지 않은가. 반면에 외국어 단어와 외국 이름은 여전히 중대한 문젯거리다. 중국은 외부의 영향에 끊임없이 저항하며, 일체적인 동시에 비타협적인 사회 구조를 만들어냈다. 중국 문자는 비중국적인 요소에 실질적으로 폐쇄적이란 점에서, 그런 결과는 중국 문자 체계에서도 읽힌다. 중국 작가가 외국어 단어나 외국 이름을 쓰려 한다면, 문장 전체만큼이나 많은 글자를 동원해야 하는 경우가 많다. 이런 현상은 비실용적이어서 지속될 수 없다. 더구나 사회가 세계화된 까닭에 이제는 외국어 단어와 외국 이름이 중국어 어휘에 넘치기 때문이다.

중국어와 중국 문자 체계를 깊이 아는 사람이라면, 핀윈 시스템 같은 표음문자가 중국어 표어문자를 성공적으로 완전히 대체할 수 있을 것이라고, 적어도 국가가 공인하는 문자 체계와 문자가 될 거라고는 생각하지 않을 것이다. 중국어 표어문자는 표음문자로도 쉽게 해결할 수 없었던 모호성을 줄이기 위해 여러 메커니즘을 개발해왔다. 십중팔구 중국 사회는 앞으로도 '한자'漢字를 계속 사용하며, 중국의 문화적 정체성을 가장 쉽게 시각적으로 표현한 도구로 삼을 것이다. 하지만 체계의 효율성이나 민족 정체성보다 더 중요한 요인들이 문자의 역사를 결정하기 때문에 중국 문자의 미래를 그렇게 속단하는 건 섣부를 수 있다.

베트남 문자Vietnamese Writing

베트남어(혹은 안남어)는 오스트로·아시아어족 중 몬·크메르어파에 속한다. 기원전 111년부터 서기 939년까지 1,000년 이상 동안, 베트남은 중국의 지배를 받았다. 따라서 고전 중국어가 서기 186년 처음 전해지며 베트남 글말이 되었다. 따라서 한자와 입말 베트남어, 두 전통이 공존했고, 입말 베트남어는 베트남의 고대 문학을 고스란히 보존했다. 중국의 지배가 끝나고 수 세기가 지난 뒤에야 베트남어를 글로 표기하는 두 문자가 생겨났다. 중국 글자를 사용한 까닭에 두 전통적 문자는 관계가 있었지만 뚜렷이 달랐다.[19] 1343년에 처음 확인된 베트남의 '남부문자'Chữ Nôm만이 아니라, '중국 문자'Chữ Han, 곧 한문漢文도 고대 베트남어가 중국어와 무척 유사했다는 사실을 이용했다. 따라서 중국 문자를 차용해 고대 베트남어를 표기하기는 데 별다른 문제가 제기되지 않았다.

'쯔놈'은 고전 중국어에서 곧바로 파생되었지만, '쯔한'은 더 토속적인 표현을 살리려고 중국 문자를 수정했다. 따라서 이렇게 수정된 문자가 1300년대 이후의 비문에 더 자주 사용되었다.[20] 쯔놈과 쯔한은 중국 글자를 똑같이 세 방향에서 받아들였다(그보다 수 세기 전에 한국과 일본에서 행해진 과정이 베트남에서도 되풀이된 셈이다). 첫째, '웬'(단위 글자)이나 '지'(복합 글자)가 베트남어에서도 똑같은 소리를 전달했다. 둘째, 베트남어에서는 '웬'이나 '지'에 다른 의미가 주어졌다. 셋째, 베트남어에서도 중국어와 똑같은 방법으로 새로운 '지'를 만들었다.

1600년대에 예수회 학자 알렉상드르 드 로드Alexandre de Rhodes, 1593~1660가 라틴 문자에서 파생된 알파벳으로 베트남어를 표기하는 방법을 체계화했다. 이 로마자 표기법은 나중에야 포르투갈 선교사를 통해 베트남에 전해졌고, 그 선교사들은 그 표기법을 사용해 베트남어 문법책과 사전 및 기독교 서적을 펴냈다. 하지만 베트남 학자는 알파벳에 기초한 그 문자를 배척하며, 외세의 침략으로 간주했다. 그들은 주로

'쯔놈'을 베트남 정체성과 독립의 상징으로 고수했다.

프랑스가 1883년 폭력적 수단을 동원해 베트남을 병합했다. 그 결과로 베트남은 '유럽화'되었고, 문자도 여기에 포함되었다. 1910년, 프랑스는 공식적인 명령으로 두 토착 베트남어 문자를 선교사들의 알파벳문자로 대체했다. 이 서양 알파벳에 붙은 이름 '꾸옥응으'Quốc Ngữ(국어)가 지금도 베트남의 공식 문자다. 이 문자 체계는 발음 구별 부호를 사용해 모음을 구분하고, 베트남의 표준어인 하노이 방언의 6성조를 표시한다. 당분간은 전통적인 '쯔놈'으로 회귀할 가능성이 없어 보인다.

한국 문자Korean Writing

1400년대에 조선의 왕 세종은 한자에 기반한 표기법이 "한자가 너무 많아, 한국인이 자신의 뜻과 생각을 자유롭게 표현하는 데 사용하기에는 너무 복잡하고 불완전하며 불편하다. 따라서 한국어를 쓸 수 있는 우리만의 문자에 대한 필요성이 무척 크다"라고 선언했다.[21] 세종이 한자에 기반한 문자를 대체하려고 내놓은 '한글'은 결국 문자의 역사에서 고안된 가장 효율적인 체계를 대표하는 문자가 되었다. (여기에서 한국어 표기는 한국어 예일 표기법Yale romanization of Korean을 따른 것이다.)

종이의 발견에 대해 언급할 때 등장한 한무제는 서기 108년 한반도 대부분을 정복한 뒤에 중국인 정착 정책을 시행했다. 그리하여 중국 문화와 종교, 언어와 문자가 급속히 한반도를 휩쓸었다. 중국은 한반도 북쪽 지역을 상실했지만, 중국 문화는 한반도 남서부에 굳건히 뿌리를 내리고 번창했다. '한자', 곧 중국 글자를 사용해 한국어를 표기했다는 최초의 증거는 서기 414년의 석조 비문이다.[22] 한자로 쓰인 7세기의 두 연보에는 한국어 고유명사와, 중국어에는 해당하는 개념이 없는 용어가 한글로 쓰였다. 한국의 문인들은 두 가지 방법으로 글을 썼다. '한자'의 중국어 소리만 차용하거나, 한자 본래의 의미로 사용하지만 고대 한국어 발음을 이용하는 방법이다. 나중에 문인들은 고대 한국어 문법에 따라, 한국어 어순에 맞춰 글을 쓰며 공식적인 '이두'吏讀를 만들어냈고, 7세기가 끝나갈 때쯤에는 이두로 일상적인 공무가 기록되었다.

유형과 어순을 고려하면, 고대 한국어는 도저히 고전 중국어에서 파생된 것일 수 없다. 고대 한국어는 교착어였고, 중국어는 고립어였다. 따라서 고대 한국어에서 각 단어는 다음절 어근 형태소로 이루어질 수 있었고, 어근 형태소에 접미사 같은 의존 형태소가 더해지며 각 단어가 문장 내에서 갖는 기능이 표시되었다. (이 부분은 아카드어가 수메르 문자를 차용할 때 부딪힌 문제이기도 했다. 2장 참조.) 게다가 고대 한국어 어순에서는 동사가 문장 끝에 놓였고, 단어 뒤에 (전치사가 아니라) '후치사'가 놓였다. 이런 차이가 있음에도 중국 문자는 한국인이 알던 유일한 문자여서, 결국 고대 한국어를 표기하게 되었다. 그게 운명의 장난이었다.

'이두'는 제한된 수의 '한자'를 사용해 한국어 문법 형태소를 표기했다. 한편 어휘 형태소, 곧 문법 형태소가 아닌 단어는 계속 한자 전체를 이용했다. (이런 이유에서 '이두'는 일본어 문자 체계와 무척 유사했다.) 물론 이 때문에, 다시 말하면 문법적인 부분과 어휘에 속한 부분이 구분되지 않는 경우가 있어, 달갑지 않게 복잡성과 모호성이 야기되었다. 게다가 개별 음절로 사용되는 '한자'의 수는 곧 걷잡을 수 없이 증가했다. 결국 한국인도 '향찰' 방법을 사용해 '한자'를 쓰기 시작했다. (향찰은 고대 일본어 '만요가나'万葉仮名와 무척 유사하다. 따라서 향찰이 만요가나에 영향을 주었을 가능성이 크다. 다음 내용 참조.) 향찰에서 한자 어휘부(의미)는 고대 한국어로 읽혔고, 접미사와 문법 부분(소리)은 한자어로 읽혔다. 하지만 이때까지도 한국 문자는 너무 부정확하고 모호해서 고대 한국어를 표기하는 데, 중국 문자가 고전 중국어를 표기하는 정도의 편이성과 효율성을 보여주지 못했다.

1200년대와 1300년대에 문법 형태소가 단순화되어 '한자'와 시각적으로 구분되었다. 따라서 글을 읽는 사람은 문법 형태소를 쉽게 구분할 수 있었다. 이 새로운 종류의 문법 형태소는 구결口訣이라 칭했다. 구결은 축약된 '한자'를 사용해, 일본의 가나 문자와 무척 유사했고, 중국 문헌에 주석을 다는 데도 쓰였다.

중국 문자가 다음절 교착어인 한국어를 표기하는 데 적합하지 않다는 걸 한국인은 예부터 알고 있었다. 또한 중국의 지배에 끊임없이 저항하며 한국의 독자적 권리를 표명했지만, 중국 글자로 글을 쓰는 동안에는 그 권리를 표현하는 게 쉽지 않았다. 이미 690년에 신라의 신문왕 궁궐은 한국어를 음절로 표기하고 있었다. 인도의 데바나가리 문자에서 영향을 받았을 가능성이 크다. 하지만 36개의 음절 기호를 중국 글자와 구분하는 게 어려웠다. 시간이 지나면서, 음절 기호의 수가 늘어나며 체계 자체가 복잡해졌다. 중세 중반경, 새로운 사회적 압력에 한국은 문자의 필요성을 재평가할 수밖에 없었다. 중국이 발명한 활자 인쇄술이 역사상 처음으로 진지하게 한국에 활용된 때도 이즈음인 1200년대였다.[23] 1403년, 한국 인쇄공들은 이미 금속 활자로 인쇄하고 있었다. 독일의 구텐베르크보다 한 세대를 앞선 때였다. 인쇄술이란 테크놀로지의 발달로, 한국 학자들은 토착 문자 및 토착 문자 체계가 불필요한 복잡성을 제기할 뿐만 아니라 한국어와도 제대로 화합되지 않는다는 걸 인정할 수밖에 없었다. 한마디로, 토착 문자 체계는 인쇄하기에도 적합하지 않아 인쇄술의 잠재력을 활용하는 데도 마뜩하지 않았다. '자기 조직화의 임계상태'self-organized criticality에 도달한 게 분명했다. 그 결과가 실질적인 문자 혁명이었고, "세계에서 가장 과학적으로 설계된 효율적인 문자 중 하나"의 탄생이었다.[24]

1419년부터 1450년까지 한국(조선)을 통치한 세종은 한국의 새로운 문자 체계 및 문자를 만들어낸 주역으로 인정된다. 하지만 세종이 발명가, 관리자, 명목상의 최고위자 등 집현전에서 실제로 어떤 역할을 했는지는 아직도 불분명하다. 새로운 문자 체계 및 문자는 1444년 1월경에 완료되었고, 2년 뒤에 '훈민정음'으로 공포되었다. 한국 학자들은 전통적인 문자에 대한 모독이라 생각하며 분개했고, 새로운 문자를 폄하하며 '언문'諺文이라 칭했다. 그 새로운 문자는 1900년대 초에야 '한글'이란 이름을 얻었다.

새로운 문자 체계와 글자체가 어디에서 영감을 받았는지는 오리무중이다. 학자들은 간혹 몽골을 가리킨다. 당시 몽골이 두 종류의 알파벳문자, 파그파 문자와 변형된 위구르 문자를 사용하고 있었기 때문이다. 한편 라틴 문자로부터 파생된 알파벳에서 영감을 받았을 것, 곧 유럽의 영향을 받았을 것이라 주장하는 학자도 적지 않다. 세종과 그의 학자들은 인도계의 '아부기다'(자음+발음 구별 부호로서의 모음)에 정통했을 것이고, 불교 경전을 통해 알게 되었을 것이다. 서양 알파벳도 그런 식으로 그들에게 알려졌을 수 있다. 한글의 알파벳-음절문자 체계는 아부기다와 무척 유사하고, 몇몇 글자의 모양은 외형에서 몽골의 파그파를 닮았다.[25] (나중에는 한글에 영향을 받은 청나라 학자들이 몽골 체계를 도입해 만주어를 표기했다.)[26] 하지만 한글 체계 자체는 파그파 문자나 다른 분절문자 체계에서 비롯된 게 아니었다. 한글은 세계에서 유일한 자질문자 체계featural writing system다. 달리 말하면, 해당 언어의 기본적인 변별적 자질을 재현해낼 수 있는 문자 체계다. 이런 점에서 한글은 전례가 없는 문자다. (한편 모태인 중국 '한자'를 파격적으로 줄이고 단순화한 것은 한글 글자이지, 문자 체계는 아니다.) 따라서 한글은 차용한 체계를 오랫동안 신중하게 개량한 결과물이 아니라, 언어학적 관점에서 의도적으로 발명한 결과물이다.[27] 하지만 언어의 완성도에서 한글은 체로키의 음절문자 체계나 이스터섬의 롱고롱고 문자처럼 서양에 영향을 받아 만든 '발명'과 완전히 다른 차원에 있다.

한 학자가 말했듯이, 얼핏 보면 한글은 '알파벳 음절문자'alphabetic syllabary처럼 보이는 게 사실이다.(그림 133)[28] 그러나 한글은 그 차원을 넘어선다. 개별 글자가 자음과 모음을 전달하며 동등한 지위를 갖는다는 점에서는 알파벳문자다. 하지만 한글 글자는 자음과 모음이 함께 쓰이며 '음절 덩어리'를 이룬다. 따라서 적어도 겉모습에서는 중국 글자와 유사하다. 한글에서 가장 주목할 만한 특징을 꼽으라면, 각 글자의 모양이 소리가 입에서 형성되는 방법을 본뜬 것이란 점이다. 예컨대 /k/는 혀가 입천장에 닿는 모습을 형상화한 것이다. 최초의 한글에서 28개의 기본 글자가 있었지만, 현재는 그중 24개만 사용된다. 발음 구별 부호는 글자로 표현되지 않는 음소를 제공하기 위해 체계적으로 사용된다.

		ㅏ	ㅑ	ㅓ	ㅕ	ㅗ	ㅛ	ㅜ	ㅠ	ㅡ	ㅣ
		a	ya	eo	yeo	o	yo	u	yu	eu	i
ㄱ	g(k)	가	갸	거	겨	고	교	구	규	그	기
ㄴ	n	나	냐	너	녀	노	뇨	누	뉴	느	니
ㄷ	d	다	댜	더	뎌	도	됴	두	듀	드	디
ㄹ	r(l)	라	랴	러	려	로	료	루	류	르	리
ㅁ	m	마	먀	머	며	모	묘	무	뮤	므	미
ㅂ	b	바	뱌	버	벼	보	뵤	부	뷰	브	비
ㅅ	s	사	샤	서	셔	소	쇼	수	슈	스	시
ㅇ	※	아	야	어	여	오	요	우	유	으	이
ㅈ	j	자	쟈	저	져	조	죠	주	쥬	즈	지
ㅊ	ch	차	챠	처	쳐	초	쵸	추	츄	츠	치
ㅋ	k	카	캬	커	켜	코	쿄	쿠	큐	크	키
ㅌ	t	타	탸	터	텨	토	툐	투	튜	트	티
ㅍ	p	파	퍄	퍼	펴	포	표	푸	퓨	프	피
ㅎ	h	하	햐	허	혀	호	효	후	휴	흐	히

그림 133 한글의 각 '음절 기호'에서 자음(왼쪽 세로단)과 모음(위쪽 가로단)이 조합되는 방법.

세종은 1446년의 포고령에서 이렇게 썼다. "[한글]은 무성음과 유성음을 명확히 구분하고, 음악과 노래를 기록할 수 있다. [한글]은 실용적으로 사용하기에 좋다. 바람 소리, 새가 지저귀는 소리, 수탉이 우는 소리, 개가 짖는 소리도 [한글로는] 정확히 묘사할 수 있다."[29] 이 말은 거의 사실이다. 한글 자음은 다섯 곳의 조음점, 곧 양순음(입술), 치음(이), 치경음(잇몸), 연구개음(여린 입천장), 성문음(목구멍)을 기준으로 만들어졌다. 하지만 세 모음의 모양은 '형이상학적으로' 하늘(둥근 점)과 땅(가로선)과 사람(세로선)으로 이루어졌다. 이렇게 새로운 문자 체계를 철학적으로 합리화함으로써, 한글 체계에 권위를 부여하기 위해 중국식 개념화를 요구하던 한국 학자들을 표면적으로 만족시켜주었다. 따라서 한글은 자음과 모음이 시각적으로도 구분되는 동시에 개념적으로도 구분되었다.

한글은 알파벳이 나열되는 식이 아니라 음절로 쓰이며, 각 음절 기호는 자음 글자로 시작한다. 음절에 자음이 없는 경우에는 ㅇ이란 기호가 대신 쓰인다. (기호 ㅇ은 일반적으로 반자음 /j/, 곧 y-이고, 음절 기호의 종성에서는 /ng/를 나타낸다.) 모음은 접미사로 기능하거나, 초성 아래에 쓰이며 음절 기호를 완성한다. 음절 기호는 시각적으로 한 덩어리이기 때문이다. 이렇게 '충전재'를 사용함으로써 미학적으로 '음절 덩어리'라는 시각적 일관성이 유지되고, 전통적인 중국 문자에서 파생된 문자라는 걸 떠올려주는 겉모습까지 완성된다. 한글 글자를 구성하는 부분들은 쉽게 구분되지만, 각 음절 기호는 글을 구성하는 단위로서의 지위를 갖는다. 따라서 알파벳문자에서 각 글자가 갖는 기능을 한글에서는 음절 기호가 대신하는 셈이다. 인도계 문자의 '아부기다'와 유사하고, '자음+모음'으로 구성되는 음절 덩어리는 이렇게 형성된다. 하지만 완전한 알파벳문자가 그렇듯이, 한글에서도 각 음절 덩어리의 자음과 모음은 동등한 지위를 갖는다. 이런 음절 덩어리는 중국 문자의 전통적인 권위를 유지하는 동시에 궁극적으로는 한국어를 적절히 전달할 수 있는 체계의 기초가 된다.

영국 언어학자 제프리 샘프슨Geoffrey Sampson이 지적했듯이, 한글이 자질문자 체계로 설계된 최고의 결과물로 평가받는 주된 이유는 부가기법additive technique 때문이다.[30] 가령 다섯 자음 /k/, /n/, /s/, /m/, /ng/ 중 어느 것에든 동일한 형태의 자음을 겹치거나 획을 추가되면, 기식음(수반되는 숨소리)과 파찰음(/h/ 같은 협착적 숨소리) 등 한국어의 독특한 소리를 표기할 수 있다. 또한 세 모음, 곧 둥근 점, 가로선, 세로선을 다양하게 결합하면 한국어의 모든 모음과 이중모음을 표기할 수도 있다. 세계의 문자 체계를 공부하는 학생들이 생각하는 한글의 주된 '아름다움'은, 자음은 조음되는 방법을 시각적으로 형상화한 것인 반면에 모음 역시 시각적으로 압축된 형이상학적인 세 개념에 포함된다는 사실에 있다.

한글은 명백한 이점이 있는데도, 고대 한국의 전통을 지키려는 학자들과 성직자들의 거센 반발에 부딪혔다. 향찰은 1400년쯤 이미 사멸되었지만, 다른 두 전통적인 문자가 그 후로도 오랫동안 한국 문자를 계속 지배했다. 그에 따라 한글에도 변화가 일어났다. 거의 정사각형이던 기하학적 형태가 붓글씨의 영향으로 사라졌고, 글자가 더는 소리를 재현하지도 않았다. 그사이에 '언문'은 여성과 어린이의 글, 또 사회적 신분이 낮은 계급의 글로 인식되었다. 학자가 한글을 사용하는 경우에도 중국어에서 차용한 단어가 '한자'로 쓰였고, 한국어가 아니라 한자어로 발음되었다.

따라서 세종의 의도와 달리, 한글은 한국에서 중국 문자를 대체하지 못했다. 보충적인 체계와 문자가 되는 데 그쳤다. 예컨대 발음에 도움을 주고, 문법 형태소를 제공하며, 중국 문자로 쓰인 글의 모호성을 낮추는 데 쓰였다. 중국 '한자'는 여전히 권위 있는 문자였고, 신분이 높고 공부한 사람의 증거였다. 일본에서는 차용한 중국 글자를 훈독訓讀한 단어가 수천 개에 달했지만, 한국에서는 중국 글자가 훈독되는 경우는 거의 없었다. 오늘날에도 남한에서는 학식의 수준이 전통적인 '한자'에 대한 지식으로 평가된다.

세종의 '언문'은 그 시기에 여러 이름, 예컨대 '백성을 가르치기 위한 올바른 소리(정음正音)', '천박한 문자', '국문國文' 등으로 불렸다. 한글이란 명칭은 언어학자 주시경(1876~1914)이 1900년대 초에 한국어와 한국 문학을 널리 보급하려는 유명한 운동을 추진하던 동안에 붙인 것이다. 그 이후로 오랫동안 '언문'에 덧씌워진 '천박한' 이미지를 씻어내기 위해서라도 한글이란 명칭은 적극적으로 알려졌다.

1880년대까지도 중국 문자가 선호되며 한국어가 글말에서 자주 쓰이지 않은 게 사실이었다.(그림 134) 1910년대와 1920년대에 대중매체가 유포되고, 서양식 교육이 도입되며 중국어와 한국어 모두에서 두 언어가 혼합된 글쓰기가 활성화되었다. 달리 말하면, 차용한 단어는 여전히 '한자'로 쓰였지만 한국 단어와 문법 형태소는 한글로 쓰였다.[31] 제2차 세계

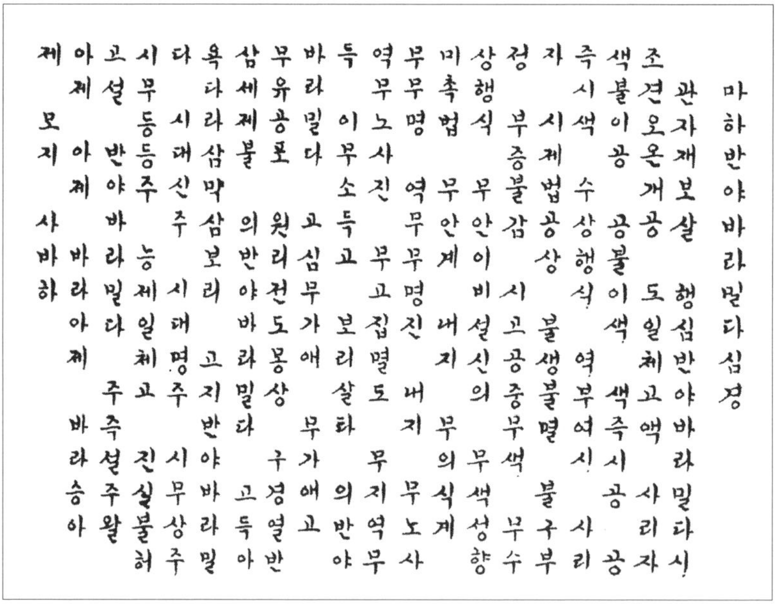
마하반야바라밀다심경
관자재보살 행심반야바라밀다시
조견오온개공 도일체고액 사리자
색불이공 공불이색 색즉시공
즉시색 수상행식 역부여시 사리
자 시제법공상 불생불멸 불구부
정 부증불감 시고공중무색 무수
상행식 무안이비설신의 무색성향
미촉법 무안계 내지 무의식계
무무명 역무무명진 내지 무노사
역무노사진 무고집멸도 무지역무
득 이무소득고 보리살타 의반야
바라밀다 고심무가애 무가애고
무유공포 원리전도몽상 구경열반
삼세제불 의반야바라밀다 고득아
욕다라삼막삼보리 고지반야바라밀
다 시대신주 시대명주 시무상주
시무등등주 능제일체고 진실불허
고설 반야바라밀다주 즉설주왈
아제 아제 바라아제 바라승아
제 모지 사바하

그림 134 한국어로 번역된 《반야심경》.

대전이 끝난 뒤에야 한국어가 일반 대중이 글에서 사용하는 표준 문자가 되었다. 1945년 일본의 지배가 끝난 뒤에는 '한자'의 영향이 급격히 줄어들었다. 일본식 글쓰기와 달리, 요즘 한국에서는 글을 쓸 때 한국어 어휘를 표기하려고 중국 글자를 더는 사용하지 않는다. 오로지 한글만이 사용된다.

1949년 북한은 대외적으로 '한자' 사용을 폐지했지만, 학교에서는 아직도 제한적으로 가르친다. 이제 북한 주민은 '조선글'만으로 글을 써야 한다. '조선글'은 한글의 다른 이름에 불과하다. 북한에 비하면, 남한은 훨씬 더 유연했다. 지금도 거의 모든 일간지가 조금씩은 '한자'를 사용한다. 일본과 마찬가지로, 한국의 고등학교 졸업자도 약 1,800자의 '한자'를 자유롭게 구사하는 것으로 여겨진다. 게다가 몇몇 정부 기관은 어느 곳보다 한자를 광범위하게 사용한다.

한글은 창제된 이후 500년 동안, (소리를 강조하는) 음소론자와 (단어를 중시하는) 형태론자 간의 끊임없는 투쟁이었다. 음소론자는 한국어를 발음되는 대로 쓰기를 원한 반면, 형태론자는 소리의 기계적인 변화를 무시하고 동사와 명사의 전통적인 기반을 유지하려고 애썼다. 역사적으로 보면, 한글 체계는 소리에서 단어로 옮겨갔다. 그 결과로 2000년 들어 적어도 명사에서 한글은 형태·음소적이다. 달리 말하면, 입말 한국어의 실제 소리보다 형태소와 단어를 주로 재현한다는 뜻이다. 또한 남북한 모두에서 1945년 이후로 사용된 통일된 철자법이 발전한 것도 형태·음소적인 특성 때문이다. 1900년대에는 한글을 개혁하려는 여러 시도가 있었다. '가로쓰기'와 로마자 표기의 전면적인 대체가 대표적인 예다. 하지만 1950년대 말 이후로 한글 체계는 근본적으로 전혀 바뀌지 않고 제도화되었다.

2000년 초 남한의 글쓰기 특징을 정리하면, 한글과 한자가 혼용되고, 라틴 문자로 쓰인 유럽에서 차용한 단어와 고유명사가 증가하는 반면에 중국적 요소가 완전히 사라지는 뚜렷한 추세다. 북한은 이미 한글만을 거의 전적으로 사용한다. 남한과 북한이 통일되면, 글쓰기 방식은 어떤 식으로든 틀림없이 변할 것이다. 어떤 형태의 글쓰기가 승리하든 간에, 한글을 '인류가 이루어낸 위대한 지적 성취의 하나'라는 제프리 심프슨의 평가에는 누구나 동의할 수밖에 없을 것이다.[32]

일본 문자 Japanese Writing

현재 일본어는 역사상 가장 복잡한 문자 체계로 표기되고 있다. 그 문자 체계는 동시에 3가지 문자(하나는 중국 글자, 둘은 일본 문자)로 쓰이는 두 종류의 문자 체계다. 하나는 외국의 표어문자 체계이고, 다른 하나는 고유한 음절문자 체계다. 세계에 존재하는 대부분의 문자 체계는 어느 정도는 혼합된 면을 띤다. 이때 라틴 문자 같은 지배적인 문자 체계는 표의문자(예: 8, +, ?, %,), † 등) 같은 외적인 요소의 침입을 드물게만 허용한다. 하지만 일본어는 홀로 하나의 독립된 어계語系다. 일본어에 차용된 중국 글자도 음독이나 훈독으로 읽히고, 중국 글자의 복잡한 6가지 구조를 빠짐없이 보여준다. 근본적으로, 일본 문자는 일본 말과 중국 차용어를 다양한 차원의 사회적 상호작용에서 전달하며, 중국 문자를 오랫동안 재분석한 복잡한 결과물이다. 요컨대 일본 문자의 복잡성은 일본 사회의 복잡성이 반영된 결과라 할 수 있다.

일본어에서 차용한 중국 글자, 곧 '칸지'Kanji, 漢字라는 형태소-음절문자는 모든 일본 문자의 기본인 동시에 근원이기도 하다.[33] 중국 문자를 차용하고 오랜 시간이 지난 뒤, 일본인은 고유한 음절문자 체계 '가나'か な, 仮名를 개발해냈다. '가나'는 용도에 따라 달리 사용하는 두 개의 음절문자, 히라가나ひらがな와 가타카나カタカナ로 이루어진다. 20세기부터는 비일본계 단어에 대해 라틴 문자를 사용하는 경우가 증가하는 추세다. 앞에서 언급한 모든 문자 체계 및 문자를 사용하는 글에 관습적으로 들어간 '기호'きごう, 記号들도 있다. 이 기호는 일본어 로마자로는 '키고'kigō로 표기된다.

중국 문자가 도입되기 전에 일본에 문자가 있었는지는 불분명하다. 일본 남쪽 류큐 제도에서 발견된 일종의 매듭 글자 체계도 일본에서 사용되었을 것으로 여겨진다.[34] 한나라가 한국을 침략한 서기 108년 이후에 중국 문자(체계와 글자 모두)는 일본에 전해졌고, 소수 집단만이 중국 문자를 사용했다. 그때 인각된 금속 거울을 비롯해 한나라 문물도 대거 도입되며 일본 사회에 영향을 미쳤다. 서기 370년 일본은 한국을 침략했고, 약 200년 동안 한반도에 머물렀다. 그 기간 동안, 일본 오진応神 텐노가 두 명의 한국 학자를 일본 궁궐에 데려가, 태자에게 중국 문자와 문학을 가르치게 한 것으로 알려진다.

6세기 중반에는 불교가 일본의 국교가 되며, 중국 문자를 일본의 다른 영역에도 전파했다. 일본 학자들은 주기적으로 중국을 순례하며 학습했다. 645년 일본은 유교에 기반한 중앙 정부를 수립했고, 그 체제는 500년 동안 번창했다. 이 기간 동안, 중국 문자가 제도화되고 개량되어

고대 일본어를 표기하는 데 쓰이며, 일본 문화의 기초를 놓는 데도 도움을 주었다.(그림 135)

고대 한국어처럼, 고대 일본어도 다음절 교착어였다. 요컨대 '가나'로 표기되던 고전 중국어와 완전히 달랐다. 최초의 일본 문자는 '간분'かんぶん이었다. 간분은 중국 글자만을 사용해 일본어로 글을 쓰려는 시도였다. '간분'을 읽는 데는 두 가지 방법이 있었다. 하나는 고전 중국어를 그대로 읽는 방법이었고, 다른 하나는 고전 중국어를 일본어로 번역해 읽는

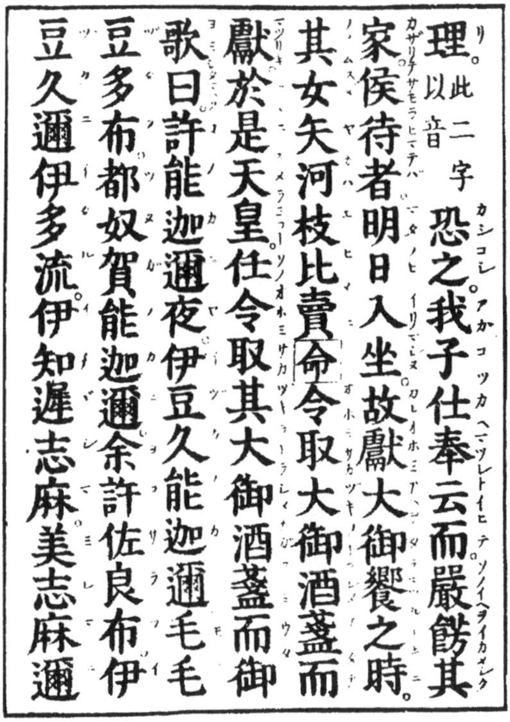
理。此二字以音恐之。我子仕奉云而。嚴餝其
家侯待者明日入坐故獻大御饗之時。
其女矢河枝比賣命令取大御酒盞而
獻於是天皇。任令取其大御酒盞而御
歌曰許能迦邇夜伊豆久能迦邇毛毛
豆多布都奴賀能迦邇余許佐良布伊
豆久邇伊多流。伊知遲志麻美志麻邇

그림 135 712년에 완성된 일본에서 가장 오래된 문헌 《고사기(古事記)》. 일본 고대사가 '간지'로 기록된 책이다. 1803년 목판으로 인쇄한 것으로, 발음을 돕는 기호가 가타카나 음절문자로 쓰여 있다.

방법(세로단 사이의 보조 기호를 사용)이었다. 간분은 입말이 아니라, 거의 전적으로 글말로만 사용되었다. 일본 문화에서 간분이 차지한 위치는 서양 사회의 라틴 문자와 비슷한 정도였다. 다시 말하면, 대부분의 학자가 읽을 줄 알지만 말하는 데는 사용하지 않는 문자였다. 엄격히 말하면, 간분은 일본어가 아니라, 중국과 일본을 글로 이어주는 수단이었다.

일본은 중국 글자를 차용할 때 그 의미만이 아니라 '온'ㅎㅅ(소리)까지 차용했다. 소리ㅍ는 외국, 곧 중국 소리였지만 수 세기가 지난 뒤, 중국 소리로 일본 문자를 읽던 지배적인 현상은 중국 글자의 의미를 따라 일본어로 발음하는 고유한 방식, 이른바 '훈독'訓讀으로 보완되었다. 따라서 이제 '간지'(차용된 중국 글자)에는 여러 음독과 훈독이 있지만, 일정한 규칙이 정해진 것은 아니다. saiㅎい에 해당하는 '간지'를 예로 들어보자. '재능'을 뜻하는 才와, 나이를 헤아리는 접미사 歲는 똑같이 sai라는 하나의 음독만을 갖는다. 하지만 일본 고유의 훈독만이 허용되는 글자는 하나도 없다. 의미에서 중국 음과 유사한 단어의 음독에는 하나 이상의 훈독이 추가된다.

음독에 훈독이 더해지는 복합어만이 아니라 훈독에 음독이 더해지는 복합어가 증가함에 따라 일본 문자는 더욱더 복잡해졌고, 이때 복합어를 구성하는 요소들 자체도 여러 방식으로 읽힐 수 있었을 것이다. 게다가 일본인은 중국어에는 없는 수백 개의 '간지'도 고안해냈고, 그 간지들은 음독과 훈독, 둘 모두로 읽혔다. 음독되는 단어들이 모두가 중국어에서 차용한 단어였고, 단독으로 일본어를 풍요롭게 해주었더라도 음독되는 대부분의 단어는 하나 이상의 중국 글자와 복합되어 둘 이상의 음절을 지닌 단어를 만들어냈다. 예컨대 '음'흡, '성'声, '학'学으로 음독되는 세 '간

지'가 복합되어 '온세이가쿠'おんせいがく, 곧 음성학이란 단어를 만들어냈다.

중국에서 그랬듯이, 일본에서도 글이 붓과 먹으로 세로단으로, 오른쪽에서 왼쪽으로 쓰였다. (7세기에 일본은 필기구로 종이를 만들어 사용했다.) 그러나 일본어를 간분으로 쓰기 시작한 첫날부터, 중국 문자 체계는 일본 문인이 전달하려는 것을 제대로 전달할 수 없다는 게 밝혀졌다. 오랫동안, 일본 문인들은 독자가 중국 문자에는 없는 접미사와 문법소를 머릿속에서 '채우기'를 바랐다. 따라서 일본어를 읽는 건 힘들고 까다롭기 그지없었다. 여러 면에서 일본어는 역사상 가장 난해한 차용의 예였다. 따라서 과감한 해결책이 요구되었다.

차용을 시작한 초기부터, 일본인은 모호성을 줄이고 중국 글자의 의미와 소리만이 아니라 일본 말을 더 적절히 전달하기 위해 다양한 방법으로 개선을 시도했다. 한국과 베트남이 사용한 전략을 그대로 따르기도 했다. 일본은 간지에서 중국 글자의 의미를 사용했지만 일본어로 발음했다. 이른바 '음독'으로, 간분에서 사용되는 읽는 법이었다. 반대로 어떤 간지는 의미와 상관없이 순수히 소릿값만을 대신하게 하며, '와분'わぶん, 和文, 곧 일본 문자를 만들어냈다. 따라서 이미 1,300년 전부터 일본 문자는 일본인의 인식보다 '중국' 문자와의 관계가 적었던 셈이다.

곧이어 일본 문인들은 간분과 와분을 뒤섞기 시작했다. 달리 말하면, 의미와 소리를 결합했다. 8세기쯤에는 오늘날 일본 문자의 기저를 이루는 이중체계 원리bi-systemic principle, 곧 하나의 문자 체계가 아니라 혼용되는 두 문자 체계가 도입되었다.

와분은 이른바 '만요가나'를 사용했다. 만요가나는 헤이안 시대平安時代, 794~1185 초에 사용된 음절문자 체계였고, 한국의 향찰 표기법에서 영향을 받은 듯하다. 만요가나는 중국 글자들 사이, 혹은 세로단 사이에 작게 쓰이며, 불교 경전을 읽는 법을 설명하거나 경전에 대한 주석을 덧붙이는 데 쓰였다. 그러나 만요가나는 어설프기 그지없어, 일본어에 실재하는 음절보다 10배나 많은 중국 글자가 사용되었다. 그리하여 8세기에 일본 문인들은 88개밖에 없는 일본 음절 유형을 표기하려고 970개가 넘은 중국 글자를 사용했다.

그러나 초기의 이런 불필요한 중복으로부터 '단순화된 간지', 곧 '가나' 음절문자 체계가 곧바로 나타났다. ('가나'라는 명칭은 '가-나-다-라'로 시작하는 한국어 음절문자 체계의 처음 두 요소에서 끌어와, '알파'와 '베타'에서 생겨난 알파벳과 유사하게 만들었을 수 있다.)[35] '가나'는 완전히 다른 유형의 문자 체계였다. 중국 표어문자가 군데군데 끼어들고, 그 문자에 의존하는 음절문자 체계였다. 가나에는 '히라가나'와 '가타카나', 두 형태가 있었다. 둘 모두 똑같이 음절문자였고, 외형과 용도에서만 달랐다. 요컨대 동일한 문자 체계지만 글자체가 달랐다.

만요가나의 흘림체가 8세기와 9세기에 걸쳐 히라가나 글자체로 바뀌었다. 이때 히라가나는 주로 상류층 여성이 사용한 까닭에 '온나 데'おんな 一手(여인의 손)로도 알려졌다. (일본 중세의 가장 위대한 문학 작품 《겐지 이야기》는 헤이안 시대의 궁녀 무라사키 시키부가 애초부터 히라가나로 쓴 것이다.) 히라가나의 자매 문자인 '가타카나'도 9세기에 만요가나에서 직접 파생되었지만, 히라가나 기호가 파생된 음절에서 만들어진 것은 아니었다. 이런 이유에서 두 문자의 외적인 차이가 설명된다. 그리하여 1100년 말쯤에는 '가나-마지리' 문자 체계, 곧 중국 글자를 기본으로 한 간지 체계와 일본어 가나 체계가 혼합된 문자 체계가 사용되었다. 이 방법은 때때로

변화와 수정이 있었지만 지금까지도 일본에서 사용되고 있다.

중세 내내 '간지'는 일본에서 권위 있는 글자로 대접받았다. 공문서는 가타가나로 쓰였다. 여성은 문학적인 글과 개인적인 서신 모두에서 히라가나와 가타카나를 사용했다. 한자가 한국에서 그랬듯이 간지는 오랫동안 일본에서 최상의 글자로 여겨졌고, 상류층 여성의 히라가나 문학에 대한 정중한 관심은 제한된 영역을 벗어나지 못했다. 하지만 1700년대쯤에는 여성에게도 간지를 사용하는 게 허용되었다. 오늘날, 일본 문자 체계 및 서체에서 사회적 계급이나 성별은 더 이상 구분되지 않는다.

1800년대 말까지 초기 가나 목록에서 많은 알로글리프(같은 소릿값을 지닌 다른 기호)가 제거되어, 그즈음에는 96개의 음절 기호로 줄어들었다. 다시 말하면, 두 가나 문자 체계에서 각각 48개씩으로 축소되었다. 따라서 두 문자 체계 모두에서 하나의 음절은 하나의 음절 기호로만 표시되었다. 1900년대 후반기에는 w-계열의 두 기호(i와 e의 이중음)도 사용되지 않았다. 그리하여 히라가나 음절 기호와 가타카나 음절 기호가 각각 46개씩 92개만 남게 되었고, 여기에 일본 음절에서 빈번하게 끝나는 -n음을 나타내는 기호가 두 문자 체계에 더해지며 총 94개의 음절 기호가 만들어졌다. 이 기호들은 대체로 위에서 아래로, 오른쪽에서 왼쪽으로 배치되며 '오십음도'五十音圖를 만들어낸다. 이 표는 남인도의 타밀 문자 체계에서 차용한 것이라 할 수 있다.(그림 136) 대부분의 어휘는 이 표에 정리된 순서에 따라 배치된다.

일본의 두 가나 문자 체계는 각각 독특한 외형을 띠기 때문에 둘을 구분하는 데는 조금도 어려움이 없다. 히라가나는 일반적으로 곡선을 띠고, 가타카나는 직선이다. 이 뚜렷한 차이가 그래픽 아트에 이용된다. 예

그림 136
일본 문자의 '오십음도'

ワ わ wa	ラ ら ra	ヤ や ya	マ ま ma	ハ は ha	ナ な na	タ た ta	サ さ sa	カ か ka	ア あ a
ヰ ゐ i	リ り ri	イ い i	ミ み mi	ヒ ひ hi	ニ に ni	チ ち chi	シ し shi	キ き ki	イ い i
ウ う u	ル る ru	ユ ゆ yu	ム む mu	フ ふ fu	ヌ ぬ nu	ツ つ tsu	ス す su	ク く ku	ウ う u
エ ゑ e	レ れ re	エ え e	メ め me	ヘ へ he	ネ ね ne	テ て te	セ せ se	ケ け ke	エ え e
ん ン n	ヲ を wo	ロ ろ ro	ヨ よ yo	モ も mo	ホ ほ ho	ノ の no	ト と to	ソ そ so	コ こ ko	オ お o

위에서 아래로, 오른쪽에서 왼쪽으로 읽는다. 굵게 표시된 상자에 싸인 모음은 잉여적인 모음이다.

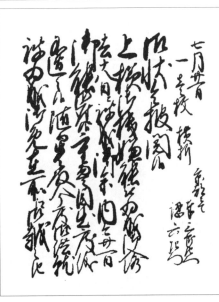

그림 137
200년 전의 일본 공문서.
높은 평가를 받는 '초서체'로 쓰였다.

컨대 가타카나는 상점 간판과 광고에 주로 활용되고, 히라가나는 서예를 비롯해 '거침없이 이어지는' 표현에 쓰인다.(그림 137)

'간지'와 '가나'가 일본의 일상적인 글쓰기에 행하는 역할은 지난 세기에야 '표준화'되었다. 간지는 주된 어휘부를 전달하는 데 쓰인다. 구체적으로 말하면, 서양에서 차용하지 않은 명사(중국어 명사와 일본어 명사), 동사 어간, 형용사 어간 및 부사를 표기하는 데 쓰인다. 한편 1800년대 후반기까지 가타카나 음절 기호는 문법 형태소와 기능어를 표기하는 데 쓰였지만, 히라가나 음절 기호가 1900년에 공식적인 가나 형태로 결정된 후로는 그 역할이 히라가나로 넘어갔다. 그러나 히라가나는 그 역할에 아직도 일관적이지 않다. 언젠가 일본어로 쓰인 문장에서 모든 단어가 빠짐없이 혹은 절반만 히라가나로 쓰이거나, 전혀 히라가나가 쓰이지 않을 것이다. 달리 말하면 '간지'만이 쓰이며, 중세 초기에 그랬듯이 독자에게 머릿속으로 문법소를 '채우라고' 강요할 것이다. 한편 가타카나 음절 기호는 이제 외국어와 외래어, 감탄사, 의성어와 의태어, 특수한 전문용어를 표기하는 데 쓰인다.

제2차 세계대전 이후로 가타카나의 사용이 크게 증가했고, 가타카나는 히라가나에 문법적 기능을 빼앗기며 상실한 명성을 되찾았다. 외국어 '오염' 때문에, 가타카나는 이제 네온사인과 길거리의 간판, 텔레비전과 인터넷, 잡지 광고에 넘쳐 흐른다. 특별한 강조, 완곡어법, 이율배반적인 표현에도 가타카나가 주로 쓰인다. 젊은 세대는 두 문자를 뒤섞어 쓰면서도 예전보다 더 자주 가타카나를 사용함으로써 '더 느슨한' 대화체 말투를 만들어낸다.[36] 비유해서 말하면, 가타카나 음절 기호는 일본어로 쓰인 글에서 '이탤릭체'가 되었다.

히라가나와 가타카나는 이제 소수의 발음 구별 부호를 사용해서 일본어로 말하는 모든 것을 거의 완벽하게 표기할 수 있다. 발음 구별 부호로는 k를 g로 바꿀 수 있는 ", h를 p로 변환할 수 있다는 °가 있다. 현재 대부분의 아동 서적과 청소년 서적에서 쓰인 거의 모든 '간지' 옆에는 히라가나 기호가 작게 쓰여 있다. '후리가나'라고 불리는 문자로, '덧붙여진 가나'라는 뜻이다. 이런 관습은 친숙하지 않은 '간지'를 발음하는 법을 알려주려는 의도로 생긴 것이지만, 이제는 '간지'가 불필요해졌다는 걸 보여줄 뿐이다.(그림 138)

이 점에서 두 가지 의문이 제기된다. 첫째, 왜 일본에는 두 가지 음절

耳なし芳一のはなし

いまから七百年あまりまえのことです。下関海
峡の壇の浦で、ながいあいだ天下をあらそってい
た源氏と平家のあいだに、さいごの決戦がおこな
われました。平家は、この壇の浦で、われわれが
今日、安徳天皇とおよびしている、あのご幼帝、
それに平家の一門の女や子どもたちといっしょ
に、まったくほろびてしまったのです。
その後七百年のあいだ、壇の浦の海とあのへん
いったいの海岸とは、ながらく平家の亡霊にたた

그림 138 위에서 아래로, 오른쪽에서 왼쪽으로 읽어야 한다. 요즘에 발간되는 청소년 서적의 첫 장으로, 거의 모든 '간지'에 발음을 알려주는 후리가나가 작은 글씨로 더해져 있다.

문자 체계가 필요할까? 히라가나는 격식에 얽매이지는 않는 글에 사용되고, 가타카나는 공문서 등 격식에 필요한 글에 쓰인다는 게 일반적으로 주어지는 대답이다. 그러나 이 대답은 역사적인 관찰일 뿐, 현시대에는 맞아떨어지지 않는다. 고대 이집트에서 신관 문자와 민중 문자가 구분되었듯이, 일본에서도 글의 목적을 구분하며 두 문자 중 하나만 허용되는 경우가 있었던 게 사실이다. 오늘날에도 두 문자 체계가 쓰인 곳이 여전히 구분되지만, 이런 구분은 관습일 뿐 반드시 지켜야 하는 것은 아니다.

둘째, 왜 두 문자 체계 및 글자를 혼합해 사용한 복잡한 체계를 고수할까? 이 질문에서 알파벳에 대한 편견이 드러난다. 외국인이라면, 일본이 세 가지 선택 방향에 '직면'해 있다고 생각할 것이다. 첫째는 현 체계를 고수하는 것, 둘째는 '가나' 문자만을 채택하는 것, 셋째는 로마자, 곧 라틴 알파벳을 사용하는 것이다. 예컨대 정상적인 시력을 가진 일본인이 혼합 체계로 쓰인 일반적인 일본어를 읽는 것보다, 일본인 시각 장애인은 '간지'가 전혀 사용되지 않은 '가나' 점자를 훨씬 쉽게 읽는다는 게 증명되었다. 논리적으로 생각하면, (한국이 '한자'를 포기하려는 것처럼) '간지'를 완전히 포기하고 '가나'만을 채택하는 게 문자 해득률, 교육 기간, 경제·사회의 진보 등 전체적으로 일본 사회에 분명히 이익이 될 거라고 추정된다. 한편 일본이 '로마자'를 채택하면 로마자의 뛰어난 융통성을 누릴 수 있을 것이다. 예컨대 외국인이 1885년 일본의 '로마 문자 협회'가 '간지'만이 아니라 '가나'까지 포기하는 방향을 시도한 적이 있지 않았느냐고 지적한다면, 일본인은 그 이후로는 유사한 요구와 시도가 없었고, '가나'만을 글에 사용하자는 요구도 없었다고 응답할 것이다. 엄격히 말하면, 문자 체계에서 일본이 직면한 문제는 없다. 일본 문자 체계는 일본 사회에 굳건히 자리 잡고 있다.

효율성에서도 일본인은 현재의 문자 체계가 동음이의어라는 내재적 문제를 가장 잘 해결한다고 생각한다. 명료함이란 차원에서도 표어문자는 중국어보다 일본어에서 훨씬 더 중요한 듯하다.[37] 일본어의 수준은 수천 개의 간지, 곧 차용된 중국 글자와 더불어 발전해왔다. 이제 차용어는 글말에서만 구분되지, 입말에서는 그 차이가 나타나지 않는다. (가령 영어 know에서 k와 w가 '불필요'하다는 이유만으로 know를 no라고 단순화하면 어떤 혼란이 야기될지 상상해보라. 글말의 '시각적 이미지'도 의미를 전달한다는 강력한 증거를 일본 문자에서 찾을 수 있다.) 그 이유는 일본어에서 차용한 중국 글자의 대부분이 동음이의로 변환된 반면에 일본어의 음운 체계는 변했기 때문이다. 예컨대 원래 다르게 발음되던 20개 남짓한 중국 글자가 이제는 '간ᵏᵃⁿ'으로 발음된다. 따라서 일본어가 '가나'나 '로마자'로만 쓰이면 다른 방향에서 모호함을 야기할 것이고, 이 경우에는 '단순화'가 전혀 없을 것이다.

사회적 영역에서 보면, '간지'는 고대 일본 전통의 일부다. 달리 말하면, 일본인이 된다는 뜻이다. 따라서 많은 일본인은 미심쩍은 '편의성과 효율성'을 위해 간지 체제를 포기하려는 생각에 분개한다. 그러나 사회적 효용은 이보다 훨씬 더 크다. 어떤 문자 체계에나 내재된 관성이 있다. 따라서 문자 체계 및 문자는 단순한 도구가 아니라 사회의 초석이다.

일본 초등학생은 두 '가나' 음절문자 체계(처음에는 47개의 히라가나, 다음에는 47개의 가타카나)를 습득하면, 곧이어 일본어 한자의 훈독부터 시작해서 960개의 '간지'를 8년 동안 학교에서 배운다. 고등학교를 졸업하려면, 다시 1,000개의 '간지'를 추가로 구사할 수 있어야 한다(더불어 초등학교와 중학교에서 960개 간지의 음독도 알아야 한다). 따라서 고등학교를 정상적으로 졸업한 사람이면 거의 2,000개의 '간지'를 구사하는 것으로 추정된다. (박학한 일본인은 5,000개 이상의 '간지'를 자유자재로 구사한다.) 신문과 잡지에서 일반적으로 사용하는 '간지'는 3,200개 안팎이지만, 다수가 애매하고 까다로운 '간지'를 사용하는 지명과 인명이어서, 후리가나가 음독을 돕는 부호로 덧붙여 쓰인다. 그렇지만 일본인이 일반적인 글을 읽는 데 필요한 2,000개의 '간지'를 알게 된 것은 미국 점령기에 도입된 엄격한 교육 개혁의 결과로, 상대적으로 최근의 현상이다. 제2차 세계대전 전까지도 문맹은 흔한 현상이었고, 그 이유에는 일본 문자를 학습하기 어렵다는 것도 적잖은 몫을 차지했다. 지금은 문맹이 크게 줄어들었지만 여전히 존재하며, 그 이유는 과거와 같다.

1980년대에는 외국어, 주로 영어가 봇물처럼 밀려들며, 과거였다면 가타카나가 쓰였을 맥락에 로마자가 등장했다. 지금도 인터넷에서 일본어로 쓰인 글에는 로마자가 증가한 게 확연히 눈에 띈다. 일본 문자의 '스펀지 같은' 속성은 융통성, 따라서 생존력을 보여주기에 충분한 듯하다.

지금도 일본은 세로단으로 위쪽에서 아래로, 오른 쪽에서 왼쪽으로 글을 쓰는 전통적인 중국 관습을 따른다. 하지만 요즘 중국어로 쓰인 글이 그렇듯이, 많은 일본어 문서가 이제는 서양의 알파벳처럼 가로단으로 쓰이고, 왼쪽에서 오른쪽으로 읽힌다. 또 여전히 띄어쓰기가 없지만, 알파벳문자의 경우만큼 일본 문자에서는 띄어쓰기가 중요하지 않다. 게다가 문자 체계와 글자를 혼용하고 서양식 문장 부호를 도입한 덕분에 완전히 이해할 수 있다.

중국에서 그랬듯이 일본에서도 서예는 예부터 가장 위대한 예술 중 하나였다. 서예에서도 세 문자 체계가 혼합되어 쓰인다. 그러나 특별한 교훈이 쓰인 글처럼, 하나의 문자로만 작성된 작품도 적지 않다. 일본 서예에서는 문학과 시각 예술이 하나가 된다.(그림 139) 로마자로는 이런 예술적 기교를 모방하기가 쉽지 않다. 가독성이 예술성보다 우선시되는 서예에 대한 서양의 생각과 달리, 중국과 일본에서는 예술성이 가독성보다 우선시된다. (중국과 일본에서는 교양인이 필체가 '명확히 읽힌다'라는 평가를 받으면 모욕당하는 것과 다름없을 정도였다.) 동아시아에서 능란한 서예 솜씨는 박학함, 곧 글을 생산하고 읽어내는 능력의 증거다. 동아시아 문자에 부여되는 많은 것이 그렇듯이, 이런 현상도 글을 쓰는 주된 목적에 대한 서양의 생각과 정반대다.

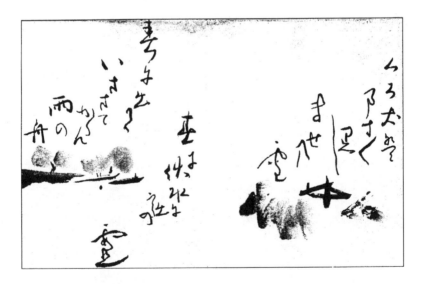

그림 139 서예, 회화, 시가 융합된 작품. 눈밭의 검은 개(오른쪽)와 강둑에 걸친 배(왼쪽)를 묘사한 이케노 다이가(池大雅, 1723~1776)의 작품.

일본 상황은 역사적으로 문자가 언어에 미친 영향을 보여주는 극단적인 사례일 수 있다. 일본은 중국과 국경을 맞대고 있지 않았다. 따라서 극소수의 중국인만이 일본에 건너갔고, 중국의 일본 침략이 성공한 적도 없다. 하지만 오늘날 일본 어휘의 절반 이상이 중국에서 차용한 외래어다(일본 음운 체계로 발음되는 중국 단어). 달리 말하면, 중국이 일본어에 미친 거대한 영향은 거의 전적으로 문자를 매개로 전해졌다는 뜻이다. 인류의 역사에서 다른 언어에서는 일어나지 않은 현상이었다.

일본어 문자 체계는 복잡하다는 이유로도 역사상 가장 악명 높은 문자인 듯하다. 특히 문자의 역사를 연구하며 문자의 가치를 판단하는 기준을 '편이성과 효율성'에 두는 학자에게 더욱더 그렇다.[38] 앞에서도 보았듯이, 외국인이라면 일본이 이렇게 인지된 복잡성을 유지하는 숨은 근거에 의문을 품어야 마땅하다. 물론 일본어가 세계에서 배우기 가장 어려운 언어라고 주장하는 사람은 없다. 그러나 일본 문자가 인류 역사상 가장 복잡한 문자라는 주장에는 타당한 이유가 있다. (나는 오키나와에 이주한 1956년부터 일본어와 일본 문자를 배우기 시작했지만, 65년이 지난 지금도 초보자 수준을 벗어나지 못한 기분이다.)

하지만 일본 문자는 완벽하게 배울 수 있을 뿐만 아니라 명백히 성공한 문자다. 일본 문자는 문해율이 무척 높고 풍요로운 민족에게 오래전부터 글말의 깊은 전통을 유지하는 수단이었고, 지금도 마찬가지다. 일본은 세계에서 가장 높은 문자 해득률을 자랑하는 데 그치지 않고(상대적으로 '더 단순한' 알파벳문자를 사용하는 미국과 프랑스보다 높다), 출판물의 일인당 소비량이 세계에서 가장 많기도 하다. 일본 문자를 구사하려면 지적 노력이 추가로 필요하기 때문에 문자와 직접적인 관계가 없는 영역에서도 일본인이 뛰어나게 되었다고 주장하는 과학자도 있다. 문자 체계 때문에 일본이 다른 국가보다 학생들에게 더 오랜 기간의 학습을 강요한 다는 건 널리 알려진 사실이다. 따라서 어린 학생들에게 학습이란 부담을, 국가에는 재정적 부담을 안기지만, 부분적이더라도 여기에서 일본의 눈부신 성공이 설명될 수 있다. 여하튼 일본 문자가 사용자의 지적 성장을 방해하지 않았다는 것만은 분명하다. 겉보기에 세계에서 가장 복잡한 문자가 과학기술에서 가장 앞선 나라에서 발견된 것도 결코 우연만은 아닌 듯하다.[39]

일본 문자는 복잡한 데다 다양한 소릿값을 지녀, 우리가 흔히 문자에 대해 생각하는 '입말의 시각적 표현'이 아니다. 하나의 기호가 여러 소릿값으로, 복합어는 더 다양하게 읽힐 수 있다는 가능성은, 말을 넘어서는 인식 차원까지 포함하는 문자의 다차원성을 보여준다. 이런 가능성은 다른 문자 체계에서도 부분적으로 발견되지만 일본에서 관찰되는 것처럼 체계적이지는 않다.

일본 문자를 연구하며 얻은 주된 교훈을 둘로 정리하면, ① 문자 및 문자 체계는 사용자에게 필요한 것일 뿐만 아니라 사용자가 원하는 것일 수 있다는 것과, ② 문자의 복잡성이 사용자의 궁극적인 성취에 조금도 방해되지 않는다는 것이다.

ㅇ ㅇ ㅇ

제프리 샘프슨은 "언어는 주로 입말을 체계화한 것이고, 글은 입말을 시각화하는 데 쓰이는 보조적인 도구라는 서양 언어학의 격언을 동아시아에서는 받아들이기 힘들다"라고 말했다.[40] 그 이유는 입말이 무척 모호하고 불완전해서 문자라는 매개체를 통해서만 명료해지기 때문이다. 특히 동음이의어가 유난히 많은 중국어와 일본어는 더더욱 그렇다. 따라서 동아시아 문자를 연구한 결과에 따르면, 글말은 입말에 종속되는 게 아니다.

동아시아 문자를 연구해서 얻은 더 큰 통찰이 있다. 중국 문자가 생존하고 성공한 현재 결과를 보면, 문자 체계는 '진화'하고, 완전한 알파벳문자는 그런 진화의 정점이란 개념과 모순된다. 문자는 복수의 형태를 띠고, 어떤 형태로든 사용자에게 큰 도움을 줄 수 있다. 중국인은 거의 2,000년 전부터 알파벳문자에 대해 간접적으로 알고 있었다. 그럼에도 중국인은 문자를 '더 나은 쪽으로' 바꾸지 않았다.

오랜 세기 동안, 고전 중국 언어와 문헌은 동아시아 전역에서 고등 교육의 주요 자료였다. 처음에 중국 문자는 내용을 얻을 목적에서, 주로 중국 고전 문헌과 중국어로 번역된 불교 경전을 통해 차용되었다. 따라서 중국어와 중국 문자는 분리할 수 없는 하나의 단위처럼 차용되었다. 나중에야 차용은 토착 언어를 표기하는 데 사용되었다. 항상 그랬듯이, 차용하는 언어가 중국어와 얼마나 다르느냐에 따라 수정과 조정이 뒤따랐다. 공교롭게도 베트남어는 중국어와 무척 유사해 별다른 조정이 필요하지 않았다. 하지만 한국어와 일본어는 극단적으로 달랐다. 따라서 조정 과정은 우리가 문자 체계의 본질적인 속성에 대해 더 깊이 알아가는 데 도움을 주는 완전히 새로운 문자 체계를 낳았다.

동아시아의 증거에서 보듯이, 문자의 역사 과정은 전달의 효율성이나 적합성이 아니라 정치·사회적인 요인에 따라 근본적으로 결정된다. 중국 문자는 중국어에 더할 나위 없이 맞아떨어지지만, 이제는 알파벳문자 체계로 조금씩 대체되고 있다. 그렇다고 알파벳문자 체계로 완전히 대체하지는 않을 것이다. 베트남은 오랫동안 중국어를 글말로 사용한 뒤에 베트남어에 맞추어 중국 문자를 조정했지만, 프랑스에 지배를 받는 동안 결국 중국 문자를 버리고 알파벳문자를 선택했다. 베트남은 정치적으로 독립했지만, 프랑스에서 얻은 알파벳문자를 지금까지 사용한다. 한국도 중국어와 중국 문자를 차용했지만, 1400년대에 자체적으로 고안한 문자인 한글로 중국 문자를 보완했다. 이제야 한국은 한글로 중국의 유산을 대체하고 있다. 일본도 중국어와 중국 문자를 차용했다. 중국 문자는 한국어와 일본어를 표기하기에 적합하지 않았다. 따라서 일본 문자 체계는 처음부터 세 종류의 글자를 사용하는 두 문자 체계로 발전했다. 앞에서 보았듯이, 이 독특한 혼합 언어는 일본의 문화적 정체성을 표현하는 수단으로 확고히 유지되고 있다.

중국 문자와 그로부터 파생된 문자들은 하나의 기호에 빠짐없이 의미를 싣는 탁월한 능력을 보여준다. 이런 면은 알파벳문자와 사뭇 다르다. 알파벳문자는 별개의 소리를 지닌 자음과 모음을 연결해 의미를 만들어내기 때문이다. 동아시아 문자의 시각적 효과는 알파벳문자의 경우보다 훨씬 더 강렬하다. (하지만 알파벳으로 이루어진 '단어 전체'도 그에 못지않거나 유사한 시각적 효과가 있다고 주장하는 학자도 적지 않다.) 시각적 차이는 중요하다. 박식한 사람은 언어를 생산하고 수용하며 유지하는 능력이 언어의 글말과 신경학적으로 관계가 있는 듯하기 때문이다. 중국인과 일본인이 대화하며 손바닥에 한자를 쓴다면, 모호한 동음이의어들을 구분하기 위한 게 아니다. 전달과 유지라는 언어의 기본적 기능(입말과 글말의 '중간계')을 보여주려는 것이다.

언어학자 플로리안 쿨마스는 "형태소에 기반한 문자 체계(예: 중국어)와 소리에 기반한 문자 체계(예: 영어)는 외적으로 부호를 결합하는 방법도 다르지만, 두 체계의 차이는 글말 단위의 저장과 처리에 관한 신경심리학적 차이와 관계가 있다"라고 말했다.[41] 특히 중국어와 일본어에서 단어의 시각적 이미지는 어휘에 접속하는 과정의 일부로 머릿속에 저장되고, 그 효과는 알파벳으로 이루어진 '단어 전체'에 접속하는 과정을 훌쩍 넘어선다.

동아시아인이 형태소-음절문자를 읽을 때는 대뇌의 처리 과정이 달라지는 듯하다. 문자와 관련된 뇌 활동은 일정하지 않고, 어떤 유형의 문자를 사용하느냐에 따라 달라진다. 예컨대 일본어의 경우, 뇌손상을 입은 사람이 '간지'(차용한 중국 글자)를 상실할 수 있지만 '가나'(일본어 음절문자)를 유지할 수 있다면(혹은 정반대라면), 주된 신경학적 차이에서 두 문자 체계가 구분된다는 뜻이다. 또한 이런 차이는 일본어에서 간지와 가나가 신경학석으로 서로 부관하다는 뜻이기도 하다. 일반화해서 말하면, 세계에 존재하는 문자 체계들은 처리 과정에서 중대한 차이가 있다는 추정이 가능해진다. 하지만 '가나'의 두 유형, 히라가나와 가타카나 사이에는 그런 차이가 있다는 증거가 없다. 두 문자는 별개이지만 뇌에서 하나로 부호화되는 듯하다. 따라서 다르지만 관련된 문자, 예컨대 라틴 문자, 그리스 문자, 룬 문자, 오감 문자 등은 우리 뇌에서 비슷하게 처리된 반면, 다른 문자 체계들, 예컨대 표어문자, 음절문자, 알파벳문자는 그렇지 않다고 일반화할 수 있을 것이다.

중국 문자는 "동아시아의 문화적 정체성에 다른 어떤 문화적 요소보다 지속적으로 영향"을 미쳐왔다.[42] 그 영향은 이제야 더 일반적이고, 어쩌면 심지어 보편적인 방향에서 드러나는 듯하다. 그 영향을 연구하는 과정에서 동아시아 문자가 더 높은 차원에서 '재탄생'했다. 달리 말하면, 우리는 인간의 뇌가 문자라는 경이로운 발명품을 어떻게 처리하는지 이해하기 시작했다.

PART SIX

메소아메리카와 안데스

6

1986년, 2미터 높이의 현무암 석주 혹은 석판 기념물이 멕시코 남동부의 라모하라 마을 근처를 흐르는 아쿨라강에서 발견되었다. 그곳은 문화적 유물로 특별히 알려지지 않은 지역이었다. 따라서 석주를 발견한 사람들은 거기에 쓰인 글을 보고 놀랄 수밖에 없었다. 21개의 세로단에, 520개의 '글리프'glyph(상형문자hieroglyph의 약칭)가 새겨진 비문이 있었다. 그 문자들은 왕처럼 보이는 남자의 정면과 위쪽에 배치되어 있었다.(그림 140) 이 비문은 1993년에 해독되었고, 에피·올메카 문자로 서기 143년과 156년이란 연대가 쓰인 것으로 확인되었다.[1]

이 비문은 지금까지 아메리카 대륙에서 발견된 가장 오래된 비문이다. 그 석주가 발견되고 해독될 때까지 학자들은 메소아메리카에서는 마야인만이 충분히 발달한 문자 체계를 지녔다고 믿었고, 이런 믿음은 1980년대 말까지 흔들리지 않았다. 마야 유물에서 날짜가 기록된 최초의 비문보다 약 150년이나 앞선 '라모하라 석주'는 에피·올메카족도 완전한 문자를 보유했을 뿐만 아니라, 그들의 혼합된 표어음절(단어-음절)

그림 140
에피·올메카 문자로 쓰인 라모하라 석주.
멕시코 베라크루스에서 발견. 서기 2세기.

체계가 훗날의 마야 비문과 계통적 관계에 있다는 걸 입증해주었다. 현재 대부분의 고고학자는 에피·올메카의 비문이 아메리카 대륙에서 가장 오래된 해독 가능한 비문이라는 데 동의한다. 석주가 발견되자, 문자가 그 지역에서 더 오래되고 복잡한 역사를 갖는다고 믿는 학자가 많아졌다. 실제로 지금까지 쌓인 증거를 보면, 마야 문명이 시작되기 수 세기 전부터 서너 개의 세련된 문자가 있었던 것으로 추정된다.[2] 이 전통적 문자들의 존재와 성격에 대해서는 이제야 본격적으로 연구되기 시작했지만, 정교한 마야 문자도 여기에서 파생되었을 것이라 여겨진다.

1980년대까지, 고고학자만이 아니라 문자의 역사를 연구하는 학자까지 "마야 문자와 아스테카 문자는 엄밀한 의미에서 문자의 문턱을 넘어서지 못했다. (…) 두 문자 체계에서는 복잡하고 정교한 시각적 기호와 낮은 체계성이 뚜렷이 대조된다. (⋯) 대부분의 학자는 두 문자 모두 충분히 발달한 음성 체계를 갖추지 못했다는 데 동의한다"라고 일반적으로 주장했다.[3] 하지만 1950년대에 러시아 언어학자 유리 크노로조프Yuri Knorozov, 1922~1999가 마야 문자에서 음성 성분을 찾아냈고, 1980년대에는 마야 문자가 성공적으로 해독되었고, 곧이어 에피·올메카 라모하라 석주의 비문도 해독되었다. 이런 연구 성과에 힘입어, 콜럼버스 이전의 메소아메리카에는 한때 15개의 문자가 번창했을 것이라 추정되었다. 안타깝게도 그중 서너 개는 잔존하는 비문 하나에만 흔적이 남아 있을 뿐이다. 그래도 비문들이 충분한 길이로 남겨진 덕분에, 적어도 메소아메리카의 주된 문자들에서는 표어 음절문자 체계가 지배적이었고, 그 문자들이 표어문자와 표음문자의 양극단을 오갔다는 걸 입증할 수 있을 만큼 유의미한 분석이 가능하다.

메소아메리카 문자의 계보는 아직 불분명하지만(그림 141), 멕시코 중남부, 과테말라와 벨리즈와 엘살바도르, 온두라스의 일부 지역이 하나의 문화권으로 포함되는 지역에서 다섯 개의 주된 전통적 문자가 확인된다. 최초의 문자는 표어 음절문자인 사포테카 문자다. 여기에서 미스테카 문자와 아스테카 문자가 파생된 듯하다. 후기 올메카 문자는 사포테카 문자와 원형 사포테카 문자의 특징을 공유한 까닭에, 미헤·소케 문자를 매개로 에피·올메카 문자와 마야 문자에 영향을 준 게 분명하다. 기원전 처음 수 세기에 페루의 파라카스족이 미헤·소케 문자에 영향을 받아 순전히 표음적인 문자를 만들었고, 그 문자를 훗날 안데스 지역의 사회들이 차용해 조정했을 가능성도 있다.

사포테카, 에피·올메카, 마야 문자로 쓰인 글은 모두 서기 900년 이전

그림 141
메소아메리카 문자들의 계통도(요약)

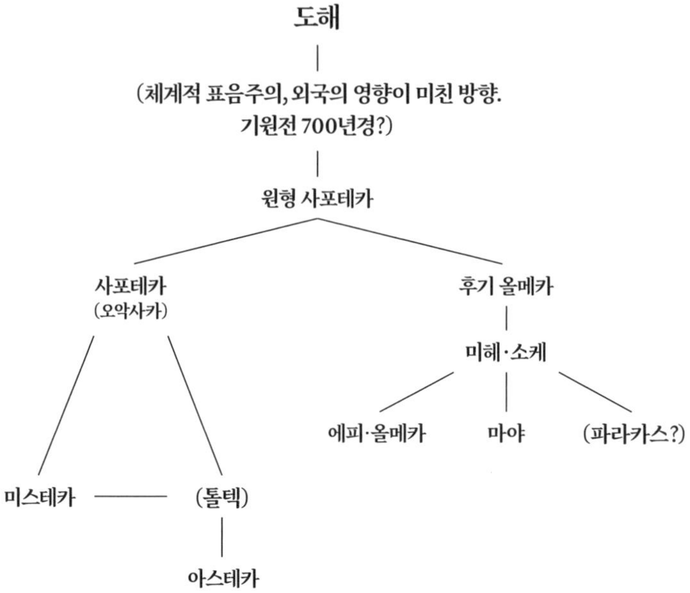

도해
|
(체계적 표음주의, 외국의 영향이 미친 방향.
기원전 700년경?)
|
원형 사포테카

사포테카
(오악사카)

후기 올메카
|
미헤·소케

에피·올메카   마야   (파라카스?)

미스테카 ────── (톨텍)
|
아스테카

의 것인 반면에 미스테카 문자와 아스테카 문헌은 1100년부터 스페인 정복 후 첫 세기까지 쓰였다. 또 처음 세 문자는 석조 기념물에 새긴 비문에 남겨진 게 거의 전부이지만, 미스테카 문자와 아스테카 문자는 주로 천이나 아마틀ámatl(나무껍질로 만든 종이) 혹은 짐승 가죽을 필기구로 삼은 그림책에서 볼 수 있다. 지금까지 알려진 메소아메리카의 모든 문자는 지금까지 살아남은 것일 뿐이다. 달리 말하면, 과거에 존재한 문자를 대표하는 게 아니라는 뜻이다. 메소아메리카 기념물의 비문은 과거에 정교하게 다듬은 도해iconography에 불과한 것이라 여겼지만, 이제는 왕의 탄생, 결혼과 죽음, 전쟁과 사로잡은 포로, 통치자의 지극히 중요한 유혈 희생을 자세히 다룬 역사 기록으로 인정된다. 각 메시지의 중심에는 특정한 사건이 일어난 정확한 날짜가 있다. 날짜 기록은 메소아메리카 문자에서 빠지지 않아, 독특한 전통이 그곳에 존재했음을 암시한다. 숫자와 관련된 글리프는 달력과 관계가 있었고, 메소아메리카에서 달력은 세계 어느 곳보다 복잡하면서도 사회적으로 보편화된 관습이었다.

메소아메리카 문자들은 하나의 표어 음절문자 체계에서 파생된 듯하다. 표어 음절문자 체계는 혼합 문자 체계로 간혹 그림문자를 포함하며, 표어문자와 표음문자가 다양하게, 때로는 극단적으로 뒤섞인 정도를 보여준다. 메소아메리카 문자들은 철자를 표준화한 적이 없다. 이 지역의 완전한 문자, 곧 그림문자를 배제한 문자 체계에서는 혼합된 표어문자가 주로 사용되었고, 따라서 글리프는 기존에 알려진 대상이나 개념 혹은 소리(기존에 알려진 대상의 이름)를 상징했다. 또한 표음 분류자처럼 다른 글리프와 자유롭게 결합되어 쓰이는 순전히 표음 글리프들로 이루어진 음절문자 체계도 있었다.

이렇게 고도로 발달한 단일 문자를 공유했다는 사실에서, 메소아메리카에는 지금까지의 추정보다 훨씬 먼 옛날(기원전 첫 번째 천년시대 이전)부터 문자가 존재했거나, 다른 곳과 마찬가지로 문자가 문화적 중요성을 띠며 오랫동안 발달했을 것이란 결론이 논리적으로 추론된다.[4]

기원

최근에 에피·올메카 문자와 마야 문자를 해독하는 데 성공함으로써 학자들은 메소아메리카 문자가 어떻게 기원했는지 추적할 수 있는 실마리를 찾아냈다고 믿었다.[5] 하지만 일반적인 통설에 따르면, 메소아메리카 문자는 세계의 다른 문자들과 관계없이 독자적으로 생겨났다. 문자의 역사를 연구하는 학자들도 '독자적으로 발생한 세 개의 문자'로 수메르 문자, 중국 문자, 마야 문자를 언급하는 게 관례다.[6] 하지만 5장에서 말했듯이, 중국 문자가 독자적으로 생겨났다는 증거는 어디에도 없다. 오히려 정반대라고 암시하는 증거도 있다. 이제는 마야 문자도 메소아메리카의 단일한 문자 전통에서 파생된 여러 가지 중 하나에 불과하다고 평가된다.

복잡한 사회가 탄생해 발전한다고, 완전한 문자가 '자동적으로' 생겨나지는 않는다. 구체적으로 말하면, 복잡한 사회는 문자를 사용하는 사회일 수 있다. 그러나 새롭게 생겨난 문자 체계와 글쓰기 방향은 다른 곳의 유사한 현상, 곧 시간과 공간에서 가장 가까운 곳의 문자 체계를 거의 언제나 재현하는 것이다. 따라서 모든 완전한 문자가 하나의 기원에서 시공간적으로 확산된 것이란 주장이 상식에 부합할 수 있다. 이런 확산설이 맞다면, 아메리카 대륙에서 도해를 사용하던 사람들이 기원전 700년경에 체계적 표음주의를 느닷없이 사용한 이유도 설명된다.

메소아메리카에서 발견된 최초의 글(둘이나 세 글리프가 연속되는 글)은 기원전 700년~기원전 400년의 것으로 추정된다. 이때는 '중세 형성기'Middle Formative period, 기원전 900년~기원전 500년 이전, 곧 국가가 탄생하기 이전의 시대다. 이 글들은 테우안테펙 지협 건너편의 오악사카계곡부터 베라크루스 남부와 타바스코의 올메카 지역까지, 멕시코 남부에서 발견되었다. 따라서 기원전 500년경에는 메소아메리카에 이미 두 종류의 문자(사포테카 문자와 남동부의 올메카 문자)가 존재했다고 믿는 학자가 적지 않다. 이 믿음이 맞다면, 메소아메리카에서는 문자가 상당한 기간 동안 존재하고 발달한 게 분명하다. 옥과 사문석으로 만든 의식용 도끼에 새겨진 상징이 처음 나타난 뒤로 메소아메리카 전역에서 의례에 사용되었다. 다른 식으로 말하면, 시간이 지나며 원시적인 도해가 한층 복잡한 도해로 발전했다는 뜻이다. 이런 이유에서 적잖은 학자는 이런 도해가 표어문자와 표음문자의 '발명'을 향한 자연스런 단계라고 믿는다.

메소아메리카의 초기 상징들은 대체로 올메카족의 공예물에서 발견된다. 올메카족은 멕시코만을 맞댄 베라크루스 인근 지역에서 기원전 1200년경에 처음 부상한 강력한 종족이다. 올메카족은 통치자들의 초상을 포함해 상당히 많은 도해를 보유했다. 그런 통치자들을 구분할 목적에서 머리쓰개에 상징이 일종의 이름표로 사용되었다. 기원전 1000년경에는 통치자가 지하 세계의 입구 앞에 앉은 모습으로 묘사된 게 맞다면, 기원전 500년쯤에는 도끼와 도기 등 휴대용 물건에 도해가 그려지며 그 이미지가 신체의 일부로 축소되었다. 예컨대 경례나 옥수수를 던지는 의식이 그 행동을 행하는 손만을 보여주는 것으로 단순하게 표현되었다. 이렇게 축약된 도해가 나중에는 추상적 개념까지 전달하며, 원시적인 표의문자ideography를 만들어냈다. 이 기호 체계는 아직 말과 관계없는 것으로 축약된 도해에 불과했지만, 도시화가 진척됨에 따라 이런저런 요구가 빗발치자 결국에는 표어문자적 특성을 띠게 되었다. 특히 지배계급에게는 "사회에서 자신들이 행하는 역할을 합리화하는 수단으로 자신들과 왕조의 행적을 기록하고", 자신들의 의견을 공개적으로 표현할 필요가 있었을 것이라며,[7] 이런 공적인 필요성이 완전히 문자를 낳았다고 주장하는 학자도 적지 않다.

하지만 공적인 글은 문자의 사회적 결과이지, 근본 원인이 아니다. 이스터섬의 폴리네시아인이 유럽을 접촉하기 전에 그랬듯이, 메소아메리카인도 오랜 세기 동안 다듬은 정교한 도해를 보유하고 있었을 것이다. 그러나 그 도해를 체계적 표음주의, 곧 완전한 문자에 연계하려면 완전한 문자, 곧 개념만이 아니라 말소리까지 대신하는 시각적 기호가 다른 역학 관계를 통해 지역적으로 만들어지거나, 이미 완전한 문자를 지닌 이방인을 접촉해야 한다. 사회가 커진다고, 도해가 자동적으로 체계적 표음주의로 전환되지는 않는다. 물론 표음주의로의 전환은 시각적 기호를 단순화하고 표준화하는 정도의 작은 변화가 아니다. 중대한 발견을 향한 거대한 도약이다. 그 이유가 무엇일까? 쉽게 이해되고 쉽게 가르칠 수 있는 추상적인 체계(도해나 상징의 의미론적 가치를 순전한 소릿값으로 대체하며, 체계 밖에 존재하는 지시 대상물과의 연결고리를 끊는 체계)가 만들어지는 방향으로 말을 시각적 기호와 짝지어야 하기 때문이다.(1장 참조)

메소아메리카에서 말의 시각화를 향한 도약은 260일로 짜인 의식용 달력의 발명으로 시작되었다고 믿는 학자들이 있다. 이 주장은 설득력이 있어 진지하게 받아들여 마땅하겠지만, 그 달력이 발명되었다고 언급된 날짜가 에피·올메카 문화의 시대여서, 메소아메리카에 완전한 문자가 처음 나타난 때가 수 세기 뒤로 늦춰진다. 에피·올메카 달력은 줄과 점을 사용해 숫자를 표현했고, 날짜는 동물과 식물 등 쉽게 식별되는 물체의 형상으로 표기되었다. 예컨대 달력의 날짜는 '3-사슴', '10-재규어' 등으로 읽혔다. 모호함을 피하기 위해 표음적 요소들을 덧붙이고, 숫자와 형상이 특별히 병치되었더라면 완전한 문자가 탄생했을지도 모른다.

물론 기원을 논하면서 유사한 문자를 언급하게 된다. 이 경우에 곧바로 머릿속에 떠오르는 문자는 여러 설득력 있는 이유에서, 기원전 첫 번째 천년시대의 중국 문자다. 초기 중국 문자의 여러 특징이 초기 메소아메리카 문자에서도 보인다. 대부분의 공통된 특징이 에피·올메카 문자와 마야 문자가 성공적으로 해독된 뒤에야 확인된 것이다. 따라서 두 세계의 문자가 전혀 무관하다고 말하기는 힘들다.

- 중국 문자와 메소아메리카 문자를 표기하는 원칙은 세로단이다.
- 그 세로단은 위에서 아래로 읽는다.
- 두 문자 체계에는 두 개 이상의 기호가 복합되는 '글리프 덩어리'가 있다.
- 항상 그렇지는 않지만, 대부분의 경우 그 글리프 덩어리는 표어음절적 가치를 갖는다.
- 복합된 표어문자의 경우, 두 문자 체계는 표음 기호를 사용해 식별이나 발음을 돕는다.
- 마야 문자의 의미 결정자('날짜'를 둘러싸는 곡선, '군주'를 가리키는 '통치자' 스카프)는 표음적으로 주어진 단어가 속한 현상들의 부류를 가리키기 때문에 중국 문자의 의미 분류자에 해당한다.

세계에 알려진 수백 개의 문자와 문자 체계 중에서 중국 문자(여기에서 파생된 문자들)와 메소아메리카 문자만이 앞에서 나열한 원칙과 특징을 띤다. 이런 공통점을 우연의 일치라고 치부하는 건 상식에 어긋나는 판단인 듯하다.

더 큰 시각에서 보면, 아메리카 대륙의 문자가 다른 곳에서 차용한 것일 수 있다고 암시하는 역사적 쟁점들이 있다. 무엇보다 아메리카 대륙에서는 문자가 당장에 필요하지 않았다. 따라서 문자가 만들어졌을 때도 부기와 기록이란 기본적인 목적에 사용되지 않았다. 그런 기능은 전통적인 수단(예컨대 매듭 기록)으로 이미 시행되고 있었기 때문이다. 하지만 세계의 다른 곳에서도 전에는 기록할 수 없던 것을 기록하기 위해 차용된 문자가 그렇듯이, 차용은 통치자나 신과 밀접한 관계가 있다. 메소아메리카 문자가 실제로 차용했다면, 다른 곳보다 중국에서 차용하는 게 가장 쉬웠을 것이다. 수백 년의 경험을 통해 스페인의 갤리언선船은 동아시아에서 아메리카 대륙까지 이어지는 자연 해로가 동서 무역풍대 너머로 일본 위도까지 북쪽으로 올라가면 있다는 사실을 알아냈을 것이다. 거기에서 서풍이 구로시오 해류를 따라 선박을 동쪽으로 밀어냈을 것이다. 북태평양 해류에 올라타면 선박은 캘리포니아까지 흘러가고, 그곳에서 남쪽으로 멕시코까지, 다시 오악시카 북쪽의 아카풀코까지 내려간 뒤에 멕시코만의 베라크루스까지 옮겨갔을 것이다.

이 모든 것이 여전히 추측에 불과하다. 기원전 첫 번째 천년시대의 중국 문자와 기원전 첫 번째 천년시대의 메소아메리카 문자는 우연의 일치라 치부하기 어려울 정도로 유사한 것은 사실이다. 그러나 그 유사성을 입증할 만한 증거가 없다. "메소아메리카에서 문자를 발명한 종족은 마야족이나 올메카족이 아니라 사포테카족이다"[8]라는 주장을 사실로 인정할 수 없듯이, 고대 사포테카족이 기원전 700년경 그곳에 도착한 중국인에게서 문자라는 개념 및 문자 체계와 글쓰는 방향을 차용했다는 주장도 기정사실로 단정할 수는 없다. 중국 기원설이 더 경제적인 것은 분명한 듯하다. 그러나 설명의 경제성은 하나의 지침일 뿐, 기준은 아니다.

더 결정적인 증거가 발견되지 않는 한, 우리는 "메소아메리카는 중국에서 문자를 차용했거나, 아니면 문자를 독자적으로 만들어냈다"라는 견해를 받아들이며, 두 추측 중 어느 쪽이 옳다고 입증할 말한 자료가 부족하다는 걸 인정해야 한다.

사포테카 문자Zapotec Writing

메소아메리카에 완전한 문자가 존재했다는 첫 증거는 사포테카족에게서 찾을 수 있다. 그들은 오악사카계곡에서 테우안테펙 지협까지, 멕시코 남부의 광활한 지역을 차지한 종족이다. 기원전 600년경, 오악사카계곡의 몬테 알반 보루와 인근 중심지들의 지역 지도자들은 승리를 널리 알리고, 포로를 사로잡아 고문하고 제물로 바친다는 걸 자랑하는 석조 기념물을 세웠다. 특히 그 기념물에 패배한 경쟁자 및 그 종족의 이름, 그 경쟁자가 전쟁에 패하거나 제물로 바쳐진 날짜를 기록했다는 게 주목된다.[9]

산호세 모고테의 사포테카 석주 12와 13은 기원전 600년경에 세워진 것으로, 현재까지는 메소아메리카에서 언어학적으로 중요한 위치를 차지하는 최초의 문자로 여겨진다. 글리프의 배열과 추상적인 모형은 후기 에피·올메카족과 마야족의 표어 음절문자와 유사하다. 사포테카 문자는 1500년대 식민 시대까지 끝날 때까지 계속 사용되었기 때문에 많은 변화를 겪었다. 시간이 지나면서 자연스레 발생하는 언어학적 변화만이 아니라, 사포테카 사회의 역동성에서 비롯된 변화도 있었다. 사포테카는 강력한 힘을 키워 경쟁 국가들을 예속시키며 왕국을 키워나갔고, 그에 따라 왕족의 계보도 복잡해졌다. 왕국의 후기에 사포테카 필경사는 토종 식물로 만든 종이에 색을 더해가며 글을 썼고, 식민 시대에는 스페인에서 수입한 종이도 사용했다. 그들이 남긴 문헌 중에는 (십중팔구 공물을 기록한 듯한) 회계 장부, 족보 및 사포테카 영역을 표시한 지도가 있다.[10] 대부분의 비문은 '특정한 전사가 특정한 날에 특정한 도시에서 사로잡은 포로의 수'를 기록한 듯하다.[11] 대체로 사포테카 기념물은 동사verb, 이름을 가리키는 글리프, 장소를 가리키는 글리프 등이 있어 이름표가 달린 조각처럼 보인다.

몬테 알반 I과 II에서 발굴된 비문들(기원전 600년~기원후 100년경)은 글리프가 일정한 폭을 두고 세로로 채워진 모습을 띠지만, 기원후 100년경 이후의 사포테카 문헌은 글리프의 모양에서 그런 규칙성이 떨어지고 간격이 더 넓어진다. 일부 학자는 그 현상이 멕시코 중부의 영향을 받은 증거라 생각한다.[12] 사포테카 문자는 아직 해독되지 않았다. 비문이 새겨진 기념물도 극소수에 불과하고, 그 극소수에 새겨진 비문도 무척 짧다. 게다가 다수의 글리프가 한 번밖에 나타나지 않는다. 지금까지 대략 100~300개의 글리프 혹은 글리프적 요소가 분류되었다.[13] 지금까지 파악한 내용에 따르면, 사포테카 문자도 그림문자, 표어문자, 표의문자, 표음문자 등이 혼합된 체계여서 메소아메리카 문자의 특징을 고스란히 띠고 있는 듯하다. 그러나 각 부분의 사용량에 대한 기준은 없다.

사포테카 문자는 표음주의를 거의 사용하지 않은 듯하다. (표음주의는 기원전 700년경 중국 문자의 특징이다. 대부분의 문자 체계에서 표음주의는 사용 빈도에 비례해 증가한다.) 한 학자의 주장이 맞다면, 사포테카어는 중국어처럼 단음절이기 때문에 무엇보다 표음주의에 적합하지 않아 메시지를 전달하는 데 주로 표어문자에 의지한 듯하다.[14]

에피·올메카 문자Epi-Olmec Writing

기원전 500년쯤, 메소아메리카의 두 전통적인 문자(사포테카 문자와 남동부의 올메카 문자)는 아직 존재가 증명되지 않은 원형 사포테카 문자에서 이미 생겨난 것으로 추정된다. 남동부 문자는 위대한 올메카 문화(기원전 1200~기원전 300)의 계승자들이 사용했다. 올메카 문화의 존재는 멕시코만을 따라 여러 유적지에서 확인된다. 그들은 라벤타 유적지에서 발견된 '대사'The Ambassador라 일컫는 기념물 13에 세 개의 상징을 세로로 남겨놓은 종족과 같은 사람들이다. 이 상징을 보면, 적어도 올메카 문화 후기에는 완전한 문자를 보유했을 것으로 추정된다.[15] 처음에는 후기 올메카 문자로, 나중에는 여기에서 파생된 미헤·소케 문자로 나타난 남동부 지역의 문자 전통은 최종적으로 에피·올메카 문자와 고전 마야 문자로 갈라졌다.

에피·올메카 문자는 전기 올메카 문명의 심장부에서 기원전 150년경과 기원후 450년 사이에 쓰였고,[16] 그 이전에서 올메카 문명에서 쓰이던 문자에서 파생되었을 수 있다. 에피·올메카어는 미헤·소케어족의 한 가지이던 초기의 소케어다. (원형 소케어는 서기 600년경에 사용되었기 때문에 에피·올메카 문자로 쓰인 글은 원형 소케어 이전의 것이다.) 에피·올메카 문자는 멕시코 베라크루스에서 발견된 두 개의 비문(서기 156년에 세워진 라모하라 석주와 서기 163년에 조각된 툭스틀라 조각상)을 통해 주로 알려졌다. 에피·올메카 문자의 정교함에서 그 문자가 상당한 기간 동안 존중받으며 빈번하게 사용되었다는 추정이 가능하며, 그 문자의 주된 유산은 베라크루스의 우림에서 지금도 발견된다.

두 비문 중 라모하라 석주에 쓰인 것이 더 중요하다. 500개가 넘는 글리프가 에피·올메카의 전사왕戰士王을 묘사하고, 그가 전쟁을 벌인 햇수 및 종교적 의식을 포함해 왕위에 오른 과정을 다소 길게 설명하기 때문이다. 메소아메리카 문자가 쓰인 많은 기념물이 그렇듯이, 라모하라 석주도 자기 과장이 더해진 프로파간다를 위한 기념물이다. 몇몇 글리프가 반복되는 유형에서, 에피·올메카 문자도 표어문자와 표음문자가 혼합된 체계라는 게 증명된다. 석주에서 간결하고 추상적인 글리프는 소리를 나타내는 듯하고, 상대적으로 복잡한 글리프는 의미를 나타내는 것으로 보인다. 베라크루스와 치아파스에서 발견된 더 오래된 다른 기념물들(트레스 사포테스에서 발견된 석주 C는 잠정적이지만 기원전 32년까지 거슬러 올라간다)은 같은 전통에 속하며, 글이 유사한 형식으로 쓰였지만 풍화되거나 파손되어 식별할 수 없다. 일반적으로 말하면, 에피·올메카 문자로 쓰인 글은 "마야 문자로 쓰인 글보다 세속적이고 산만하며 솔직한 듯하다."[17]

미헤·소케어족이 라모하라 석주에서 확인된 철자의 발전에 군건한 토대를 제공한 까닭에, 에피·올메카 문자가 나중에 고전 마야 문자에도 영향을 미쳤을 것이란 추론이 가능하다. 에피·올메카 문자와 마야 문자 사이에 밀접한 관계가 존재하는 건 사실이다. 일부 글리프는 공유되지만 소릿값이 다르다는 사실에서, 하나의 전통적인 표어문자가 지역적 차이에 따라 재해석되었을 것이라 추론된다. 예컨대 반짝이는 돌을 나타내는 기호가 에피·올메카 문자에서는 tza', 마야 문자에서는 tūn이다. 또 에피·올메카 문자의 일부 글리프는 마야 문자에서 그에 해당하는 글리프와 똑같은 소릿값을 가진 것을 보인다. 에피·올메카 문자와 마야 문자가 현재 증명되는 수준보다 훨씬 더 밀접한 관계일 수 있다. 에피·올메카 문자가 보여주는 높은 수준의 표음주의(중국어에서 음운을 담당하는 부분처럼, 주된 글리프가 어떻게 발음되어야 하는지 알려주는 '도우미 글리프')에서 훗날 고전 마야 문자의 표음주의도 설명되는 듯하다.

마야 문자Mayan Writing

　　마야 문명(치아파스 동부 지역과 타바스코부터 온두라스 서부 지역까지 뻗은 지역)의 눈부신 유적은 1980년대까지 침묵에 빠져 있었다. 따라서 문자의 역사에서도 마야 문명이 남긴 수백 개 기념물 비문에는 회화적 장식 이외에 별것이 없는 것으로 여겨졌다. 그러나 마야 상형문자는 이제는 완전한 문자로 인정되고, 85퍼센트의 상형문자가 해독된다. 그 결과 고대 마야 왕국은 "기록이 기원후 3세기까지 거슬러 올라가는, 신세계에서 유일하게 진정한 역사 문명"이 되었다.[18] 마야 문자는 아직 완전히 해독되지 않았지만, 콜럼버스 이전의 메소아메리카 문자들 중에서는 가장 많이 분석된 문자다. 기념물의 돋을새김, 목판, 채색된 도기, 종이 코덱스에서 발견된 마야 문자의 주된 특징들은 아메리카 대륙 문자의 진수로 여길 수 있다.(그림 142)

　여러 국가의 뛰어난 학자들이 최근에 마야 문자를 해독해냄으로써 아

그림 142
목판에 부조된 마야 상형문자. 과테말라의 티칼 유적에서 발견. 서기 700년경.

메리카 대륙의 다른 전통들에 대한 이해도 더 깊어졌다. 많은 점에서, 마
야 문자의 구조와 기능에 대한 연구는 다른 전통들을 설명하는 데도 도
움이 될 수 있다.

　기원전 600년과 기원후 50년 사이에, 저지대 마야인은 과거의 문화에

서 문자 체계를 물려받은 듯하다.[19] 기원전 50년까지 올라가는 벨리즈 북부 지역의 세로스 유적에서, 식별되는 소릿값을 지닌 마야 글리프의 첫 사례가 발견되었다. 이미 그 이른 시기에, 세 개의 중요한 글리프 ahaw(군주), k'in(태양), yax(첫째)가 후기 고전 마야의 비문에서와 똑같은 방식으로 사용되고 있었다. 이 때문에 요즘 고전 마야 문자는 기원전 200년부터 기원후 50년까지의 시기에 생겨난 것으로 여겨진다. 해독되는 최초의 마야 기록은 기원전 50년경 옥에 새겨진 것으로 이미 이중 세로단으로 짜였고, 왼쪽에서 오른쪽으로, 위에서 아래로 읽도록 쓰였다. 또 이 기록에는 주된 글리프(표어문자)와 접사(소리 식별자)로 이루어지는 '글리프 덩어리'도 사용된다. 달리 말하면, 이 최초의 해독되는 기록은 충분히 발달한 형태의 문자로 쓰였다는 뜻이다.

이런 문자의 전통이 고전 마야 문명과 함께하며 그 문명에 힘을 더해주었다. '고전 마야 문명'은 마야 문화에서 서기 250년경부터 900년까지 꽃피운 전성기를 규정하는 데 사용되는 용어다.[20] 고전 마야 문자는 사포테카 문자나 에피·올메카 문자와 사뭇 다르다. 주된 글리프만이 아니라 접사까지 포괄하는 글리프의 빈도와 분포에서 특히 다르다. 메소아메리카 전문가인 조이스 마커스Joyce Marcus에 따르면, "이런 차이는 다른 음성 구조와 문법 구조, 다른 정도의 표음주의로 나타난다."[21] 달리 말하면, 각 문자 체계에 자체의 표음문자(중요한 소리들로 짜인 체계)가 반영되었다는 것이다. 에피·올메카 문자와 마야 문자는 과거의 문자 체계들보다 표음적 요소를 훨씬 더 쉽게 활용하는 방법을 개발해낸 듯하다. 여기에서 에피·올메카 문자와 마야 문자는 가상의 미헤·소케 문자에서 표음주의적 성향을 물려받아, 메소아메리카 문자 계통에서 표어문자를 선호하던 사포테카 문자로부터 멀어졌다고 추정된다. 1980년대와 1990년대에 두 문자를 해독하던 학자들이 에피·올메카 문자와 마야 문자에 적용된 표음주의의 규모에 깜짝 놀란 것은 사실이다.

마야 문자는 네 가지 유형의 기호를 사용한다.[22] 추론하면, 메소아메리카의 다른 문자들도 마찬가지다. 첫째는 단어 전체의 소리와 의미를 나타내는 '표어문자'다. '재규어'에 해당하는 글리프 '발람'balam이 대표적인 예다. 둘째로는 리버스 원리가 적용되어, 동일한 소리를 공유하는 단어를 이용해서 다른 단어의 소리를 전달하는 경우다. 이런 기호 유형은 마야 문자에서 실제로 무척 드물다. '접시'에 해당하는 글리프 '라크'lak가 '다음'을 뜻하는 글리프에도 사용된 경우가 유일하게 명확한 예다. 셋째는 하나 이상의 발음이 가능할 때 원하는 발음을 찾아내도록 도와주는 '발음 도우미'phonetic complement다. 마지막으로는 잠재적 의미가 다수일 때 어떤 의미를 선택해야 하는지 알려주는 '의미 결정자'semantic determinative다. 가장 빈번하게 나타나는 두 의미 결정자는 '날짜'에 해당하는 글리프를 둘러싸는 곡선과, '군주'를 가리키는 '통치자' 스카프다.

마야 비문에서는 한 쌍의 세로단을 완전히 읽은 뒤에 다음 쌍으로 넘어가게 된다. 하지만 한 줄의 세로단, 횡적인 상인방ㄴ읭㭂, 작은 비문에는 예외가 있다. '글리프 덩어리'(단일한 기호)에서도 왼쪽에서 오른쪽으로, 위쪽에서 아래로 읽힌다. 단일 글리프, 곧 어떤 종류의 접사도 없는 기호는 일반적으로 단어 전체를 나타내는 표어문자가 된다. 다수의 단위로 이루어진 글리프는 하나의 단어 전체일 수도 있지만, 접사나 문법적 요소를 포함한 글리프일 수도 있다. 문법적 요소는 인칭 표지와 관사, 혹은 파생 접사와 굴절 접사였을 수 있다. 달리 말하면, '덧붙어지며' 마야 문법의 특징을 보여주는 요소들이다. 표어문자 어간에 표음적 음절 기호를 덧붙여 문법적 어미를 표현하는 마야 문자 체계는, 훗날 차용한 중국어 표어문자 어간에 문법적 어미를 덧붙인 한국 문자와 일본 문자를 미리 보여준 것이나 다름없다. 마야 문자에서는 복합적 글리프나 글자에서 주된 기호의 위나 앞에 쓰인 접사를 먼저 읽는다. 그 뒤에는 주된 기호를 읽고, 다음에는 그 기호의 아래나 뒤에 쓰인 접사를 읽게 된다.

따라서 마야 문자는 모태인 에피·올메카 문자와 마찬가지로 표음적 문자다. 또 마야 문자의 글리프는 단어 전체를 나타내고, 마야어의 음절 소리는 일반적으로 '자음+모음'(CV) 형태로 나타난다. 150개가 넘은 마야 기호는 표음적 음절 기능을 갖는 것으로 확인되었고, 순전한 모음을 제외하면 전부가 CV 구조를 띤다. 마야 문자에는 소리내어 발음되는 대상을 묘사하는 그림문자에 해당하는 글리프도 있다.

예술성을 고려한 때문인지 마야 문자의 표기는 여유로운 편이다.[23] 하나의 글리프가 (형태소나 어떤 대상의 이름 전체를 대신하는) 표어문자 기능과 (묘사된 대상의 이름 중 첫 음절을 나타내는) 음절 기능, 두 가지 기능을 지닐 수 있다. 따라서 대부분의 마야 단어는 여러 방법으로 표어문자와 표음문자를 결합해 여러 형태의 철자로 쓰일 수 있다.(그림 143) (영어도 대문자와 소문자, 이탤릭체와 필기체에 변화를 주고, 심지어 변형된 철자를 이용해 여러 방법으로 쓰인다. 하지만 그림문자인 숫자를 제외하면 거의 언제나 알파벳을 사용하며 체계 자체를 뒤섞지는 않는다.) 이렇게 문자 체계들을 번갈아 사용하고 뒤섞음으로써 마야 문자는 한층 복잡해졌고, 그로 말미암아 모호해지기도 했다.

마야 문자의 어휘 목록에는 약 800개의 글리프가 있다. 그중 다수가 고대의 표어문자이며, 주로 한 번만 쓰인 왕의 이름이다.[24] 대체로 마야의 필경사는 200~300개의 글리프를 사용했을 것이다. 다수가 알로글리프(형태는 다르지만 소릿값은 같은 글리프)이거나 동음이의어(같은 소릿값을 지닌 글리프들)였을 것이다. 또 많은 글리프가 소리와 의미에서 다수의 값을 지니기도 했다. 다시 말하면, 하나의 글리프가 여러 소리와 여러 의미를 전달할 수 있다. (예컨대 영어에서 이중 글자 ch는 여러 소릿값을 지닌다. chest[tʃest], cholera[kɑːlərə], chef[ʃef], loch[lɑːx]) 게다가 마야의 필경사는 뚜렷한 이유도 없이 때때로 글리프 덩어리 내에서 기호의 위치를 바꾸거나, 인접한 두 글리프를 하나로 결합했다. 이런 모든 가능성 때문에 마야 문자는 더욱 모호해졌다.

그림 143 마야어 '발람'(재규어)의 다섯 가지 가능한 철자. 표어문자에서 표음문자로 전환되는 과정을 엿볼 수 있다. 왼쪽 위는 완전히 표어문자인 반면, 오른쪽 아래의 글리프는 완전히 표음문자다.

그래도 마야 문자는 입말을 충분히 전달했고, 문자에 요구되던 소리와 문법, 문장 구조와 관습의 미묘한 차이를 표현할 수 있었다.[25] 세계에서 확인된 대부분의 문자 체계와 글자처럼, 마야 문자에도 결함이 있다. 예컨대 성문 폐쇄음은 마야어족에서 무척 중요했지만, 다른 자음처럼 별도의 기호가 주어지지 않았다. 그저 성문 폐쇄음 뒤에 쓰인 모음을 반복해 덧붙임으로써 그 자음의 존재를 나타냈을 뿐이다. 예컨대 mo'(마코앵무새)는 m(o)-o-o로 표기되었다.[26] 또 영어에서 bin과 pin이 구분되듯이 유카테코 마야어에도 서로 구분되는 두 성조가 있지만, 유카테코 문자에서는 성조가 구분되지 않는다.

중국과 일본, 수메르 등에서 그랬듯이, 마야의 필경사도 완전한 음운 체계를 알고 있었지만, 그 음운 체계를 자체적으로 사용하며 혼합된 체계를 단순화하려고 하지 않았다. 알파벳문자에 익숙한 사람이면 당연히 떠올렸을 법한 생각이 세계 전역 어디에서도 시도되지 않았다. 세계 전역에서 표어문자가 아직도 유지되는 데는 간혹 편이성과 효율성을 넘어서는 어떤 이유가 있다. 그렇게 물려받은 문자 체계가 대단한 권위를 지니거나, 사회적 금기를 통해 보호받기 때문이다. 더 중요한 이유를 군이 꼽자면, 메시지를 전달할 때 표어문자가 표음문자보다 의미론적으로 더 우월하기 때문일 수 있다. 소리가 추상화된 음소문자보다, 시각적으로 객관화된 표어문자가 뇌에서 더 빨리 처리될 수 있다. 따라서 마야 필경사는 군이 표어문자적 요소를 폐기할 강박적 필요성을 느끼지 못한 듯하다. 실제로 나중에도 메소아메리카에서는 여러 종족이 표음문자보다 표어문자를 눈에 띄게 선호했다.

메소아메리카 어디에서나 확인되듯이, 마야 비문의 내용은 무척 제한적이었다. 탄생, 후계자 지명과 즉위, 죽음과 전쟁 등 통치자에 관련된 세부 사항을 주로 다루었다. 마야 기념물에 쓰인 글은 유난히 잉여적이다. 동일한 사건을 어투에 작은 변화를 주거나, 강조할 부분에 변화를 주어 되풀이했을 뿐이다. 지금까지 전해지는 고전 마야 시대의 거의 모든 비문은 공적인 영역을 다루고, 역사를 돌에 연대순으로 기록하며 지역 지배자에게 권위와 정통성을 부여한다. 마야 문명의 중심지인 티칼과 팔렝케에서 발견되는 공적인 글에는 그 글을 의뢰한 지배자를 향한 초자연적인 찬사가 때때로 읽힌다. 이는 고대 이집트 기념물에 새겨진 비문에서도 확인되는 공통된 현상이다. 하지만 왕국의 권력 확대를 문자의 일차적 기능으로 해석하는 방향은 잘못일 수 있다. 돌에 새겨진 공적인 비문만이 살아남은 반면, (미스테카 문자로 쓰인 코덱스처럼) 개인적인 역사와 가계도를 나무껍질 종이에 기록한 수천 권의 책은 영원히 소실되었기 때문이다. 공물에 대한 기록, 무역과 상업 및 의식 절차 등을 기록한 책들도 사라졌다. 마야 사회에서 필경사가 높은 신분이었다는 사실은 거대한 도서관들이 존재했을 것이란 가장 명백한 증거다.[27]

마야의 필경사ah dzib는 왕족 계급에 속했다. 그들의 책무는 사회적으로 가장 중요한 역할로 여겨졌다. 그들의 하루 일과나 계급 구조에 대해서는 알려진 게 거의 없다. 그러나 비슷한 책무를 맡은 것으로 추정되는 고대 이집트 필경사의 일과와 비교해볼 수 있을 것이다. 마야 필경사는 나무껍질 종이와 사슴 가죽의 표면에 풀칠한 뒤에 글을 썼고, 그렇게 쓴 글을 모아 코덱스를 만들었다. 먼저 붉은색으로 윤곽을 그리고, 다음에는 윤곽 안쪽을 다양한 색으로 채웠다. 붉은색은 철화합물이고, 다른 색들도 광물에서 얻었을 가능성이 크다. 숯이나 검댕으로 만든 검은색은 나중에 완성된 모형의 테두리를 그리는 데 사용했다. 마야 필경사는 '문자를 갖고 논 게' 분명하다.[28] 요컨대 그들은 의미 부문(표어문자)과 소리 부문(표음문자)을 번갈아 오갔을 뿐만 아니라, 그 과정에서 중간 단계를 이용하기도 했다. 마야 문자가 이렇게 무분별한 모습을 띤 이유는 표준 철자법이 없었기 때문이다. 마야의 이런 글쓰기 방식은 처음에는 미스테카 필경사, 나중에는 아스테카 필경사에 의해 훗날까지 계속되었다. 필경사는 미스테카와 아스테카에서도 비슷한 지위를 향유한 듯하다. 메소아메리카에서 필경사의 전통적인 역할과 그에 수반된 존경심은 식민 시대까지 이어졌다.

수 세기 동안, 마야 문자는 남북 저지대에서 수백만 명이 사용했다. 그 수백만 명이 기념물 등에 새겨진 비문을 읽을 수 있었을까? 두 상반된 의견이 존재한다. 일부 학자는 문자 해득률이 낮았을 것이라 추정하며, '쓰다'에 해당하는 단어는 하나만이 마야어족에 널리 분포된 반면 '읽다'에 해당하는 단어는 많지만 모두 이질적이고 스페인 정복 이후에 생겨난 것이라 지적한다.[29] 그러나 마야 문자를 읽는 법을 배우기는 그다지 어렵지 않아, 남녀를 불문하고 보통 사람은 공공장소에 세워진 채색된 석주를 보면, 더구나 주변에 관련된 그림까지 있으면 적어도 날짜와 사건 및 주역들의 이름을 완벽하게 읽어낼 수 있을 것이라 믿는 학자도 적지 않다.[30]

문자 해득이 고대 마야 땅에서 정말 당연한 것이었다면, 문자는 주민과 언어에, 물론 여론에도 즉각적이고 깊은 영향을 미쳤을 것이다. 석주만이 아니라 신전과 궁전의 문설주와 상인방, 신전과 궁전까지 이어지는 계단, 통치자의 무덤과 공공장소에 세워진 기념물에 유사하게 새겨진 비

그림 144
마야의 음료용 통에 그려진 글리프.
'카카우'(초콜릿). 서기 500년경.

문과 밝은색으로 채색된 장식에는 강력한 마야 인물들의 찬란한 삶과 족보가 읽힌다. 그 비문과 장식은 현대적 의미에서 '사실에 기반한 역사'factual history가 아니라, 리더십을 유지하고 탁월함을 과시하며 공물을 정당화하는 프로파간다 도구에 더 가까웠다.[31] 1,000년 전의 후기 올메카 문명이 그랬듯이, 마야의 지배 계급은 권력 독점을 합리화하는 데 주로 문자를 사용했다. 하지만 소박한 도기도 초콜릿 통(그림 144), 장례용 그릇 등 일상적인 것을 가리키는 글리프로 장식되었다.

고전 마야 시대가 끝나갈 때쯤, 나무껍질 종이나 사슴 가죽으로 만든 수천 권의 코덱스가 마야의 도서관들을 빛내주었을 것이다. 온갖 역사적 이야기와 족보, 천문표와 의식 절차 등 다양한 유형의 글이 담긴 코덱스였다. 1500년대 스페인의 침략으로 마야 문헌은 거의 파손되었고, 그 결과로 4권의 코덱스만이 기적적으로 불길을 벗어났다. 4권 모두 고전시대 이후에 제작된 것으로 의식 절차와 천문표로 채워졌다. 하나는 '트로아노 코덱스'와 '코르테스 코덱스', 두 부분으로 구성되는 마드리드 코덱스다. 나머지는 드레스덴 코덱스와 파리 코덱스다. 따라서 한때 위대했던 신세계 문명에 대해 축적된 지식이 거의 흔적도 없이 사라진 셈이다. 얼마 전에 세상을 떠난 마야 전문가 마이클 코Michael Coe, 1929~2019는

"알렉산드리아 도서관의 화재조차 문명의 유산을 이처럼 철저하게 없애지는 않았다"라고 한탄했다.[32]

다른 문자들

기원후 첫 번째 천년시대에 메소아메리카의 여러 문화권은 그림문자에 가깝고 표어문자가 적잖게 도입된 '문자 체계'를 사용했다. 서기 400년부터 700년까지 오악사카의 미스테카 바하 지역에서는 뉴이네 문화가 주로 항아리와 돌에 짤막하게 쓰인 비문들에 남겨진 문자를 사용했다. 그 문자는 몬테 알반 비문에 쓰인 문자와 비슷했다. 한 학자가 그 비문들에서 200개가 넘는 구성요소로 이루어진 142개의 형상을 찾아냈다.[33] 한편 기원전 200년경부터 기원후 650년 사이에 꽃피운 테오티우아칸 문화의 뛰어난 미술가들은 적어도 그림문자와 도해를 구분했을 것이다. 그들이 사용한 '문자'를 구성하는 약 120개의 기호는 뭔가를 표기하는 기능을 지닌 듯하다.[34] 한 학자는 테오티우아칸 기호를 훗날 중앙 멕시코 전역에서 쓰인 규격화된 글리프의 기원으로 해석하기도 한다.[35]

하지만 1500년대쯤 미스테카, 아스테카, 사포테카가 신화와 역사를 기록한 수백 권의 코덱스에서 보여주는 문자 체계는 최대한의 그림문자와 최소한의 표어문자를 결합하고, 음성 부분을 거의 무의미한 정도까지 축소한 문자 체계였다. 오늘날 이 코덱스들은 읽힌다기보다 '해석'된다. 단어를 정확히 읽어내는 데 필요한 맥락이 알려지지 않았기 때문이다.[36]

서기 900년부터 1521년까지, 후기 미스테카 문화와 아스테카 문화에서 쓰인 글말의 많은 출처가, 마야 이야기에서는 비극적으로 끝나지만 중요한 위치를 차지하는 밝게 채색된 나무껍질 종이나 사슴 가죽 코덱스라는 게 얄궂을 따름이다. 마야 이후의 문서 중 다수가 과거에 상형문자나 그림문자로 쓰인 필사본을 옮겨쓴 것이다. 미스테카와 아스테카, 심지어 사포테카에서도 식민 시대까지 그런 필사본을 계속 제작했다.[37]

미스테카 문자Mixtec Writing

푸에블라 남부와 오악사카 북부 지역을 차지한 미스테카족은 초기 사포테카 문자를 채택해, '특정한 전사가 특정한 날에 특정한 도시에서 사로잡은 포로의 수'를 주로 기록했다.[38] 대부분의 경우, 미스테카 필경사는 가계와 왕조의 '역사'를 쓰고 또 썼다. 다시 말하면, 문자는 지역 지배층이 다른 사람들에게 공적을 알리려는 프로파간다의 수단이었다. 기본적으로 미스테카 문자로 쓰인 글은 그림문자 같은 조각물이나, 종이나 가죽으로 만든 코덱스에 더해진 이름표와 같고, 기껏해야 하나의 동사, 이름을 가리키는 글리프, 장소를 가리키는 글리프로 이루어진다. 이런 이유에서 미스테카 문자와 아스테카 문자는 '이름표'labelling 문자 혹은 '설명글'caption 문자라 일컫는다.

대부분의 미스테카 코덱스는 좌우 교대 서법으로 쓰였지만, 한쪽이 양면으로 정리된 코덱스도 없지는 않다. 미스테카 필경사는 글쓰기 원칙으로 세로단을 드물게만 사용했다. 한 장면에서 여러 통치자를 구분하거나 어떤 도시를 정복했는지 식별하는 걸 도와주며 모호성을 줄일 목적에서만 설명글이 더해졌기 때문에 글쓰기 원칙은 실질적으로 필요하지 않았다.[39] 따라서 미스테카 문자는 완전한 문자가 아니라고 주장하는 학자도 있다. 하지만 개개인의 이름, 장소 이름, 행동 등을 전달하려고 표어문자를 사용했다는 점에서, 미스테카 문자를 세계의 완전한 문자 체계에 포함하는 건 당연한 듯하다. 특히 리버스 원리가 사용된 예는 마야 문자에는 드물지만 미스테카 문자에는 상당히 자주 눈에 띈다. 예컨대 '크고 굽은 토대'라는 뜻을 지닌 '치요카누'라는 도시 이름은 단의 토대를 구부리는 작은 사람을 묘사한 그림으로 표현된다.

미스테카 문자와 아스테카 문자는 차용하는 과정에서 분화되어 발전한 듯하다.[40] 미스테카 문자가 같은 지역에서 먼저 사용하던 사포테카 문자에서 몇몇 특징을 물려받은 것은 분명하다. 톨텍 문화(1000~1200년)의 영향이 미스테카 달력에는 물론이고 미스테카 문자에도 보이는 듯하지만, 톨텍 문화에 완전한 문자가 있었는지는 아직 확인되지 않았다.

아스테카 문자Aztec Writing

멕시코 분지Basin of Mexico에서 사용하던 아스테카 문자는 표음화를 향한 첫 단계를 겨우 뗀 상태로 '엄밀한 의미에서 문자의 문턱'을 넘어서지 못한 그림문자 체계로 최근까지 여겨졌다.[41] 하지만 미스테카와 마찬가지로 아스테카도 그림문자와 표음문자와 표어문자만이 아니라 표의문자적 요소까지 망라된 혼합된 문자 체계를 사용한 것으로 이제 평가된다.[42] 스페인 정복 이후에, 메소아메리카 문자들 중에서 아스테카 문자에 그림문자의 비율이 유난히 높아졌을 가능성도 배제할 수 없다.(그림 145) 하지만 스페인 정복 이전에 제작된 아스테카 코덱스는 드문 편이다. 여하튼 스페인 정부 이후에 쓰인 글보다 그 이전에 쓰인 글에 표어문자와 표음문자가 사용된 비율이 더 높았을 수 있다.

스페인 정복 이후에 아스테카 문자로 쓰인 글에도 상당한 정도의 표음문자가 있다. 여기에서 표음문자는 세 방향으로 나타난다.

- 그림문자를 통해서: 곡선coltic으로 표현된 산꼭대기는 Colhuacán (콜우아칸)이란 장소 이름을 가리킨다.
- 동음이의어인 표의문자를 통해서: 헤엄치며 두 팔을 들어올린 사람은 '환희'를 뜻하고, 나우아틀어에서 '환희'는 ahauializpan이어서 Ahuilizapan(아우일리사판)이란 장소 이름을 표기하는 데도 사용된다.
- 표음적 요소가 부가된 그림문자를 통해서: acolli(아콜리, 팔)에 atl (아틀, 물)을 더해 첫음 /a/를 강조하는 방식으로 Acolhuacán(아콜우아칸)이란 장소 이름을 표기한다.

예컨대 역사와 신화가 기록된 보투리니 코덱스Codex Boturini에 수록된 유명한 연속된 그림(그림 146)에는 네 부족이 지정된 성소에 도착한 뒤에 여덟 부족의 친척들에게 작별 인사를 전하는 모습이 그려졌다. 보투리니 코덱스에 언급된 모든 고유명사는 표음적으로 쓰였다. 예컨대 오른쪽 끝의 '그물'은 나우아틀어로 matla-tl(마틀라틀)로, 마틀라신코족을 가리킨다.

그림 145
콜럼버스 이전에 제작된 아스테카의 '콜롬비노 코덱스'에 실린 그림문자.
전통적인 미스테카 방식을 따른 이 필사본은 1028년부터 1048년까지
그곳을 다스린 통치자의 삶과 역사를 다루고 있다. 1048년 이후.

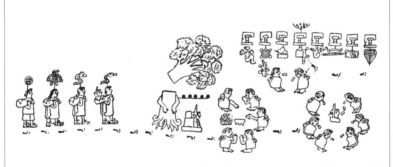

그림 146
아스테카의 '보투리니 코덱스'에 실린 연속된 그림.

아스테카 문자의 기원은 아직 충분히 파악되지 않았다. 아스테카 문자는 멕시코 분지에 먼저 살던 부족들이 사용하던 문자에서 적잖은 부분을 차용했을 것이라 생각하는 학자들이 있다. 예컨대 그중 하나로 여겨지는 톨텍족은 테오티우아칸 문화에서 많은 것을 차용했다고 알려지지만, 달력과 도해만을 사용했지 완전한 문자를 사용하지 않은 것으로도 알려진다. 한편 아스테카가 이웃한 고원지대 종족들(문자 체계가 많은 점에서 유사한 미스테카족, 혹은 모렐로스 서부 지역에 살던 쇼치칼코족의 후손들)에게서 문자를 차용했을 것이라 추정하는 학자도 적지 않다. 아스테카 문자의 기원이란 문제는 아직도 만족스런 해답을 얻지 못하고 있다.

안데스 문자들Andean Scripts

메소아메리카 종족들만이 신세계에서 문자를 보유한 것은 아니었다. 십중팔구 초기 미헤·소케 문자에서 영향을 받았을 단일한 표음문자 체계에 기반을 둔 일련의 문자가 1,500년이 넘는 기간 동안 페루 안데스 지역의 여러 고대 문화에 힘을 보태주었을 것이란 증거가 점점 많아지고 있다.

안데스에서 형성된 초기 파라카스 문화(기원전 600~기원전 350)의 '콩 기호'bean sign가 실제로는 문자의 한 형태일 수 있다는 주장은 페루 고고학자 라파엘 라르코 호일Rafael Larco Hoyle, 1901~1966이 1940년대 초에 처음 제시했다.[43] 20년이 지난 뒤에는 페루 금석학자 빅토리아 델라 하라Victoria de la Jara, 1917~2000가 파라카스의 직물 및 공예물에서 303

개의 변별적인 '콩 기호'를 찾아냈고, 그 숫자는 마야 문화에서 아무 때나 일반적으로 사용하던 글리프의 숫자에 버금가는 것이었다. 콩 기호는 세로단에서 변별적인 위치에 놓이고, 콩 기호를 에워싸는 '네모칸'은 차별적인 패턴을 보이며 간혹 다른 색으로 둘레가 칠해진다.(그림 147) 이런 패턴이 문자라면, 그림문자나 표어문자에 해당하는 부분이 명백히 없기 때문에 파라카스 문자는 순수한 표음문자였을 것이다. 파라카스 문자가 정말 순수한 표음문자라면, 순전한 모음만이 아니라 다소 복잡한 음절 구조를 갖춘 음절문자 체계로 이루어졌을 것이다.

실제로 이런 차용이 있었다면, 페루(파라카스)에서 대단한 생산성을 발휘하며, 일반적으로 세로단의 패턴만을 사용해 일련의 유사한 표음문자에 영향을 주었을 것이다. 나스카 문화Nazca culture, 기원전 350년경~기원후 500년에서도 직물에 유사한 기호들이 눈에 띄지만 지금까지는 장식으로 여겨질 뿐이다. 모케 문화Moche culture, 서기 1년경~600년도 점이나 평행선

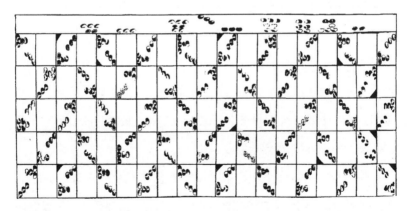

그림 147 파라카스의 장례용 의복에 세로단으로 쓰인 글. 네모칸 안의 '콩 기호'가 제각각이다. 페루. 기원전 400년경.

그림 148 상의에 두르는 띠의 세로단에서 반복되는 기호들의 분포로 보아 표음문자로 쓰인 글로 여겨진다. 잉카. 서기 1500년경.

(혹은 둘의 결합)이 새겨진 콩을 이용해 메시지를 보냈다. 그런 콩으로 채워진 가죽 주머니가 모케의 무덤들에서 발견된 사실에 비추어보면, 그런 콩이 문화적으로 중요한 가치를 지닌 게 분명하다.[44] 그런 표식이 있는 콩이 모케의 도기에 그려진 그림, 특히 메소아메리카에서 문자가 쓰인 곳에서도 눈에 띈다.

잉카 제국(1438~1532)은 모케 문화에서 다채로운 기호를 차용한 뒤에 어떤 이유로든 모케의 둥글둥글한 기호를 직사각형 기호로 바꾼 듯하다. '토카푸'tocapu라 일컫는 잉카의 기하학적인 무늬는 직물만이 아니라 전통적인 목제 컵에서도 볼 수 있다.(그림 148) 특히 직물에서 세로단으로 배열된 무늬들은 메소아메리카 문자의 글쓰기 방향을 떠올려준다. 변별적인 무늬가 불규칙한 간격을 두고 반복되는 현상을 보면, 무늬가 특정한 목적에 사용된 게 분명한 듯하다.

이 무늬들이 복잡한 음절문자 체계에 표음적 메시지를 담고 있는 문자 체계일 가능성은 충분하지만, 아직 성공적으로 해독되지는 않았다. 프랑스의 저명한 금석학자 마르셀 코엔Marcel Cohen, 1884~1974은 페루 자료를 분석한 끝에 "기호의 숫자에서, 또 기호가 일부 문헌에 배열된 패턴을 보며, 고대 이집트와 메소포타미아의 문자처럼 진정한 표의-표음문자 체계를 앞에 두고 있는 듯하다"라고 결론지었다.[45]

완전한 문자가 아메리카 대륙에서 마지막으로 나타난 때는 기원전 첫 번째 천년시대였다. 표어음절적 가치를 갖는 '글리프 덩어리'가 세로단으로 배열되고, 아메리카 대륙에 존재한 모든 문자의 기저에 있는 혼합 문자 체계는 초기 중국 문자 체계 및 그 글쓰기 방향과 유사하다. 메소아메리카 문자는 에피·올메카와 마야에서 최고 수준의 표음주의에 도달했지만, 나중에 파생된 미스테카 문자, 아스테카 문자 등 다른 문화권의 문자에서 다소 그림문자로 되돌아갔지만, 그 문자들은 '설명글'에서라도 원래의 혼합 체계를 유지했다. 기원전 처음 수 세기에 페루의 파라카스 문화는 미헤·소케 문자를 차용한 뒤에 글리프 덩어리로 이루어진 유사한 세로단에 '콩 기호'를 사용하며, 그 문자를 순수한 표음문자로 바꿔갔다. 그 뒤로 생겨난 안데스 문화권들에서 파라카스 문자는 동일한 음운 원리를 지닌 것으로 보이는 일련의 문자들에 영향을 주었다.

문자는 아메리카 대륙에서 처음 사용된 때부터 무엇보다 세습 지배계급의 프로파간다 수단이었던 듯하다. 전쟁과 신분 경쟁이 끊이지 않던 공격적인 사회에서는 당연했을 것이다.[46] 따라서 문자가 쓰인 초창기의 기념물에는 승리한 통치자, 그에게 학살되고 제물로 바쳐진 포로들이 언급되었다. 이런 공개적인 선언의 목적은 수평적으로나 수직적으로, 다시 말하면 경쟁 관계에 있는 통치자들과 지역 백성들에게 지배계급의 권한을 합리화하는 것이었다. 문자가 처음 사용된 때부터, 2,000년 뒤에 유럽인이 도래할 때까지 메소아메리카 기념물에 새겨진 비문의 주제를 둘로 압축하면, 통치자의 이름과 정복을 세상에 알리는 것이었다. 물론 문자가 종이와 가죽에 기록되는 다른 이야기, 예컨대 천문표와 의식 절차, 역사와 족보 등이 있었다. 그러나 이런 것들은 시간에 풍화되고, 스페인 정복기에 소멸되었다.

앞에서 자세히 다룬 메소아메리카의 다섯 문자 중 초기의 세 문자인 사포테카 문자, 에피·올메카 문자, 마야 문자가 나중에 파생된 미스테카 문자와 아스테카 문자보다 입말을 더 잘 전달할 수 있었다는 사실은 얄궂은 만큼이나 의미심장하다. 문자의 역사로 보면, 정반대여야 한다. 달리 말하면, 시간이 지남에 따라 표어문자가 표음주의로 옮겨가는 게 일반적인 현상이다. 페루의 패턴이 문자로 입증된다면 남아메리카에서는 문자가 논리적으로 발달한 끝에 표음주의에 도달한 듯하지만, 메소아메리카에서는 거꾸로 그림문자를 더 많이 사용하는 쪽으로 문자가 옮겨갔다. 기념물에 남기는 비문은 서기 900년경 대부분 중단되고, 종이나 가죽 코덱스로 거의 완전히 대체되었다. 그런 코덱스에서는 그림문자로 역사와 족보를 설명했고, '설명글'에서만 완전한 문자를 사용했다. 이런 변화도 충분히 발달한 외국 문자 체계를 차용했다는 증거로 여길 수 있다. 사회적으로 덜 발달해서 변화의 요구가 적었다고, 정교한 외국 문자 체계가 그대로 유지되지는 않았다. 따라서 시간이 지남에 따라, 차용된 문자는 그런 사회들에서 분화되었다.

PART SEVEN

양피지 키보드

7

성 아우구스티누스는 서기 400년대 초에 믿기지 않는다는 듯이 이렇게 말했다.

> 그가 독서할 때는 눈으로는 책 속의 문장들을 훑었고, 마음으로는 문장들의 의미를 헤아렸지만 목소리와 혀는 침묵했습니다. 우리는 종종 그의 집무실에 들어가서는 그가 그런 식으로 혼자 독서하는 모습을 지켜볼 수 있었습니다. (⋯) 그러나 그가 어떤 의도로 그렇게 했든 간에 좋은 뜻으로 그렇게 한 것은 분명합니다.[1]

아우구스티누스가 스승 성 암브로시우스가 조용히 묵독하는 걸 보고 놀란 이유는 당시, 곧 기원후 첫 수 세기까지는 서유럽에서 여전히 소리 내어 읽는 게 관습이었기 때문이다. 문학은 주로 기억을 돕는 도구였고, 다른 곳에 이미 들은 것을 떠올려주었다. 문학적인 글은 거의 언제나 노랫말로 만들어 읊조렸고, 적어도 명상이나 더 잘 기억하기 위해 웅얼거렸다. 소리내지 않고 글을 읽는 묵독은 실질적으로 존재하지 않았다. 루키아노스, 수에토니우스, 호라티우스, 오비디우스 등의 글에서도 고대에는 묵독이 특별한 것으로 인식되었다는 게 확인된다.[2]

이런 관습이 중세 시대에 달라졌다. 묵독은 음독音讀을 크게 대체하며, 중세의 두 문턱 중 첫 번째 것을 실질적으로 이루어냈다. 하나는 서기 500년경부터 1500년까지 지속된 지극히 비옥한 시기에 들어서는 문턱이었고, 다른 하나는 그 시기를 빠져나오는 문턱이었다. 성 아우구스티누스가 스승이 책을 묵독하는 걸 보고 놀라는 모습은, 사회에서 글의 역할이 정보를 전달하는 자율적인 형태라는 새로운 관념이 대두했다는 걸 상징적으로 보여준다. 이 관념이 전에는 존재하지 않았거나, 무척 드물었다는 건 분명하다. 중세 시대에 글말은 단순히 생각을 표현한 것이 아니라, 생각 자체가 되었다.

글말이 입말과 동등하다는 관념은 원칙이 되었고, 이 원칙은 모든 중세 사상의 토대가 되었다. 따라서 이 관념은 근대 세계로 들어서는 문턱(인쇄, 곧 다량의 인쇄물을 통한 시각적 커뮤니케이션)만큼이나 혁명적이었다.

글말의 해방은 곧바로 글말의 폭발적인 확산으로 이어졌다. 고대에 선호되던 필기구 파피루스는 너무 비쌌다. 따라서 극소수만이 글로 쓰인 책을 구입할 수 있었기 때문에 상대적으로 긴 작품을 구입해 읽는 사람은 많지 않았다. 그런데 서기 2세기에 양피지가 대량으로 유통되었다. 게다가 양피지는 값이 싸서, 책의 생산이 눈에 띄게 증가했다.[3] 그러나 양피지는 수 세기 전부터 주변에 널려 있던 것이었다. 예컨대 기원전 190년, 소아시아(현재 튀르키예 서부) 페르가뭄 왕국의 통치자 에우메네스 2세Eumenes II, 기원전 197~기원전 158 재위는 이집트의 알렉산드리아 도서관에 필적하는 도서관을 세우려고, 기술자들을 독려하며 양과 염소의 가죽을 얇게 펴서 건조하는 기법을 완벽하게 다듬게 했다. 이런 과정에 탄생한 최종 생산물의 명칭인 '양피지'parchment는 발명된 장소 '페르가뭄'Pergamum에서 따온 것이다. 기원전 2세기의 양피지 조각이 지금까지 전해지지만, 양피지가 파피루스와 본격적으로 경쟁하기 시작한 때는 서기 2세기였다.

마침내 양피지는 파피루스를 대체하며 서유럽에서 사랑받는 필기구가 되었고, 중세는 '양피지의 시대'라 일컫기도 했다. 중세 중반기로 다가갈 때쯤, 특히 이슬람 국가들에서 양피지가 종이로 대체되기 시작했다. 1300년대와 1400년대 이후에는 종이의 자명한 장점 앞에, 양피지 사용이 헌장憲章과 그 밖의 중요한 문서를 제외하고는 모든 곳에서 줄어들었다. 지금도 양피지는 특별한 경우에 여전히 사용된다.

인도와 동남아시아 및 동아시아에서는 양피지가 전혀 사용되지 않았다. 도살된 짐승의 가죽에 신성한 글을 쓴다는 생각이 힌두교도와 불교도에게는 용납되지 않았다. 중국은 서기 2세기에 이미 종이가 있었기 때문에 굳이 양피지를 사용할 필요가 없었다. 그러나 서기 4세기에 양피지가 유럽 어디에나 있었다는 것은, 더는 돌돌 말리는 파피루스 두루마리가 아니라 낱장에 쓰인 글을 순서대로 모아 묶어 완전히 새로운 것을 만들 수 있었다는 뜻이다. 그렇게 모아 묶은 것은 전에 없던 것으로 읽기도 쉽고 보존하기도 쉬웠다. 그것이 바로 코덱스codex, 곧 책이다.

중세 유럽에서 글말이 해방되고 크게 확산되며, 유럽 사회 더 나아가 결국에는 세계까지 달라졌다.

그리스

　　로마 황제 콘스탄티누스 1세Constantine I, 서기 306~337 재위는 330년 수도를 '이교도'의 로마에서 기독교의 비잔티움으로 옮기며 비잔티움을 콘스탄티노폴리스(콘스탄티노플)로 개명했다. 그때 그리스 문자를 비롯해 모든 그리스 문화가 부활의 기회를 맞이했다. 그 이후의 비잔틴 제국은 고대 그리스의 가르침을 보존하는 동시에 널리 전파했고, 서양 세계를 오랜 세기 동안 자연과학과 인문과학으로 인도했다. 게다가 비잔틴 제국은 아랍 학자들과 과학자들에게 직접 영향을 미쳤고, 그들이 번역하고 해석한 그리스 문헌이 역으로 무슬림 스페인 및 유럽의 학문 중심지에 전해지며, 고대 그리스 철학과 과학이 서유럽에 다시 알려지게 되었다. 고대 그리스가 로마에 영향을 미쳤듯이, 비잔틴 그리스도 꾸준히 개선된 그리스 알파벳문자를 매개로 삼아 중세 세계에 영향을 미쳤다.

　4장에서 보았듯이, 그리스 문자에는 항상 두 종류의 서체가 나란히 존재했다. 하나는 거의 전적으로 학문적인 글을 쓰는 데 사용된 공식적인 서체 '북 핸드'였고, 다른 하나는 일상사를 기록하는 데 쓰인 흘림체였다. 고대 그리스 초기에 파피루스와 송아지피지의 필사본에는 언셜체가 일반적으로 쓰였다.[4] 언셜체Uncial는 '대문자', 정확히 말하면 기념물에 쓰인 가진 대문자가 아니라 부드럽게 굽은 대문자를 사용했다. (파피루스와 양피지에는 대문자보다 부드럽게 굽은 곡선이 더 쉽게 쓰였다.) 초기 그리스 필사본의 언셜체는 강렬하고 힘차게 보여, 송아지피지가 파피루스를 완전히 대체한 뒤에 전성기를 맞았다. 언셜체는 더 작지만 유연한 흘림체로 이어졌고, 흘림체는 최종적으로 '소문자', 작은 서체의 문자로 변해갔

그림 149
중세와 중세 이후의 그리스 서체들

언셜체: 수학 논문, 7세기.

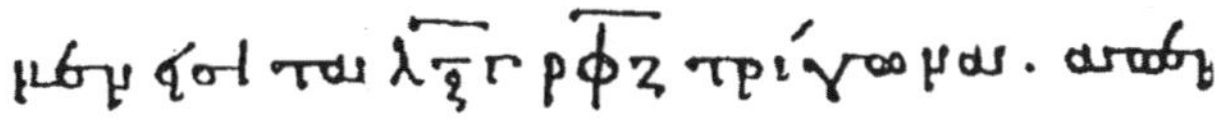

소문자체: 옥스퍼드 《유클리드》, 888년.

고대 교회 언셜체: 《복음 묵상》, 980년.

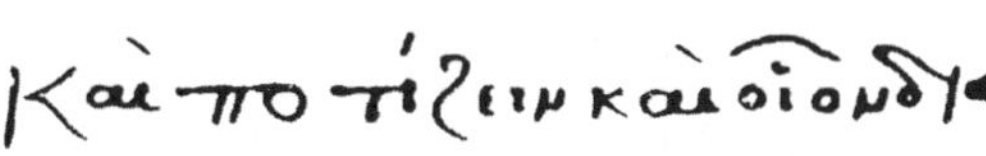

공식적인 북 핸드: 《성 테오도루스의 설교》, 1136년.

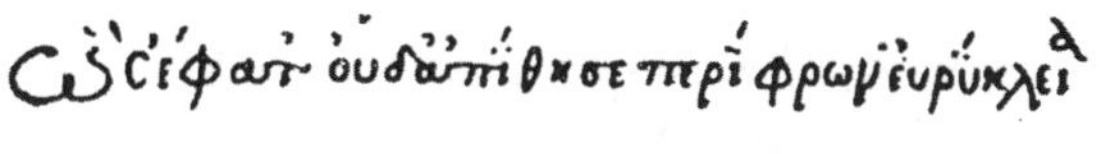

우아한 북 핸드: 호메로스의 《오디세우스》, 1479년.

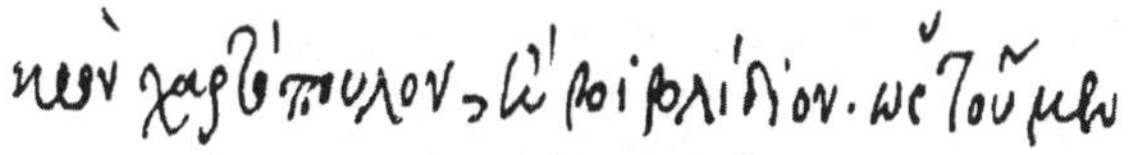

중세 이후의 북 핸드: 《법학 입문》, 1541년.

다. 하지만 이 과정에는 수 세기가 걸렸다.

콘스탄티노플로 천도한 뒤에도 300년 동안, 곧 독특한 '비잔틴' 서체가 나타날 때까지는 과거 로마 시대의 서체가 계속 보편적으로 사용되었다.(그림 149) 서기 600년 이후, 회람에 쓰인 서체는 다소 계란형으로 압축되어, 높이에 비해 폭이 좁아졌다. 그리스 서체는 오른쪽으로 기울기 시작했고, 발음을 구분하는 부호나 강세 표시가 체계적(지난 800년처럼 무작위가 아니었다는 뜻)으로 사용되며 그 시대의 그리스 말을 더 정확히 표기할 수 있게 되었다. 또 초기에는 경쾌하게 보이던 그리스 언셜체가 묵직하고 부자연스럽게 변했다. 그리하여 900년대쯤 그리스에서 언셜체는 기독교 문헌에만 사용되었다.

그리스 소문자체는 9세기에 처음 등장했고, 정성껏 쓰인 그리스 흘림체도 여기에 속했다. 소문자체는 결국 모든 형태의 그리스 서체를 대체했다. 유럽 도서관들에는 1500년 전에 쓰인 1,000권가량의 그리스 필사본이 있고, 그 대부분이 소문자체로 쓰였다. 대문자는 동일한 필사본에서 작은 흘림체 옆에 간혹 쓰였다. 서기 900년경, 그리스 소문자체는 극도로 작아졌지만 똑바로 세워지고 정밀해졌고, h' 같은 기식음 기호는 직사각형 표시처럼 보였다.

그리스어 책 제작자는 콘스탄티노플에서 번창했다. 그 책들은 아랍어로 번역되어 무슬림 세계 전역에 배포되었다. 그렇게 제작된 책들의 서체는 대체로 획일적이었지만, 제작 환경은 무척 다양했다. 한편 로마를 비롯해 독일과 프랑스, 영국과 북아프리카에 있던 로마 제국의 중심 도시에서 활동하던 책 제작자는 한때 많았지만 6세기 이후에는 줄어들었다. 그 도시들에서 라틴어 책 제작은 크고 작은 수도원 기록실의 책무가 되었다. 라틴어 책은 지역에 따라 서체가 크게 달랐지만 제작 환경은 거의 동일했던 셈이다.

중세 중기쯤, 그리스어의 공식 서체가 나타났다. 획이 길어졌고, 축약과 강세를 표기하는 표시는 눈에 띄게 특징적으로 변했으며, 기식음 기호는 훨씬 더 둥그레졌다. 1400년대쯤에는 그리스에서도 다양한 서체가 허용되었다. 1200년대의 서체를 떠올리려는 사람도 있었지만, 조밀하면서도 장식적인 근대식 흘림체를 새롭게 도입하는 사람도 있었다. 1600년대에는 느슨한 활자체가 개발되어, 그리스어 책을 제작하며 인문학자들의 요구에 따라 고전 문헌을 깔끔하게 전달할 수 있는 또렷한 활자체를 찾던 초창기 인쇄업자들에게 큰 영향을 주었다.(그림 150) 이 활자체를 토대로, 고전학을 공부하는 학생들에게 익숙한 그리스 활자체들이 개발되었다.

그리스 인쇄공은 다양한 활자체를 사용했다. 특히 보통 교육이 도입되며 대중의 식자율이 높아지던 1800년대에 들어서는 그 경향이 더욱 짙어졌다. 기원전 180년경에 세상을 떠난 비잔티움의 아리스토파네스가 처음 고안해냈다고 추정되는 기식음 기호와 강세 기호는 이 기간에도 엄격히 지켜졌지만, 근대 그리스어는 대부분의 그런 기호가 '필요하지 않은 것'으로 인식될 정도로 변했다. (하지만 단어들의 시각적 인지에서는 여전히 그런 기호가 중요하다.) 1900년대 사사분기에 들어, 그리스 철자법에서 그런 복잡한 표시들이 최종적으로 없어지고, 이음절 이상의 현대 그리스 단어에서 강세를 표시하는 부호인 '양음 악센트'acute accent만이 남았다.

그림 150

그리스 활자체들

ΕΛΤΟΙ Ρωμἥιοις ἐπιχείρη . . . , ἢ τῷ Ρώ-
μη εἴσον δμᾶ τῷ Καπιτωλία , ἢ ἐμπιφρήκασι. Κά-
μιλλος δ' αὐτούς ἐνίκησε, ἢ ἐξήλασε, ἢ μετ' χρόνοις ἐ-
πελθόντας αὖθις ἐνίκησε, καὶ ἐθριάμβωσεν ἀπ' αὐ-
τῶν, οὐ δοκήσιππα γενομώς ἔτη. ἢ τρίτη δὲ Κελτῶν
ἐραπιὰ ἐμβέβληκεν εἰς τὴν Ἰταλίαν τὴν χαὶ αὐτὴν
οἱ Ρωμἥιοι διεφθάρκασιν, ὑφ' ἡγεμόνι Τίτῳ Κοΐντῳ.
μετ' δὲ ταῦτα Βόιοι, Κελτικὸν ἔθνος θεμωδέστατοι ἐ-
πῆλθε Ρωμἥιοις, χαὶ αὐτοῖς Γάϊος Σολπίκιος δικτά-
τωρ μετ' ἐραπιάς ἀπήντα, ὅσυς χαὶ ἐρατηγήματι τοιούτῳ χρήσεσθαι λέγεται · ἐ-
κέλωσε γὰρ τοὺς ὑπὸ τῷ μετώπῳ τεταγμένους ἐξακοντίσαντας ὁμοῦ συλκαθίσαι

아피아노스의 《로마사》. 인쇄: 파리, 샤를 에티엔, 1551년.

Ἄνδρα μοι ἔννεπε, μοῦσα, πολύτροπον, ὃς μάλα πολλὰ
πλάγχθη, ἐπεὶ Τροίης ἱερὸν πτολίεθρον ἔπερσεν·
πολλῶν δ' ἀνθρώπων ἴδεν ἄστεα καὶ νόον [1] ἔγνω,
πολλὰ δ' ὅ γ' ἐν πόντῳ πάθεν ἄλγεα ὃν κατὰ θυμόν,
ἀρνύμενος ἥν τε ψυχὴν καὶ νόστον ἑταίρων.   5
ἀλλ' οὐδ' ὣς ἑτάρους ἐρρύσατο, ἱέμενός περ·
αὐτῶν γὰρ σφετέρῃσιν ἀτασθαλίῃσιν ὄλοντο,
νήπιοι, οἳ κατὰ βοῦς Ὑπερίονος Ἠελίοιο
ἤσθιον· αὐτὰρ ὁ τοῖσιν ἀφείλετο νόστιμον ἦμαρ.
τῶν ἁμόθεν γε, θεά, θύγατερ Διός, εἰπὲ καὶ ἡμῖν.   10

호메로스의 《오디세우스》. 인쇄: 런던, 이탤릭체, 1919년.

Ὁ ἄνθρωπος κοιμάται. Τὸ σύμπλεγμα νεύρων καὶ μυῶν ανα-
παύεται χαλαρωμένο στο κρεβάτι · εξωτερικά δεν υπάρχει κίνηση.
Εσωτερικά ο εγκέφαλος βομβεί λειτουργώντας σε άτακτα διαστή-
ματα. Μια δύναμη συντήρησης καταγράφει ακατάπαυστα την εσω-
τερική δραστηριότητα που μοιάζει με απέραντο σιδηροδρομικό
δίκτυο νεύρων.

현대 소설. 인쇄: 아테네, 1990년.

중세 시대의 라틴어

현대 영어에서 사용하는 글자체의 기본적인 형태를 고안해
낸 사람은 로마인이다. 그리스인처럼 로마인도 처음에는 대문자와 흘림
체만을 사용했고, 글자의 크기를 구분하지 않았다. 그리스 서체처럼 기
본적인 로마체Roman letter는 원래 굵기가 일정했다. 요컨대 굵기에 변화
를 주지 않았다. 하지만 나중에 로마인은 대문자를 사선으로 굵게 강조
하며, 널찍한 깃펜에 잉크를 찍어 파피루스에 글을 쓸 때 생기는 굵기의
변화를 흉내냈다. 특별한 저작물은 처음에는 파피루스에, 나중에는 양피
지와 송아지피지에 이런 대문자로 쓰였다. 로마는 그리스보다 세리프체
(가로획을 더 가늘게 쓰는 서체_옮긴이)를 더 많이 사용하며 가독성과 예술
성을 동시에 높였다. 로마체 대문자는 서기 9세기까지 오래전에 사망한
서체를 우연히 모방하듯이 근근이 살아남았다. 그러나 대문자는 15세기
말경까지는 글을 쓰는 데 실질적으로 거의 사용되지 않았다. 그래도 정
사각형 대문자와 러스틱 대문자는 제목과 머리글자로 선호된 까닭에 중
세를 그럭저럭 견디어냈다.

언셜체는 정사각형 대문자를 수정한 서체, 곧 각진 모양을 피한 둥근
서체로, 서기 4세기쯤에는 로마 필경사에게 가장 사랑받는 '북 핸드'가
되었다.(그림 151) 언셜체로 쓰인 초기의 문헌을 보면, 언셜체는 정확해서
읽기가 무척 쉽다. 언셜체로 쓰인 최고最古의 문서는 약 400년경의 것으
로, 북아프리카의 히포에서 발견되었다. 하지만 8세기쯤 언셜체는 크게
약화되었다.[5] 이탈리아에서, 특히 로마에서 성경과 관련된 글에 주로 쓰
였다. 기독교 선교사들이 로마 제국의 변방까지 언셜체를 전파했지만, 기

그림 151
중세 초기의 라틴어 서체들

Uene Runtadeuminhospi

후기 로마 언셜체: 풀다 신약성경, 서기 546년경.

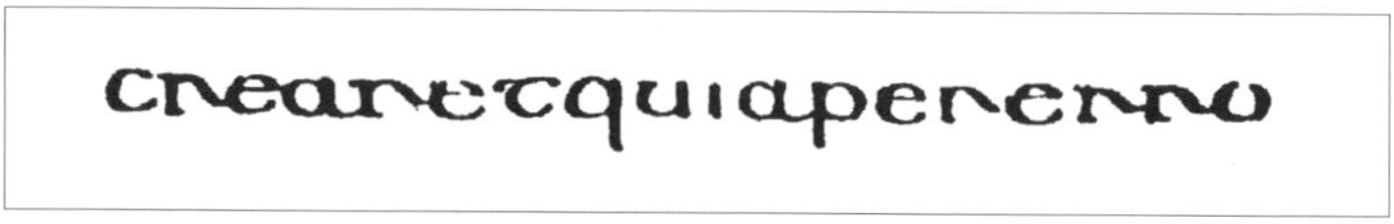

cnearecquiaperenno

공식적인 북 핸드: 《성 테오도루스의 설교》, 1136년.

humanaenaturaecapacit

우아한 북 핸드: 호메로스의 《오디세우스》, 1479년.

dimur &quasilnquodumpeculo

중세 이후의 북 핸드: 《법학 입문》, 1541년.

독교인들은 '이교도'의 러스틱 문자와 정사각형 대문자를 더 좋아했다는 주장이 없지는 않다.[6]

서기 4세기에 들며, 송아지피지 코덱스(낱장으로 쓴 필사본을 묶은 것)가 파피루스 두루마리를 교체하기 시작했다. 송아지피지와 양피지는 앞뒤로 글을 쓸 수 있어, 글을 담는 양이 두 배로 늘었다. 최초의 코덱스라 할 만한 것은 시인 마르티알리스서기 40~103가 호메로스, 베르길리우스, 키케로, 리비우스, 오비디우스, 그리고 자신의 작품을 정리한 6권의 코덱스에 제목으로 붙인 6권의 '에피그램집'이다. 쉽게 말하면, 현대적 의미에서 최초의 '책'이다. 4세기 이후에는 양피지나 송아지피지로 만든 코덱스, 곧 '책'이 유럽에서 가장 선호되는 서적 형태였다. (영어에서 '책'을 뜻하는 book은 게르만어에서 '너도밤나무'beech를 뜻하는 bōkā에서 파생된 것이고, 룬 문자가 쓰인 초기 서판의 재료가 너도밤나무다.) 프랑스 역사학자 앙리 장 마르탱Henri-Jean Martin, 1924~2007이 주장했듯이, "두루마리처럼 한 면이 아니라, 양면에 글이 쓰이는 코덱스의 출현은 서력 기원에서 책에 일어난 가장 중대한 혁명적 사건이었다."[7]

신로마 필기체New Roman Cursive(흘림체)는 4세기쯤에 완성된 고로마 필기체Old Roman Cursive가 개선된 것이다.[8] 4장에서 보았듯이, 로마의 손글씨체는 여러 서체를 낳았다. 그 서체들은 대체로 '매끄럽게 이어지는 서체'라는 뜻에 '필기체'cursive(혹은 흘림체)라고 일컫지만 실제로는 글자 사이가 분리되고 끊어졌다. 급히 서둘러 쓰는 메시지나 낙서도 마찬가지였다.(그림 112~114 참조) 필경사는 거의 모든 글자를 한 번의 획으로 쓸 수 있을 정도로 단순화했다.[9] 시간이 지남에 따라, 더는 대문자나 언셜체를 사용하지 않고, 상대적으로 작고 세 가지 높이[상승(예: b), 중립(예: n), 하강(예: p)]가 허용되는 글자, 곧 '소문자'가 개발되었다. "매개체도 메시지의 중요한 일부"여서,[10] 필경사가 어떤 서체를 선택하느냐는 누구에게 어떤 메시지를 전달하느냐에 따라 달라졌다. 각 서체는 특정한 목적과 글에 적합하다고 여겨졌기 때문에, 라틴어 필경사가 다루는 다양한 서체에는 사회적으로 인정된 정치적이고 문화적인 메시지가 담겨 있었다. 따라서 사회가 변하면, 어떤 서체의 빈도와 분포 및 사용 영역도 달라졌다.

신로마 필기체는 로마 제국 전역에서 광범위하게 사용되며, 라틴어를 표기하는 지역 서체, 곧 유럽에서 국가 서체national hand의 형성에도 기여했다. 그리스어처럼 라틴어도 흘림체(혹은 필기체)가 대문자체나 언셜체보다 항상 폭넓게 사용되었다. 때로는 흘림체가 공식적인 북 핸드에 침투하기도 했다. 처음에는 여백이 주석이나 설명글에 사용되었지만, 나중에는 독립된 서체로 쓰였다. 6세기의 비스듬히 기울어진 언셜체가 흘림체에 지배적 위치를 넘기기 시작했다. 그리고 7세기에는 새롭게 혼합된 언셜체가 개발되었다. 흘림체와 언셜체가 혼합된 형태로, 새로이 소문자 형태를 띠고 글자들이 분리되고 끊어지는 서체였다.

반半흘림체는 5세기 말에 이탈리아와 남프랑스에서 개발되어, 나중에는 선호하는 서체가 되었다. 카롤링 소문자체Carolingian minuscule는 반흘림체의 글자들을 표본으로 삼아 만들어졌다. 로마 언셜체의 둥근 특징이 반언셜체에도 유지되었지만 소수의 글자만이 진정한 언셜체였다. 게다가 반언셜체에는 수 세기 뒤에 등장할 국가 서체들이 이미 포함되어 있었다.

라틴 흘림체는 메로빙거 시대에도 서기 650년경까지 신속히 글을 쓰거나 개인적인 용도로 계속 쓰였다. 나중에 결국 라틴 흘림체는 이탈리아와 스페인과 프랑크 왕국에서 각각 개발된 서체의 토대가 되어, 차례로 베네벤토 서체, 서고트 서체, 메로빙거 서체를 만들어냈다.(그림 152) 흘림체 북 핸드는 언셜체와 반언셜체 및 혼합 서체와 더불어, 여러 국가가 자체적으로 개발하는 국가 서체의 출발점이었다.

로마가 5세기에 정치적으로 해체되기 시작할 때 이런 지역 서체들이 나타났다. 그때부터 8세기까지 신로마 흘림체는 반언셜체와 결합해 서양

그림 152
베네벤토 서체, 서고트 서체, 메로빙거 서체

베네벤토 흘림체 북 핸드: 알비누스 플라쿠스의 《삼위일체론》, 812년.

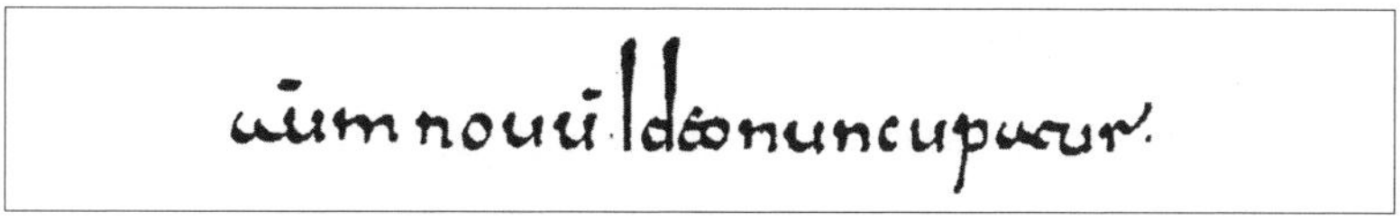

서고트 흘림체 북 핸드: 성 이시도르의 《어원학》, 9세기.

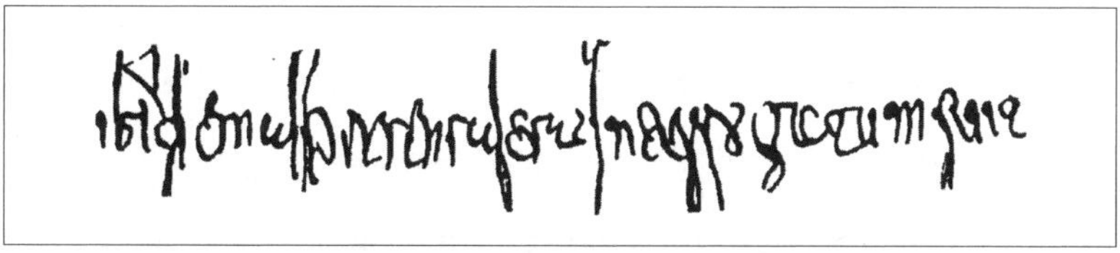

메로빙거 흘림체 공문서 서체: 킬데베르투스 3세의 헌장, 695년.

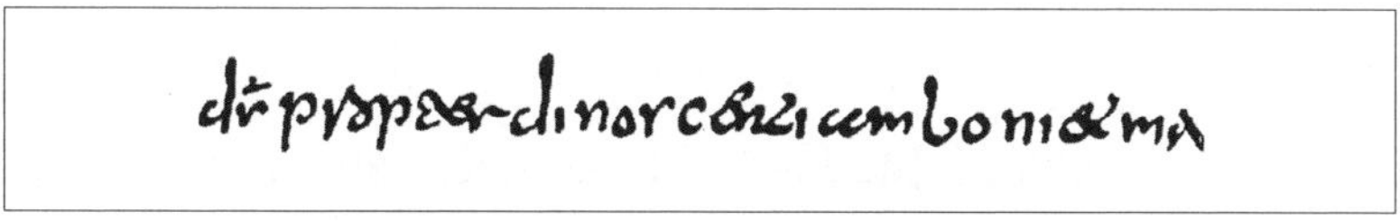

메로빙거 흘림체 북 핸드: 에우지피우스, 8세기.

의 여러 서체를 만들어냈고, 그 모든 서체가 소문자로 쓰였다. 북이탈리아의 롬바르드는 프랑크 왕국의 지배를 받을 때 처음에는 메로빙거 서체, 그 뒤에는 카롤링거 서체를 따랐지만, 이탈리아 남쪽에서는 베네벤토 서체가 공식적인 북 핸드로 개발되었다. 베네벤토 서체는 높이가 낮고 굵은 사선으로 독특한 형태를 띠었다. 서고트 서체는 스페인의 국가 서체로, 8세기부터 12세기까지 활발히 사용되었다. 초기에는 세로로 긴

획들의 '모임'이란 느낌을 주었지만, 1000년대와 1100년대 초에서는 글자가 가늘어지고 정사각형이 되는 특징을 띠었다. 메로빙거 서체는 샤를마뉴 이전의 프랑크 왕국에서 개발된 모든 서체를 가리킨다. 메로빙거 서체는 답답하게 옆으로 짓눌리고, 가늘고 거의 판독이 불가능한 겉모습을 띠어, 많은 경우에 금세 알아볼 수 없다. 두 글자를 잇는 합자, 축약, 생략을 가리키는 표시 등이 복잡하게 더해져 가독성을 크게 방해했다. 하지만 주로 이탈리아에서 전해진 후기 메로빙거 서체들은 반언셜체에서 크게 영향을 받아 후기 카롤링 소문자체를 미리 보여주는 듯하며, 가독성도 크게 높아졌다.

하지만 8세기 말까지, 가장 빈번하게 사용된 메로빙거 서체도 글쓴이만이 겨우 알아볼 수 있었던 듯하다. 따라서 프랑크 왕국의 왕은 자신이 선포한 원대한 목표가 시행되기를 바란다면, 프랑크 왕국의 필사실에서 혁명이 일어나야만 했다.

샤를마뉴는 이런 필요성을 인식하고, 789년 독일과 프랑스와 북이탈리아의 주요 수도원 필사실에 있는 기독교 서적을 완전히 다시 쓰라는 명령을 내렸다. 그중에서 프랑스 투르에 있는 성 마르티노 수도원의 영향력이 가장 컸다. 796년부터 804년까지 그곳의 수도원장이 영국 요크 출신의 알퀸Alcuin of York이다. 알퀸은 훗날 카롤링 소문자체로 부르는 서체의 제작 과정을 직접 감독했다. 지난 2,000년 내에 서양에서 진행된 가장 유의미한 서체 개혁이었다.(그림 153) 카롤링 소문자체는 대륙의 반언셜체와 아일랜드 영어 서체가 운좋게 합쳐진 결과물이다. 아일랜드 영어 서체는 알퀸이 프랑크 왕국에 들여왔을 것이라 추정되고, 알퀸은 프랑크 왕국의 교육 개혁을 추진한 감독관이었다. 알퀸을 비롯한 개혁팀은

그림 153
프랑크 왕국의 카롤링 소문자체(프랑스와 독일에서 사용)

copiofilacaf effluere! puer fur

술피치우스 세베루스, 9세기 초.

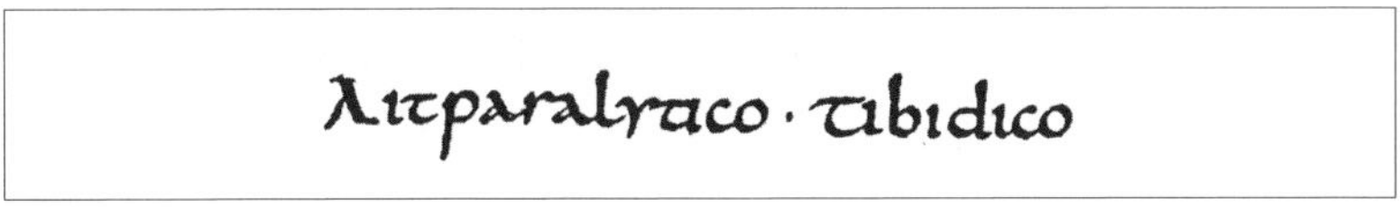

Λιτparalraco · τιbιdico

로타리우스 황제를 위해 제작한 《복음》, 9세기 중반.

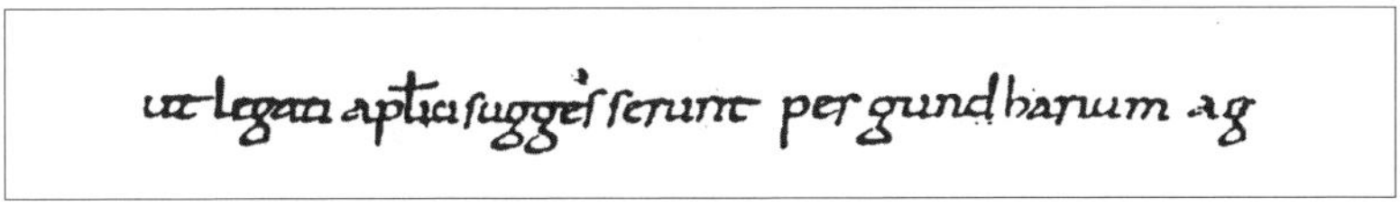

ut legati aptia fugge serunt per gund harum ag

《풀다 연대기》, 882년 이전.

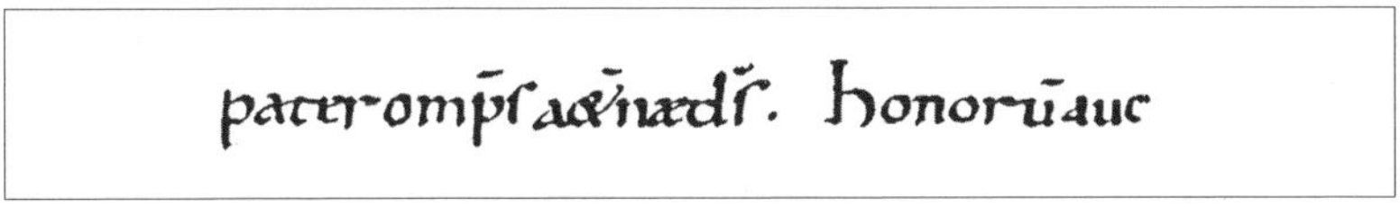

pateromprachædr. honoruauc

《코르비 수도원 전례서》, 10세기 .

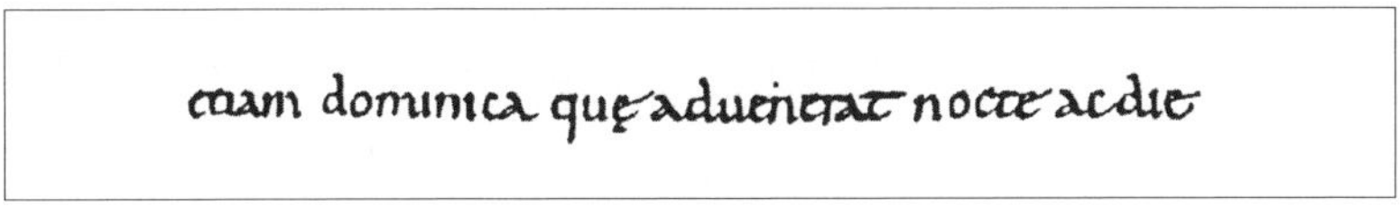

caam dominica quf aduenerat nocte acdie

《성자들의 삶》, 11세기.

당시 아일랜드와 북잉글랜드에서 사용하던 전통적인 서체와 가깝고, 고대 그리스·로마의 서체에 기반을 둔 명확한 서체가 필요하다는 데 공감한 게 분명하다. 카롤링 소문자체는 로마 반언셜체에 기반을 두었고, 새로운 지역 소문자체들을 의도적으로 통합했다. 그리하여 장식적 요소를 배제한 무척 깔끔하고 단순화된 서체, 평평하고 매끄럽게 이어지는 모습을 띤 카롤링 소문자체가 탄생했다. 합자, 축약, 생략은 거의 완전히 사라졌다. 카롤링 소문자체로 쓰인 몇몇 필사본에서는 그런 부분이 전혀 보이지 않는다. 서체 개혁의 지상 과제는 가독성이었던 게 분명하다.

카롤링 소문자체는 서유럽 전역에서 사용되었다. (아일랜드만이 현재까지도 아일랜드어로 쓰인 모든 글에, 심지어 활자체에서도 고유한 아일랜드 서체를 사용한다.) 애초에 프랑크 왕국의 서체와 교육 개혁은 훗날 프랑스와 독일이 되는 땅을 대상으로 시행되었지만, 그 새로운 서체의 인기가 높아감에 따라 다른 지역까지 확대되었다. 카롤링 소문자체는 이탈리아에서 9세기부터 13세기까지 다른 서체들과 더불어 책과 문서에 사용되었고, 잉글랜드에서는 10세기 중반부터 11세기 말까지 라틴어 문서에 사용되었다. 서유럽 문자의 역사에서 카롤링 소문자체의 탄생은 분수령이었다. 달리 말하면, 카롤링 소문자체는 유럽에서 가장 중요한 서체가 되었고, 유럽에서는 그로부터 700년 후인 르네상스까지 문자의 변화 과정에도 영향을 미쳤다.[11]

카롤링 소문자체가 수 세기에 걸쳐 유럽 전역에 전해지며, 그전까지 유럽의 글쓰기를 지배하던 반언셜체와 혼합된 흘림체를 모든 곳에서 대체했다. 대문자는 글을 시작하는 첫 단어와 다른 특수한 용도에만 국한되어 쓰였다. 한때 라틴어 알파벳의 본보기 서체였던 것이 이제 주변으로 밀려났다. 이런 경향은 어디에나 있는 것이었다. 그러나 오랜 시간이 지난 뒤, 대문자는 규칙을 엄격히 따른 양식화된 글에서 무척 세련된 역할을 맡게 되었다.

대문자와 소문자가 구분되기 시작하며, 둘의 구분은 정보를 전달하는 데도 이용되었다. 예컨대 Bill(고유명사)과 bill(청구서)의 차이를 비교해보라. 이런 이유로, 라틴어에서 파생된 모든 문자에서 학습되어야 하는 글자의 수는 전통적인 '26글자의 알파벳'이 아니라, 대문자와 소문자를 합한 40~65개다. 이 40~65개의 글자는 20~30개의 고차원적 '체계적 글자'systemic letter를 전달하는 저차원적 '기능적 글자'functional letter들이다.

카롤링거 왕조에서 서체 개혁이 추진되던 동안, 프랑크 왕국의 필경사는 십중팔구 투르의 성 마르티노 수도원에서 알파벳을 수정하는 작업도 진행했을 것이다. 모음 /u/를 자음으로 사용되는 v와 구분하기 위해 글자 u가 새로이 만들어졌고, 글자 i에서 자음 기능을 구분할 목적에서 j가 도입되었다. 하지만 이런 변화들은 오랫동안 체계적으로 시행되지 않았다. 샤를마뉴 이후에야 기본적인 라틴어 알파벳 글자로는 표기할 수 없는 소리가 포함된 민족 언어를 표기할 때, 새로운 글자가 추가되거나 과거의 글자에 발음 구별 부호가 더해지는 변화가 체계적으로 진행되었다.

10세기쯤 카롤링 소문자체는 서유럽 거의 전역에서 기본적인 서체가 되었다. 그러나 지역적으로 여러 변이형이 있었고, 특정한 목적에 사용되는 예스런 흔적도 있었다.(그림 153 참조) 예컨대 라틴어가 두 소리 /u/와 /v/를 표기하는 데 v를 계속 사용함으로써 독일어 사용자가 /w/와 /v/를 혼동한 때문에, 한 세기 뒤에 독일 필경사는 라틴어 v를 이중으로 vv로 표기하는 방식으로 /w/를 구분하기 시작했다. 그 결과로, 오늘날 영어에서는 '더블 유'double u, 프랑스어에서 '두블 베'double v가 있는 것이다. 하지만 결국 vv는 ch, ph, th, ng 등과 달리, 더는 이중 글자로 인식되지 않고 자주적인 문자소grapheme로 인식되고 쓰였다. u, v, w는 잉글랜드에서 1800년 이후에야 완전히 구분되었다. 오늘날에도 몇몇 영어 방언에서는 /v/와 /w/가 여전히 뒤엉켜 사용되지만 글말에서는 엄격히 구분된다.

1100년대경, 통일된 카롤링거 문자가 분열되기 시작했다. 그리고 저마다 독특한 형태를 지닌 지역 서체들이 등장했다. 정확히 말하면, 그 서체들은 인도의 경우처럼 하나의 문자 체계 내에서 구분되던 별개의 서체가 아니라, 미세한 차이밖에 없는 동일한 서체였다.(그림 154) 하지만 복잡한 합자, 축약, 생략이 다시 나타났다. 소중한 양피지를 보존하려는 게

그림 154
중세 중기와 후기의 이탈리아 서체와 프랑스 서체

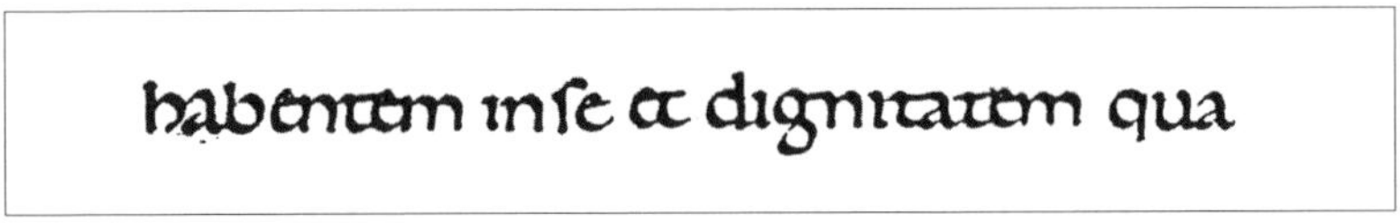

habentem infe et dignitatem qua

이탈리아: 《설교집》, 12세기.

C onfentir aftium te iouis impio

이탈리아: 《호라티우스》, 1391년.

en auuergne fut Jadis vne

프랑스: 《성모의 기적》, 1450년경.

neq regerentur á cafibus magifq̃ regerent cafuf.

이탈리아: 《살루스티우스》, 1466년.

주된 목적이었다. 12세기에 강렬하고 굵은 새로운 서체로 쓰인 큼직한 책이 만들어졌다. 그러나 13세기에 들어, 글자 크기가 갑자기 작아지고 글자 폭이 좁아졌다. 게다가 새로운 각지고 비스듬한 획이 가늘어졌다 (1200년대 후반기에 성경 수요가 급증하며, 이 작고 간결한 서체로 수천 권의 성경이 쓰였다). 십자군 전쟁의 결과로, 필경사는 로마 숫자(I, II, III, IV) 대신 아라비아 숫자(1, 2, 3, 4)를 사용하며 더 많은 공간을 확보했다. 아라비아 숫자가 지금은 전 세계에서 사용되고 있다.

1300년대에는 중산 계급의 시민들이 지역마다 정치력을 장악하고, 자녀들에 대한 교육을 요구하기 시작했다. 지역적으로 공인된 공립 학교들이 문을 열었다. 예컨대 1338년, 피렌체의 연대기 작가 조반니 빌라니 Giovanni Villani, 1276~1348가 남긴 기록에 따르면, "글을 배운 소년과 소녀가 [피렌체에] 약 10,000명이다. 여섯 곳의 학교에서 계산과 수학을 배운 아이들은 1,000~1,200명, 네 곳의 고등학교에서 문법과 논리를 배운 학생은 550~600명이었다."[12] 책과 학습에 기반한 상업 계급이 신속히 나타났고, 강력한 세력을 형성했다. 새로운 추세였고, 서유럽을 통째로 바꿔놓은 추세였다.

양의 증가는 질의 상실로 이어졌다. 1300년대와 1400년대의 필경사는 선배들의 높은 기준을 더는 지키지 못해, 정확성과 예술성에서 그들의 필체는 예전만 못했다. 그들의 서체는 당연히 초기 인쇄업자의 활자체가 되었다. 1400년대에는 소문자체도 결국 해체되었다. 그 이후로, 인쇄되지 않은 거의 모든 서적은 공문서 서체charter hand나 일상의 흘림체로 쓰였다.

카롤링거 서체가 오랫동안 분해되는 과정에서 두 종류의 경쟁적인 서

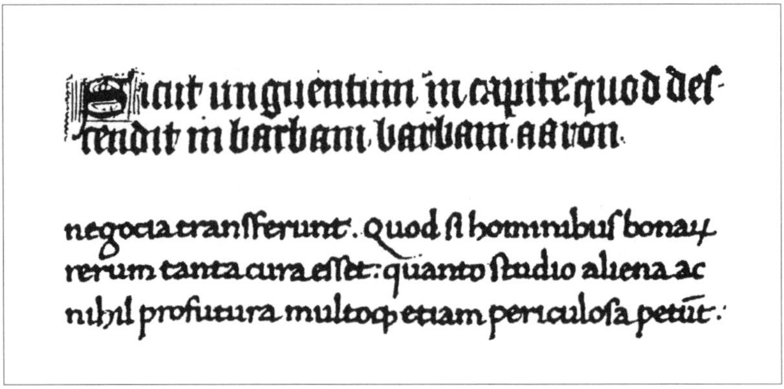

그림 155 1400년대에 경쟁적 관계인 두 서체. 고딕체(위)와 인문주의자 서체(아래).

체가 개발되었다. 하나는 고딕체Gothic script였고, 다른 하나는 인문주의
자 서체Humanist script였다.(그림 155)

1050년경부터 1500년까지 고딕체는 유럽의 흘림체를 대신했다.[13] '흑
자체'Black Letter로도 불린 고딕체는 카롤링 소문자체를 기초로 삼아, 개
별 글자의 각진 모양은 계속 증가하고, 개별 단어 내에서 글자의 폭은
계속 줄어들며 여러 변이형을 만들어냈다. 고딕체는 널찍한 깃펜으로 쓰
였고, 세로획은 거의 언제나 수직을 이루었다. 또 가능한 때마다 곡선을
피했다. 그래서 고딕체에서 o는 좁은 육각형으로 보일 정도였다. 활자체
의 초기 표본이던 고딕체는 서유럽에서 게르만어의 절대적인 표기 수단
이 되었다.

한편 이탈리아의 인문주의자 서체는 고대 로마의 고전적인 서체를 되
살려내려는 시도였다. 하지만 인문주의자 서체는 카롤링 소문자체에 더
가까웠다.[14] 인문주의자 서체, 곧 로마체는 르네상스의 수단이 되었고, 가
느다란 깃펜으로 둥글고 넓적하게, 글자 간의 간격을 두고 썼다. 인문

주의자 서체는 햇살이 내리쬐는 개방적인 이탈리아, 또 고대 그리스·로마에 기반을 둔 세속적 학문을 전달하는 데 쓰였다. 600년 전 요크의 알퀸이 그랬듯이, 인문주의 학자들도 의식적으로 장식체를 단순화해 가독성을 높이고, 고전적 우아함을 책에 더하려고 애썼다. 이런 흐름은 고딕체와 상반된 방향이었다.[15] 12세기 이탈리아 서체에 기반을 둔 '인문주의자 소문자체'Humanist Minuscule가 먼저 1402~1403년에 피렌체에서 개발되었다. 작지만 위쪽ascender(예: l과 h)이나 아래쪽descender(예: p와 g)으로 길쭉하게 쓰인 서체였다. 10년 뒤에는 인문주의자 흘림체Humanist Cursive가 북 핸드로 나타났고, 약간 오른쪽으로 기울어진 특징을 지녔다. 오늘날 이탤릭체로 알려진 서체이기도 하다.[16] 인문주의자 서체, 곧 로마체는 고대의 원형을 지키겠다는 선언으로 처음에 '안티콰'Antiqua로 불렸고, 결국에는 이탈리아의 초기 인쇄공들이 사용한 로마체 활자의 표본이 되었다. 500년이 지난 지금도 로마체는 세계에서 가장 선호하는 활자체다. 지금 당신이 읽고 있는 이 책의 활자체도 로마체에서 파생된 것이다.

이탈리아의 인문주의자 흘림체는 16세기의 대표적인 서체가 되었다.[17] 프랑스, 프랑스어를 사용한 스위스 지역, 스페인이 즉시 그 서체를 받아들였고, 잉글랜드에서도 상거래에 흔히 사용하던 고딕 흘림체가 1600년대 말에 결국 인문주의자 흘림체로 대체되었다. 독일어 사용자는 고딕체를 게르만족의 정체성이라 생각한 까닭에 인문주의자 흘림체를 받아들이지 않았다. 1500년대에 들어, 그들은 고딕 흘림체를 '쿠렌트슈리프트'Kurrentschrift라 칭하는 특정한 서체로 수정했고, 그 서체는 학교에서 1941년까지 표준 독일어 서체로 가르쳤다.

인슐라체

중세 초기에 유럽의 크고 작은 수도원은 외부와 지속적으로 주고받은 영향과 영감을 연구하고 기록하는 중심지가 되었다.[18] 서기 5세기에 이미, 아일랜드 기독교인들은 유럽 대륙에서 책을 수입했고, 외국 학생을 받아들였다. 그 결과로, 아일랜드의 오감 문자Ogham Writing는 라틴어의 위세에 점점 밀려났다. 게다가 모든 교육이 교황청 라틴어로 이루어졌고, 라틴어 문자로 쓰였기 때문이다. 급기야 아일랜드어조차 라틴 글자로 쓰이게 되었다.

'인슐라'Insular라는 용어는 9세기 중반까지 쓰인 영국 제도의 서체들을 가리키며, 대체로 아일랜드체와 '앵글로·색슨'체로 나뉜다. 그러나 인슐라체는 기본적으로 아일랜드체이고, 나중에야 아일랜드 수도자들에 의해 북잉글랜드에 전해졌을 뿐이다. 로마군이 영국 제도를 점령했을 때 아일랜드인은 어쩔 수 없이 그 섬을 떠나야 했고, 이런 이유에서 그들은 독자적인 아일랜드 기독교파를 형성하고 독자적인 서체도 개발한 것이다. 영국과 대륙에서는 서체가 다른 방향으로 발달했다. 유럽 대륙에서는 여러 국가 서체가 로마체 흘림체를 기본으로 삼았지만, 아일랜드와 잉글랜드 서체는 초기 로마체의 반언셜체half uncial를 모태로 삼았다. 이렇게 다른 이유가 무엇일까? 아일랜드 필경사에게 처음에 영향을 준 로마 선교사들이 여전히 5~6세기의 반언셜체를 주로 사용했고, 그때는 로마체 흘림체가 유럽 대륙을 휩쓸기 훨씬 전이었기 때문이다. 게다가 아일랜드의 상대적인 '고립'isolation도 독자적이고 보수적인 발전에 적잖은 역할을 했을 것이다. 아일랜드 서체가 고서체학paleography(고대의 문자와 비문을

그림 156
초기 아일랜드 서체

ñãdiuntneq:siquis exmor

둥근 서체: 《막레올 복음서》, 서기 800년경.

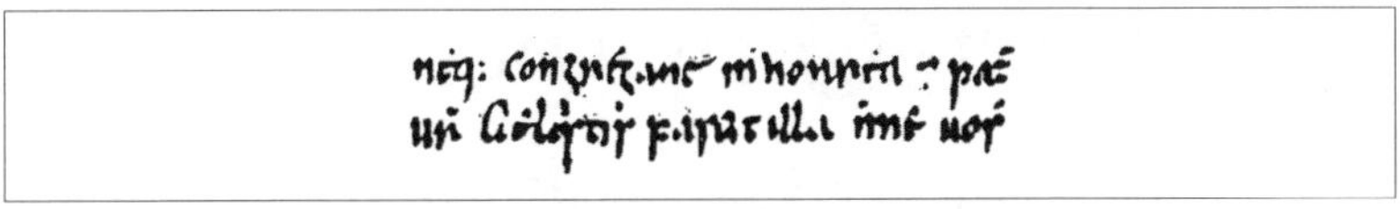

nεq: conʒɲɾ.me mhoupml ⁊ pɾɛ
uɲ Golʒɲɪ p.ɪɲɐɪ ɪllɪ ɪmɐ uoɲ

뾰족한 서체: 《아르마그의 서》, 844년 이전.

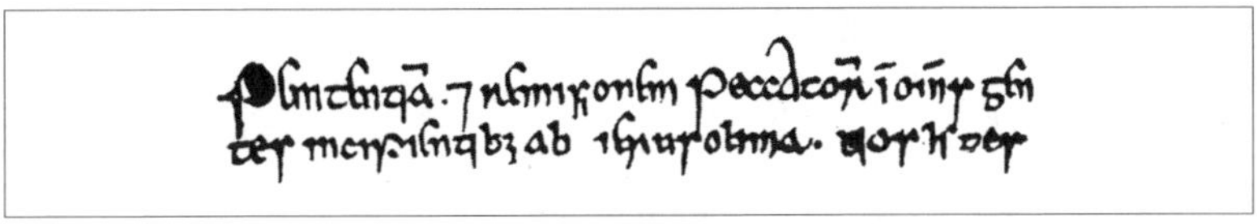

Olmɛfmqã. ⁊ nɾɪmɪɲonɾm pɐcɐdcoɲ iomɲ ɡɾñ
ɐɲ mɛɲɲɪɾ́mɡbʒ ab ɪɾ́mɲoɪmɐ. ɡoɲ ́noɲ

뾰족한 서체: 《멜브리터 복음서》, 1138년.

연구하는 학문)에서는 가장 보수적인 서체로 알려진 것도 사실이다.

라틴어 알파벳을 사용한 초기 아일랜드 서체는 두 형태를 띠었다. 둥근 형태와 뾰족한 형태였다.(그림 156) 둥근 서체는 반언셜체로, 5세기와 6세기에 프랑스와 이탈리아에서 제작된 필사본의 서체와 상당히 닮은꼴이었다. 이 서체는 아일랜드 땅에 신속히 퍼졌고, 유럽에서 가장 장식적인 서체 중 하나로 발달했다. 아일랜드에서 7세기에 제작된 《켈스의 서 Book of Kells》가 대표적인 예다.(그림 157) 한편 뾰족한 서체는 둥근 서체를 좌우로 압축한 서체에 불과했고, '끝' 부분을 가늘고 길게 늘어뜨린 소문자체였다. 둥근 서체가 정교하게 다듬어진 뒤에 이 서체가 개발되어, 7세기에 처음 나타난 듯하다. 따라서 《켈스의 서》에서도 몇몇 곳에 이 뾰

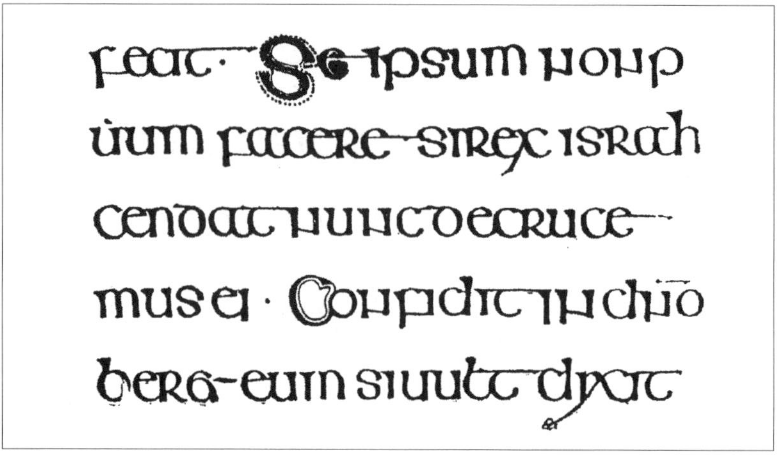

그림 157 아일랜드의 《켈스의 서》. 7세기 말.

그림 158
잉글랜드의 《린디스판
복음서》. 698년경.
각 행의 위에 10세기
앵글로·색슨 흘림체로
쓰인 복음은 영어로
번역된 최초의 사례다.

족한 서체가 눈에 띈다. 중세 초에, 아일랜드 선교사들이 프랑스의 뤽세
유, 스위스의 장크트갈렌, 독일의 뷔르츠부르크, 이탈리아의 보비오에 자
신들의 서체를 전했다. 하지만 아일랜드 서체는 곧바로 모든 곳에서 대륙
의 흘림체로 교체되었다.

8세기쯤 아일랜드 필경사는 일상적인 흘림체를 소문자로 가다듬어,

양질의 송아지피지로 책을 제작할 때 사용했다. 이 과정에서 일관된 띄어쓰기와 구두점도 도입되었다.[19] 1000년대와 1100년대에 아일랜드의 뾰족한 서체는 독특한 모습으로 각진 형태를 띠었다.

아일랜드 선교사들이 도래하기 전, 잉글랜드에는 두 가지 문자가 오래전부터 사용되었다. 하나는 라틴어를 쓰는 데 사용하던 로마의 라틴어 알파벳이고, 다른 하나는 영국 섬에서 게르만인 사이에 여전히 통용되던 서너 종류의 게르만 방언을 표기하는 데 사용하던 게르만 룬 문자다. 아일랜드가 침입한 뒤, 두 종류의 서체가 나타났다. 북부의 아일랜드체와, 캔터베리를 중심으로 활동하던 로마 선교사들이 유산으로 남긴 로마의 러스틱 대문자체다. 러스틱 대문자체는 초기에 사용이 중단되었고, 아일랜드체가 결국 잉글랜드의 국가 서체가 되었다. 10세기에 들어 대륙과의 교역이 증가하며 소문자체가 도입되었고, 그 소문자체가 결국에는 잉글랜드의 국가 서체를 밀어냈다.

중세 초, 잉글랜드의 주된 서체는 아일랜드에서 영향을 받았다. 7세기에 들어섰을 때 북잉글랜드의 필경사는 아일랜드의 인슐라 반언셜체를 모방한 뒤에 조금씩 개선해나갔다. 대표적인 예가 698년경에 제작된 유명한 《린디스판 복음서》다.(그림 158) 노섬벌랜드에서 북동쪽으로 좀 떨어진 '홀리 아일랜드'Holy Island에 있는 린디스판 수도원은 일반적으로 잉글랜드 서체의 요람으로 여겨진다. 잉글랜드 서체는 처음에 아일랜드 서체와 구분되지 않았지만, 고유한 특징을 지닌 독립된 서체로 발전해갔다.(그림 159) 아일랜드 인슐라체의 둥근 서체와 뾰족한 서체는 잉글랜드에서도 두 형태로 구분되었다. 둥근 서체는 로마의 반언셜체를 모태로 삼았고, 뾰족한 서체는 둥근 서체에서 변한 것이다. 둥근 서체는 책에 주

그림 159
초기 잉글랜드 서체

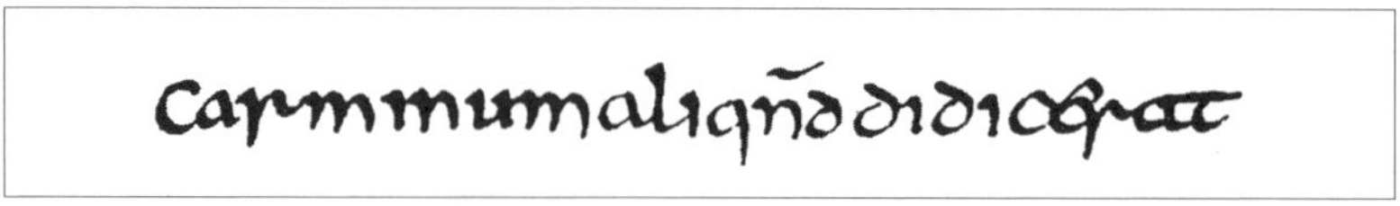

성 비드의 《교회사》, 8세기 중반.

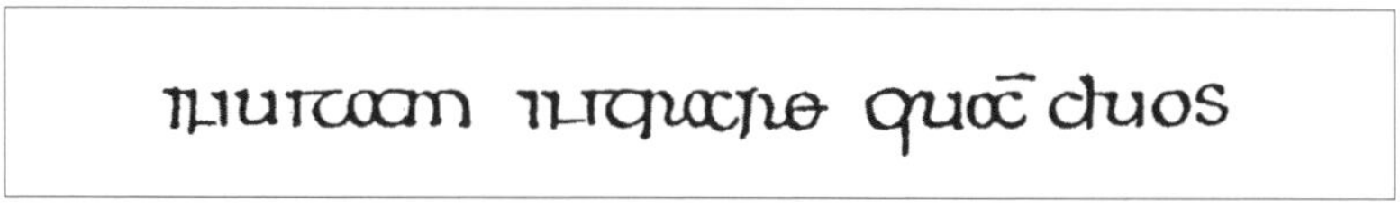

《캔터베리 복음서》, 8세기 말.

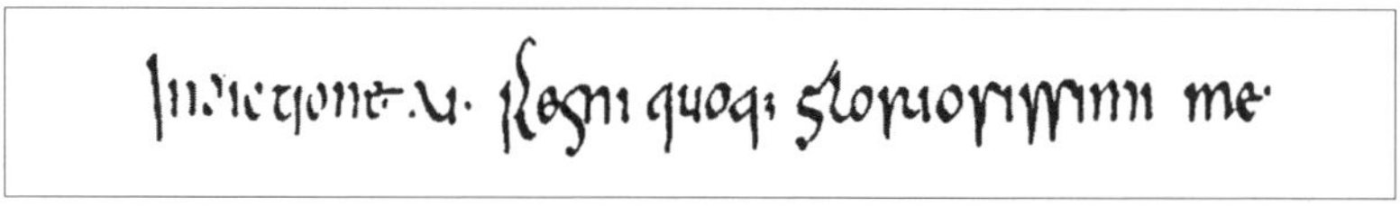

머시아 왕국, 키네울프 왕의 헌장, 812년.

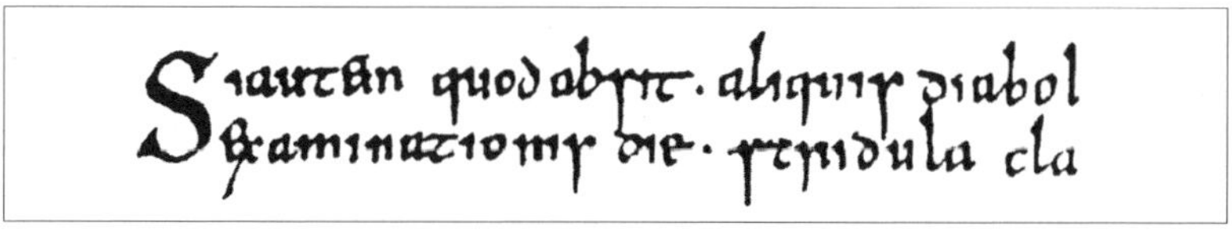

애설스탄 왕의 헌장, 931년.

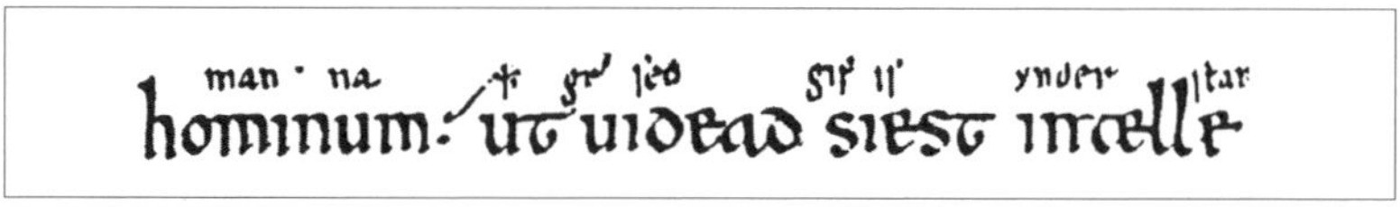

라틴어 시편, 969년경.

로 사용되고, 공문서에는 드물게만 사용되었다. 또 둥근 서체는 일찍부터 겉모습이 가볍게 변해갔다. 한편 뾰족한 서체는 주로 공문서에 사용되었지만 책에서도 사용되었다. 초기에는 예술성을 띠었지만, 나중에는 좌우로 압축되고 변덕스레 변해, 시간이 지남에 따라 점점 투박하고 조

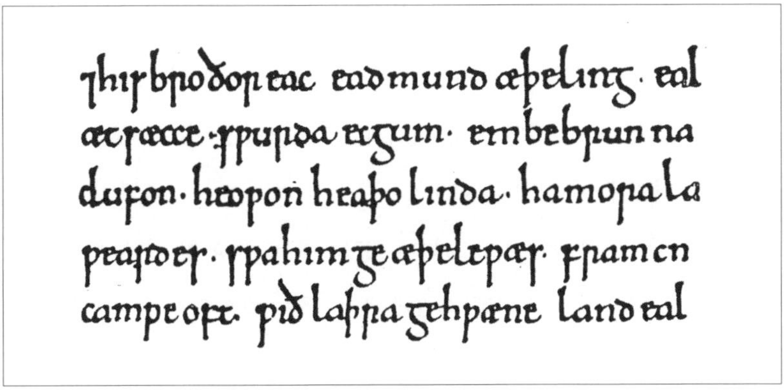

그림 160 영어로 쓰인 《앵글로·색슨 연대기》, 1045년경.

악하게 변했다.

10세기 말에는 프랑크 왕국에서 유입된 유럽 대륙의 소문자체가 잉글랜드 서체에 영향을 미쳤다. 영국인 알퀸이 고안한 서체가 '귀향'한 셈이었다.[20] 여러 곳에 프랑크 왕국의 소문자체가 잉글랜드의 뾰족한 서체를 완전히 대체했다. 특히 라틴어로 쓰인 문서에서 그 현상이 두드러졌다. 앵글로·색슨어로 쓰인 글은 계속 뾰족한 소문자로 쓰였고, 뾰족한 소문자체는 1100년대 중반까지 대중적인 인기를 누렸다. 하지만 1000년대와 1100년대 내내 뾰족한 소문자체는 조밀한 특징을 조금씩 상실하며, 당시 유럽 대륙 전역에서 사용하던 프랑크 소문자체에 가까워졌다.

영어를 라틴어 알파벳으로 표기하는 데는 문제가 있었다.(그림 160) 그래서 초기의 필경사는 라틴어를 표기하는 경우에만 아일랜드 인슐라체를 사용했다. 하지만 고대 영어를 7세기에 라틴어로 표기할 때 네 소리가 라틴 문자에는 없었다. 그래서 그 소리들을 표기하려면 새로운 글자들을 고안해내야만 했다.

- /w/는 앵글로·색슨의 잉글랜드에서도 사용하던 룬 문자의 글자 ₱로 쓰였다. 이 글자는 '윈'wynn으로 불렸다. 중세 영어에서 이 글자는 소문자 uu 혹은 w로 대체되었고, 1300년 이후의 필사본에서는 거의 눈에 띄지 않는다.

- /θ/(예: thin)와 /ð/(예: this)는 둘 모두 룬 글자 Þ, 곧 '손'thorn으로 쓰였다. 나중에는 라틴 글자 d에 줄을 긋는 방식으로 글자 ð가 고안되었다. 두 소리의 차이를 고려해서 절묘하게 만든 글자였다. 시간이 지난 뒤에 이 글자는 '에드'eth라고 불렸다. 하지만 필경사는 두 소리를 정교하게 구분하지 않았다. 따라서 중세 영어에서는 이중 글자 th가 두 소리 모두에서 사용되었다. 이 현상은 오늘날까지도 사용되며, 철자 th는 적어도 두 개의 음소를 표기하는 데 사용된다. (thin과 this를 비교해보라.) Þ는 'Ye Olde English Inn' 같은 인위적인 이름에서 여전히 문화적 잔존물로 쓰인다. 여기에서 Y는 중세 말 Þ의 변이형에 불과하다.

- 앵글로·색슨어 hat에서 'a'는 라틴어에는 없는 소리로, 라틴어에서 a와 e의 중간음이었다. 따라서 앵글로·색슨 필경사는 a와 e를 한꺼번에 쓰는 쪽을 선택했다. 그리하여 그 소리를 표기하기 위한 이중 글자 æ가 만들어졌다. 이 글자는 똑같은 소리를 전달하는 룬 글자를 본떠 '애시'ash로 불렸다. 그러나 중세 영어에서 필경사는 æ를 더는 사용하지 않았다. 아마도 그 소리가 어느 정도 사라졌고, 표준 라틴어 a에 더 가까워졌기 때문일 것이다.

그림 161
중세 중기와 중기 말의 잉글랜드 서체

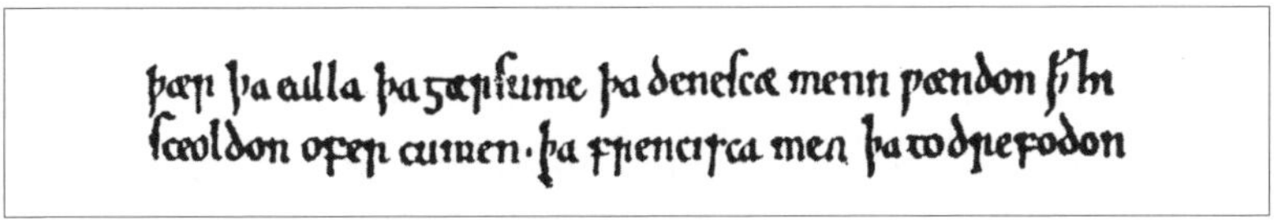

《앵글로·색슨 연대기》, 1121년경.

《설교집》, 13세기 초.

《양심의 가책》, 1340년.

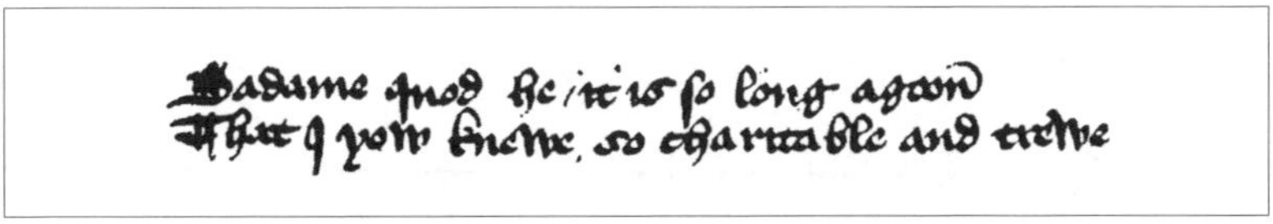

초서의 〈선한 여성의 전설〉, 15세기 중반.

1066년 노르만족이 잉글랜드를 정복한 뒤, 잉글랜드 소문자는 거의 사라졌다. 정복자들이 자체의 서체를 가져왔기 때문이다. 일부 문서만이 잉글랜드 소문자로 계속 쓰였지만, 그 일부마저도 결국에는 대륙에서 건너온 서체로 대체되었다.(그림 161) 1100년대, 잉글랜드 필경사는 영어는 수정된 앵글로·색슨 서체로, 라틴어는 일반적인 소문자체로 썼다. 흘림체의 부활이 12세기 말에 시작되며, 고딕체에 예술적 특성을 덧붙였다.

격식에 얽매이지 않는 일상적인 문서(예컨대 토지 거래)와 일반적인 서신에 주로 사용한 필기체가 대표적인 예다. 이 서체는 뾰족하고 각진 형태에 위쪽으로 부풀려지는 게 특징이다(특히 f와 첫 s에서). 1200년대에는 라틴어 소문자체가 몇몇 영어 글자를 더해서 영어를 표기하는 데 쓰였다. 13세기 말에는 흘림체가 책, 특히 옥스퍼드와 케임브리지 대학에서 지정해 사용하던 책에도 쓰였다. 곧이어 흘림체와 북 핸드의 특징들이 다양하게 혼합된 서체들이 나타났다. 1300년대와 1400년대에는 많은 잉글랜드 필경사가 책을 제작할 때 공문서 서체를 선택하며, 대륙의 북 핸드와 뚜렷이 구분되는 '잉글랜드'의 특별한 서체를 만들어냈다. 그 서체가 잉글랜드의 인쇄기에 사용된 첫 서체였다. 1400년대 이후에는 인쇄술 때문에 북 핸드가 완전히 사라졌고, 공문서체와 흘림체만이 남았다.[21]

오늘날 영어 필체는 영어 활자체를 닮은 데가 거의 없고, 우리 대부분이 그 현상을 당연하게 받아들인다. 그러나 요즘 사용되는 모든 서체가 모두 라틴어 알파벳을 문자 체계로 '공유'하지만, 대부분의 서체가 완전히 다른 데 주목해야 한다. 게다가 흘림체로 쓰는 서예, 곧 미리 정해진 방법대로 손으로 영어를 쓰는 방법과, 대부분의 사람이 실제로 영어를 쓰는 방법 사이에는 괴리가 있다. 2000년대 초, 영어는 수많은 서체로 표기된다. 그래도 그 많은 서체는 기본적으로 두 부류로 나뉜다. 하나는 영국(혹은 영연방)식 서체로, 이스라엘처럼 교육제도가 영국 영향을 받은 곳에서도 나타난다. 다른 하나는 미국식 서체로, 푸에르토리코와 괌, 미국령 사모아처럼 미국의 영향을 받은 지역에서도 일반적인 서체다.

잉글랜드에서도 대문자와 소문자를 사용한다는 것은, 영어를 배우는 학생이 26글자(문자 체계에서 구분되는 기호)가 아니라 42글자 이외에 미리 정해진 필기체도 배워야 한다는 뜻이다. 게다가 상당수의 중요한 약어와 기호, 예컨대 &, 8, +, =, @, £, $, % 등을 배워야 한다. 일부 글자는 대문자와 소문자가 거의 구분되지 않지만(예: C/c, O/o, S/s), 형태가 확연히 달라지는 글자도 있다.(예: A/a/*a*, F/f/*f*) 라틴어에서 파생된 모든 알파벳문자에서 이런 특징이 공통적으로 확인된다.

수천 년 동안 알파벳문자가 차용되고 변형된 뒤에 확산된 과정이, 영어 알파벳의 체계적 글자 26개(기능적 글자는 42개) 중 거의 5분의 1(F, U, V, W, Y)이 하나의 페니키아 문자, Y(wāw)에서 파생되었다는 사실에 반영되어 있다. 그 이유가 무엇일까? 수천 년 동안 wāw의 형태가 연이은 차용과 이차적인 내부 차용으로 그리스 문자와 에트루리아 문자, 라틴 문자와 영어 문자에서 차례로 변형되었기 때문이다. 이런 변형은 페니키아 문자만이 아니라, 페니키아 문자를 차용한 언어들에도 없거나 표기되지 않던 새로운 소리를 수용할 목적에서 시도되었다. 이 과정에서 라틴어 알파벳의 비할 데 없는 적응성이 도드라졌다. 결국 문자 체계의 생존과 성장을 결정하는 것은 적응성이다.

문장 부호

고대의 거의 모든 필경사는 단어들을 붙여 쓰며, 띄어 쓰지 않았다. (크레타의 음절문자가 각인된 기원전 1600년경의 파이스토스 원반은 극히 드문 예외다. 단어, 구, 짧은 문장으로 이루어진 '부문'을 구분하는 세로획이 있다.) 고대인은 띄어쓰기 없이도 글을 읽는 데 크게 불편하지 않았던 게 분명하다. 그렇지 않았다면 띄어쓰기가 아주 이른 시기부터 체계적으로 시행되었을 것이다.

그리스와 로마의 필경사도 개별적인 단어 사이에 공간을 남겨두지 않았지만, 기념물의 비문이나 학문적인 글이 쓰인 파피루스에서 단어 사이에 작은 점이 찍히는 경우가 간혹 있었다. 전체적인 글에서 단락만이 자율적인 단위로 분리되며, '파라그라포스'parágraphos, 곧 분할 획으로 구분되었다. 일례로 아리스토텔레스기원전 384~기원전 322는 어떤 주제에 대한 글이 끝났다는 걸 표시하기 위해, 새로운 행이 시작하는 곳 아래에 가로획을 짧게 그었다. 또 서기 5세기와 중세 내내, 새로운 단락이 시작하는 첫 줄의 첫 글자는 여백 쪽으로 밀려나고 확대되는 게 일반적인 관례였다. 오늘날 문장의 첫 글자를 대문자로 사용하는 규칙은 이런 관습의 잔재라 할 수 있다. 한편 새로운 단락을 시작할 때 들여쓰기하는 관례는 1600년대부터 시작되었다.

중세 초기의 필경사는 거의 언제나 단어를 붙여 썼다. 소문자체가 학문적인 글의 서체가 된 뒤에야 필경사는 단어를 독립된 단위로 표기해야 할 필요성을 인식하게 되었다. 십중팔구, 중세의 기록실에서도 묵독의 빈도가 높아졌기 때문일 것이다. 하지만 단어의 경계를 표시하기 위한 띄어쓰기는 서양 사회에서 9세기에야 일반적인 관례가 되었다. 그 이후로 알파벳문자를 사용하는 국가들은 대체로 "글자들을 한 덩어리로 묶고, 덩어리를 사이에 공간을 두는 쪽"으로 철자법을 선택했다.[22] 그 덩어리들은 일반적으로 '단어'로 인식되었다. 현재 라틴어 알파벳을 사용하는 언어들, 예컨대 특별한 보조사를 사용해 문법을 표현하는 폴리네시아어군에서는 '단어'가 때때로 불확실하게 규정되기 때문에 지역적으로 관례화된 철자법이 없을 때는 모호성이 야기된다. 예컨대 하와이어에서 her/him을 뜻하는 iāia는 한 '단어'이지만, 라파누이어(이스터섬)에서 똑같이 her/him을 뜻하는 i 'ā ia는 세 '단어'다. 영어로 쓰인 글에서도 휴지休止는 공인된 단어 경계와 일관되게 일치하지 않는다. 하지만 '단어'는 주어진 맥락에서 의미 단위와 자율적인 기능을 지니느냐에 따라 일반적으로 결정된다.

중국어와 일본어는 아직도 띄어쓰기를 대체로 준수하지 않는다. 서양에서 근대에 차용한 구두법이 최소한으로 지켜지는 셈이다. 안타깝게도, 바람직한 규칙이 문자 체계들을 넘나들며 간혹 엉뚱하고 재밌는 결과를 빚어낼 수 있다. 예컨대 영국에서 구입한 전기 샌드위치 토스터에는 "Do not immerse in any liquid made in China."라는 경고문이 있다.²³ ("Do not immerse in any liquid. Made in China." 액체에는 담그지 마시오. 중국제.라고 마침표와 대문자가 제대로 쓰이지 않으면 "중국에서 만든 액체에는 담그지 마시오."라고 엉뚱한 문장이 될 수 있다_옮긴이) 서양의 글에서 최초로 쓰인 단어 띄기는 현대적 의미의 구두법(글의 의미를 명료하게 하는 데 도움이 되는 문장 부호들의 체계)이 아니었다. 전기 토스터의 사례에서 보듯이, 구두법은 서양의 알파벳문자 체계에서 중요한 의미를 갖게 되었다. 플라톤기원전 427~기원전 347은 글에서 한 부분을 끝낼 때 콜론(:)을 사용했다. (서기 1480년 이후에 콜론은 일반적인 진술과 설명적인 글이나 예를 구분하는 데 사용되었다.) 점을 이용한 구두점을 처음 고안한 사람은 북이집트의 알렉산드리아 도서관 관장이던 비잔티움의 아리스토파네스기원전 180년경에 사망로 여겨진다. 높은점(˙)은 완전한 멈춤(마침표)을 뜻했고, 중간점(·)은 일반적인 휴지를 가리켰으며, 아래점(.)은 요즘의 세미콜론처럼 두 점 사이의 중간 휴지로 사용되었다. 아리스토파네스의 구두점은 헬레니즘 시대에 폭넓게 사용되었고, 기원후 수 세기까지 이어졌다. 하지만 로마 필경사는 이 그리스 구두점을 무분별하게 사용하며 구두점들의 의미를 혼란스럽게 만들었다.

비잔티움의 아리스토파네스는 장음절(¯)과 단음절(˘) 및 붙임표(-)를 처음 고안해낸 주역으로도 여겨진다. 특히 붙임표는 복합어의 경우처럼 어떤 연결을 뜻하려고 글자 아래에 그린 곡선이나 직선인데, 아리스토파네스가 줄표를 가운데로 옮겼다. 그 밖에도 여러 기호가 고대 그리스·로마의 필사본에서 사용되었다. 예컨대 naïve(순진한)에서 ï, coöperate(협력하다)에서 ö처럼 모음 위에 놓이는 쌍점, 따옴표, 단일 글자임을 나타내는 부호, 별 의미 없이 공간을 채우는 부호 등이 있었다. 이 모든 것이 오늘날의 맞춤법과 무척 유사한 표기 관습이 폭넓고 활발히 사용되었다는 증거다.

중세 초에 아리스토파네스의 중간점(·)은 사라졌다. 기식음(h')과 강세는 7세기가 되어서야 그리스 문헌에 체계적으로 적용되었다. 쉼표는 처음 높은점으로 쓰이며, 서기 650년에 그리스·라틴 문헌에 도입되었다. 200년 후에는 소문자체와 함께 쓰이며, 쉼표가 요즘처럼 기준선으로 내려왔다. 마침표는 800년경 요크의 알퀸이 글에서 긴 구절이 끝났다는 걸 표시할 목적에서 처음 도입했다. 마침표는 주로 ·7로 쓰였지만, 점이 포함된 다른 조합도 간혹 쓰였다. 그즈음 세미콜론(;)은 이미 요즘의 용도로 쓰였다. 얼마 후에는 단락이나 장이 끝나는 곳에 :이나 :-, 혹은 ∴이란 부호가 더해졌다.

물음표(?)가 라틴어 필사본에서 처음 나타난 때는 8세기나 9세기경이지만, 영어에서는 1587년에야 처음 쓰였다. 그 책이 필립 시드니 경Sir Philip Sidney, 1554~1586의 《아르카디아》다. 물음표는 라틴어에서 질문이 포함된 문장 끝에 쓰인 quaestio('질문')에서 파생되었다. 처음에는 o 위에 Q를 두는 Qo라는 약어로 표현되었고, ọ로 쓰인 시대를 거쳐 최종적으로 ?가 되었다.

느낌표(!)도 비슷한 과정을 거쳤다. 느낌표는 라틴어 iō!(만세!)를 표기한 것으로, 처음에는 o 위에 i를 덧씌운 모양(i̯)이었다. 영어에서 느낌표는 1553년 《에드워드 6세의 교리 문답》에 처음 쓰였다.

앰퍼샌드ampersand(&를 나타내는 기호)는 라틴어에서 '그리고'and를 뜻하는 et에서 파생되어, 얼마 전까지 ℰʇ로도 인쇄되었다. 앰퍼샌드가 영어 출판물에 처음 쓰인 때는 1500년대였다.

끝으로, 아리스토파네스가 처음 고안한 것으로 여겨지는 아포스트로피(')는 고대와 중세 및 그 이후의 필사본에서 글자의 생략을 나타내려고 사용되었다. 그러나 1700년대 초, 잉글랜드에서는 아포스트로피가 소유격으로 표시하는 데도 폭넓게 사용되었다. 제2차 세계대전 이후에는 독일어에서도 아포스토피를 도입했지만 영어의 경우처럼 소유를 표시하기 위해 쓰이지 않았다.

지금까지 살펴본 문장 부호의 대부분은 알파벳 체계를 사용하는 언어에서는 지금도 사용된다. 1900년대에 다수의 문장 부호가 비非알파벳문자 체계에도 차용되었다. 예컨대 마침표와 쉼표, 아포스트로피, 따옴표와 물음표, 느낌표, 단락을 시작할 때 들여쓰기 등은 중국어, 한국어, 일본어에서도 흔히 사용된다.(그림 138 참조) 일본어에서는 앰퍼샌드까지 가타카나에서 외래어 사이의 '토'(ト)를 대신해 사용된다.

종이

종이 제작은 중국에서 서기 105년 처음 언급되지만, 그 이후에 철저히 비밀로 감추어졌다.(5장 참조) 수 세기가 지난 뒤에야 다른 곳에서도 성공적으로 종이를 만들어냈다. 예컨대 일본은 7세기에 종이를 만들어 사용했지만, 한국을 통해 종이 제조법을 알게 된 듯하다. 서양은 훨씬 우회적인 길을 돌고 돌아서 종이 제조법을 배웠다.

서기 751년 중앙아시아에서 전쟁이 벌어졌을 때 사마르칸트의 무슬림 총독은 많은 중국인을 포로로 잡았고, 그들 중 다수가 종이를 제작하는 데 능숙했다. 그때부터 9세기 말까지, 사마르칸트 종이(뽕나무 껍질이 아니라 아마포 조각으로 제작)는 소중한 수출품이 되었다. 종이 제조법은 무슬림 세계 전역으로 신속히 퍼져나갔다. 바그다드(793년?), 다마스쿠스(9세기), 카이로(900년경), 모로코의 페스(1100년경)에는 물론이고 시칠리아(1100년경)에도 전해졌다.[24] 아랍인은 9세기부터 종이를 주로 사용했지만, 경건한 코란을 제작할 때는 비교적 최근까지도 송아지피지를 사용하는 걸 선호했다. 무슬림령 스페인에서는 1150년경에 종이가 제작되었다. 1200년대에는 아랍 상인들이 종이를 인도에 소개했고, 그 이후로 인도에서는 종이가 전통적인 필기구를 거의 완전히 대체했다.

13세기 스페인에서는 종이를 '천 양피지'pagamino de paño로 일컬었다. 천조각이 주된 재료였기 때문이다.[25] 1492년 무슬림이 스페인에서 밀려난 뒤로, 종이 제조는 덜 숙련된 기독교인 기술자들의 몫이 된 까닭에 종이 질이 급격히 떨어졌다. 하지만 같은 시기에 서유럽에서 종이 사용량은 극적으로 증가했다. 1338년 이후로 프랑스 트루아에는 종이 공장이 있었고, 독일 뉘른베르크에는 1390년에 세워졌다. (1690년에는 필라델피아 근처의 저먼타운이 북아메리카에서 처음으로 종이를 생산했다.) 1300년대 후반기에 이미 유럽에서는 종이가 책을 제작하는 데 선호하는 재료로 송아지피지와 경쟁하는 단계에 올라섰다. 그로부터 한 세기가 지나지 않아, 인쇄기가 발명됨으로써 종이가 양피지와 송아지피지를 대부분 대체했다.

종이가 서양 문명에 미친 영향은 지금까지 제대로 평가되지 않았다. 양피지와 송아지피지로는 문자 해득률의 대대적인 향상, 전 세계를 상대로 한 인쇄, 현대식 사무실, 신문과 정부 기록, 보통 교육 등을 뒷받침할 수 없었을 것이다. 이 모든 것이 종이와 인쇄기 덕분이다. 하지만 종이가 넉넉해진 때문에 인쇄기도 존재 의미를 가질 수 있었다. 1800년대에는 보통 교육의 영향으로 종이 수요가 증가하자, 종이의 주된 재료가 낡은 천에서 나무로 바뀌었다. 따라서 종이가 거의 무한정으로 세계 전역에 공급되었지만, 질과 내구성의 저하를 감수해야 했다. (1780년에 제작된 책의 매끄러운 종이와, 1880년에 제작된 책의 조악한 종이를 비교해보라.) 1900년대에 종이는 "정보를 저장하는 데 가장 중요하고 효율적이며 무엇과도 대체할 수 없는 매개체가 되었다. 경제적으로나 지적으로나 우리 사회는 종이 사회가 되었다."[26]

오늘날에는 전자 정보 저장 장치와 개인용 컴퓨터가 도래함으로써, 종이의 효용성이 처음으로 도전받고 있다. 도서관에 보관된 모든 서적이 몇 장의 시디롬에 저장될 수 있다는 말이 자주 들린다. 이런 주장이 종이의 쇠락을 알리는 전조라 할 수는 없다. 적어도 현재로서는 그렇다. 전자메일을 이용한 커뮤니케이션과 인터넷 접속으로 개인적 메시지와 개인적으로 프린트해야 할 정보가 크게 늘었다. 전자메일, 인터넷에 접속할 권한, 컴퓨터 프린터가 누구에게나 허용됨으로써 매일 서너 번씩 출력하는 게 다반사다. 오히려 새로운 테크놀로지 덕분에, 1800년대 중반의 교육 개혁 이후로 목격되지 않던 정도로 종이 수요가 크게 증가했다.

인쇄

한 권의 책을 옮겨 쓰려면 오랜 시간이 필요하다. 오늘날에도 토라라 일컫는 모세 오서五書를 옮겨 쓰려면, 유대인 필경사라도 수많은 법칙을 따라야 하기 때문에 1년이 넘는 시간이 걸릴 것이다. 손으로 어떤 책을 옮겨 쓴다는 것은, 결국 그 책이 무척 비싸고, 독자도 극소수에 불과하다는 뜻이다. 소수의 독자는 낮은 문자 해득률을 뜻하므로, 사회에는 이만저만 불리한 현상이다. 인쇄기가 1400년대 중반에 출현한 이후에야 유럽인은 대규모로 독서인이 되었다. 유럽에 인쇄술이 도래한 과정은 무척 흥미진진하다.

인쇄printing는 "다수의 찍기impression를 통한 시각적 커뮤니케이션"이다.[27] 어떤 글을 통째로 찍어내는 게 손으로 기호 하나하나를 옮겨 쓰는 것보다 훨씬 빠르다. 또 찍기는 원본을 화석화함으로써 필경사가 일으키는 빈번한 오류와 변형을 피할 수 있다. 따라서 찍기는 오염 방지와 신뢰성을 보장하며, 글 전체에 권위를 더해준다. 이미 기원전 2500년경, 수메르 필경사는 한 단의 '실린더 인장'cylinder seal이나 두 단의 '배럴 인장'barrel seal을 사용해 완성된 글을 부드러운 점토에 굴렸다. 배럴 인장은 두 단어이어서, 각각의 단을 반대 방향으로 기울여 찍었다.

세계 최초의 활자 인쇄기는 기원전 1600년경 고대 크레타에서 만든 파이스토스 원반이라 할 수 있다.(그림 47) 이 원반을 만들던 사람(들)도 신뢰성을 염두에 두었을 것이다. 원반의 에게해 음절문자가 레반트 비블로스의 음절문자 체계라는 개념에서 영향을 받았겠지만, 미노아·그리스 문자에서 각각의 음절을 개별적으로 찍어낸다는 생각은 당시의 인장에서 영감을 받았을 수 있다. 전에는 사람이나 장소 혹은 물건의 이름에만 사용하던 인장이 활자가 되어 음절을 만들고, 그 음절들이 모여 완전한 메시지를 만들어냈다. 따라서 미노아·그리스인은 활자로 인쇄하는 방법을 최초로 발명해낸 사람들로 여겨져야 마땅하다.[28] 그러나 이 발명만큼이나, 고대 지중해에서 이 발명을 사용했다는 증거가 없다는 사실도 주목된다. 그렇다면 인쇄가 지극히 제한된 곳에서 지엽적으로만 사용되다가 사라졌다고 추론할 수밖에 없다.

중국에는 궁극적으로 목판 인쇄로 이어진 다양한 기법이 있다.[29] 목판 인쇄는 한 면 전체를 최소 인쇄 단위로 찍어내는 반면, 파이스토스 원반 같은 활판 인쇄는 더 작고 호환성을 지닌 단위(개별적인 표어문자, 음절, 글자)를 이용해 한 면을 찍어내는 기법이다. 기원전 첫 번째 천년시대에 중국인은 인장을 돋을새김으로 깎고, 형틀을 이용해 비문을 다량으로 찍어냈다. 기원후 100년경 종이를 발명한 직후에는 문지르기rubbing를 비롯해 여러 기법을 사용해 종이에 찍어냈다. 6세기 중국 필경사는 돌과 구운 점토, 나무와 금속을 이용해 글을 찍어내는 만큼이나 정확하게, 양질의 종이에 이미 글을 쓰고 있었다. 하지만 항상 원본을 사용했기 때문에 엄밀한 의미에서 아직은 목판 인쇄가 아니었다. 그러나 원본의 손상을 예방하기 위해, 필경사는 목판에 글을 정확히 옮겨 놓았다. 처음에는 글자를 반대 방향으로 깎았지만, 나중에는 원본과 똑같은 방향으로 돋을새김했다. 먹을 사용해 찍어냄으로써, 하얀 종이에 검은 글자가 남겨졌다. 지금까지 전하는 최초의 완전한 목판 인쇄서는 서기 868년에 중국에서 제작한 《금강경》이다.(그림 129 참조)

1800년대까지, 목판 인쇄는 중국과 한국과 일본에서 주된 인쇄 방법이었다.[30] 그 기법은 수 세기 동안 실질적으로 전혀 변하지 않았다. 먼저 글을 얇은 종이에 썼다. 그 종이를 뒤집어 목판 위에 올려놓고 먹이 마르기를 기다렸다. 먹이 마르면 종이 표면을 문지르고, 기름을 목판에 고르게 바르며 글자들이 목판에 남게 했다. 그 뒤에 조각공이 글자 주변의 나무를 깎아내며 글자가 도드라게 했다. 그렇게 돋을새김된 글자에 붓으로 먹물을 바른 뒤 촉촉한 종이를 목판 위에 놓고, 대나무 섬유로 만든 특수한 도구로 문질렀다. 금속판을 이용해서도 이렇게 인쇄했지만, 금속판 인쇄는 값이 비싸 널리 통용되지 않았다.

인쇄술이 서기 첫 번째 천년시대에 동아시아에 급속히 확산된 데는 불교 경전에 대한 수요가 큰 역할을 했다.[31] 목판 인쇄가 이 급증하는 수요에 부응하며, 문자 해득률도 높아졌다. 이 때문에 같은 시기에 유럽보다 동아시아에서 훨씬 더 많은 서적이 생산되었다. 유럽 필경사가 계속 손으로 느릿하게 옮겨 쓰고 있을 때 중국에서는 전례 없이 많은 수의 서적이 인쇄되었다. 예컨대 764년 일본의 쇼토쿠 텐노稱德天皇는 100만 부의 《다라니경》을 인쇄해 왕국 전역에 배포하라는 명령을 내렸다. 그 명령을 완수하는 데는 6년이 걸렸다.(그림 162) 839년에는 일본 승려 엔닌円仁, 794~864이 중국의 성산 우타이산五台山에서 1,000부나 인쇄된 불교 경전을 보았다고 전해진다.

중국도 활자를 만들어 활자로 인쇄하는 기법을 고안해냈다. 연금술사이자 대장장이인 필승畢昇. 972~1051이 1045년 구운 점토로 중국 글자를 활자로 만들었다고 여겨진다. 나중에는 다른 공학자들이 나무나 금속 혹은 도기로 활자를 만들었다. 하지만 중국에서는 목판 인쇄가 어느 시대에나 선호되었다. 문자 체계 자체에 많은 수의 글자가 있어, 활자를 사용하는 게 불가능했기 때문이다.

한국에서도 목판 인쇄가 중국에서 도입되어 이른 시기에 시작되었다. 조선 태조1392~1398 재위는 목판 인쇄로 일련의 소책자를 펴냈다. 태종 1400~1418 재위은 1403년 청동으로 활자를 주조하라는 칙령을 내리며, 왕실 재산으로 제작 비용을 지원해주었다. 수천 개의 활자를 주조해야 했기 때문에 힘들고 느린 작업이었지만, 마침내 1409년 한 벌의 활자가 완성되어 왕실 인쇄소에서 사용했다. 그 인쇄소는 금속 활자를 직접 만들어 사용하며 1800년대까지 서적을 꾸준히 찍어냈다. 그들은 금속 거푸

그림 162 동아시아 초창기의 인쇄물. 일본에서 중국 글자로 인쇄한 《산스크리트 다라니경》. 770년경.

집에 모래로 '활자 모형母型'을 만든 뒤에 청동, 때로는 납을 거푸집에 부어 금속 활자를 만들었다. 1400년대 말, 조선 왕실은 자체적으로 활자 주조소를 두기도 했다.

활자 인쇄에는 뛰어난 이점이 있었지만, 인쇄의 장점을 중국 글자에 적용하기가 쉽지 않았다. 세종1418~1450 재위이 18개의 자음과 10개의 모음으로 이루어진 한글을 창제해 사용하도록 독려하는 데 그치지 않고 감독까지 한 주된 이유는 그런 사실을 인지한 데 있었다. 오늘날에도 한글을 인쇄하는 데는 수천 개에 달하는 중국 글자 대신에 164개의 활자면 충분하다.

일본은 1500년대에 한국과 포르투갈로부터 활자에 대해 배웠다. 일본은 활판 인쇄를 시작하고, 50년 만에 탁월한 인쇄물을 만들어냈다. 하지만 활판 인쇄는 대체로 동아시아에서 인기를 얻지 못했다. 동아시아의 문자 체계들과 사회적 요구가 서양과는 무척 달랐기 때문이다. 1600년대에도 여전히 목판 인쇄가 대세였고, 활판 인쇄는 거의 사라졌다. 표어문자를 사용한 동아시아 글에는 목판 인쇄가 최적이었다. 빈번하게 사용하는 대략 6,000개의 글자를 활자로 보관해두고 사용하기는 어려웠기 때문이다. 유럽은 1800년대에 다시 동아시아에 활판 인쇄를 소개했고, 그때부터는 활판 인쇄가 목판 인쇄를 신속히 거의 완전히 대체했다.

유럽이 동아시아의 인쇄 기법에 대해 얼마나 많이 알았는지는 불확실하다. 하지만 15세기 유럽에서 시작된 인쇄술은 결코 독자적인 발견이 아니었을 것이다.[32] 글말을 기계적으로 찍어내는 인쇄가 유럽에서 뒤늦게 발달한 이유는 창의력의 결여보다, 서양의 비타협적인 정신 구조에 있었다. 하지만 적당한 때가 되자, 동아시아에서는 전례가 없을 정도로 인쇄가 유럽에서 폭발적으로 사용되었다. 유럽이 활자 인쇄에 완벽하게 들어맞는 알파벳문자 체계를 사용했기 때문이기도 했다.

동아시아의 인쇄와 달리, 서유럽에서 인쇄는 거의 전적으로 민간 차원에서 상업적인 목적을 띠었다. 요컨대 이익을 추구했고 시장 원리를 따랐다. 유럽에서 서적 수집은 1400년대에 무척 돈벌이가 되는 장사였다. 갑자기 국제 거래가 확대되며 개인 수집가, 교회의 수요, 세속의 교육열이 크게 증가했기 때문이다. 1400년대 초, 여러 서적 출판업자는 손으로 글을 옮겨 쓰면 밀려드는 주문에 부응하기에 너무 느리고, 한 권의 책을 옮겨 쓰는 데 너무 오랜 시간이 걸리기 때문에 너무 많은 비용이 든다는 걸 깨달았다. 출판업자에게는 저렴한 비용으로 더 빨리 책을 제작할 수 있는 기법이 필요했다. 목판 인쇄는 유럽에서 1400년대 초에 시작되었다.(그림 163) 하지만 목판 인쇄는 활자 인쇄와 같은 시기인 1400년대 중

그림 163
최초의 목판 인쇄.
'북스하임의 성 크리스토포로스',
남서독일, 1423년.

반에야 충분히 발전했다. 목판 인쇄는 1500년대까지 시행되었지만, 그 이후에야 시간이 너무 걸린다는 이유로 포기되었다.

1400년대에 유럽에서 금속 활자를 이용한 인쇄가 발명되었지만, 손으로 책을 옮겨 쓰는 노역은 관습과 종교적인 헌신, 가난과 정치적 필요성 때문에 계속되었다. 물론 지금도 그 노역은 계속되고 있다. 초기의 인쇄공들은 중세 필경사의 친숙한 서체를 모방하는 수준을 넘어서지 못했다.[33] 적잖은 필경사가 초기의 활자본에서 첫 글자를 크게 손으로 쓰는 데 도움을 주었지만, 인쇄라는 새로운 기법에 부응하는 완전히 새로운 활자체를 개발하는 데 전념한 필경사도 적지 않았다. 곧이어 인쇄는 자체적으로 영향력을 행사하게 되었고, 인쇄기의 글자체는 마침내 인간의 손과 펜에서 해방되었다.

활자 인쇄의 역사는 일반적으로 세 시기로 나뉜다.[34] 1450년부터 1550년까지는 인쇄술이 만들어지는 시기였다.(그림 164) 1550년부터 1800년까지는 인쇄가 기술로 강화되고 다듬어지는 시기였다. 끝으로 1800년부터 지금까지는 기술의 진보로 생산과 분배 방법이 달라졌고, 그로 인해 생산자와 독자의 습관까지 바뀌었다.

이 과정은 독일 마인츠에서 시작되었다.

요한 겐스플라이슈 춤 구텐베르크Johann Gensfleisch zum Gutenberg는 1394년과 1399년 사이에 마인츠의 귀족 가문에서 태어났다. 금세공인으로 슈트라스부르크에 정치적으로 망명해 지내던 1440년경 인쇄 작업을 실험적으로 시작했다. 비슷한 실험이 벨기에의 브뤼허, 프랑스의 아비뇽, 이탈리아의 볼로냐에서도 시도되고 있다는 걸 구텐베르크도 알았을 것이다. 쿠텐베르크는 1444년과 1448년 사이에 마인츠에 돌아왔고,

그림 164 식자공, 인쇄공, 서적상을 한 장면에 그려 넣은 목판화. 마티아스 후스, 「죽음의 무도」, 리옹, 1499년.

1450년에는 인쇄술을 활용해 책을 다량으로 찍어낼 수 있을 정도로 상당한 성공을 거두었다. 금세공인답게 그는 금속류에 글자를 새기는 데 능숙했다. 또 거푸집에 얇게 주물해야 하는 과정이 필요한 순례자용 배지를 대량으로 제작하는 데도 성공했다. 나사 압착기라는 아이디어는 유럽 전역에서 올리브유를 짜내고 아마포를 납작하게 누르는 데 사용하던 소형 가정용 압착기에서 차용한 게 분명하다.

이런 기존의 기술과 장치에, 구텐베르크는 개인적으로 발명한 두 가지를 더했다. 하나는 글자의 '모형'을 거꾸로 만들어내고, 납물을 부으면 원하는 숫자만큼의 활자를 똑같은 크기와 높이로 만들어낼 수 있는 뒤집힌 주형replica-casting이었다. 다른 하나는 금속 활자에 점착되는 잉크였다. 독일 역사학자 지그프리트 헨리 슈타인베르크Sigfrid Henry Steinberg, 1899~1969는 다음과 같이 말했다.

구텐베르크가 유명해진 이유는 어디에 있을까? 우리에게 전혀 알려지지 않는 초기의 실험 단계가 있은 뒤, 구텐베르크가 이루어낸 기술적 효율성이 19세기 초까지 거의 넘어설 수 없는 수준이었기 때문인 듯하다. 펀치 커팅punch-cutting(금속 활자를 만드는 첫 단계로 글자 타인기打印器를 잘라내는 기술), 모형 제작, 활자 주조, 조판, 인쇄는 300년 동안 원칙적으로 거의 변하지 않았다. 달리 말하면, 그 300년이 구텐베르크의 시대였던 셈이다.[35]

구텐베르크가 고안한 기법들과 인쇄기는 벤저민 프랭클린Benjamin Franklin, 1706~1790의 인쇄 기법과 거의 구별되지 않았다.

구텐베르크가 인쇄해 세상에 내놓은 주요 출판물은 42줄 성경(1452~1456)과 36줄 성경(1460), 이탈리아 신학자 조반니 발비Giovanni Balbi, 1298년 사망가 13세기에 편찬한 《카톨리콘》(1460)이다.(그림 165) 하지만 마지막 두 권에 대해서는 아직도 종종 의문이 제기된다. 활자를 이용해 최초로 인쇄한 42줄 성경은 지금도 인쇄의 역사에서 가장 뛰어난 책 중 하나로 평가된다. 그 책을 인쇄할 때 구텐베르크는 '고딕 정방형 서체'Gothic Quadrata hand로 쓰인 당시 독일 필사본의 구성과 체재를 그대로 도입했다(심지어 약어와 합자까지 활자에 똑같이 본떴다). 그리고 필경사를 고용해, 여백의 첫 글자와 다른 글자를 손글씨로 써넣었고, 주로 붉은색을 선택해 본문의 검은 글자와 대조되게 했다. 구텐베르크는 시력이 약해져 1460년 이후에는 인쇄에서 손을 뗀 듯하다. 그리고 1468년에 세상을 떠났다.

역사학자 앨버틴 가우어Albertine Gaur는 "구텐베르크가 활판 인쇄를 다듬으며 보낸 20년은 현대가 시작되었다는 걸 알리는 시기였다"라며 "인쇄기의 사용과 영향이 없었다면, 그 이후로 과학과 정치, 종교와 사회, 경제와 철학 등 모든 분야에서 일어난 발전은 가능하지 않았을 것"이라고 주장했다.[36]

출판업도 변했다. 개인적인 후원자가 더는 필요하지 않았다. 자본만이 중요했다. 유럽의 주요 상업 중심지가 인쇄와 문학의 새로운 중심이 되었다. 왕궁, 크고 작은 수도원, 대성당이 그 역할에서 벗어났다. 과거에는 필경사에게 의존하던 소규모 지식인 집단이 이제는 글을 읽을 줄 아는 익명의 대중을 상대해야 했다. 이런 변화에 맞추어, 인쇄업자는 책을 표준화해 이해의 폭을 최대한 넓히며, 지역 방언을 전국어로 바꿔갔다. 이

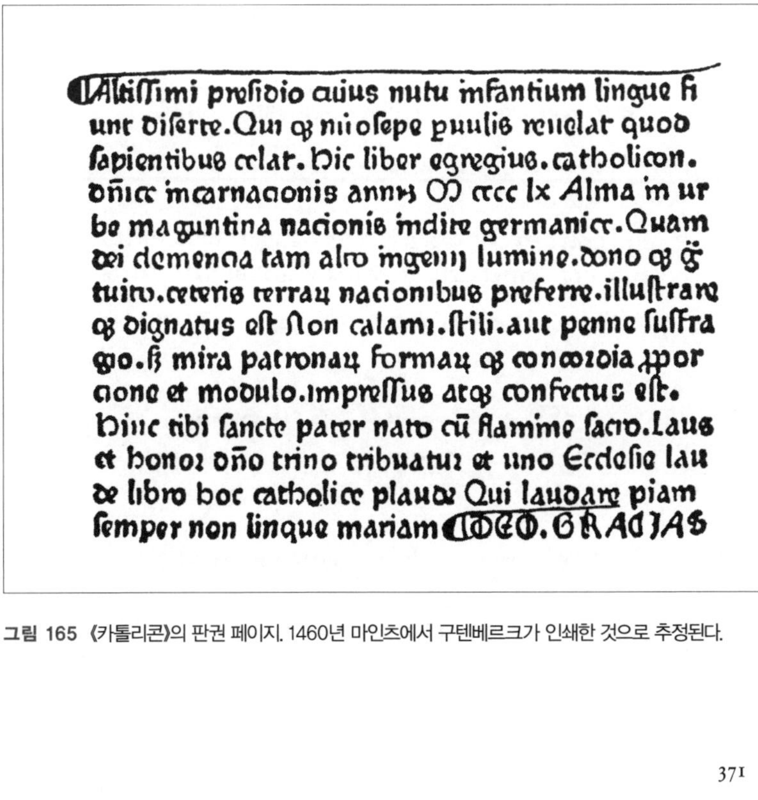
Altissimi presidio cuius nutu infantium lingue fi
unt diserte. Qui q3 niiosepe puulis reuelat quod
sapientibus celat. Hic liber egregius. catholicon.
dñice incarnacionis annis M cccc lx Alma in ur
be maguntina nacionis indite germanice. Quam
dei clemencia tam alto ingenij lumine. dono q3 g
tuito. ceteris terrarum nacionibus preferre. illustrare
q3 dignatus est Non calami. stili. aut penne suffra
gio. s3 mira patronarum formarum q3 concordia pro
cione et modulo. impressus atq3 confectus est.
Hinc tibi sancte pater nato cū flamine sacro. Laus
et honor dño trino tribuatur et uno Ecclesie lau
de libro hoc catholice plaude Qui laudare piam
semper non linque mariam DEO. GRACIAS

그림 165 《카톨리콘》의 판권 페이지. 1460년 마인츠에서 구텐베르크가 인쇄한 것으로 추정된다.

그림 166

초기의 주요 로마체 활자체들

Hoc Conradus opus suueynheym ordine miro
Arnoldusq: simul pannarts una ede colendi

스바인하임과 판나르츠, 로마, 1468년.

scriptas · Magnam tibi gratiã gasparinus

프라이부르거와 게링과 크란츠, 프랑스에서 처음 인쇄된 책, 파리, 1470년.

F ormosam resonare doces amaryllida siluas. TI.
O meliboee deus nobis hæc ocia fecit.

니콜라 장송, 베네치아, 1475년.

T roianas ut opes, et lamentabile regnum
E ruerint Danai, quæque ipse miserrima uidi,

프란체스코 그리코의 이탤릭체, 알두스 마누티우스, 베네치아, 1510년.

Popolo d' Israel fussi schiauo in Egitto , & à conoscere la grande㉠
& lo animo di Ciro, che i Persi fussero oppressi da Medi, & ad illu㉠

안토니오 블라도, 로마, 1532년.

multo póst carceris catenas fregit, ingentíque animi
virtute non semel cæsis Barbaris, vltus iniurias, patriã

로베르 에티엔, 파리, 1549년.

A Lyon.
De L'Imprimerie & Robert Granjoy.

로베르 그랑종, 리옹, 1557년.

Admonitiones ad spiritualem vitam vtiles.

왕립 인쇄소, 파리, 1640년.

런 표준화는 유럽에서 '글말'로 이어지며, 글말이 더 큰 영향을 띠고 규범적으로 변했다. 인쇄업자는 가독성을 최대치로 개선할 목적에서 활자체를 단순화하려고도 애썼다. 인쇄된 책은 더 큰 대중적 호응을 끌어내며 대중의 취향까지 바꿔버렸다. 상업과 언어와 문화가 동질화되며 상승작용을 일으켜, 서양 사회 전체가 바뀌었다. 오늘날에도 이 과정은 더욱 빠른 속도로 계속되고 있다.

구텐베르크의 인쇄기를 이용해, 마인츠에서 요한 푸스트Johann Fust, 1400~1466와 그의 사위 페터 쇠퍼Peter Schöffer, 1425~1503는 유명한 1457년 마인츠 시편집을 인쇄했다. 굵지만 웅장한 고딕 정방형 활자체를 사용하고, 첫 글자를 크게 두 색으로 채색하고, 작은 대문자를 붉은색으로 직접 써넣은 책이었다. (게다가 푸스트의 시편집 중 일부는 드물게도 송아지피지에 인쇄했다.) 그러나 1462년 마인츠가 침략을 받아 그곳의 인쇄업은 급작스레 중단되었고, 인쇄업자는 유럽의 다른 중심지로 피신했다. 그중 가장 중요한 곳은 베네치아였다. 베네치아의 인쇄업자는 인문주의자 소문자체를 활자체로 선택했고, 대문자는 1,500년 전의 로마체 정방형 대문자체를 모방했다.[37] 오늘날 가장 널리 사용된 활자체인 로마체 활자의 모태는 1470년 프랑스인 니콜라 장송Nicholas Jenson, 1420~1480이 만든 것이다. 장송도 베네치아에 들어오기 전에 마인츠를 경유했을 가능성이 크다. 로마체는 초기 활자체로는 경쾌하면서도 우아하고 명확히 읽힌다는 장점을 골고루 갖춘 활자체다.(그림 166)

1473년, 이탈리아 인문학자 알두스 마누티우스Aldus Manutius, 1449~1515는 베네치아에 인쇄소를 세우고, 장송의 활자체를 개선해나갔다. 활자체 도안자로 마누티우스의 인쇄 사업에 합류한 프란체스코 그리포Francesco Griffo, 1450~1518는 한 면의 미학적인 균형감을 갖추기 위해, 어센더(예: 첫 s, 로마체 글자꼴에서 x보다 위쪽으로 뻗은 활자_옮긴이)보다 짧은 대문자체를 개발해냈다. 이 베네치아 활자체는 '화이트 페이지'white page 글꼴이라 불리며, 2000년대에 들어서도 여전히 활자체의 표본으로 쓰인다. 그리포는 챈서리 이탤릭체도 도안해냈다. 그 활자체는 1501년 마누티우스가 인쇄한 《베르길리우스의 오페라》에 처음 사용되었다. 이 책은 이탤릭체를 전적으로 사용해서 글이 압축되어 종이 사용량이 크게 줄었고, 그로 말미암마 제작 비용도 아끼고 휴대성도 나아졌다. 그 시대에 몇몇 이탈리아 필경사도 비슷한 이유에서 이탤릭체 활자체를 도안했고, 유명한 루도비코 델리 아리기Ludovico degli Arrighi, 1475~1527도 그들 중 하나였다. 이탤릭 활자체는 1500년대까지 책 전체에 사용되었다.

잉글랜드에서는 1476년 12월 13일 윌리엄 캑스턴William Caxton의 런던 작업장에서 처음으로 활자 인쇄가 시작되었다. (유럽에서 현지인이 인쇄를 시작한 곳은 잉글랜드가 유일했다.) 그 시대 유럽의 다른 인쇄업자와 달리, 캑스턴은 점잖은 학자로 귀족과 동료에게서 호의적 후원을 받았다.[38] 1420년이나 1424년 켄트에서 태어난 캑스턴은 벨기에 브뤼허에서 사업가이자 잉글랜드 총영사에 상응하는 인물로 30년을 보냈다. (십중팔구 타의로) 공직에서 해방된 캑스턴은 프랑스 모험담 《트로이 이야기》를 영어로 번역하는 데 전념했고, 그 뒤에는 그 번역을 직접 출간하기 위해 인쇄 기법을 공부하기 시작했다.

캑스턴은 1471년부터 1472년까지 독일 쾰른에서 한 독일 인쇄공에게서 인쇄술을 배웠다. 브뤼허에 돌아와 1473년 인쇄소를 차렸고, 1474년에는 첫 작품으로 《트로이 이야기》를 출간했고, 연이어 3종을 더 출간했

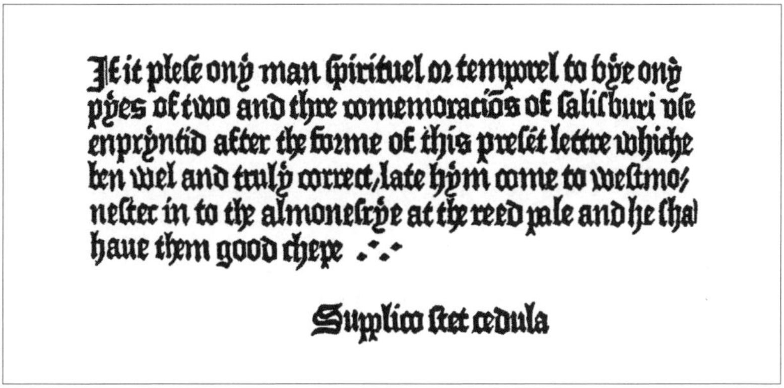

If it plese ony man spirituel or temporel to bye ony pyes of two and thre comemoracios of Salisburi vse enprynted after the forme of this preset lettre whiche ben wel and truly correct, late hym come to westmonestter in to the almonestrye at the reed pale and he shal haue them good chepe .·.·

Suplico stet cedula

그림 167 《솔즈베리 대성당의 전례 의식》의 출간을 알리는 윌리엄 캑스턴의 광고 포스터, 런던, 1477년경.

다. 1476년 캑스턴은 잉글랜드로 돌아갔다. 캑스턴은 런던에 잉글랜드 최초의 인쇄소를 세웠다. 인쇄소는 처음에 웨스트민스터 사원의 사제단 회의장 가까이 있었지만, 곧바로 구호품 배급소로 옮기며 '레드 페일'Red Pale이란 간판을 내걸었다.(그림 167) 또 캑스턴은 잉글랜드에서 인쇄물을 소매로 판매한 최초의 영국인도 되었다. 이것도 네덜란드, 독일, 프랑스와 달랐다. 잉글랜드에서 인쇄한 최초의 책, 리버스 백작의《격언, 곧 철학자들의 명언》은 1477년 11월 18일 캑스턴 인쇄소를 떠났다.[39]

1491년 사망할 때까지, 캑스턴은 특히 에드워드 4세, 리처드 3세, 헨리 7세의 후원을 받아 인쇄소를 운영했다. 캑스턴은 16년 동안 약 90종의 서적을 출간했다. 당시는 라틴어가 거의 절대적인 학문적 언어였지만, 그중 74종이 영어책이었다. 그중 약 20종은 캑스턴이 직접 영어로 번역한 것이다. 잉글랜드가 낳은 위대한 작가들, 예컨대 제프리 초서Geoffrey Chaucer, 1340~1400, 존 가워John Gower, 1330~1403, 존 리드게이트John Lydgate, 1370~1451, 토머스 맬러리Thomas Malory, 1415~1471 등의 작품도 출간되었다.

캑스턴이 죽은 뒤에, 그의 인쇄 사업은 조수이던 윈킨 더 워드Wynkyn de Worde에게 인계되었다. 윈킨은 독일 엘라스(지금은 프랑스 알자스)의 뵈르트 출신이다. 1535년 세상을 떠날 때까지, 윈킨은 약 800종의 책을 출간했다. 그중 3분의 2는 급속히 커지는 문법 학교로 향했다. 1500년, 윈킨은 웨스트민스터에서 런던으로 이주했다. 당시 런던에는 윌리엄 포크스William Fawkes와 리처드 핀슨Richard Pynson(그림 168) 같은 저명한 인쇄업자가 이미 활동하고 있었다. 1500년부터 1530년까지 윈킨과 리처드 핀슨은 영국 시장에 유통되던 책의 대략 3분의 2를 출간했다.[40]

그즈음 두 종류의 활자체가 서유럽 전역에서 두드러졌다. 로마체(혹은 안티콰)와 고딕체(혹은 독일체)였다.(그림 169) 그 이후에는 로마체가 고딕체를 서서히 대체했다. 구체적으로 말하면, 1500년대에는 대부분의 로망스어군에서, 1600년대에는 잉글랜드와 아메리카에서(약간의 예외가 있었음), 1800년대에는 독일어 사용권을 제외하고 대부분의 북유럽에서, 1900년대에는 독일어 사용권에서 그렇게 변해갔다.[41]

인쇄가 시작되고 초기에는 고딕 활자체가 이탈리아의 인문주의자 로마체 폰트보다 훨씬 더 보편적으로 사용되었다. 폰트(fount 혹은 font)는 동일한 서체와 동일한 크기로 이루어진 한 벌의 활자를 가리킨다. 그러나 프랑스는 이른 시기에 인문주의자 활자체를 받아들이기 시작했다. 게다가 프랑스가 부강해지자, 인문주의자 활자체도 다른 유럽 국가들의 활자체에 영향을 미치게 되었다. 1500년대 전반기 동안, 프랑스는 활자 인쇄에서 주도권을 쥐었다. 활자 주조자 클로드 가라몽Claude Garamond, 1510~1561은 새로운 로마체 활자체를 도안해냈다. 겉보기에는 베네치아

활자체와 비슷했지만 더 세련된 활자체였다. 또 활자체들이 더 조화롭게
결합되며, 대문자체와 소문자체 및 이탤릭체가 하나의 미학적 단위로 조
합되었다. 여기에서 로마체와 이탤릭체는 '하나의 도안에서 동등한 절반
들'로 재정의되었다.[42] 이탤릭체는 오늘날과 마찬가지로 차별화하고 강조
하려는 단어나 구절에만 사용되며 로마체를 지원했다. (다른 활자체와 문

그림 169
초기의 주요 고딕 활자체

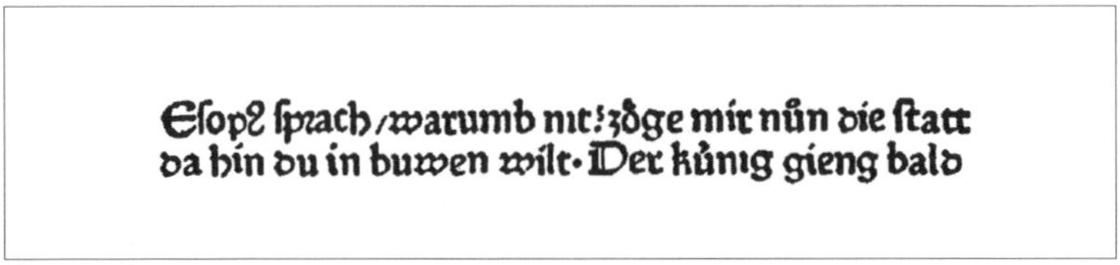

Eſopꝰ ſprach /warumb nit ʒôge mir nûn die ſtatt
da hin du in buwen wilt· Der kûnig gieng bald

요한 차이너, 울름, 1476~1477년.

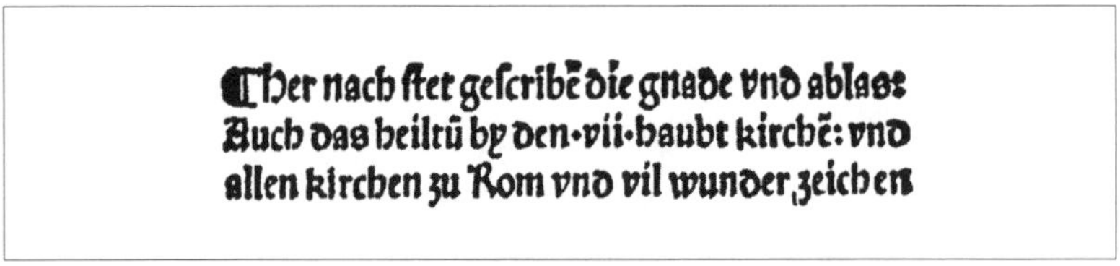

Cher nach ſtet geſcribē die gnade vnd ablaꝰ
Auch das heiltū by den·vii·haubt kirchē: vnd
allen kirchen ʒu Rom vnd vil wunder zeichen

슈테판 플랑크, 로마, 1489년.

Deus Jacob miſerere mei Et

요한 쇤스페르거, 아우크스부르크, 1512~1513년.

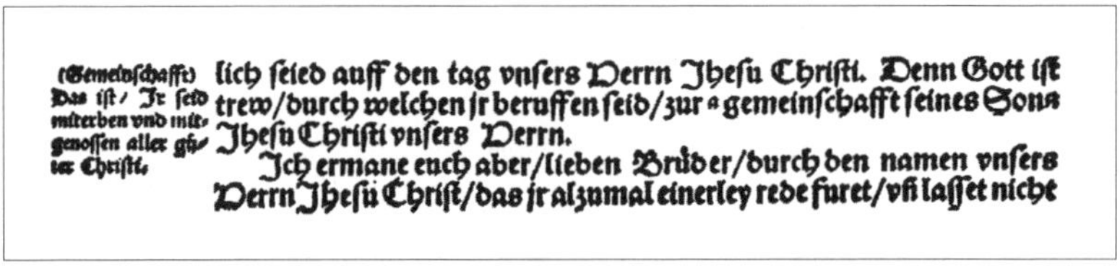

(Gemeinſchafft) lich ſeid auff den tag vnſers Derrn Jheſu Chriſtl. Denn Gott iſt
Das iſt / Jr ſeid trew/durch welchen jr beruffen ſeid/zur ᵃ gemeinſchafft ſeines Sons
miterben vnd mit- Jheſu Chriſti vnſers Derrn.
genoſſen aller gû-   Jch ermane euch aber/lieben Brûder/durch den namen vnſers
ter Chriſti. Derrn Jheſu Chriſt/das jr alzumal einerley rede furet/vñ laſſet nicht

루터 성경, 초판, 한스 루프트, 비텐베르크, 1534년.

runder zum Heyligen Röm. Reich Teutſcher Nation ge-
hörig/ begriffen/mit ſondern Freyheiten vnd Gnaden be-
gabet/Bey welchē hernach alle folgende Römiſche Keyſer

지그문트 파이어아벤트, 프랑크푸르트, 1566년.

자 체계에는 이런 식의 구분이 없다. 예컨대 히브리어 문서에서 어떤 단어를 강조하려면, 글자 사이에 공간을 두었을 뿐이다.) 이 새로운 로마체 활자체는 지금도 세계 전역에서 사용하는 유명한 개러먼드체의 아버지다.[43]

크게 보면, 로마체 활자체에는 세 유형(구체 세리프Old Face, 근대체 세리프Modern Face, 산세리프Sans Serif)이 있다.

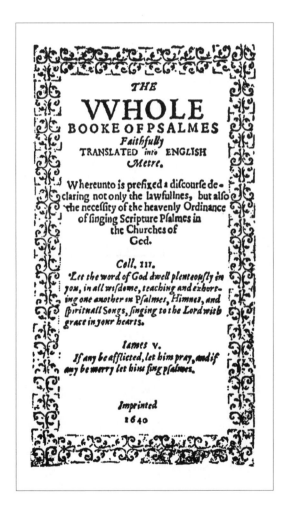

그림 170
영국령 북아메리카에서
출간된 첫 책. 매사추세츠
케임브리지의 스티븐 데이가
구체로 인쇄. 1640년.

구체는 1400년대의 초기 로마 활자체에 무척 가깝다.(그림 170) 게다가 일부 구체는 상당히 최근의 것이다. 세계에서 가장 인기 있는 구체 중 하나는 스탠리 모리슨Stanley Morison, 1889~1967이 1931년에 고안한 '타임스 뉴 로먼'Times New Roman 활자체다. 약간 비스듬히 기울어지며 강조될 때 구체의 세리프는 까치발로 받쳐진다. 현재 자주 쓰이는 다른 구체로는 벰보체(1495년의 원형을 재생한 활자체), 개러먼드체(1621), 임프린트체(1912)가 있다.[44]

1700년대에 영국에서 가장 널리 쓰인 구체 중 하나는 윌리엄 캐슬런 William Caslon, 1693~1766이 개발한 것이다.[45] 영국에서 사용한 여러 활자체는 네덜란드에서 개발되었고, 겉모습이 무겁고 '원시적'인 경향을 띠었다. 궁극적으로 가라몽과 그리포에서 파생된 '잉글랜드 도안'을 사용하며, 캐슬런은 소문자체에 자신의 이름을 붙였고, 직접 고안한 이탤릭체에는 미학적 장식을 더했으며 서예용 뾰족한 펜을 사용해 굵고 가는 획을 구분하기도 했다. 캐슬런 활자체의 특징은 크고 굵은 앰퍼샌드다. 캐슬런의 구체는 특히 영국령 북아메리카에서 독립 이후에도 인기를 누렸다. 벤저민 프랭클린은 원래 손으로 쓴 독립 선언문과 미국 헌법이 캐슬런의 로마체로 인쇄되어야 한다고 주장했다.

근대체는 18세기 합리화의 산물이지만, 초기의 근대체인 '로맹 뒤 루아'Romain du Roi 활자체는 이미 1692년 프랑스 루이 14세에게 왕립 인쇄소에서 사용할 새로운 활자체 개발을 의뢰받은 왕립 위원회가 제안한 것이었다. 그 과제가 1745년에야 완료되었다.[46] 왕립 위원회는 구체에서 기울어지고 까치발이 더해진 서체를 포기하고, 까치발이 없는 수평한 세리프를 선택했다. 또한 최신 기술을 도입해 굵은 선과 가는 선의 차이를 뚜렷이 드러냈다. 가장 가는 부분을 수직축에 두어, 예컨대 O는 윗부분과 아랫부분만 가늘고 양옆은 굵었다.

근대체는 처음에 왕실용으로 개발되었지만, 1750년부터 약 1830년까지 유럽에서 인기를 얻었다. 영국은 오랫동안 근대체를 외면했고, 인쇄업자는 구체와 '과도기체'Transitional를 선호했다. (기울어지고 까치발이 있는 세리프를 고집스레 유지한 과도기체의 대표적인 예로는 1757년의 배스커빌 활자체와 1788년의 벨 활자체가 있다.) 영국의 한 활자 주조자는 근대체에 대한 대중적 취향 때문에 수천 파운드 상당의 '더 나은' 활자를 녹여야 하는 현실에 격분하기도 했다.[47] 하지만 1800년대에 들어 거의 모든 기간 동안, 영국 인쇄업자는 근대체를 호의적으로 대했다. 1900년대에 근대체는 새로운 방향으로 전환했고, 특히 미국에서는 모노타이프 활자체가 과학기술 서적을 인쇄하는 데 폭넓게 쓰였다. 오늘날에는 모노타이프를 사용하던 사람들도 점차 타임스 뉴 로먼 활자체로 옮겨가고 있어, 타임스체는 범세계적인 반열에 올라섰다.

비영어권 국가에서는 근대체가 여전히 인기다. 보도니(최초로 도안된 때는 1767년경), 디도(1784년), 발바움(1805년경)이 대표적인 근대체다. 특히 보도니체와 디도체는 프랑스에서 인기가 높다. 프랑스에서 두 활자체는 1700년대의 원래 글꼴에 더 가깝고, 요즘 프랑스에서 인쇄하는 서적에 '예스런 의고체'擬古體를 더해주는 역할을 한다. 하지만 유럽의 여러 국가에서는 미학적 감각이 필요한 서적에는 구체를, 진지한 학문과 과학 서적에는 근대체를 주로 사용한다. 적어도 영국에서는 근대체를 '빅토리아풍'이라 인식해 지금은 거의 사용하지 않고, 타임스 뉴 로먼 활자체를 선호한다.

산세리프 활자체는 1800년대 초에 공고와 포스터와 전단 등에 인쇄하는 전시용 활자체'display face로 시작했고(캐슬런이 1816년에 이미 그런 활자체들을 만들어 공개한 적이 있다), 1850년 이전에는 대문자로만 쓰였다.[48] 물론 산세리프Sans Serif 글꼴에는 세리프가 없고(프랑스어에서 sans은 '없음'을 뜻한다), 일반적으로 단선單線이다. 다시 말하면, 획에서 굵고 가는 차이가 없다. 1800년대에 상업 광고는 활자체 개발에 큰 영향을 미쳤다. 광고주는 멀리에서도 잘 보이는 크고 선명한 글자를 원했다. 이런 이유에서, 세 종류의 기본적인 산세리프 활자체가 개발되었다. 첫째는 세리프가 검게 쓰이고 큰 글자로 과장된 이집트 활자체(예: 황량한 서부에 내걸린 '지명수배자' 포스터), 둘째는 장식적으로 굵은 활자체, 셋째는 검게 처리된 굵은 '고딕체'다.

산세리프는 특히 포스터와 간판에 주로 쓰였다. 런던 교통계가 게시판에 사용한 철도 활자체Railway Type(1916)가 일례다. 제1차 세계대전 이후, 독일과 스위스의 식자공은 건축과 도안에서 바우하우스 운동Bauhaus Movement에 영향을 받아, 책에도 산세리프를 사용하기 시작했다. 산세리프는 모든 장식을 제거하고, 전통적인 고딕 서체와 공개적으로 경쟁했다. 오랜 시간이 지나지 않아 산세리프는 '20세기 인간'의 서체로 여겨지며, 독일어권에서 학술지와 소식지에 주로 쓰이게 되었다(그러나 여전히 대부분의 출판물은 고딕체로 인쇄했다). 1970년대에는 영국도 책에 산세리프를 사용하기 시작했다. 가장 널리 사용되는 산세리프 활자체는 헬베티카Helvetica와 유니버스Univers다. 둘 모두 1957년 이후로 지금까지도 흔히 개인용 컴퓨터의 기본 글꼴로 사용된다.

산세리프 활자체는 1900년대 내내 계속 발달했다. 도안자들은 '뿌리로 돌아가는 길', 곧 과거의 유명한 글꼴을 되살리는 쪽을 선택하거나, 독자적인 혁신을 시도하는 쪽을 선택했다.[49] 전자에 속하는 유명한 활자체로는 브루스 로저스Bruce Rogers, 1870~1957의 센토체(니콜라 장송이 개발한 활자체의 부활), 로버트 슬림바크Robert Slimbach의 가라몽체, 루이스 횔Louis Höll의 보도니체, 아드리안 프루티거Adrian Frutiger, 1928~2015의 유니버스체가 있다. 이 모든 글꼴이 '고딕체 계통'의 산세리프 활자체에 속한다. 한편 혁신을 선택한 쪽으로는 파울 레너Paul Renner, 1878~1956의 푸투라체(기하학적인 산세리프), 에릭 질Eric Gill, 1882~1940의 질 산스체(로마 대문자체 산세리프)와 퍼페투아체(세리프 비문 서체), 헤르만 차프Hermann Zapf, 1918~2015의 멜리오르체(타원형 서체)와 옵티마체(산세리프 로마체)가 있다.[50]

하지만 산세리프는 딱딱한 맛을 풍겨, 구체인 타임스 로먼체를 세계에서 가장 널리 쓰이는 활자체에서 몰아낼 가능성은 거의 없다. 여러 연구에서 밝혀졌듯이 글이 길어지면 타임스체로 쓰일 때 더 빨리 더 쉽게 읽히고, 읽는 사람도 우아한 타임스체를 좋아한다. 하지만 오늘날 많은 사람이 여전히 산세리프로 쓰인 글을 도로 표지, 상점 간판, 상품 이름, 텔레비전 광고물에서 읽고 있다.

서유럽 문자의 역사에서 독일은 1941년 1월 3일 고딕체를 포기하고 로마체를 선택하는 역사적인 순간을 기록했다. 그전까지 아돌프 히틀러는 고딕체를 전통적인 북유럽 활자체라고 극찬했다. 하지만 더 많은 대중에게 다가가려면 나치 신조가 독일어권을 넘어서도 읽혀야 한다는 걸 깨달았다. 이런 이유에서, 히틀러는 선전성을 통해 '이른바 고딕 활자'가 유대인의 발명품Schwabacher-Judenlettern(슈바바흐 활자체-유대인 글꼴, 뉘른

베르크 근처의 소도시 슈바바흐의 이름을 딴 것)이므로, 이제부터 로마체는 독일인의 '표준 글자체'가 될 것이라고 선언했다. 독일 제국은 고딕체를 로마체로 지체없이 교체했다. 정확히 말하면, 고딕체처럼 개조된 라틴 알파벳이지만 독일어의 고유한 음소들 ä, ö, ü, β(ss)가 포함된 로마체였다. 역사학자 지그프리트 헨리 슈타인베르크는 "터무니없는 주장이었지만 히틀러가 독일 문명을 위해 좋은 일을 한 것"이라고 말했다.[51] 제2차 세계대전이 끝난 뒤, 독일과 오스트리아를 점령한 연합군은 그런 억지스런 변화를 그대로 유지했다. 로마체가 자신들의 서체이기도 했기 때문이다 (물론 러시아는 제외). 새로운 독일 국가가 수립되고 자치권을 되찾은 뒤에도 로마체는 그대로 유지되었다. 현재 아일랜드를 제외하고, 모든 유럽 국가가 로마체 서체와 활자체를 공식 문서에 사용한다.

인쇄가 그랬듯이, 타자기의 발명도 글쓰는 방법 및 글의 겉모습과 사회적 역할에 변화를 가져왔다. 타자기의 자판은 오늘날 개인용 컴퓨터 혁명의 밑바탕이 되었다. 1800년대 중반까지, 활자는 순전히 손으로 조판했다. 해당하는 활자를 쉽게 구할 수 있다면 글자의 수는 중요하지 않았다. 또 표어문자, 음절문자, 알파벳문자 등 어떤 문자도 인쇄할 수 있어, 문자 체계도 중요하지 않았다. 그런데 타자기가 이런 상황을 완전히 바꿔버렸다.[52] 독일과 오스트리아에서 목재로 만드는 선구적 타자기가 있었지만, 최초의 '실용적'인 타자기는 미국의 크리스토퍼 레이섬 숄스 Christopher Latham Sholes, 1819~1890가 1867년에 발명했고, 1873년 레밍턴 컴퍼니가 제작해 판매하기 시작했다. 44개의 글쇠key로 구성된 자판은 대문자와 숫자, 몇몇 문장 부호를 타이핑할 수 있었다. 곧이어 '시프트' 글쇠가 고안되어, 대문자가 있는 활자 막대로 소문자까지 타이핑할 수 있게 되었다. 그때부터 모든 일반적인 타자기는 88~92개의 글자를 타이핑할 수 있어, 대중의 요구에 부응하기에는 충분했다. 먹지가 1880년경에 발명되었고, 먹지를 끼우면 여러 장을 동시에 찍어낼 수도 있었다. 손으로 쓰지 않고, 타자기로 작업한 소설을 최초로 발표한 작가는 미국의 마크 트웨인Mark Twain, 1835~1910이다. (육필 원고는 출판사에서 1900년대 말까지 계속 받아들여졌다.) 인쇄공인 아닌 사람이 처음으로 펜과 잉크에서 해방되어, 전문가처럼 인쇄할 수 있었지만 기계당 하나의 활자체로 제한되었다.

이런 한계를 극복하기 위한 발명이 신속히 뒤따랐다.[53] 1880년대에 오트마르 머건탈러Ottmar Mergenthaler, 1854~1899가 활자를 주조하는 기계, 라이노타이프를 발명했다. 1881년에는 제임스 B. 해먼드James B. Hammond, 1839~1913가 해먼드 타자기를 발명했다. 활자 셔틀type shuttle이 있어, 이론적으로 무한수의 활자체를 타이핑할 수 있는 타자기였다. 해먼드 타자기는 활자 식자기로 인쇄한 듯이 오프셋 방식으로 여러 장을 찍어낼 수 있는 베리타이퍼VariTyper로 대체되었다. 이 기계는 1970년대, 곧 전자 사진 식자기가 시장을 휩쓴 때까지 사용되었다. 복사기도 같은 시기에 등장했다. 1980년대에는 개인용 컴퓨터가 도래해 글을 쓰는 사람과 빈도가 증가했지만, 타자기가 처음 발명된 때부터 함께한 자판, 곧 키보드는 사라지지 않았다.

오늘날 개인용 컴퓨터를 가진 사람이면 누구나 모든 서체와 문자 체계에 즉각적으로 접근할 수 있다. 고대의 문자도 다르지 않았다. 워드프로세서, 전자 타자기, 개인용 컴퓨터는 글꼴과 크기, 이탤릭체와 볼드체, 글의 배치와 특수한 기호 등을 제공하며 조판의 가능성을 크게 확대함으로써 기본적인 타자기의 내재적 한계를 극복했다. 따라서 집과 사무실 모두에서 책상은 인쇄소가 되었다고 말할 수 있다.[54]

활자 인쇄는 언어 자체도 바꿔놓았다. 인쇄가 도래하기 전까지, 단순히 글을 옮겨쓰는 데 그치지 않고 창의적으로 쓰려던 필경사는 표음적으로 글을 썼다. 다시 말하면, 모든 단어를 발음대로 재현해보려고 노력했다. 단순히 글을 옮겨 쓰는 사람은 지역 수도원이나 관청의 지침에 따르면 그만이었다. 인쇄가 도래하며, 새로운 기준이 세워졌다. 인쇄업자는 책이 팔리는 상업 중심지에서 통용되는 언어를 주로 인쇄했다. 잠재 고객을 많이 확보하려면, 다시 말해서 최대한의 이익을 얻으려면 그럴 수밖에 없었다.

예컨대 윌리엄 캑스턴은 런던 방언으로 인쇄하는 쪽을 선택했다. 그렇게 런던에서 발간된 인쇄물은 런던과 홈 카운티스Home Counties(런던을 둘러싸고 있는 지역들_옮긴이)에서 표준적으로 사용하는 방언을 인위적으로 제공함으로써 하나의 통일된 영어를 확립하는 데 일조했다.[55] 어휘 형태, 문법과 문장 구조 등이 초기의 런던 인쇄물에 화석화되었다. 초기 인쇄업자의 의식적인 결정에 종종 개입된 그 인쇄물이 지금까지도 전해진다. 런던 인쇄업자가 흔하지 않거나 사투리 어법을 미리 인식된 표본에 의도적으로 맞추어 바꾸었고, 그 결과가 결국 '표준 영국 영어'Standard British English가 되었기 때문에, 런던의 '하우스 스타일'house style(출판업자가 선호하는 언어와 관례)이 현대 영어를 만들었다는 주장까지도 가능하다. 예컨대 1495년에 이미 윈킨 더 워드는 옛 주인 캑스턴이 의도적으로 선택한 런던 방언에 맞추려고, 50년 전에 쓰인 필사본에 변화를 주었다. 그리하여 twey가 two, wend가 go, clepe가 call과 name으로 바뀌었다.

처음에는 독일과 이탈리아, 프랑스와 영국과 스페인에서, 나중에는 세계 전역에서 인쇄물은 방언들의 차이를 없애가며, 입말과 글말에서 표준어를 확립해나갔다. 수 세기 동안 인쇄기는 그렇게 각 국가에서 지역적 차이를 없애며 언어를 표준화하고 규범화했다. 물론 인쇄물은 방언의 종말을 알리는 신호였고, 특히 1800년대와 1900년대에 수많은 지역 방언이 사라졌다. 처음에는 인쇄물에 의해 주변화되었고, 나중에는 라디오와 영화와 텔레비전의 도래로 소멸되었다.

라틴 알파벳을 개선하려는 노력은 인쇄의 시대에도 계속되었다. 1500년대 로망스어(이탈리아어, 프랑스어, 스페인어, 포르투갈어, 카탈루냐어 등)를 사용하는 사람들은 카롤링거 시대의 개혁에도 불구하고 모음과 자음에 라틴 글자 v와 i에서 비롯되는 혼란을 겪었다. 1524년, 로마의 인쇄업자 잔 조르조 트리시노Gian Giorgio Trissino, 1478~1550는 V의 소문자 형태 u를 사용해 별도의 모음 U를 만들고, V를 사용해 소문자 자음 v를 만들라고 권고했다. (그리하여 대문자와 소문자를 동시에 갖는 두 개의 글자가 만들어졌다.) 동시에 트리시노는 두 라틴어 글자 I와 i의 변이형 J와 j를 자음으로 사용해 라틴어의 쇠락 이후로 로망스어군에서 발달한 다양한 소리를 표현해보라고도 권했다. 영어를 비롯해 대부분의 유럽 알파벳문자 체계는 트리시노의 혁신적 권고를 받아들였다. 따라서 오늘날 I와 i는 모음, J와 j는 자음으로 사용되고, U와 u는 모음, V와 v는 자음으로 사용된다.

프랑스는 1770년경 글말에 발음 구별 부호를 더하며, 악상(é, è), 세디유(ç), 분음 부호naïve의 사용을 일반화했다. 이런 발음 구별 부호 때문에 프랑스에서는 하나의 글자 e가 다섯 가지(e, é, è, ê, ë)로 기능한다.

지그프리트 헨리 슈타인베르크는 "인쇄의 역사는 문명사에서 빼놓을 수 없는 부분"이라고 말했다.[56] 인쇄는 사회를 근본적으로 바꿔놓았다. 기계적인 수단(지금은 전자 장치)을 통한 인쇄로 동일한 글을 거의 무제한으로 찍어냄으로써 지식에 제한적으로 접근하던 사회가 거의 무제한적으로 접근할 수 있게 되었다. 근대 사회를 가능하게 해준 것도 실제로는 인쇄였다. 인쇄가 통제된 불과 바퀴만큼이나 인류에게 중요했다고 주장하더라도 지나친 과장은 아닐 것이다.

문자의 역사에 관련지어 말하면, 인쇄는 라틴 알파벳을 한 단계 끌어올렸다. 라틴 알파벳이 21세기 초에 세계를 주도하는 서체 및 문자 체계가 된 하나의 핵심 요인을 꼽는다면, 지난 550년 동안 라틴 알파벳이 인쇄에서 사용되는 빈도가 증가한 현상일 것이다.

라틴 알파벳에서 영감을 받아 창제된 문자들

앞에서 보았듯이, 문자 체계와 서체는 인류의 역사에서 끊임없이 모방을 자극했다. 특히 1800년대와 1900년대에 서유럽은 소외된 지역으로 세력을 확대했고, 여러 토착 문자가 영향을 받아 라틴 알파벳을 모방했다. 선교사들과 상인들의 문자가 통째로 차용되며, 약간의 변화가 가해지거나 발음 구별 부호가 더해졌다. 혹은 알파벳 글자만 사용하고 소리는 받아들이지 않아, 근본적으로 수정되기도 했다. 또 인간의 입말을 시각적으로 표현한다는 개념만이 인식되고 모방되는 경우도 있었다. 그리하여 그때까지 아프리카, 아메리카, 아시아, 오세아니아에서 문자가 없던 언어들이 처음으로 문자를 갖게 되었다.

서유럽에서 영향을 받았지만 라틴 알파벳을 피해 창제된 여러 문자도, 시간이 허락된 경우에는 표의문자에서 표어문자로, 다시 표음문자로 발전하며 궁극적으로는 리버스 원리를 음절에 적용했다. 그런 최종적 문자는 일반적으로 두 세대에 완결되며 단순화되었다. 1800년대와 1900년대 초에 서양인과 라틴 알파벳을 접촉한 소규모 사회들은 라틴 알파벳을 모방해 자체의 문자를 만들려고 했지만, 엄격히 말하면 그렇게 수고할 필요가 없었다. 자체의 문자를 만들었지만, 서양과 교역이 증가하자 라틴 알파벳이 더 친숙하게 되었다. 라틴 알파벳을 모방해 만든 자체의 문자는 고유한 전통이란 권위도 없었고, 라틴 알파벳과 경쟁할 수준도 아니었다. 따라서 그 문자는 라틴 알파벳에 밀려 도태되고 말았다.

영감은 단순한 교환으로도 이어졌다. 예컨대 1928년 튀르키예 대통령 무스타파 케말 아타튀르크Mustafa Kemal Atatürk, 1881~1938는 아랍어 자음 알파벳을 버리고 라틴 알파벳을 선택했다. 이슬람에 얽매인 과거와 단절하고 진보에 매진하겠다는 의도였다. 발음 구별 부호로 표시되는 몇몇 글자가 새로 고안되어야 했다. ğ는 반자음 y처럼 '여린' /g/가 되었다. ş는 'sh' 음을 표기했다(튀르키예는 이 음에 해당하는 독일어의 삼중 자음 sch를 의도적으로 피했다). 하지만 ö와 ü는 동일한 소리에 해당하는 독일 문자를 차용한 것이다. 지금도 튀르키예어에서는 이 특수한 형태의 라틴 알파벳을 사용하고 있다.

전에는 문자가 없었던 다른 언어들도 절반 정도나 그 이하로 라틴 알파벳이 필요할 뿐이었다. 솔로몬 제도의 로토카스Rotokas 문자는 11개의 글자만을 사용한다. 세계에서 글자 수가 가장 적은 알파벳이다. 반대편 끝에는 무려 74개의 글자를 가진 캄보디아의 크메르 문자가 있다. 라틴 알파벳은 이런 차용어에 무척 편하게 쓰인다. 예컨대 폴리네시아어군을 표기할 때 모음의 길이는 장음 기호(ˉ)로, 성문 폐쇄음(예: 영어에서는 uh-uh)은 '로 표기하면 된다. 많은 폴리네시아어에 있는 음소 /ŋ/(예: 영어에서 sing)은 영어와 독일어의 경우처럼 대체로 이중자음 ng로 해결된다. 때로는 간단히 g로 표기되기도 한다. 예컨대 미국령 사모아의 수도 Pagopago는 /ˈpaːŋɔːˈpaːŋɔː/(팡고팡고)로 발음된다.

몰타어는 입말로는 아랍어에 속하지만 라틴어 알파벳을 사용한다. 라틴어 알파벳을 사용하는 아랍어로는 몰타어가 유일하다. 1958년 이후로는 중국 정부도 중국어를 한어병음漢語拼音으로 표기하는 걸 상당한 정도까지 허용했다. 한어병음 시스템에서도 라틴어 알파벳이 사용된다.(5장 참조)

정치적 성명이 고유한 문자의 필요성을 역설하는 건 예나 지금이나 똑같다. 예컨대 소말리아는 1960년 독립을 쟁취하자마자 고유한 문자의 필요성을 절감했다. 소말리아는 여러 언어가 경쟁적으로 쓰이는 국가다. 소말리아어와 아랍어가 나라말이지만 이탈리아어와 영어가 주로 쓰인다. 물론 공식적인 종교는 이슬람교다. 한 정부 위원회가 18개의 문자를 면밀히 조사했고, 1961년 그중 두 문자를 국가용으로 선택했다. 하나는 오스마냐 문자고, 다른 하나는 수정된 라틴 알파벳이다. 오스마냐 문자는 소말리아 시인 오스만 유수프Osman Yusuf, 1889~1972가 이탈리아 문자, 아랍 문자, 에티오피아 문자를 적절히 결합해 20세기에 창제한 문자다. 특히 겉모습은 에티오피아 문자에서 큰 영향을 받았다. 1969년 소말리아는 쿠데타를 겪었고, 4년 후에 오스마냐 문자를 포기하고 수정된 라틴 알파벳을 선택했다. 라틴 알파벳이 쿠데타 지도자의 이데올로기에 더 잘 부응했기 때문이다.

북아메리카에서도 여러 문자가 창제되었다. 예컨대 영국 감리교 선교사 존 에번스John Evans, 1801~1846는 1840년부터 1846년까지 허드슨 베이 준주準州에서 지내며 크리 문자를 만들었다. 캐나다 북동부에 있는 배핀섬의 이누이트가 그 문자의 수정된 형태를 지금도 사용하고 있다. 이누이트 유야코Inuit Uyako, 1860~1924가 동료들의 도움을 받아 창제한 알래스카 문자는, 축치족 양치기 테네빌Tenevil, 1890~1943?이 1920년에 개발한 '문자', 곧 그림문자보다 훨씬 더 정교했다.

체로키 문자는 역사적으로나 사회적으로 상당한 중요성을 띤다. 체로키 문자는 1821년과 1824년 사이에 세쿼이아Sikwayi, 1775경~1848(혹은 조지 게스)가 창제한 것이다. 세쿼이아는 조지아 북부의 체로키족과 노스캐롤라이나의 이로쿼이족 사이에서 태어난 혼혈이다. 1821년 세쿼이아는 라틴어 알파벳을 배웠고, 그와 유사한 문자 체계가 있으면 자신의 종족에게 유익하다는 걸 알게 되었다. 처음에는 체로키어의 각 단어에 하나의 기호를 부여했다. 1년이 지났을 때쯤에는 수천 개의 기호가 만들어졌다. 세쿼이아는 그런 문자 체계의 비효율성을 깨닫고, 단어를 단순한 단위들(예컨대 음절, 자음과 모음, 자음군 등)로 분해했다. 그 뒤에는 영어 철자책을 이용해, 그렇게 분해된 중요한 소리 단위들에 알파벳 글자를 임의로 할당했다. 그 때문에 체로키 문자에 쓰인 영어 글자는 원래의 소릿값을 전혀 갖지 않는다. 세쿼이아는 문자를 구성하는 기호들도 고안해냈다. 일부는 알파벳 글자를 수정한 것이지만, 대부분은 새롭게 만들어낸 것이다. 그 결과로 탄생한 체로키 문자는 순수한 모음과 자음군이 포함된 음절문자 체계였다.

아람어의 자음 알파벳과 그 소릿값을 토속 음절문자 체계에 확대한 인도의 경우와 달리, 체로키 문자는 독자적인 발명품이었다. 달리 말하면, 세쿼이아가 창제한 문자는 라틴어 알파벳에서 큰 영향을 받지 않았다. 알파벳 원리와 그 소리는 전혀 사용되지 않고, 몇몇 글자의 겉모습만을 빌렸을 뿐이다. 그 외에는 글을 왼쪽에서 오른쪽으로 똑바로 쓴다는

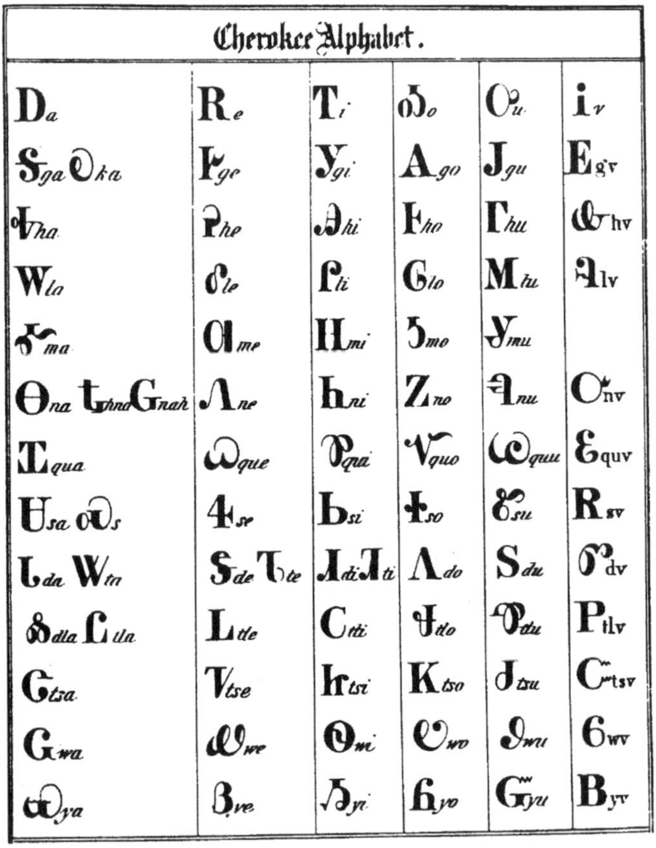

그림 171 세쿼이아의 체로키 '알파벳'. 순수한 모음과 자음군이 포함된 음절문자 체계.

개념이 차용되었을 뿐이다(뒤에서 보겠지만, 이스터섬 사람들의 롱고롱고 문자도 다르지 않았다).

세쿼이아는 처음에 200개의 기호를 제안했지만 나중에는 총 85개로 줄였다.(그림 171) 1827년, 보스턴의 한 인쇄업자가 체로키어 활자체를 도안했다. 곧이어 신문과 여러 문서가 체로키 문자로 발간되었고, 많은 체로키인이 자체의 문자 체계를 읽고 쓰게 되었다. (한때 체로키인의 약 90퍼센트가 체로키 문자를 알았다는 주장도 있다.) 미국 정부가 체로키족에게 비극적인 인종 청소를 단행하고, 1830년 안팎에 그들이 낯선 오클라호마 준주로 축출된 이후에도 체로키족은 자신들의 문자를 버리지 않았다. 체로키 문자가 그들의 자부심과 정체성을 상징하게 되었기 때문이다. 결국 체로키 문자는 쓰이지 않게 되었지만, 결코 완전히 사라지지 않았다. 지금도 체로키어로 쓰인 종교 서적과 신문이 발간되고 있다. 게다가 세쿼이아의 위대한 창제물을 되살리려는 노력이 진행 중이다.

아프리카에서도 비슷하게 라틴 알파벳에 영감을 받아 창제된 문자들이 있다. 라이베리아의 바이 문자는 과거의 그림문자가 19세기 초에 표음화된 문자로 여겨진다. 시에라리온의 멘데 문자는 한 무슬림 재단사가 1900년대 초에 고안해낸 문자로 알려져 있다. 또 카메룬 중부의 바뭄 문자는 은조야 왕과 보좌관들이 1903년과 1918년 사이에 창제한 문자다.[57] 바뭄 문자가 특히 흥미롭다. 은조야 왕은 선교사들의 문자를 배운 뒤, 자신의 백성에게도 비슷한 것이 필요하다는 결정을 내렸다. 은조야 왕은 각각의 대상과 행동에 해당하는 그림을 어떻게 그려야 하는지 꿈에서 보았다고 전해진다. 꿈에서 깨자마자 은조야 왕은 꿈에서 본 것을 신하들에게 그리게 했고, 그들 중에서 문자로 쓸 만한 것을 선택하려고 마음먹었다. 다섯 번을 시도했지만 그 방법이 비현실적이라는 게 증명되자, 은조야 왕은 리버스 원리로 눈을 돌렸다. 이번에는 큰 성공을 거두었다. 그 때문에 대부분의 바뭄 단어는 공교롭게도 CV(C) 유형의 단음절이다(간혹 마지막에 자음이 쓰이기도 한다). 여러 바뭄 단어가 동일한 모습을 띠며 성조에서만 다르기 때문에, 불완전하더라도 적절한 표기를 위해서는 소수의 (표어문자) 음절 기호가 필요했다.

아프리카에서 라틴어 알파벳에 영향을 받아 만들어진 또 하나의 매력적인 문자는 만데어를 표기한 응코 문자N'Ko Script다.[58] '응코'는 서아프리카 사헬 지역과 남쪽 지역에서 사용하는 모든 방언에서 '나는 말하다'라는 뜻이다. 제2차 세계대전 직후, 기니의 캉칸에서 솔로마나 캉테Solomana Kante가 창제한 이 문자는 오른쪽에서 왼쪽으로 읽어야 하고, 18개의 자음과 7개의 모음으로 이루어진다. 모음 아래에 찍힌 점은 비음화鼻音化를 뜻하고, 모음이나 비음화된 음절 위에 찍힌 발음 구별 부호들은 길이와 성조를 가리킨다.

1900년대 초, 태평양 캐롤라인 제도(지금은 미크로네시아 연방)에서는 두 종류의 문자가 올레아이어를 표기하는 데 사용되었다.[59] 그곳에는 1800년대 중반에 일종의 그림문자가 이미 존재했다.[60] 하지만 1878년 영국 선교사가 트루크섬에 알파벳을 전해주었고, 알파벳이 1905년 올레아이 환초에 받아들여졌다. 그곳에서 알파벳은 불완전하게 이해되었지만 19개의 기호로 이루어진 음절문자 체계로 발전했다. 그 기호들은 모두 라틴어 알파벳 글자에서 차용한 것이고, 음절은 순수한 모음을 배제하고 Ci(자음+모음 /i/)라는 유형을 띤다. 하지만 2년이 지나지 않아 78개 이상의 기호로 이루어진 음절문자 체계가 파라울렙 환초에서 고안되었다. /i/ 이외의 모음을 지닌 음절을 표기하지 못하는 올레아이 문자의 결함을 보완하려고 만든 문자였다. 이 문자에 속한 기호들의 기원은 뒤죽박죽이었다. 일부는 그림문자, 일부는 일본 가타카나 음절, 일부는 자체적으로 만들어낸 것이었다. 게다가 글을 쓰는 사람이 필요할 때 새로운 기호를 만들어낼 수 있다는 점에서 '열린' 문자 체계였다.

셀레베스섬의 마카사르·부기 문자와 필리핀의 비사야 문자는 인도에서 도입된 문자에서 파생된 것이다. 이 둘을 제외하면, 오세아니아에는 1900년대까지 완전한 문자가 없었다는 게 오랜 통설이었다. 그 지역에서는 구비 문학과 기억을 돕는 장치들이 기나긴 족보를 비롯해 정보 저장에 필요한 모든 사회적 조건을 충족했기 때문에 완전한 문자가 필요하지 않았다. 하지만 남태평양 남동 지역에 외따로 떨어진 이스터섬에서는 라틴어 알파벳에서 영감을 받은 문자가 만들어졌다. 세계에서 가장 흥미로운 문자 중 하나로, 1770년 스페인의 합병에 따른 결과로 추측된다.[61] 이스터섬의 롱고롱고 문자는 글을 왼쪽에서 오른쪽으로 똑바로 쓴다는 개념만을 스페인에서 차용한 게 분명하다. 그 밖의 모든 것, 곧 문자 체계, 기호와 소릿값, 사회적 적용 등은 그야말로 '섬나라 천재'의 작품이었다.

1800년대 초에 이스터섬 사람들은 약 120개의 기본적인 표어문자(새, 물고기, 신, 식물, 기하학적 무늬 등)를 사용하고, 표기문자(언어와 직접적인 관계가 없는 뜻을 지닌 글리프)와 표음문자를 부가물로 활용해 글을 썼다. 글리프를 결합하고 연결하며 덧붙이는 문자 체계였다. 원시적이던 이스터섬에 갑자기 문자가 '필요'해진 것은 아니었다. 스페인 사람들이 그 섬을 방문한 두 번째 외부인으로서 보여준 문자의 '마나'mana, 곧 '사회·영적인 힘'이 족장과 성직자 등 지배 계급의 이지러지는 권위를 재확립하는 데 이용되었다. 이스터섬의 '롱고롱고 문자'는 입말을 시각적 기호로 재현한다는 점에서 문자라 할 수 있다. 하지만 롱고롱고는 사회에서 통용되는 언어로 표현되는 '모든 생각을 예외없이' 재현하지는 못하기 때문에 '완전한 문자'는 아니다. 수사적인 면을 띠는 제한된 말뭉치만을 표기할 수 있을 뿐이다. 언어적 적절성도 충족하지 못해, 언어적이고 구조적인 특성도 제한적으로 보여줄 뿐이다. 롱고롱고 문자로 쓰였고 지금까지 전해지는 새김글은 25개에 불과하다. 모두 목판에 새겨진 글이며, 대부분이 생식生殖 관계의 정형화된 표현인 듯하다. 예컨대 "모든 새가 물고기와 교미했다. 거기에서 해가 나왔다"라는 식이다.(그림 172) 롱고롱고는 이스터섬 사람들의 신성한 '가계도'와 그들의 섬 세계를 주로 전달하고, 오래전부터 구전되는 이야기를 보존하고 있다. 전염병과 화재, 금기의 상실, 지식을 후세에 전하지 못한 실패 등 여러 이유로 1860년대에 들어 롱고롱고는 소멸되었다. 이제 이스터섬 사람들은 칠레 스페인어를 라틴어 알파벳으로 표기한다. 소수만이 폴리네시아 토속어인 라파누이어를 사용하며, 그 언어를 라틴어 알파벳으로 표기해보려 한다.

서유럽 필사본은 처음에 대문자체나 흘림체로 쓰였다. 소문자체가 반언셜체 대문자체에서 개발된 이후에는 모든 필사본이 소문자체로 채워졌다. 첫 글자나 고유명사 전체를 강조하려는 목적에서, 때때로 대문자가 소문자들 사이에 끼어들었다. 대문자와 소문자의 무원칙한 조합은 9세기부터 15세기까지 계속되었다. 1500년대에 이탈리아의 활자체 도안자들이 로마 기념물에 쓰이던 대문자를 기초로 대문자 활자체를, 소문자체로 쓰인 글을 그대로 재현하는 방향으로 소문자 활자체를 만들어냈다. 이렇게 구분된 대문자체와 소문자체는 무척 널리 사용되었다. 여기에서 오늘

그림 172
이스터섬의 롱고롱고 문자를 읽는 법

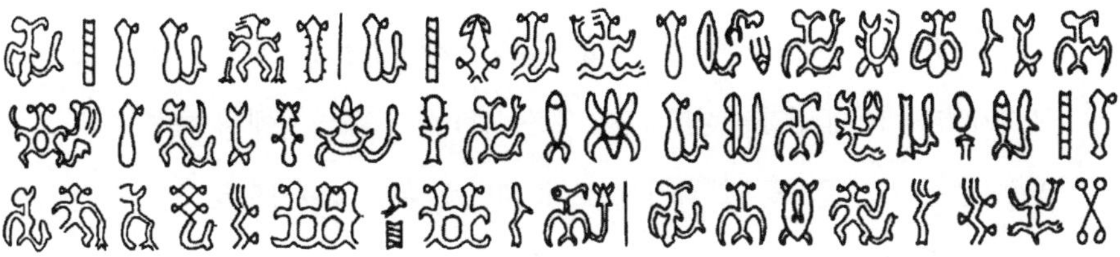

A_1	+	B	>	C
manu maʻu		ika		raʻā
manu mau		ika		raʻā
새 모두		물고기		해

(Te) manu mau [phallus: ki ʻai ki roto ki] (te) ika: (ka pū te) raʻā

"모든 새가 물고기와 교미했다. 거기에서 해가 나왔다."

날 영어 알파벳에 실질적으로 42개의 기능적 글자(이탤릭체를 포함하면 그 이상)가 있는 이유가 설명된다. 영어를 예로 들면, C/c, K/k, O/o 등과 같은 10개의 예외가 있지만 대문자와 소문자의 차이는 극단적이고 완전히 다른 기호(Aa, Bb, Dd 등)로 보인다. 그리스 문자처럼 이런 인문주의자 문자의 형태를 차용한 문자도 많았지만, 그렇지 않은 문자도 적지 않다. 예컨대 러시아 문자에서 대문자는 대체로 큰 소문자에 불과하다.

오늘날 라틴어 알파벳은 지상에서 가장 중요한 문자 체계다.[62] 현재 세계에서 사용되는 대다수의 언어를 표기하는 라틴어 알파벳은 2,000년 전에 로마 기념물과 파피루스에 쓰인 문자 체계와 기본적으로 똑같다. 게다가 거기에 쓰인 대문자는 로마체 대문자와 동일하다. (얄궂게도 여러 비서양 국가가 '근대성'을 이유로 라틴어 알파벳을 받아들였다. 라틴어 알파벳을 과학기술과 미래의 번영과 결부시켰기 때문이다.) 문자의 역사에서 특히 주목되는 것은, 그 글자들이 과거에 로마 시민에게서 일반적으로 끌어냈던 소리와, 현재 지역적 발음 차이를 감안할 때 그 글자들이 갖는 일반적인 소릿값이 똑같다는 것이다. 한편 중국 글자인 한자는 과거의 형태를 기본적으로 유지하지만 2,000년이 지난 지금 발음은 완전히 다르다. 라틴어 알파벳이 세계에서 가장 오랫동안 일관되게 사용된 문자 체계로 여겨지는 이유도 여기에 있다. 다시 말하면, 원래의 기호와 소리를 그대로 유지하고 있기 때문이다.[63] 이 책에서 대문자는 로마체, 소문자는 카롤링거체이기 때문에 샤를마뉴라면 그다지 어렵지 않게 이 책에 쓰인 단어를 천천히 소리내어 읽어낼 것이다.

하지만 타자기와 컴퓨터가 도래하며 손글씨가 거의 소멸되고 말았다. 1700년대 영국령 북아메리카에서는 각자 나름의 필체를 길렀지만, 나중에는 '동판체', 곧 동판으로 깔끔하게 인쇄한 듯한 서체Copperplate Style를 선호하는 유럽 글쓰기 연습책을 본뜬 서체(고리 모양의 과장된 장식, 합자, 화려하게 장식된 대문자 등)가 교육받은 사람을 평가하는 첫 번째 기준이 되었다. 1800년대에는 독특한 '아메리카 서체'가 탄생했다. 스펜서체 Spencerian Style(혹은 광고용 흘림체)로, 굵은 획을 가끔씩만 사용한 동판체에서 장식을 덜어낸 서체였다. 스펜서체를 단순화한 두 서체가 1900년대 말까지 미국의 교실을 지배했지만, 그 이후로는 '서법'書法이 '불필요한 능력'으로 폄하되며 거의 버려졌다. 영국은 다양한 형태로 단순화된 동판체를 따랐다. 정확히 말하면, 프린트체Printscript, 필사본체Manuscript로 대체되기 전까지 비어 포스터Vere Foster, 1819~1900 같은 교육자가 1900년대 초반에 사용한 동판체였다. 하지만 영국도 서법 교육을 거의 중단했다. 교육자들의 그런 결정 때문에, 오늘날 북아메리카와 영연방 전체에서 손글씨는 엉망진창이고 읽어내기 힘들 지경이다. 마우스를 딸깍거리며 컴퓨터에 심어진 많은 글꼴에서 '인스턴트 미학'을 추구할 뿐이다.

인쇄의 세계에서 '양피지 키보드'parchment keyboard 덕분에 라틴어 알파벳은 영원히 대체되지 않을 듯하다. 라틴어 알파벳이 뛰어난 적응력을 보이는 이유 중 하나는 단순함에 있다.[64] 그 순전한 단순성에서 비롯되는 탄력성과 강점에 힘입어, 라틴어 알파벳이 생존을 넘어 확장할 수 있는 것이다. 500년 전, 활자 인쇄가 도래하며 알파벳문자의 강점이 극대화되고, 세상이 바뀌었다. 개인용 컴퓨터는 알파벳이란 초석 위에 전자 사회를 세웠다.

그럼 문자의 미래는 어떤 것일까?

PART EIGHT

문자의 미래

———————

1700년대 중반, 프랑스 철학자 볼테르는 '문자는 목소리의 그림'이라 말하며 그 시대상을 반영해 문자의 본질적 목적과 범위를 인간중심적으로 평가했다. 그로부터 250년이 지나고, 한 번의 전자 혁명을 겪은 지금, 많은 사람이 문자가 인간마저 초월한다는 걸 인정할 것이다. 지금까지는 오랜 이유기離乳期였던 듯하다.

징표와 기호 등 시각적 이미지를 부드러운 점토 등 여러 바탕에 새긴 '불완전한 문자'와 수천 년을 씨름하며, 필경사는 '완전한 문자'라는 개념을 개발해나갔다. 완전한 문자를 규정하는 체계적 표음주의는 기원전 4000년과 기원전 3500년 사이에 메소포타미아에서 다양한 형태로 처음 나타났다. '자극 확산'stimulus diffusion(개념이나 관습이 타종족에게 전달되는 현상)을 통해, 문자의 기능과 기법이 이웃 종족에게 유사한 문자 체계나 서체를 만들어야겠다는 자극을 주었다. 놀랍겠지만, 크게 볼 때 인류의 역사에서 문자의 '전통'이 존재하는 문자는 세 개밖에 없다. 아프리카·아시아 문자(메소포타미아와 이집트 및 레반트와 파생 문자), 동아시아 문자, 아메리카 문자다.(그림 173) 흥미롭게도 세 문자 모두 하나의 기원, 수메르 문자에 기원을 두고 있다.

세 주된 문자 체계에도 과도기적 변이와 결합, 다시 말하면 혼합 문자 체계와 혼합 서체(일본어의 경우에는 둘 모두)이 있었다.

- 표어문자 혹은 단어문자. 문자소, 곧 의미를 지닌 기호가 단어를 대신한다.
- 음절문자 혹은 음절 기호. 문자소가 개별적인 음절을 표기한다.
- 알파벳. '글자'라 일컫는 기호가 개별 자음(아랍어와 히브리어에서는 자음 알파벳)이나 개별 '자음+모음'(그리스어와 라틴어에서는 완전한 알파벳)을 대신한다.

시간이 지나면서 대부분의 표어문자 체계는 음절문자로 변해가며, 의미 부분이 소리 부분으로 점차 대체되었다. 알파벳문자는 이런 식으로 변하지 않았다. 고대 이집트 필경사가 다듬고, 키프로스·그리스인이 '완벽한' 경지에 올린 뒤에 알파벳문자는 '체계'에서 변한 게 없다. 다만 글자 자체가 다양한 형태로 변했을 뿐이다. 게다가 오늘날에는 세계화와 테크놀로지 때문에 알파벳문자가 다른 모든 문자의 생존을 위협하기 시작했다.

1800년대에 들어 근대 고고학의 토대를 놓은 학자 중 한 사람은 진화론에 입각해 '야만'에서 '문명'으로 진행되는 사회의 진화는 무엇보다 문자 해득 능력, 곧 글말을 읽어내는 능력에 따라 결정된다고 주장했다.[1] 오늘날에는 문자가 사회의 주된 도구이고, 글말이 그 도구의 손잡이라고 생각하는 경향이 뚜렷하다. 정확히 말하면, 문자가 사회를 발전시키지는 못했지만 사회 발전을 크게 용이하게 해주었다. 물론 문자를 사용할 때 진화의 '단계'를 따지지 않는 게 온당할 수 있다. 표어문자, 음절문자, 알파벳이란 세 문자 체계는 특정한 언어와 사회와 시대에 각각 극대화된 것이다. 게다가 세 문자 체계는 질적 등급도 아니고, '문자의 진화'에서 발전 단계도 아니다. 더구나 '문자의 진화'라는 것은 존재하지도 않는다. 세 문자 체계는 언어적으로나 사회적으로 다른 요구를 다른 형태로 수용한 결과물일 뿐이다.[2]

일반적인 통념과 달리, 경제성과 단순성이 문자 체계, 혹은 서체의 발전을 끌어가는 원동력은 아니다. 그렇지 않다면, 인도의 브라흐미 문자가 단순한 자음 알파벳에서 발음을 구분하는 모음을 표시하는 복잡한 체계로 '퇴보'하며, 기호로 구성된 유사 음절문자를 만들지는 않았을 것이다. 문자의 역사에서 경제성과 단순성보다 훨씬 더 중요한 요인은 정확성, 표음화, 변화에 대한 저항, 모호함 해소, 존중 등이었고, 때로는 외형적인 요인도 크게 작용했다.

프랑스 역사학자 앙리 장 마르탱은 1990년대에 "어떤 문자이든 그 문자를 만든 문명의 사상과 밀접한 관계가 있고, 둘의 운명도 끈끈히 연결되어 있다"라고 열변을 통했다.[3] 이 주장이 사실이라면 귀가 솔깃해질 만하다. 하지만 문명의 기저를 이루는 자주적인 '사상'은 없고, 문자는 '창조된 것'이 아니라 차용되고 수정된 것이며, '운명'은 편리한 소리의 실용성과 변덕스런 사회적 요구의 다툼인 듯하다. 고대 이집트나 선교사가 도래하기 전의 이스터섬처럼 문자 해득력이 선택받은 소수에게만 제한된 사회에서는 문자가 실질적으로 아무런 역할을 못하는 듯하다.[4] 하지만

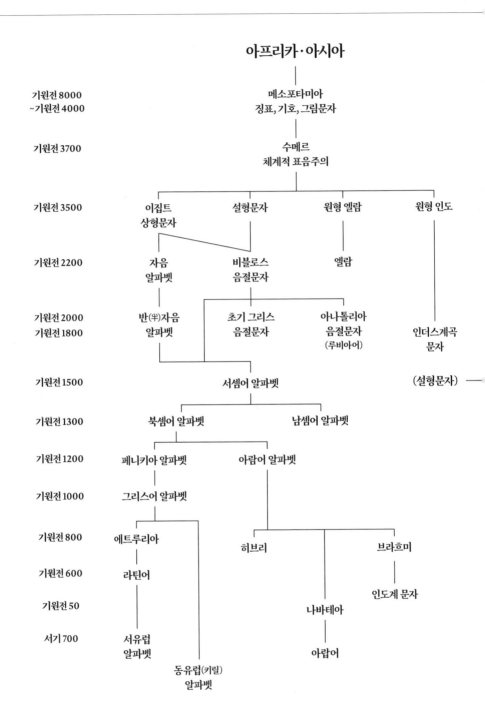

아프리카·아시아

기원전 8000 ~기원전 4000	메소포타미아 징표, 기호, 그림문자
기원전 3700	수메르 체계적 표음주의

기원전 3500 — 이집트 상형문자 / 설형문자 / 원형 엘람 / 원형 인도

기원전 2200 — 자음 알파벳 / 비블로스 음절문자 / 엘람

기원전 2000
기원전 1800 — 반(半)자음 알파벳 / 초기 그리스 음절문자 / 아나톨리아 음절문자 (루비아어) / 인더스계곡 문자

기원전 1500 — 서셈어 알파벳 / (설형문자)

기원전 1300 — 북셈어 알파벳 / 남셈어 알파벳

기원전 1200 — 페니키아 알파벳 / 아람어 알파벳

기원전 1000 — 그리스어 알파벳

기원전 800 — 에트루리아 / 히브리 / 브라흐미

기원전 600 — 라틴어 / 인도계 문자

기원전 50 — 나바테아

서기 700 — 서유럽 알파벳 / 아랍어 / 동유럽(키릴) 알파벳

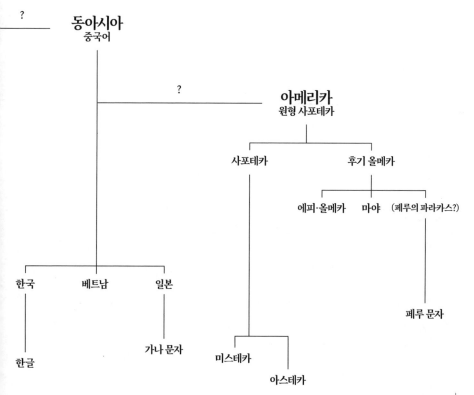

그림 173
세계 3대 문자의 계통도
: 아프리카·아시아 문자,
동아시아 문자, 아메리카 문자

?　　　동아시아
　　　중국어

　　　　　　?　　　아메리카
　　　　　　　　　원형 사포테카

　　　　　　사포테카　　　후기 올메카

　　　　　　　　　에피·올메카　마야　（페루의 파라카스?）

한국　　베트남　　일본

　　　　　　　　페루 문자

한글

　　　가나 문자

　　　미스테카

　　아스테카

문자 해득력이 보편화된 사회에서는 문자의 영향력이 엄청나다. 문자는 입말을 보존할 뿐만 아니라, 사회적으로 상당한 영향력을 행사하며 많은 다른 언어가 지향해야 할 과정을 표준화하고 규정하며 만들어간다.[5] 지금 대부분의 국가에서 확인되듯이, 선진화된 인간 사회는 문자가 없이 존재할 수 없다. 문해력의 습득은 적어도 인류에게 소중하고, 문자의 보유 다음으로 중요한 것이 되었다.

문자의 역사에서 배워야 할 교훈이 하나 있다면, 문자가 소리와 무관한 그림에서부터 점진적으로 '진화'하지는 않았다는 것이다. 문자는 애초부터 입말을 시각적으로 표현하며 시작되었고, 수천 년 동안 그런 상태를 유지해왔다. 하지만 이제 그런 상태가 변하고 있는 듯하다. 요즘의 연구에 따르면, 글자를 연쇄적으로 쓰는 행위까지는 아니지만 읽는 행위는 뇌에서 글자를 생각에 직접 연결하며, 말 자체를 완전히 건너뛴다. 또 현대 테크놀로지의 발달로, 이제는 인간이 개입하지 않아도 컴퓨터를 비롯한 전자 장치로 커뮤니케이션할 수 있다. 그렇다면 문자의 역할과 기능을 크게 보완할 무엇이 미래에 나타날까? 그 가능성을 제대로 분석하려면, 현재의 현상 자체를 새로운 관점에서 이해하려는 노력이 필요하다.

양층 언어

글말이 입말과 확연히 달라, 두 개의 다른 언어가 존재하는 듯할 때 양층 언어diglossia를 사용하게 된다. 그리스어에서 '둘'을 뜻하는 di-와 '언어'를 뜻하는 glōssa가 결합된 단어다. 이런 현상이 발생하는 데는 몇 가지 이유가 있다. 첫째, 세련되게 다듬어진 언어만이 '올바른' 형태와 '그른' 형태를 따지는 사회에서 글말의 전달 수단이 되기 때문이다.[6] 둘째, 입말은 살아 있는 언어로 끊임없이 변하지만 글말은 훨씬 더 느릿하게 변하거나 아예 변하지 않는다. 일례로 영어에서 laugh의 철자와 발음을 비교해보라. 입말과 글말이 분리됨으로써 달력에서 알려진 문제와 유사한 문제가 야기된다. 따라서 혼란을 피하려면 주기적인 조절이 필요하다. 게다가 언어에는 변화를 방해하는 더 많은 요인(전통, 미학과 존중, 사회적 통제, 제한된 해득력 등)이 있다. 이런 과정의 결과인 양층 언어는 이제 많은 현대 문화에서 중대한 사회 문제가 되었다.

양층 언어는 문자 체계나 서체가 아니라, 문자로 전달되는 언어와 직접적인 관계가 있다. 그 언어가 더는 하나의 입말이 아니기 때문이다. 그렇다고 여러 방언을 뜻하는 것도 아니다. 모든 문자 체계가 표음적으로 불완전하더라도 방언의 변이를 어느 정도까지는 허용한다. 예컨대 오스트레일리아인은 day라고 쓰고 'die'로 발음한다. die의 올바른 발음은 /doi/라고 알기 때문이다. 영어 알파벳이 지역의 내적인 규정을 허용한다는 뜻이다. 외부의 규칙이 침입하는 경우에만, 예컨대 미국 영어의 규칙이 오스트레일리아 영어에 침입할 때 혼란이 야기된다. 양층 언어에서도 이런 혼란이 엿보이지만, 표현법과 시기의 혼란일 뿐이다.

양층 언어는 1902년 뮌헨의 고전학자 카를 크룸바허Karl Krumbacher, 1856~1909가 처음 인지했다.[7] 근대 그리스어와 고전 그리스어의 관계를 연구하던 중, 크룸바허는 하나의 언어가 글말과 입말에서 큰 차이를 보인다는 걸 알게 되었다.[8] 이런 현상은 의고체擬古體 영어부터 '언어적 조현병'linguistic schizophrenia에 걸린 듯한 웨일스어까지 광범위한 영역에서 나타난다.

인도 문학에서는 양층 언어가 '가장 두드러진 특징 중 하나'로 여겨진다.[9] 인도에서 통용되고, 문자를 지닌 언어들에서 흔히 확인되듯이 '고상한' 글말과 '저속한' 입말 사이에 걸어서 건널 수 없는 갠지스강이 흐르는 듯하다.[10] 따라서 문자 해득력을 지닌 인도인은 글에서 사용하는 언어만이 아니라 시장에서 사용하는 언어도 구사한다는 점에서, 누구나 이중 언어 사용자라 할 수 있다. 기원전 5세기에 이미 산스크리트는 입말과 아무런 관계가 없었고, 따라서 산스크리트를 배우고 활용하려면 특별한 수업이 필요했다. 그 이후에도 새롭게 다듬어진 문자들에서 똑같은 현상이 몇 번이고 일어났다. 학자들이 화석화한 '올바른' 형태의 말이 대중적으로 사용되며 변했기 때문이다. 현재 인도에서 '올바로 읽고 쓴다'라는 개념은 '고상한' 형태로 인식되는 언어를 읽고 쓴다는 뜻이다. 반면에 '저속한' 형태의 언어, 곧 대중이 실제로 사용하는 언어의 해득력은 열등하고 바람직하지 않은 것으로 여겨진다. 이에 대한 직접적인 결과로, 2021년 기준 약 25퍼센트의 인도 성인이 문맹이다.

인도에서 '고상한' 언어와 '저속한' 언어가 다른 만큼이나, 중국에서도 '문언'文言이라 일컫는 글말은 입말 중국어와 다르다. 따라서 문언을 이해하려면 한자를 한 글자씩 배워야 한다.

현대 표준 웨일스어Modern Standard Welsh, yr iaith safonol는 문어체 언어, 곧 교육과 출판물에 사용되는 웨일스어일 뿐이다. 구어체 웨일스어Colloquial Welsh, yr iaith lafar는 웨일스 공동체에서 일상적으로 사용되는 입말이다. 예컨대 I did not know you had seen him(나는 네가 그를 예전에 보았다는 걸 몰랐다.)는 현대 표준 웨일스어로는 Ni wyddwn eich bod wedi ei weled이지만, 구어체 웨일스어로는 O'n i'im wybod bo chi di weld e이다. 오늘날 많은 웨일스인이 구어체 웨일스만을 접하기 때문에 현대 표준 웨일스어를 읽거나 쓰지 못하고, 말하지도 못한다. 그렇지만 매주 일요일 현대 표준 웨일스어로 찬송가를 부르기는 한다. 그런데 현대 표준 웨일스어가 예스런 성경부터 관료적인 공문서까지 다양한 형태를 띠기 때문에 상황은 더욱더 복잡하다. 구어체 웨일스어의 형태도 지역적으로 편차가 크다. 게다가 Cymraeg Byw, 곧 '살아 있는 웨일스어'로 일컫는 웨일스어의 표준화 작업이 최근에 진행되었고, 그 결과가 현대 표준 웨일스어와 구어체 웨일스어 사이의 간격을 메우는 동시에 지역적 편차를 없앤 '국어'國語로 여겨졌다. 그 새로운 웨일스어는 젊은층에서 급속도로 받아들여지며, 입말의 지역적 차이를 해소하고 있다. 또한 그 새로운 웨일스어가 글에서 사용되는 빈도도 높아지고 있다. 하지만 현대 표준 웨일스어는 여전히 웨일스의 학교에서 웨일스어로 가르치는 거의 모든 내용이 쓰인 글말이다.

인도에서는 문맹률도 높지만, 입말과 현격히 다른 글말이 여전히 지배적 위치에 있어 국가의 성장마저 방해한다. 반면에 웨일스에서 '살아 있는 웨일스어'가 성공적으로 정착하면, 영어 해득률만이 아니라 웨일스어 해득률도 크게 높아져서 고질적인 양층 언어 문제를 완전히 해소할 수 있을 것이다.

대부분의 언어는 글말과 입말이 크게 다르다. 교육을 받았다는 증거는 글말에 얼마나 가까이 말하느냐에서 확인된다. 글말에 가장 가깝게 말하는 사람은 그 사회의 지도층일 가능성이 크다. 결국 글말이 있는 경우에만 이런 현상이 야기된다.[11] 많은 경우에 양층 언어의 해소는 생각조차

할 수 없는 것이었다. 예컨대 1300년대에 실론(스리랑카)에서는 문어체 싱할라어가 표준어로 탄생했다. 싱할라인 모두가 문어체 싱할라어, 곧 그 순수한 글말을 여전히 존중하며, 요즘의 입말보다 더 아름답고 세련되고 '옳은 것'으로 생각한다. 엄격히 말해서 문어체 싱할라어가 스리랑카에서 모두에게 크게 존중받는 이유는 얄궂게도 높은 문맹률 때문이다.

때때로 사회에서 글말과 입말의 편차는 불필요한 역사적인 짐으로 여겨진다. 그 편차는 혼란스럽고 답답한 문자로 이어지고, 그런 문자는 사용자를 힘들게 하는 데다 자식 세대에 전해주기도 힘들다. 다시 말하면, 오랜 시간과 돈이 필요해 국가의 성장까지 방해한다. 이런 생각이 공론화될 때 철자 개혁이 시작될 수 있다.

철자법과 철자 개혁

모든 문자 체계와 그 서체는 존중받고 혁신적이더라도 결국에는 말의 재현까지는 아니어도 근사치이기 때문에 불완전하다.[12] 불분명함과 불명료함에서 비롯되는 의미의 모호함이나 불확실함은 음절문자와 알파벳문자 체계에서도 종종 제기된다. 영어를 예로 들면, 방언에 따라 다르지만 하나의 글자 a가 여섯 개의 음소(가장 작은 소리 단위)를 대신할 수 있다. 영어에는 알파벳이 부족하기 때문에 초분절적 단위, 예컨대 소리의 높낮이(Yes?/Yes!), 길이(영국 영어 cot[kɒt]/cart[kɑːt]), 강세(désert/desért), 연접(it's not/it's snot), 말투(eee!/duhhh)를 표기할 수 없다. 영어를 쓰는 사람은 무원칙한 문장 부호, 단어 사이의 간격, 대문자 등 다양한 장치를 사용해 그 문제를 해결하려 한다. 하지만 표준 영어 알파벳으로는 입말 영어를 정확히 표기할 수 없다.

이상적이라면 알파벳문자는 모든 음성적 발화를 표기할 수 있어야 한다. 그러나 언어학자가 사용하는 특수 기호들로만 정확한 발음을 표기할 수 있고, 그 기호들은 일반인이 사용하기에 무척 복잡하고 지루하다. 세계 전역에서 사용되는 표준 알파벳문자들은 편이성을 기준으로 삼기 때문에, 기본적으로 동일한 체계와 문자를 사용하는 언어들(독일어와 영어) 사이에는 물론이고, 한 언어의 여러 방언들(영국 영어와 미국 영어) 사이에서도 발음이 크게 달라 의미론적으로 많은 문제를 야기한다. 단순한 알파벳문자가 효율적이란 게 증명되어 대다수 국가가 알파벳문자를 채택했다. 그러나 중국어와 일본어 같은 형태소-음절문자도 여전히 많은 사람이 사용하며, 그들은 자신들의 문자가 훨씬 더 낫다고 생각한다.

입말의 '정확한 재현'이 문자 체계에 바람직한 것일까? 그렇지 않을 수도 있다. 예컨대 글로 쓰인 영어가 국제적으로 널리 이해되려면, 음운 등 여러 요소의 허용 폭이 여유로워야 한다. 달리 말하면, 체계가 느슨한 언어일수록 전반적인 유용성이 커진다.

그래도 변화는 문자 체계와 글자에서 자주 일어난다. 변화에는 기본적으로 두 가지, 점진적인 변화와 급격한 변화가 있다. 점진적인 변화는 '저절로' 일어난다. 누군가가 뭔가를 단순화하면, 다른 사람들이 그렇게 단순화한 것을 따르는 게 일반적인 경향이기 때문이다. 예컨대 1960년대까지 영어권 세계의 학교에서는 발음을 구분하는 부호를 유지하려고 애썼지만, 이제 rôle은 role, naïve는 naive, coöperate는 co-operate나 cooperate가 되었다. 하지만 이런 개혁적 변화에 관심을 두는 사람은 거의 없는 듯하다. 또 기존 단어의 철자에 변화를 주어 새로운 단어들이 끊임없이 만들어진다. '알코올 함량이 낮음'을 뜻하는 lite가 최근의 예로 light에서 만들어진 신조어다. 이렇게 철자를 최소한으로 조절하고 보완하는 개혁은 자연스러워, 별다른 저항 없이 일반적으로 받아들여진다.

급격한 개혁은 정부 혹은 민간 조직이나 개인이 시도한다. 정부가 주도하는 개혁은 대체로 성공하지만, 민간 조직이 끌어가는 개혁은 거의 언제나 실패로 끝난다. 이런 변화는 부자연스러운 데다 문제를 일으키기 십상이다. 전반적 문자 해득력이 현대 국가의 필수 조건이기 때문에, 대부분의 현대 사회는 급격한 개혁의 공통된 특징인 철자법의 단순화를 통해 문자 해득력을 높이려고 한다.

일례로 영어는 해득률을 높이고 학습 시간을 줄이기 위해 철자법 개혁이 필요한 언어로 자주 언급된다. 200년 이상 동안 표준화가 신중하게 추진되었지만, 영어 철자는 아직도 완전히 표준화되지 않았다. 영연방 영어와 미국 영어의 차이가 여러 문제 중 하나이고, 영국인이 미국에 정착한 뒤에야 표준화가 진지하게 시작된 게 문제의 주된 원인이다. 철자법의 차이는 요즘 해소되고 있지만, 체계적인 차이는 여전하다(영연방은 '좌측 통행', 미국은 '우측 통행'). 또 litre/liter, colour/color, marvellous/marvelous, worshipping/worshiping, traveller/traveler에서 보듯이 철자에서도 체계적인 차이가 눈에 띈다. 이중 철자는 양쪽 모두에서 허용되지만 선호도가 다르다. spelt/spelled, learnt/learned, gaol/jail, practise/practice(동사), encyclopœdia/encyclopedia에서 왼쪽은 영연방, 오른쪽은 미국에서 더 자주 쓰인다. 어떤 체계성도 찾을 수 없는 경우도 있다. grey/gray, programme(컴퓨터 제외)/program, licence/

license(명사), defence/defense가 대표적인 예다. z(zed)/z(zee)에서 보듯이, 한 글자가 다른 소릿값을 갖기도 한다. spelt와 learnt는 이제 영연방 어디에서나 미국처럼 spelled와 learned로 쓰인다. 따라서 이제 learned는 '학식 있는'을 뜻하는 형용사 learned(드물게 learnèd로 표기)와 구분되지 않는다. 또 이제 영국에서 접미어 -ise와 -sation은 미국식으로 -ize와 -zation으로 쓰인다. 그러나 오스트레일리아와 뉴질랜드에서는 여전히 s-형이 더 자주 사용된다. (현재 뉴질랜드는 미국식 철자 채택을 고려하고 있다.)

영연방 영어와 미국 영어에서, 철자 차이는 언어학적인 차이에 비교하면 수적으로 적은 편이다. 하지만 철자에서나 언어학적인 면에서나 두 영어는 하나의 '국제 표준 영어'International Standard English로 수렴하고 있다. 영어가 과거에 역사적으로 발전했다면 만들어냈을 법한 파생 언어를 포기하고, 인위적으로 새롭게 만든 신생 언어를 지향한다는 뜻이다.

영어 철자에는 국가 간의 차이를 넘어 더 큰 문제가 있다. 때때로 배우기 '불편하고' 어렵다고 인식되는 체계도 문제다. 영어는 역사적으로 초기부터 24개의 기호만으로 40개의 음소를 표기해야 했다. 따라서 영어 철자에서는 '다중 역할'doubling-up이 오랜 특징이었다. 노르만족이 잉글랜드를 정복한 뒤, 노르만계 프랑스 필경사가 잉글랜드 땅에서 필사실과 공문서 보관실을 차지하며 영어 단어의 철자를 노르만식으로 표기하기 시작했다. 인쇄가 도래한 뒤에는 언어학적 형태가 더해졌다. 예컨대 인쇄된 행을 여백까지 늘리려는 목적에서, 단어에 글자가 추가되기도 했다 (예: write에서 e). 인쇄는 철자를 고정시켰지만, 입말 영어는 계속 변했다 (light는 이제 영어에서 사라진 고대 인도·유럽어의 소리를 철자에서만 간직하고 있다). 라틴어와 그리스어 철자가 유행하게 되었을 때는 영어에서 발음되지도 않는 글자가 대거 사용되었다. 게다가 많은 외래어가 특히 1500년대와 1600년대에 어휘 목록에 유입되며, 영어 규범에 맞지 않는 철자도 덩달아 들어왔다.

따라서 영어 철자는 잡종이다. 앵글로·색슨과 프랑스와 고대 그리스·로마의 글자들에 여러 외부 요인이 더해진 결과물이다. 영어에서는 여러 부류의 비정상적인 철자 체계가 지적되고, 하나 이상의 부류에 해당하는 비정상적 체계도 있지만, 이 모든 것이 영어를 읽고 쓰는 걸 배우는 과정을 어렵고 복잡하게 만든다. 많은 경우에, 눈에 보이는 언어, 곧 글말은 음성적으로 모호한 단어에 해당하는 의미를 즉각적으로 찾아내며, 입말의 적합성을 실질적으로 개선할 수 있다(이런 예는 얼마든지 쉽게 찾아낼 수 있다). 하지만 글말이 입말에는 존재하는 차이를 적절히 전달하지 못하는 경우도 많다.

- **부류 1:** 철자와 발음은 같지만, 의미가 다른 단어들
  bear '포유동물', '가져오다, 지탱하다'
  can '금속 용기', '할 수 있다'
  row '줄', '노를 젓다' (부류 2와 3에도 속함)
- **부류 2:** 철자는 같지만, 발음과 의미가 다른 단어들
  read '쓰여진 글을 이해하다'(현재형), '쓰여진 글을 이해하다'(과거형)
  row '줄', '언쟁을 벌이다'
  tear '눈물', '찢다'
- **부류 3:** 철자와 의미는 다르지만, 발음이 같은 단어들

roe/row/rho/Rowe(어란/줄/그리스 알파벳에서 열일곱 번째 글자/사람 이름)

so/sew/sow/soh(그래서/바느질하다/씨를 뿌리다/솔, 장음계의 다섯 번째 음)

way/whey/weigh(길/유장乳漿/무게를 달다)

• **부류 4:** (대문자와 소문자의 차이를 제외할 때) 철자와 발음은 같지만, 의미가 다른 단어들

Faith/faith(고유명사/신앙)

Rugby/rugby(잉글랜드 중부의 도시/럭비)

Sue/sue(여자 이름/고소하다)

• **부류 5:** (문장 부호를 제외할 때) 철자와 발음은 같지만, 의미가 다른 단어들

chills/chill's (오한/chill의 소유격)

its/it's(it의 소유격/it is의 축약형)

were/we're(be의 과거형/we are의 축약형)

• **부류 6:** (문장 부호를 제외할 때) 철자는 같지만, 발음과 의미가 다른 단어들

coop/co-op(닭장/조합)

coward/co-ward(겁쟁이/공동 후견인)

learned/learnèd(learn의 과거/박식한)

• **부류 7:** 철자와 의미는 같지만, (방언과 관계 없이) 발음이 다른 단어들

data는 /deɪtə/, /dætə/, /dɑːtə/로 발음된다.

게다가 영어 철자에는 대략 50퍼센트의 불필요한 반복이 있다. wch mns tht abt hf of th ltrs n a rtn Eglsh sntnc r uncsry to achv fl cmprhnsn, mst of ths bng vwls.(아랍어와 히브리어 글말은 오래전부터 자음 중심의 표기 원리를 적용했고, 놀라운 성공을 거두었다.)

영어 철자는 길고 장황한 데다 많은 결함을 지녔지만, 기본적으로는 음소를 중심에 두고 있다. 다시 말하면, 영어에서 의미의 차이를 가져오는 가장 작은 소리 단위를 사용하는 철자다. 하지만 음소가 항상 개별 글자에 있지는 않고, 연이은 여러 글자에 있는 경우도 많다. 중국어의 의미 식별자, 곧 '의미소'significs가 그렇듯이, 영어 철자에도 단어들의 근원적 관계를 보여주는 시각적 단서가 이른바 '불필요한 글자들'을 통해 유지된다. sign과 signature를 예로 들면, 발음은 상당히 다르지만, 소리에 의존하지 않고 단어의 의미를 시각적으로 신속히 알아낼 수 있다. 그렇지만 입말은 글말에서 계속 멀어지기 때문에 영어 교사는 학생에게 would of와 'cause를 would have와 because로 써야 하는 이유를 끝없이 설명해야 한다.

글말 영어의 역사와 함께한 철자의 점진적 변화는 대체로 목적에 부합했다. 하지만 모두가 그렇게 생각하지는 않았다. 1551년 영국 교육자 존 하트John Hart, 1501~1574는 글말 영어의 결함을 지적하며, 그 때문에 영어가 "읽기를 배우기 어렵고 힘들다"라고 비판했다. 그 이후로 수백 년 동안, 수많은 대안 철자가 제안되었다. 특히 1800년대에는 기본적으로 세 가지 유형의 급격한 개혁이 시도되었는데, 친숙한 글자를 더 자주 사용하려는 '표준화'standardizing, 기존 알파벳에 새로운 글자를 추가하려는 '보완'supplementing, 전면적으로 새로운 글자를 만들려는 '대체'supplanting

등이다.

1828년부터, 미국 문법학자 노아 웹스터Noah Webster, 1758~1843는 자신이 편찬한 미국 영어 사전을 통한 표준화로 미국 영어 철자를 개혁하기 시작했고, 상당한 성공을 거두었다. 대표적인 예로 -our(예: honour)는 미국 영어에서 -or(예: honor)가 되었고, -re(예: theatre)는 -er(예: theater)가 되었다. 1844년에는 아이작 피트먼Isaac Pitman, 1813~1897이 영국에서 '표음식 속기법'Phonotypy의 보완을 제안했다. 미국에서는 1876년에 '철자 개혁 협회'가 설립되었고, 1906년에는 '철자 단순화 위원회'Simplified Spelling Board가 조직되었다. 영국에서는 '철자 단순화 협회'Simplified Spelling Society가 1908년에 설립되었다. 영국의 철자 단순화 협회는 철자 표준화를 위한 개혁 법안을 1949년 의회에게 제출했지만, 그 법안은 87 대 84로 부결되었다. 4년 뒤에 유사한 법안이 마침내 통과되었지만 교육부의 제안을 받아들인 타협안에 불과했다.

현재 제안된 개혁안들에는 '새로운 철자'New Spelling, '더 간단한 철자'Simpler Spelling, '규칙화된 영어'Regularized English, '세계 영어 철자'World English Spelling 등이 있다. 조지 버나드 쇼George Bernard Shaw, 1856~1950는 영국 유산 관리국을 유언 집행자로 선정하며, 적어도 40개의 새로운 글자를 만드는 '영국 알파벳 제안'이란 경연 대회를 개최할 만한 비용을 유언장에 남겨놓았다(보완 개혁). 그렇게 새로운 글자를 보완해서, 하나의 소리에 여러 글자를 부여하거나 발음 구별 부호를 사용하지 않고도 영어를 쓸 수 있게 하자는 취지였다. 경연 대회의 우승자 킹슬리 레드Kingsley Read, 1887~1975가 제안한 알파벳은 기발했지만…… 곧 잊히고 말았다.

영어 철자 개혁에는 여러 이점이 있다. 예컨대 학습 시간이 줄어, 영어의 세계적 확산을 앞당길 수 있다. 그러나 단점이 더 많다. 개혁 자체가 거의 불가능하고 비용도 많이 든다. 전통이 사라지고, 철자가 소리에 충실한 대가로 방언들 간의 모호성이 크게 증가할 것이며(예: 오스트레일리아어에서 die), 어원의 표지도 사라질 것이다(sign/signature). 물론 어떤 유형의 개혁이 최선인가에 대한 합의도 없는 상태다. 이 밖에도 여러 문제가 있다. 그렇다고 영어가 세간의 주장만큼 불규칙하지는 않다. 한 연구에 따르면, 영어 단어의 84퍼센트는 일반적인 용례에 따라 정상적으로 철자가 쓰이고, 고작 3퍼센트(빈번하게 쓰이는 단어의 수로는 약 400개)만이 불규칙해서 기계적으로 암기해야 한다.[13]

글말 프랑스어에는 '불필요'하다고 여겨지는 철자가 상당히 많은 편이다. 예컨대 단어 뒤에 쓰인 -s와 -t는 발음되지 않는 경우가 많다[예: les garçons(소년들), petit garçon(어린 소년)]. 하지만 모음이 뒤에 오면 -s와 -t는 발음이 된다[예: les élèves(학생들), petit élève(어린 학생)]. 첫 번째 예에서 발음되지 않는 -s와 -t는 아무런 기능도 하지 않는 듯하다. 그렇지만 시각적으로는 유의미한 어휘소다. 달리 말하면, 발음되지 않지만 단어로 인식되는 시각적 단서라는 뜻이다. 바로 이런 이유로, 글말 프랑스어에서 '불필요한' 글자는 거의 언제나 필요하다.

'철자법의 결여 대 체계적인 규정' 간의 갈등은 독일어에도 있고, 유사한 해결책이 존재한다. 독일어 철자는 단어 끝을 무성화하는 법칙을 간과한다. Hund(개)는 [hʊnt]로 발음되지만, 복수 Hunde는 [hʊndə]로 발음된다. 단어를 시작하는 모음 앞에서, 또 연접되는 모음 사이에서 성문 파열음이 있다는 것도 철자로 나타나지는 않는다. (ʾ)alles(모두)와

The( )ater(극장)가 대표적인 예다. 독일어는 소리내어 읽을 때만 '그 빈틈이 채워진다.' 자음의 무성화 법칙과 성문화 법칙은 체계 전체에 적용되기 때문에 글말 독일어에서 그 법칙의 적용 여부를 특별히 표시할 필요는 없다. 그렇다면 이 경우에 '음성 충실도'는 무의미할 것이다.

하지만 독일어 철자에는 다른 문제도 적지 않다. 일례로 오스트리아의 철자법은 독일의 철자법과 다르다. 그렇지만 미국 철자와 영연방 철자처럼 체계적인 차이는 아니다. 독일에서는 Abnutzung, 오스트리아에서는 Abnützung(마모), 독일에서는 karätig, 오스트리아에서는 karatig(캐럿), 독일에서는 fauchen, 오스트리아에서는 pfauchen(쉬익)이다. 대부분의 차이는 사소하고 산발적일 뿐이다. 또 대부분의 차이가 처음으로 최근의 독일어 철자 개혁에서 다루어졌다.

수년 동안 신중하게 계획이 수립된 뒤, 1996년 7월 1일, 독일어권 국가들의 공식 대표단이 빈에 모여 '독일어 철자 개혁을 위한 공동 선언'을 발표했다. 그 선언에서 천명한 내용은 표준화 개혁을 통해 글말 독일어의 학습을 단순화하고, 1901년 베를린에서 열린 제2차 맞춤법 회의가 규정한 규칙들을 현재의 요구에 부응하는 방향으로 수정하자는 것이었다. 개혁은 여러 국가에서 독일어를 읽고 쓰는 수억의 사람, 주로 독일과 오스트리아와 스위스 사람에게 직접적인 영향을 미치기 때문에, 영어처럼 라틴어 알파벳에서 파생된 전통적인 독일 문자를 극단적으로 바꾸려 하지는 않았다. 오히려 독일어의 어근 법칙을 위반하는 경우를 해소하고, 어근이 글말에서 어떤 식으로 조합되더라도 원래의 철자를 유지함으로써 시각적 확인을 더 쉽게 해주는 데 집중했다(영어에서 예로 언급한 sign/signature처럼). 그리하여 모든 경우에서 ß는 ss로 바뀌었고, 동사 합성어가 다시 분할되었다. 예컨대 Stengel(줄기)은 Stängel(어근 Stange, 막대기)가 되었고, Kuß(키스)는 Kuss가 되었으며, 합성 동사 kaltbleiben(마음이 흔들리지 않다)는 kalt bleiben이 되었다.

모두가 개혁을 반기지는 않았다. 개혁으로 철자의 혼란만이 아니라, 평론가들이 곧바로 지적했듯이 의미의 차이까지 사라지는 결과를 낳았다. 예컨대 kalt bleiben은 이제 kalt bleiben(추위가 계속되다)이나 kaltbleiben(마음이 흔들리지 않다)을 표현하는 데 쓰이게 되었다. 개혁 전의 독일어 철자는 공간의 유무로 의미를 구분했다. 그런데 새로운 독일어 철자 개혁은 합성 동사에 무조건 공간을 허용함으로써 오히려 이런저런 경우에 모호성이 증가하는 역효과를 낳았다. 그래서 Stengel이 Stängel이어야 한다면, Berlin(베를린)은 Bärlin(Bär는 독일어에서 '곰')이 되어야 하지 않겠느냐고 빈정대는 사람도 있다. 개혁이 도입되고 1년이 지나지 않아, 새로운 철자법이 너무나 많은 혼란과 모호함을 야기한다고 주장하며 주요 독일어 출판사는 과거의 철자법으로 되돌아갔다.

언젠가 앨런 허버트Alan Herbert, 1890~1971는 영국 의회에서 "모든 철자 개혁가의 근본적인 오류fundamental fallacy는 인쇄되거나 손으로 쓰인 단어의 기능이 입으로 말해진 단어를 표기한다는 생각에 있다. 인쇄되거나 손으로 쓰인 단어의 진정한 기능은 의미를 전달, 정확히 말하면 최대한 많은 사람에게 동일한 의미를 전달하는 것이다"라고 말했다.[14] 글말과 입말이 확연히 다른 데도 철자 개혁가들이 글말의 특징과 유용성 및 특별한 위치를 제대로 평가하지 않은 채 입말을 습관적으로 옹호한 것은 사실이다.

문자 체계는 일반적으로 두 유형 중 하나다. '얕은 표음문자'이거나 '깊은 표음문자'다.[15] 시간이 지나면서 자연 언어는 변하지만 문자는 원천적으로 중립적이고 보수적인 성격을 띠기 때문에, '얕은' 표음문자가 자동적으로 '깊은' 표음문자로 변한다. 이런 변화가 일어나면, 철자법을 굳이 바꾸지 않아도 된다. 입말의 변화에는 유창한 읽기와 쓰기를 가능하게 해주는 체계적인 표지가 이미 내재적으로 존재하기 때문이다. 대부분의 생성 음운론자(언어가 두 층위의 구조, 곧 심층 구조와 표층 구조로 분석된다고 믿는 언어학자)는 읽고 쓰는 과정에서 자칫하면 '잘못된' 철자를 쉽게 사용하기 때문에 우리가 특별한 규칙들을 머릿속 어휘부에 적용한다고 확신한다. 대대적인 철자 개혁은 실제로 역효과를 낳을 수 있다. 오랜 시간을 두고 형성된 내적인 규칙에 부합하지 않는 특징을 도입하면 모호함이 오히려 증가할 수 있다. 영어의 접근성을 개선하려는 목적에서 영어 철자를 개혁하려는 사람에게, 생성 음운론자는 "관습적인 [영어] 철자는 (…) 영어 단어 표기에서 최적 상태에 가깝다"라고 반박해왔다.[16]

대부분의 알파벳문자가 모음에 관련해서 결함을 보이는 건 사실이다. 그 이유는 언어에서 발음되는 모음 음소가 알파벳에서 통용되는 글자보다 거의 언제나 많아, '다중 역할'을 피할 수 없기 때문이다(예: 영어에서 a). 하지만 대부분의 알파벳문자는 입말과 글말, 곧 '입의 정확도와 글의 명료성' 사이의 간격을 어떻게든 성공적으로 메우고 있다.[17] 급격한 개혁은 알파벳문자에 거의 필요하지 않다. 알파벳문자는 점진적 조절과 불필요한 반복 등과 같은 장치를 사용해 유용성과 포용성을 오랫동안 유지할 수 있기 때문이다.

비교적 덜 알려졌지만 철자 개혁의 성공을 방해하는 가장 큰 장애물은, 철자 개혁이 읽기와 쓰기를 하나의 동일한 과정으로 이해하며 둘을 분할해서 생각하지 않는 현상이다. 읽기와 쓰기는 뇌에서 별개로 처리되는 활동이다. 글을 쓴다는 것은 맞춤법에 맞추어 글을 쓴다는 뜻이다. 그런데 맞춤법을 완벽하게 지키며 글을 쓰는 사람이 어눌하게 글을 읽고, 현란하게 글을 읽어내는 사람이 맞춤법은 엉망인 경우가 많다. 그 이유는 인간의 뇌에서 다른 학습 전략이 두 과정에 관여하기 때문이다. 쓰기는 시각 부분과 음성 부분을 동시에 요구하며, 음운 체계의 핵심 요소에 직접적으로 호소하는 적극적인 언어 활동이다. 반면에 읽기는 대체로 말을 통째로 건너뛰며 시각적인 부분을 직접적으로 의미에 연결하는 소극적인 시각 활동이다. 따라서 지금까지의 철자 개혁으로는 두 이질적인 뇌 영역을 적절히 조절할 수 없었다.

속기와 상징 및 '시각 언어'

속기stenography, shorthand는 일반적인 글자나 단어 대신 특수한 기호나 축약을 사용해 글을 빨리 쓰는 방법이다. 속기는 특별한 상황(발언을 신속하게 단기적으로 보존해야 하는 상황)과 특별한 종사자에게 국한되기 때문에 별도의 문자 범주에 속한다. 속기는 먼 옛날부터 사용한 방법이다. 그리스 역사학자 크세노폰기원전 430년~기원전 354년경은 소크라테스 전기를 속기 형태로 썼다고 알려진다. 로마의 자유인 마르쿠스 툴리우스 티로기원전 4년경 사망는 키케로의 연설을 기록하려고 기원전 63년 속기법을 고안해냈다. 이 라틴어 속기법이 1,000년 넘게 사용되었다. 속기는 중세 중기 동안 잊혔다가 1500년대에야 되살아났다. 그리고 한 세기 후에는 교육 기관과 교회에서 다양한 형태의 속기가 개발되었다. 1700년대의 산업혁명 시기에는 속기가 사무용으로 유용하게 쓰였고, 1800년대에는 지금까지 사용하는 주요한 속기법들이 고안되었다. 현재 가장 많이 쓰이는 두 가지 영어 속기법은 각각 아이작 피트먼과 존 로버트 그레그John Robert Gregg, 1867~1948가 개발한 것이다. 피트먼 속기법은 영국에서 주로 사용하고, 그레그 속기법은 미국에서 주로 사용하지만 몇 몇 다른 언어에도 사용한다.

영어의 경우에만 지금까지 400개가 넘은 속기법이 개발되었다. 오늘날 속기를 가장 흔히 사용하는 곳은 기자회견장과 회의장이다. 대체로 약 65개의 글자를 사용한다. 25개의 단자음, 24개의 이중자음, 16개의 모음으로 이루어진다. (하지만 대부분의 모음은 그 위치가 자명하기 때문에 생략된다.) 1906년 미국의 법정 출입 기자 W. S. 아일랜드가 발명한 속기 기계는 법적 소송 과정, 입법 회의 등을 축어적으로 기록하는 데 주로 사용한다. 극소수만이 관례상 속기를 사용하는 데다 새로운 테크놀로지 때문에 속기의 효용성은 요즘 크게 줄어들었다.

더 많은 표어문자가 도입되며 중국식 형태소-음절문자 같은 혼합 문자 체계를 만들어내면, 알파벳문자가 더 효율적이지 않을까? 적잖은 학자가 이런 의문을 제기한 적이 있다. 독일 철학자이며 수학자인 고트프리트 빌헬름 라이프니츠Gottfried Wilhelm Leibniz, 1646~1716는 세계에서 통용되는 모든 자연 언어를 초월하는 보편 문자를 만들어낼 수 있을 거라고 믿었다. 수학과 음악에서처럼, 보편적으로 적용될 수 있는 문자여야 했다. 문자 체계가 표음식 표기법에 근본적으로 의존한다는 걸 모르는 사람에게 보편 문자는 오랜 꿈이었다. 문자는 옛날에도 그랬지만 앞으로도 언어 활동에 얽매일 수밖에 없다. 역사적으로 모든 문자 체계는 차용을 통해 고유한 소리를 '최적'으로 재현해낼 수 있는 문자를 만들어갔다. 고대 이집트 상형문자에서도 음성 부분이 상당한 몫을 차지하는 이유는 모호성을 피하기 위한 불가피한 선택이었다.

1970년대 들어 외국여행이 대대적으로 시작되자, 여러 국가가 보편적으로 똑같이 인식되는 상징을 사용한 커뮤니케이션의 필요성을 절감했다. 달리 말하면, 언어에 기반한 글자나 기호가 아니라 그림문자를 사용해야 한다는 뜻이었다. 그때 미국에서 시행한 한 연구에서, 그런 상징들이 버스와 택시, 여자와 남자 등을 쉽게 알아보는 데 효과적이라는 게 밝혀졌다. 티켓 판매, 세관 통제, 출입국 관리 등 행동을 가리키는 상징은 덜 효과적이었고, 때로는 지나치게 모호하기도 했다. 그 연구에서 내린 일반적인 결론에 따르면, 상징이 유용한 것은 사실이지만 무척 제한된 범위의 것만을 전달할 수 있다. 이런 결론을 염두에 두고, 국제 상징 표기가 나중에 도입되었다. 그렇다고 '그림문자 표기로 회귀'하려는 시도는 아니었다. 공항과 항구, 기차역 등 세계인이 뒤섞이는 곳에서 관련된 대상이나 상황을 쉽게 떠올릴 수 있는 제한된 '상징 어휘'를 사용함으로써 정상적인 문자를 보완하려는 유용한 수단에 불과했다.

요즘 일부 연구자는 이제 걸음마 단계에 들어간 체계를 라이프니츠의 보편 문자 체계로 확대할 방법을 모색하며, 비언어적인 그림문자를 만들어 기존의 문자를 대체하는 게 가능할 수 있다고 믿는다. 그들은 글과 그림이 우리 문화에서 어느덧 상호의존적이 되어, 이제는 그 둘이 합해져 하나의 자율적인 언어, 곧 '시각 언어'visual language로 여겨질 수 있을 거라고 주장한다.[18] 또 그들의 신중한 주장에 따르면, 그 언어는 공항과 기차역에 쓰인 상징이 아니라 시각과 문자의 결합, 곧 새롭게 결합된 현상이다. 글을 시각적 기호로 제시하는 방법을 통해 우리가 일상적으로 대응해야 하는 무수한 문자 자료에 더 잘 대체할 수 있다면, 그 방법이 현재의 방법보다 복잡한 개념을 더 효과적으로 전달하는 수단이 될 수 있을 것이다. 시각 언어가 복잡한 내용을 소화하는 시간을 대폭 줄임으로써 그 목표를 성취해낼 수 있을 거라는 게 연구자들의 믿음이다.

그들은 과잉 정보를 양의 문제가 아니라 지각력 관리의 문제로 생각하며, 복잡한 개념을 단순하게 전달해보려 한다. 단어와 그림, 도표와 연대표를 단순히 결합하는 차원을 넘어서야 이 목표를 달성할 수 있다는 게 그들의 주장이다. 따라서 그들은 시각 언어를 실제 언어(곧 통사와 의미를 지배하는 형식적인 규칙들을 갖춘 언어)라 생각하며, 시각 언어가 자연 언어보다 더 자유롭게 이 규칙들을 구사할 수 있어야 한다고 주장한다. 요컨대 시각 언어에 그런 고유한 힘을 부여해야 한다는 뜻이다. 시각 언어의 가능성을 제안하는 학자들의 결론에서 가장 눈에 띄는 것은, 이미지와 이미지의 표준화된 배치가 복잡한 개념을 전통적인 문자보다 더 쉽게 전달하는 데 도움을 줄 수 있다는 것이다. 그들의 주장에 따르면, 인간의 뇌가 언어적 정보와 비언어적 정보를 처리하는 경로가 다르기 때문에 그런 결론이 가능하다. 요컨대 인간은 더 잘, 더 신속하게 이해하게 해주는 채널만이 아니라 더 많은 것을 기억해내게 해주는 채널까지 동시에 사용한다는 뜻이다.

실제로 시각 언어는 요즘 어디에나 있다. 우리는 그런 현상을 당연하게 받아들이며, 시각 언어의 존재를 특별히 의식하지도 않고, 시각 언어가 점점 더 현대 사회에 침투하는 현상을 신경쓰지도 않는다. 자동차에

앉는 순간, 우리는 시각 언어(속도계와 주행계, 연료계와 배터리 표시기, 안전 벨트 표시등, 라디오 프로그램, 온도 표시 등)에 포위된다. 여기에도 수반되는 문자, 곧 글자와 숫자도 입말이 아니라 시각 언어로 '읽힌다'. 그리하여 엄청난 양의 자료가 거의 한눈에 처리될 수 있다. 시각 언어의 단점은 세부 사항에 약하고, 정확성이 부족하다는 것이다. 시각 언어가 인간의 생각을 폭넓게 전달할 수 없다는 건 분명하다. 하지만 새로운 테크놀로지 덕분에, 시각 언어는 완전한 언어를 보완하는 기능을 해낼 수 있다는 걸 보여주었다. 시각 언어가 더해지며, 세계의 문자 체계는 새로운 차원에 올라섰다.

문자의 미래

효율성과 단순성이 문자의 미래를 결정하지는 않는다. 그 문자를 사용하는 사람의 명망과 힘이 미래를 결정한다. 언어는 자연스럽게 진화하지만 문자 체계와 글자는 그렇지 않다. 문자는 의도적으로 차용되고, 말이나 철자와 별다른 관계가 없는 사회적이고 심리적인 이유에서 변하고 포기된다. 고대 상형문자와 설형문자를 쓰던 사람의 후손이 이제 아랍어 자음 알파벳을 사용한다. 또 메소포타미아의 표어음절 글리프를 조각하고 채색하던 사람이 고대 로마인이 과거에 사용하던 알파벳문자를 이제 사용한다. 이런 예들이 '우월한' 문자 체계가 결국 승리한다는 걸 보여주는 증거는 아니다.

정치는 문자의 역사에서 중대한 역할을 했다. 예컨대 1800년대 초, 러시아가 아제르바이잔을 합병했다. 그때 아제르바이잔은 아랍어 자음문자를 사용해 글을 쓰고 있었다. 그런데 1929년 이오시프 스탈린이 아제르바이잔의 충성심을 의심하며, 그들에게 아랍어를 포기하고 라틴어 알파벳을 채택하도록 강하게 압력을 가했다. 그러나 1930년대 스탈린은 아제르바이잔이 얼마 전에 라틴어 알파벳을 채택한 튀르키예와 연결되어 있다고 확신하고, 아제르바이잔에 러시아의 키릴 알파벳을 택하라는 명령을 내렸다. 1991년 독립한 이후로, 아제르바이잔 국민은 자신들의 언어를 라틴어 알파벳으로 표기하며, 아랍 문자와 키릴 문자를 포기했다. 하지만 이란계 아제르바이잔 사람은 아랍어에 기초한 수정된 페르시아 문자를 사용하고 있다. 아제르바이잔의 현 체제는 종파주의를 척결하려는 목적에서 라틴어 알파벳 사용을 권장한다.

금전적인 이유로 살아남은 문자도 있다. 대부분의 국가에는 방송할 때 제작일을 표기해야 한다고 규정한 법이 있다. 적어도 서양 국가에서는 로마 숫자로 텔레비전 프로그램과 영화 제작일이 아직도 표기된다. 요즘에는 극소수만이 로마 숫자를 읽을 수 있어, 재방송되는 프로그램이 실제로 얼마나 오래된 것인지 시청자가 제대로 파악하지 못하기 때문이다. 놀랍겠지만, 한 영국인 제작자가 실제로 그렇게 고백했다.[19]

문자의 미래를 예측하는 건 일반적으로 불가능하지만, 전반적인 추세는 짐작할 수 있다. 과거에는 글을 쓰는 방향과 방법(오른쪽에서 왼쪽, 위에서 아래로, 나선형으로, 좌우 교대 서법)이 다양하게 존재했지만, 요즘에는 라틴어를 모방해 왼쪽에서 오른쪽으로, 줄이 바뀌더라도 일정한 방향으로 쓰며 종이를 위에서부터 아래로 차근차근 채워가는 문자 체계가 증가하는 추세다. 중국어와 한국어와 일본어도 다르지 않다. 수 세기가 지나지 않아 이런 글쓰기가 지상에서 유일한 글쓰기 방법이 될 것이 분명하지만, 아랍어와 히브리어 같은 몇몇 문자 체계는 오른쪽에서 왼쪽으로 쓰는 오랜 전통을 지키려 할지도 모른다.

2,000년 전 로마 제국의 정복으로 시작되었고, 이제 여느 때보다 가속화된 라틴어 알파벳의 발전은 문자의 미래에 무척 중요하다. 그렇다고 지금까지 문자가 없던 언어들이 라틴어 알파벳으로 표기되어야 한다는 뜻은 아니다. 오히려 소멸 위험에 빠진 열대 우림에서 종을 보호하듯이 그런 언어들도 보존해야 한다. 주요 언어들, 곧 중국어와 영어, 스페인어와 포르투갈어를 인류의 대부분이 사용하므로 400년 이후에도 살아남을 가능성이 큰 언어들이 문자의 미래를 결정할 것이다. 디지털 시대가 시작된 지금, 대담하게 짐작해보면 그 미래가 라틴어 알파벳일 것으로 보인다.

이렇게 짐작하는 데는 몇 가지 이유가 있다. 첫째, 위에서 언급한 언어 중 세 언어가 이미 라틴어 알파벳을 사용하고, 중국도 한자를 로마자로 표기하는 한어병음 사용을 적극 권장하고 있다.(5장 참조) 게다가 하나의 세계 언어, 곧 국제 표준 영어도 라틴어 알파벳을 사용하는 신생 언어다. 또 컴퓨터도 라틴어 알파벳을 사용하는 문화권이 개발한 까닭에 라틴어 알파벳으로 현대 세계를 재정의했다. 컴퓨터 소프트웨어를 공유하려면 라틴어 알파벳으로 구성된 키보드를 다루어야 한다.

컴퓨터와 온라인 네트워크는 라틴어 알파벳을 사용할 때 최적으로 운영된다. 주된 이유는 그 둘의 발명과 확산이 라틴어 알파벳에 기반을 두고 있기 때문이다. 물론 다른 알파벳이나 문자 체계가 통째로 프로그램될 수 있다. 하지만 그런 알파벳은 컴퓨터와 네트워크를 운영하는 시스템에 이질적이고 호환되지 않아, 주변부에 머물 수밖에 없다. 달리 말하면, 세계 전역이 현재 컴퓨터와 네트워크 활동에서 라틴어 알파벳을 사용하고 있다는 뜻이다. 미래가 디지털에 기반한 사회와 경제에 있다는 건 분명하다. 따라서 라틴어 알파벳이 아닌 다른 문자 체계를 사용하는 국가는 사회·경제적인 결과에 순응하거나 감내해야 할 것이다. 달리 말하면, 디지털 테크놀로지가 세계 전체에 로마자화를 강요한 셈이다.

물론 라틴어 알파벳이 문자의 최정점은 아니지만, 문자의 정상부에 있는 것은 분명하다. 라틴어 알파벳만이 현대 세계의 전례 없는 조건을 충족하며, 다른 모든 문자 체계와 글자를 훌쩍 앞섰다. 따라서 라틴어 알파벳을 사용하는 사람은 그로 인한 이득을 얻기 마련이다. 역사상 현시점에서 라틴어 알파벳의 선택은 반론의 여지가 없어, 일부에서 주장하듯이 모국어를 상실한 때의 감정과 유사한 감정을 많은 사람에게 불러일으키는 최후통첩처럼 느껴질 수 있다. 하지만 한어병음에서 보듯이, 로마자화는 국제어를 채택하는 것도 아니고, 모국어와 민족 정체성의 상실을 뜻하지도 않는다. 오히려 그 문화권과 그곳에서 사용하는 언어가 로마자화되어 계속 읽히고 쓰이며 보존될 가능성이 커진다. 그렇지 않으면 주된 언어의 침략에 먹잇감이 되기 십상이기 때문이다. 결국 문자의 개혁은 문화의 보존을 위해서라도 필수적인 사회적 메커니즘이 된 셈이다. 중국이 현재 맞닥뜨린 현실이기도 하다.

하지만 하나의 문자 체계와 글자를 향한 추세는 결국 '영어 제국주의'의 시녀로 끝날 수 있다. 현재 세계 전역에서는 약 4,000개의 언어가 사용되지만 100년 뒤에는 1,000개밖에 남지 않을 것이다.[20] 모든 주된 언어들이 급속도로 그런 언어들을 잠식하고 있지만, 특히 영어가 여러 이유에서 다른 언어들보다 공격적이다. 로마자화는 궁극적으로 이런 역사적 과정에 참여하는 것일 수 있다. 중국이 적극적으로 로마자화를 지원하고, 일본이 로마자를 사용하는 빈도가 증가하고 있지만, 아랍어와 히브리어 사용자는 종교적인 이유만이 아니라 실질적인 이유에서도 로마자화를 선택하지 않을 가능성이 크다. 일례로 아랍 문자는 모음을 사용하지 않고도, 완전한 알파벳이라는 라틴 문자보다 훨씬 많은 방언을 전달할 수 있기 때문이다. 그래도 여러 문화권이 미래에는 지역적인 용도에서는 전통적 문자를 사용하고, 그 밖의 경우에는 라틴어 알파벳을 사용하는 '두 문자' 국가가 될지도 모른다. 하지만 두세 세기가 지나기 전에 소수의 문자만이 살아남을 것이고, 라틴어 알파벳이 지상을 지배할 것이다. 그때 라틴어 알파벳은 '세계 문자'World Script일 것이다.

2321년에 출간되는 책은 '하드커버'이든 '소프트커버'이든 간에 겉모습에서 이 책과 거의 똑같을 것이다. 달리 말하면, 똑같이 라틴어 알파벳의 똑같은 글자로 똑같은 방향, 그것도 로마체로 쓰인 책일 것이다. 그러나 모르는 단어가 많아 언어 자체는 '이상하게' 보일 것이다. 라틴어 알파벳이 세계 문자로 쓰이고, 더 나아가 행성 간의 문자로 쓰인다는 것은 화석화가 가속화된다는 뜻이다. 따라서 이집트 상형문자가 그랬듯이, 때가 되면 '세계 문자'도 문자 단일체가 될 것이다.

하지만 사회에서 문자의 용도가 크게 달라질 것이다. 디지털 테크놀로지의 영향으로 지금도 이런 변화를 엿볼 수 있다. 입말보다 글말, 곧 키보드를 사용하는 시간이 늘어나는 사람이 점점 증가할 것이다.[21] 특히 학생과 사무직 직원, 언론인과 편집자, 작가와 연구자, 컴퓨터 프로그래머, 은퇴자 등 대다수가 여기에 해당할 것이다. (중세 시대에는 인구 중 소수에 불과하던 필경사만이 기록실을 차지할 뿐이었다.) 디지털 테크놀로지는 선진 세계의 거의 모든 가정을 풍요롭게 해주고 있다. 선진국에서 인간의 삶은 전자 텍스트와 국제 네트워크를 중심으로 진행되며, 입말에서 멀어진다. 조만간 세계 전역에서 글말이 입말보다 더 중요한 위치를 차지할 듯하다. 이런 인위적인 접점에서 색다른 종류의 언어가 잉태되고 있다. 구체적으로 말하면, 입말과 글말 사이에서 특별한 위치를 차지하는 '구어적 글말'oral written language이다.[22] 컴퓨터들도 인간을 중간에 두지 않고, 글말(다시 말하면, 글말화된 프로그래밍 언어)를 통해 서로 소통한다. 이런 식으로 문자는 인간 자체를 초월했고, 그리하여 '문자'의 의미도 재정의되었다.

디지털화된 21세기 들어, 문자 체계의 수는 줄어들고 있지만 글의 양은 급증하고 있다. 글을 쓰는 데 필요한 도구와 장치의 양도 넘쳐흐른다. 요즘에는 레이저 각인기가 우리를 대신해 편지를 타이핑하고, 홀로그램 글자가 야외 콘서트장의 허공을 화려하게 장식한다. 전자 잉크가 미세한 구체(반쪽은 양전하, 반쪽은 음전하)들로 이루어진 면을 채우고, 그 면은 전자 펄스가 가해질 때 색이 변한다. 그리하여 마우스를 한 번 클릭하는 것으로, 전자 잉크는 성경을 순식간에 《바가바드기타》로 바꿀 수 있다. 비교적 최근까지 우리 사회 및 우리 사회의 기본적인 경제 과정은 인쇄된 단어 같은 '물리적'인 것의 증폭에 크게 의존했다. 이제 인쇄된 단어는 존재하지 않는다. 미지의 영역이 물리적 단어를 대체하고 있다. 지금 우리는 문자를 재정의할 뿐만 아니라 문자가 사회에서 차지하는 위치까지 재정립하고 있다.

미래에 문자가 끼어들 공간은 없을지 모른다고 생각하는 학자들이 있다. 전자 텍스트가 물리적인 인쇄물을 대체하면 곧바로 문자 자체가 위

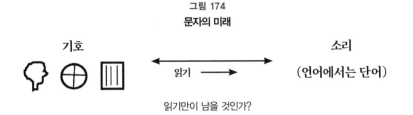

그림 174
문자의 미래

기호 　　　　　　　　　　　　　　　　　　소리

읽기 ⟶

　　　　　　　　　　　　　　　　　　（언어에서는 단어）

읽기만이 남을 것인가?

태로워진다. 목소리를 인식하는 프로그램이 궁극적으로 문자를 완전히 대체할 수 있다면 하나의 화살(읽기)만이 남을 것이기 때문이다.(그림 174) 그러나 컴퓨터의 목소리 응답 시스템이 완벽해지면 읽기도 사라질 수 있다. 그때부터는 누구도 자신의 이름을 쓸 필요가 없을 것이고⋯⋯ 시를 읽을 필요도 없을 것이다.

하지만 글을 읽고 쓰는 즐거움과 편익은 앞으로도 오랫동안 컴퓨터 목소리 인식 시스템의 편익을 능가할 것이다. 문자가 대부분의 문화권에서 빼놓을 수 없는 기본적인 요소로 존재하기 때문이다. 아직도 현대 사회는 대부분의 인간관계에서 글말에 의존한다. 2400년대의 우주선 사령관이라면 주≠ 컴퓨터의 음성 명령과 응답에 의존해 우주선을 지휘할 것이고, 이런 변화는 당연한 것일 수 있다. 그러나 그도 개인적인 공간에서는 글을 읽는 즐거움을 찾아 월트 휘트먼과 마쓰오 바쇼의 시집, 세르반테스의 소설을 펼치지 않을까? 그 즐거움은 우리가 지금 글을 읽으며 얻는 즐거움과 크게 다르지 않을 것이다.

그 우주선 사령관은 인류가 문자를 통해 외계인과 소통하려던 첫 시도의 결과를 수거하는 사람이 될 수도 있다. 1972년에 발사된 우주선 파이어니어 10호의 안테나에는 15×23센티미터의 알루미늄판이 장착되었다.(그림 175) 그 알루미늄판에는 미국 천문학자 칼 세이건Carl Sagan,

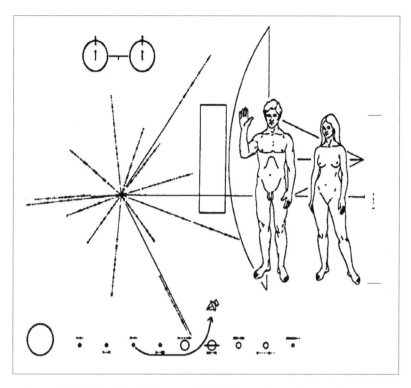

그림 175 인류가 외계인에게 보낸 서한. 1972년에 발사된 파이어니어 10호에 새겨진 그림.

1934~1996의 제안으로 "우리가 발견자들과 공유하는 유일한 언어, 과학으로 쓰인" 텍스트가 그려졌다. 지금 우리 태양계를 넘어간 그 알루미늄판의 '텍스트'에는 우주선이 출발한 곳, '우리은하'를 기준으로 한 출발일 (1970년), 그 판을 제작한 사람들(남자와 여자)이 새겨졌다. 그 새김글은 현재 우리가 알고 있는 완전한 문자가 아니지만, 그림문자와 펄스 신호를 통해 '보편적으로 이해할 수 있는 메시지'라 생각하는 것을 전달한다. 적어도 인간에게는 대략적으로 이해되는 메시지이지만, 세이건의 지적에 따르면 "[얄궂게도] 인간이 메시지에서 가장 난해한 부분"이다.

파이어니어 10호의 금속판이 발견되거나 수거될 때까지 인류와 문자의 기본적인 관계는 급격하게 변할 가능성이 거의 없다. 지능과 이해력을 지닌 생명체라면, 언어학자 플로리안 쿨마스가 말했듯이 "글을 읽고 쓰는 능력이 있을 때 지식에 접근할 수 있고, 지식은 힘이다"라는 것을 앞으로도 인정할 것이다.[23]

○ ○ ○

따라서 문자는 '목소리의 그림'에 불과한 것이 아니다. 티베트 장쯔현에 있는 펠코르 초데 사원을 방문하는 순례자는 불교 경전의 지혜를 받아들인다는 믿음으로 수 세기 전부터 그랬듯이 지금도 경전 더미 아래를 기어다닌다. 최근의 연구에서 밝혀졌듯이, 개인적인 감정을 글로 풀어내는 행위 자체가 우울감을 떨쳐내고, 면역 체계를 강화하고 혈압을 낮추는 데 도움이 된다. 아리스토텔레스도 글로 '영혼의 병'을 표현할 수 있다고 역설하지 않았던가. 태양계를 넘어간 우주선 파이어니어 10호는 지구의 컴퓨터에서 문자로 받은 명령에 응답한다. 우리가 기존의 한계를 넘어 모험을 시작할 때, 문자는 불완전하더라도 인간이란 종을 표현하는

그림 176 어떤 유형의 생각이 있었다는 흔적이 남겨진 인공물. 약 3만 년 전, 네안데르탈인이 조류의 뼈에 일정한 간격으로 새긴 흔적.

필수적인 수단이 되었다. 하지만 어떤 유형의 생각이 있었다는 흔적을 인공물에 남기려는 충동은 현재의 우리만 아니라, 수만 년 전에 살았던 우리 선조의 특징이기도 하다.(그림 176) 문자가 다양한 형태로 인류에게 계속 경이로운 도움을 준다면 '신인류'新人類를 규정하고 만들어갈 것이다.

미래에 문자가 어떤 형태를 띠더라도 인간의 삶에서 중심이 되고, 힘을 주며 기억하게 해준다. 약 4,000년 전 이집트의 한 필경사가 말했듯이 "사람이 죽으면 몸뚱이는 흙이 되고, 그와 관련된 모든 것이 흙먼지로 부스러진다. 그를 기억에 남게 해주는 것은 문자다."

문자의 어제와 내일

볼테르는 문자를 '목소리의 그림'이라 말했다. 문자의 목적과 범위를 인간중심적으로 평가한 시적인 표현인데, 쉽게 말하면 인간의 말을 시각적으로 표현한 기호다. 하지만 문자는 인간 지식을 전달하는 궁극적인 도구이고, 사회의 문화적 매개체이며, 정보를 대중에게 알리는 민주적인 표현 수단이기도 하다. 게다가 서법書法이란 이름으로 예술의 한 부분이기 되기도 한다. 이런 점에서 문자는 '목소리의 그림'에 그치지 않는다. 인간, 적어도 문명인의 삶에서 떼어놓고 생각할 수 없는 부분이다.

문자는 '발명'되는 것이 아니다. 모방과 차용의 산물이다. 이런 전제하에, 저자는 인류 문명이 시작된 수메르에서 잉태된 문자부터 시작한다. 이집트의 상형문자, 중동의 아랍 문자, 동아시아의 한자(중국)와 한글(한국)과 가나(일본), 그리스와 로마의 알파벳문자, 그리고 대서양 건너편의 메소아메리카 문자들이 어떻게 형성되었는지, 다시 말하면 어떤 모방과 차용이 있었는지 추적하는 저자의 집념은 마치 탐정소설을 읽는 듯하다. 메소아메리카 문자에서 뜻밖에도 수메르 문자와의 유사성을 찾아가는 과정은 놀랍기만 하다. 또한 저자가 뉴질랜드 오클랜드에 있는 '폴리

네이시아 언어 연구소' 소장을 역임한 전력을 고려하면, 이스터섬의 '롱고 롱고' 문자를 다루는 건 당연하게 여겨지기도 한다.

이처럼 이 책은 세계 전역의 문자를 다룬다. 그러나 이 책은 지역에 국한되지 않는다. 보통 사람이 문자에서 쉽게 떠올릴 수 있는 것도 다룬다. 예컨대 '철자'와 '문장 부호'는 문자에 대한 연구에서 빼놓을 수 없는 것이다. 저자 스티븐 로저 피셔가 '문자의 역사'를 다룬 이 책에서 문자와 관련된 것을 하나도 빠뜨리지 않으려고 애쓴 흔적은 '철자 개혁'의 추적에서 여실히 드러난다.

문자의 역사와 '키보드'는 어떤 관계가 있을까? 문자가 존재하는 궁극적인 목적이 '쓰기'에 있다면, 키보드도 문자의 역사에서 빠질 수 없는 부분이 된다. 인쇄가 처음 등장했을 때 전문가의 영역이었다면, 타자기가 등장하며 그 경계가 무너졌다고 말할 수 있다. 키보드는 타자기에만 필요한 게 아니었다. 컴퓨터, 심지어 스마트폰에서도 키보드는 필수적인 부분이다. 키보드는 무엇으로 이루어져 있는가? 그렇다! 자음과 모음, 곧 문자가 없는 키보드는 없다.

'역사'는 대체로 과거의 이야기다. 국어 사전만이 아니라 영어 사전에서도 역사는 '과거의 사건'past events에 대한 연구로 정의된다. 하지만 이 책은 과거의 문자에 머물지 않는다. 문자의 미래를 추정하는 데 한 장을 할애한다. 중국어, 영어, 스페인어, 포르투갈어를 세계의 주된 언어로 규정하며 그 이유를 명확히 밝히지 않아 아쉽지만, 미래를 지배할 문자로 라틴어 알파벳에 힘을 실어주는 이유에 대한 설명은 유용하다.

충주에서 강주헌

주석

|| 1 || 새김눈에서 서판으로

1 Henri-Jean Martin, *The History and Power of Writing*, trans. Lydia G. Cochrane (Chicago and London, 1994)

2 John DeFrancis, *Visible Speech: The Diverse Oneness of Writing Systems* (Honolulu, 1989)

3 David Diringer, *Writing* (London, 1962)

4 Florian Coulmas, *The Writing Systems of the World* (Oxford and New York, 1989)가 기준보다는 '형식적 특징'(formal characteristics)으로 제시한 것을 재정리한 것임.

5 Steven Roger Fischer, *A History of Language* (London, 1999)

6 Marcel Cohen, *La Grande Invention de l'écriture et son évolution*, 2 vols (Paris, 1958)

7 Leonard Bloomfield, *Language* (New York, 1933)

8 Ignace J. Gelb, *A Study of Writing* [1952], rev. edn (Chicago and London, 1963)

9 Kaj Birket-Smith, 'The Circumpacific Distribution of Knot Records', *Folk*, viii (1966), pp. 15-24.

10 Hans Prem and Berthold Riese, 'Autochthonous American Writing Systems: The Aztec and Maya Examples', in F. Coulmas and K. Ehlich, eds, *Writing in Focus* (Berlin, Amsterdam and New York, 1983), pp. 167-86.

11 Paul Bahn and Jean Vertut, *Images of the Ice Age* (London, 1988)

12 Robert Claiborne, *The Birth of Writing* (New York, 1974)

13 M. D. McLeod, *The Asante* (London, 1981), Albertine Gaur, *A History of Writing*, rev. edn (London, 1992)에서 인용.

14 Carl Meinhof, 'Zur Entstehung der Schrift', Zeitschrift für ägyptische Sprache, xlix (1911), pp. 1-14; Johannes Friedrich, *Geschichte der Schrift* (Heidelberg, 1966)

15 A. J. Abraham, *String Figures* (Algonac, mi, 1988)

16 Claiborne, *The Birth of Writing*.

17 J. D. Bernal, *Science in History*, 4 vols (London, 1954)

18 Martin, *The History and Power of Writing*.

19 Shan M. M. Winn, *Pre-Writing in Southeast Europe: The Sign System of he Vinča Culture, ca. 4000 BC*(Calgary, 1981)

20 M.S.F. Hood, 'The Tartaria Tablets', *Antiquity*, xli (1967), pp. 99–113.

21 Janos Makkay, 'The Late Neolithic Tordos Group of Signs', *Alba Regia*, x (1969), pp. 9–50.

22 Emilia Masson, '"L'Ecriture" dans les civilisations danubiennes néolithiques', *Kadmos*, xxiii (1984), pp. 89–123.

23 Gelb, *A Study of Writing*.

24 Julius Jordan, 'Uruk, vorläufige Berichte', *Abhandlungen der Preußischen Akademie der Wissenschaften, philosophisch-historische Klasse* (Berlin, 1932)

25 A. Leo Oppenheim, 'On an Operational Device in Mesopotamian Bureucracy', *Journal of Near Eastern Studies*, xviii (1959), pp. 121–8, 불라의 시스템적 사용을 처음으로 밝인 논문. Pierre Amiet, 'Il y a 5000 ans les Elamites inventaient l'écriture', *Archeologia*, xii (1966), pp. 20–22, 가장 오래된 '불라'를 분석한 끝에, 겉면의 표시가 내용물과 유사하다고 밝혀낸 논문이다. Denise Schmandt-Besserat는 이 이론을 옹호하는 주된 학자로, 많은 연구물 중에서 특히 'The Earliest Precursors of Writing', *Scientific American*, ccxxxviii (1978), pp. 50–59와 *Before Writing*, 2 vols (Austin, 1992)가 주목할 만하다.

26 Roy Harris, *The Origin of Writing* (London, 1986); Piotr Michalowski, 'Early Mesopotamian Communicative Systems: Art, Literature, and Writing', in Ann C. Gunther, ed., *Investigating Artistic Environments in the Ancient Near East* (Washington, dc, 1990), pp. 53–69; Piotr Michalowski, 'Tokenism', *American Anthropologist*, xlv (1993), pp. 996–9; Paul Zimansky, 'Review of Before *Writing* by Denise Schmandt-Besserat', *Journal of Field Archæology*, xx (1993), pp. 513–17.

27 Zimansky, 'Review of *Before Writing*'.

28 Coulmas, *The Writing Systems of the World*.

29 Gelb, *A Study of Writing*; Friedrich, *Geschichte der Schrift*; Hans Jensen, *Sign, Symbol and Script* (New York, 1969); Geoffrey Sampson, *Writing Systems* (London, 1985); Coulmas, *The Writing Systems of the World*.

30 Jensen, *Sign, Symbol and Script*.

31 Andrew Robinson, *The Story of Writing* (London, 1995) 입말 단위와 글말 단위 사이의 관계, 곧 언어에 국한한 부분들이 시각적 표현을 통해 어떻게 해결되는가에 대해서는 Coulmas, *The Writing Systems of the World*, pp. 37–54를 참조할 것.

|| 2 || 말하는 그림

1   Andrew Robinson, *The Story of Writing* (London, 1995) Robinson의 주장에 따르면, 표음식 철자법이 도입되며 "원형 문자가 완성된 문자가 되었다."

2   Peter T. Daniels, 'The First Civilizations', in Peter T. Daniels and William Bright, eds, *The World's Writing Systems* (New York, 1996), pp. 21–32.

3   Robert Claiborne, *The Birth of Writing* (New York, 1974)

4   W. V. Davies, *Egyptian Hieroglyphs*, Reading the Past (London, 1987)

5   Steven Roger Fischer, *A History of Language* (London, 1999)

6   John D. Ray, 'The Emergence of Writing in Egypt', *World Archaeology*, xvii/3 (1986), pp. 307–16.

7   Robert K. Ritner, 'Egyptian Writing', in Daniels and Bright, eds, *The World's Writing Systems*, pp. 73–84.

8   이집트 상형문자를 다룬 유익한 출판물로는 E. A. Wallis Budge, *An Egyptian Hieroglyphic Dictionary*, 2 vols (Mineola, ny, 1978); Davies, *Egyptian Hieroglyphs*; David P. Silverman, *Language and Writing in Ancient Egypt*, Carnegie Series on Egypt (Oakland, ca, 1990); Jaromir Malek, *The abc of Hieroglyphs: Ancient Egyptian Writing* (Gilsum, nh, 1995); Hilary Wilson, *Understanding Hieroglyphs: A Complete Introductory Guide* (Lincolnwood, il, 1995) 등이 있다.

9   Davies, *Egyptian Hieroglyphs*.

10 Ritner, 'Egyptian Writing'.

11 Davies, *Egyptian Hieroglyphs*.

12 Robinson, *The Story of Writing*.

13 Maurice W. M. Pope, 'The Origin of Near Eastern Writing', *Antiquity*, xl (1965), pp. 17–23; Thorkild Jacobson, *Toward the Image of Tammuz and Other Essays on Mesopotamian History and Culture* (Oslo, 1970); Piotr Michalowski, 'Mesopotamian Cuneiform', in Daniels and Bright, eds, *The World's Writing Systems*, pp. 33–6.

14 Henri-Jean Martin, *The History and Power of Writing*, trans. Lydia G. Cochrane (Chicago and London, 1994)

15 Marvin A. Powell, 'Three Problems in the History of Cuneiform Writing: Origins, Direction of Script, Literacy', *Visible Language*, xv/4 (1981), pp. 419–40.

16 C.B.F. Walker, *Cuneiform*, Reading the Past, vol. iii (Berkeley and Los Angeles, 1989)

17 M. W. Green, 'The Construction and Implementation of the Cuneiform Writing

System', *Visible Language*, xv/4 (1981), pp. 345–72.

18 Florian Coulmas, *The Writing Systems of the World* (Oxford and New York, 1989)

19 Ignace J. Gelb, *A Study of Writing* [1952], rev. edn (Chicago and London, 1963)

20 Jerrold S. Cooper, 'Sumerian and Akkadian', in Daniels and Bright, eds, *The World's Writing Systems*, pp. 37–57; M. Civil and R. Biggs, 'Notes sur des textes sumériens archaïques', *Revue d'Assyriologie*, lx (1966)

21 David Diringer, *The Alphabet: A Key to the History of Mankind*, 3rd edn (London, 1968)

22 Gene B. Gragg, 'Other Languages', in Daniels and Bright, eds, *The World's Writing Systems*, pp. 58–72.

23 Christel Rüster, *Hethitische Keilschrift–Paläographie* (Wiesbaden, 1972)

24 Stanislav Segert, *A Basic Grammar of the Ugaritic Language* (Berkeley, 1984)

25 Coulmas, *The Writing Systems of the World*.

26 Friedrich Wilhelm König, *Die elamischen Königsinschriften* (Graz, 1965)

27 Johannes Friedrich, *Geschichte der Schrift* (Heidelberg, 1966)

28 Maurice Pope, *The Story of Decipherment: From Egyptian Hieroglyphic to Linear B* (London, 1975)

29 Hans Jensen, *Sign, Symbol and Script* (New York, 1969)

30 Coulmas, *The Writing Systems of the World*.

31 Carl C. Lamberg-Karlovsky, 'The Proto-Elamites on the Iranian Plateau', *Antiquity*, lii (1978), pp. 114–20.

32 Robert K. Englund, 'The Proto-Elamite Script', in Daniels and Bright, eds, *The World's Writing Systems*, pp. 160–64.

33 F. Vallat, 'Les Documents épigraphiques de l'acropole (1969–1971)', *Cahiers de la délégation archéologique française en Iran*, i (1971), pp. 235–45; 'Les Tablettes proto-elamites de l'acropole (campagne 1972)', *Cahiers de la délégation archéologique française en Iran*, iii (1973), pp. 93–105; Piero Meriggi, *La scrittura proto–elamica*, 3 vols (Rome, 1971–4)

34 Lamberg-Karlovsky, 'The Proto-Elamites on the Iranian Plateau'.

35 Asko Parpola, *Deciphering the Indus Script* (Cambridge, 1994)

36 Asko Parpola, 'The Indus Script', in Daniels and Bright, eds, *The World's Writing Systems*, pp. 165–71.

37 Parpola, *Deciphering the Indus Script*. See also Gregory L. Possehl, *The Indus Age:*

The Writing System (Philadelphia, 1996)

38 Walter A. Fairservis, Jr, 'The Script of the Indus Valley Civilization', *Scientific American* (March 1983), pp. 41-9.

39 Asko Parpola, 'The Indus Script: A Challenging Puzzle', *World Archaeology*, xvii/3 (1986), pp. 399-419.

40 Parpola, *Deciphering the Indus Script*.

41 Albertine Gaur, *A History of Writing*, rev. edn (London, 1992)

42 Archibald A. Hill, 'The Typology of Writing Systems', in W. M. Austin, ed., *Papers in Linguistics in Honor of Léon Dostert* (The Hague, 1967), pp. 92-9.

|| 3 || 말하는 문자 체계

1 Henri-Jean Martin, *The History and Power of Writing*, trans. Lydia G. Cochrane (Chicago and London, 1994)

2 Florian Coulmas, *The Writing Systems of the World* (Oxford and New York, 1989)

3 Gordon Childe, *What Happened in History* [1942] (Harmondsworth, 1982)

4 George E. Mendenhall, *The Syllabic Inscriptions from Byblos* (Beirut, 1985)

5 Brian E. Colless, 'The Proto-Alphabetic Inscriptions of Canaan', *Abr-Nahrain*, xxix (1991), pp. 18-66; 'The Byblos Syllabary and the Proto-Alphabet', *Abr-Nahrain*, xxx (1992), pp. 55-102.

6 Mendenhall, *The Syllabic Inscriptions from Byblos*.

7 Colless, 'The Byblos Syllabary and the Proto-Alphabet'을 참조할 것.

8 앞의 책.

9 Ignace J. Gelb, *Hittite Hieroglyphs* (London, 1931); *A Study of Writing* [1952] (Chicago and London, 1963)

10 H. Craig Melchert, 'Anatolian Hieroglyphs', in Peter T. Daniels and William Bright, eds, *The World's Writing Systems* (New York, 1996), pp. 120-24.

11 앞의 책.

12 Albertine Gaur, *A History of Writing*, rev. edn (London, 1992)

13 Martin, *The History and Power of Writing*.

14 이 항목은 미노아·그리스인이 크레타 상형문자와 선형문자 A를 만들었다는 최근 이론에 기초한 것이다. 이에 대해서는 Steven Roger Fischer, *Evidence for Hellenic Dialect in the*

Phaistos Disk (Berne et al., 1988)를 참조하기 바란다. 이 이론을 쉽게 설명한 글로는 Steven Roger Fischer, *Glyphbreaker* (New York, 1997)가 있다. 그리스인이 미노아인에게서 음절문자 표기를 차용했다는 전통적인 표준 이론도 읽어보기 바란다. 이에 대해서는 Emmett L. Bennett, Jr, 'Aegean Scripts', in Daniels and Bright, eds, *The World's Writing Systems*, pp. 125-33; John Chadwick, *Linear B and Related Scripts*, 2nd edn (London, 1989)를 참조하기 바란다.

15 파이스토스 원반에 대한 전반적인 설명은 Yves Duhoux, *Le Disque de Phaestos* (Louvain, 1977)을 참조하기 바란다. 원반의 해독과 내용에 대해서는 Fischer, *Evidence for Hellenic Dialect in the Phaistos Disk*를 참조하기 바란다.

16 Fischer, *Evidence for Hellenic Dialect in the Phaistos Disk*.

17 Louis Godart and Jean-Pierre Olivier, *Recueil des inscriptions en linéaire A*, Etudes crétoises 21, vols 1-5 (Athens, 1976-85)

18 Michael Ventris and John Chadwick, *Documents in Mycenœan Greek*, 2nd edn (Cambridge, 1973)

19 Thomas G. Palaima, 'Cypro-Minoan Scripts: Problems of Historical Context', in Yves Duhoux, Thomas G. Palaima and John Bennet, eds, *Problems in Decipherment*, Bibliothèque des cahiers de l'Institut de Linguistique de Louvain 49 (Louvain, 1989), pp. 121-87.

20 Hans Jensen, *Sign, Symbol and Script* (New York, 1969)

21 G. R. Driver, *Semitic Writing: From Pictograph to Alphabet* [1948] (London, 1976)

22 W. V. Davies, *Egyptian Hieroglyphs*, Reading the Past (London, 1987)

23 David Diringer, *The Alphabet: A Key to the History of Mankind*, 3rd edn (London, 1968)

24 M. O'Connor, 'Epigraphic Semitic Scripts', in Daniels and Bright, eds, *The World's Writing Systems*, pp. 88-107.

25 Colless, 'The Proto-Alphabetic Inscriptions of Canaan'.

26 Coulmas, *The Writing Systems of the World*.

27 Johannes Friedrich, *Geschichte der Schrift* (Heidelberg, 1966); Diringer, *The Alphabet*.

28 O'Connor, 'Epigraphic Semitic Scripts'.

29 Coulmas, *The Writing Systems of the World*.

30 M. O'Connor, 'The Berber Scripts', in Daniels and Bright, eds, *The World's Writing Systems*, pp. 112-16.

31 O'Connor, 'Epigraphic Semitic Scripts'.

32 S. A. Birnbaum, *The Hebrew Script* (Edinburgh, 1971)

33 Jensen, *Sign, Symbol and Script*.

34 Coulmas, *The Writing Systems of the World*.

35 D. Navon and J. Shimron, 'Reading Hebrew: How Necessary is the Graphemic Representation of Vowels?', in L. Henderson, ed., *Orthographies and Reading* (London, 1984), pp. 91–102.

36 Diringer, *The Alphabet*.

37 Coulmas, *The Writing Systems of the World*.

38 F. E. Sommer, *The Arabic Writing in Five Lessons, with Practical Exercises and Key* (New York, 1942)

39 앞의 책. Farhat J. Ziadeh and R. Bayly Winder, *An Introduction to Modern Arabic* (Princeton, 1957); David Cowan, *An Introduction to Modern Literary Arabic* (Cambridge, 1964); J. R. Smart, *Arabic: A Complete Course for Beginners* (London, 1986)

40 Youssef Mahmoud, 'The Arabic Writing System and the Sociolinguistics of Orthography Reform', PhD diss., Georgetown University, Washington, dc, 1979.

41 Friedrich, *Geschichte der Schrift*.

42 Coulmas, *The Writing Systems of the World*.

43 D. P. Pattanayak, 'The Problem and Planning of Scripts', in G. Sambasiva Rao, ed., *Literacy Methodology* (Manasagangotri, Mysore, 1979), pp. 43–59.

44 V. Kannaiyan, *Scripts in and around India* (Madras, 1960)

45 앞의 책.

46 Steven Roger Fischer, *A History of Language* (London, 1999)

47 Coulmas, *The Writing Systems of the World*.

48 Lachman M. Khubchandani, *Plural Languages, Plural Cultures* (Honolulu, 1983)

49 William Bright, 'The Devanagari Script', in Daniels and Bright, eds, *The World's Writing Systems*, pp. 384–90.

50 Mary Haas, *The Thai System of Writing* (Washington, dc, 1956)

51 J. G. de Casparis, *Indonesian Palæography* (Leiden, 1975)

52 Wolfgang-Ekkehard Scharlipp, *Einführung in die tibetische Schrift* (Hamburg, 1984)

53 Francis Britto, *Diglossia: A Study of the Theory with Application to Tamil* (Washington, DC, 1986)

54 Fischer, *A History of Language*.

|| 4 || 알파에서 오메가까지

1 Pierre Swiggers, 'Transmission of the Phoenician Script to the West', in Peter T. Daniels and William Bright, eds, *The World's Writing Systems* (New York, 1996), pp. 261–70.

2 Geoffrey Sampson, *Writing Systems* (London, 1985)

3 Roger D. Woodard, *Greek Writing from Knossos to Homer: A Linguistic Interpretation of the Origin of the Greek Alphabet and the Continuity of Ancient Greek Literacy* (Oxford, 1997) David Diringer, *The Alphabet: A Key to he History of Mankind*, 3rd edn (London, 1968)에서는 그리스가 페니키아 알파벳을 기원전 1000년경에 차용했다고 주장한다. Florian Coulmas, *The Writing Systems of the World* (Oxford and New York, 1989)은 '시기를 최대한 늦추더라도' 10세기라고 주장한다. 1907년에 발간된 W. Larfeld, *Handbuch der griechischen Epigraphik* (Leipzig, 1907)에서는 차용된 시기가 기원전 11세기라고 추정했다. 보수적인 고전학자 Swiggers는 'Transmission of the Phoenician Script to the West'에서, 그리스가 페니키아 문자를 차용한 시기가 기원전 800년과 기원전 775년 사이일 것이라 주장한다. 반면에 셈 학자들은 그 시기를 크게 앞당겨, 기원전 1750년부터 기원전 1100년 사이일 것이라 추정한다. 이처럼 차용 시기가 상대적으로 빨랐을 것이라 주장하는 주된 학자로는 Joseph Naveh, *Early History of the Alphabet*, 2nd edn (Leiden, 1987)가 있다.

4 Edward Maunde Thompson, *Handbook of Greek and Latin Palæography* (London, 1906)

5 Lilian Hamilton Jeffery, *The Local Scripts of Archaic Greece: A Study of the Origin of the Greek Alphabet and Its Development from the Eighth to the Fifth Centuries b.c.*, 2nd edn rev. A. W. Johnston (Oxford, 1990)

6 Michael S. Macrakis, ed., *Greek Letters from Tablets to Pixels* (New Castle, de, 1996)

7 P. Kyle McCarter, Jr, *The Antiquity of the Greek Alphabet and the Early Phoenician Scripts* (Missoula, mt, 1975)

8 Coulmas, *The Writing Systems of the World*.

9 Leslie Threatte, 'The Greek Alphabet', in Daniels and Bright, eds, *The World's Writing Systems*, pp. 271–80.

10 Sampson, *Writing Systems*.

11 그리스어에 추가로 더해진 글자의 기원에 대해서는 Hans Jensen, *Sign, Symbol and Script*를 참조하기 바란다. 추가된 글자들이 기존 그리스 글자들과 달랐다는 증거라는 가설, 또 그 글자들이 다른 곳에서 차용한 것이란 가설이 팽팽히 맞서고 있다.

12 Pierre Swiggers and Wolfgang Jenniges, 'The Anatolian Alphabets', in Daniels and Bright, eds, *The World's Writing Systems*, pp. 281–7.

13 W. V. Davies, *Egyptian Hieroglyphs*, Reading the Past (London, 1987)

14 Karl-Heinz Priese, 'Zur Entstehung der meroitischen Schrift', in Fritz Hintze, ed., *Sudan im Altertum*, Meroitica i (Berlin, 1973), pp. 273–306.

15 N. B. Millet, 'The Meroitic Script', in Daniels and Bright, eds, *The World's Writing Systems*, pp. 84–6.

16 Robert K. Ritner, 'The Coptic Alphabet', in Daniels and Bright, eds, *The World's Writing Systems*, pp. 287–90.

17 Walter C. Till, *Koptische Grammatik* (Leipzig, 1955)

18 Walter E. Crum, *A Coptic Dictionary* (Oxford, 1939)

19 Albertine Gaur, *A History of Writing*, vol. ii, rev. edn (London, 1992)

20 'Etruscan Text Find', in *Archaeology*, lii/5 (1999), p. 16.

21 Larissa Bonfante, 'The Scripts of Italy', in Daniels and Bright, eds, *The World's Writing Systems*, pp. 297–311.

22 Ambros Pfiffig, *Die etruskische Sprache: Versuch einer Gesamtdarstellung* (Graz, 1969)

23 Giuliano Bonfante and Larissa Bonfante, *The Etruscan Language: An Introduction* (Manchester, 1983)

24 Sampson, *Writing Systems*.

25 John F. Healey, *The Early Alphabet*, Reading the Past (London, 1990)

26 Sampson, *Writing Systems*.

27 W. S. Allen, *Vox Latina* (Cambridge, 1965)

28 Coulmas, *The Writing Systems of the World*.

29 Pierre Swiggers, 'The Iberian Scripts', in Daniels and Bright, eds, *The World's Writing Systems*, pp. 108–12.

30 Jürgen Untermann, *Monumenta Linguarum Hispanisarum* (Wiesbaden, 1975–90)

31 Ernst Ebbinghaus, 'The Gothic Alphabet', in Daniels and Bright, eds, *The World's Writing Systems*, pp. 290–93.

32 Ernst Ebbinghaus, 'The Origin of Wulfila's Alphabet', *General Linguistics*, xix (1979), pp. 15–29.

33 Erdmute Schultze, 'Die Runen', in Bruno Krüger, ed., *Die Germanen*, vol. ii (Berlin, 1986), pp. 315–26.

34 Gaur, *A History of Writing*.

35 Ralph W. V. Elliott, 'The Runic Script', in Daniels and Bright, eds, *The World's Writing Systems*, pp. 333–9.

36 Raymond I. Page, *Runes*, Reading the Past (London, 1987)

37 Raymond I. Page, *An Introduction to English Runes* (London, 1973)

38 Klaus Düwel, *Runenkunde*, 2nd edn (Stuttgart, 1983)

39 Damian McManus, 'Ogham', in Daniels and Bright, eds, The *World's Writing Systems*, pp. 340–45.

40 James Carney, 'The Invention of the Ogom Cipher', *Ériu* (*Journal of the Royal Irish Academy*), xxvi (1975), pp. 53–65.

41 Damian McManus, *A Guide to Ogam*, Maynooth Monographs 4 (Maynooth, 1991)

42 Paul Cubberley, 'The Slavic Alphabets', in Daniels and Bright, eds, *The World's Writing Systems*, pp. 346–55.

43 Leon Stilman, *Russian Alphabet and Phonetics*, 12th edn (New York, 1960)

44 Paul Cubberley, 'Alphabets and Transliteration', in Bernard Comrie and Greville G. Corbett, eds, *The Slavonic Languages* (London, 1993), pp. 20–59.

|| 5 || 동아시아 문자의 '재탄생'

1 William G. Boltz, 'East Asian Writing Systems', in Peter T. Daniels and William Bright, eds, *The World's Writing Systems* (New York, 1996), pp. 189–90.

2 Herrlee G. Creel, *Chinese Writing* (Washington, dc, 1943)

3 Cheung Kwong-yue, 'Recent Archaeological Evidence Relating to the Origin of Chinese Characters', in David N. Keightley, ed., *The Origins of Chinese Civilization* (Berkeley and Los Angeles, 1983), pp. 323–91.

4 C. J. Ball, *Chinese and Sumerian* (London, 1913); A. Ungnad, 'Sumerische und chinesische Schrift', *Wiener Zeitschrift für die Kunde des Morgenlandes*, xxxiv (1927)

5 William G. Boltz, *The Origin and Early Development of the Chinese Writing System*, American Oriental Series 78 (New Haven, 1994)

6 Suzanne Wen-Pu Yao, *Ostasiatische Schriftkunst* (Berlin, 1981)

7 Bertrand Russell, *The Problem of China* (London, 1922)

8 Yuen Ren Chao, *Language and Symbolic Systems* (Cambridge, 1968)

9 Florian Coulmas, *The Writing Systems of the World* (Oxford and New York, 1989)

10 John DeFrancis, *The Chinese Language: Fact and Fantasy* (Honolulu, 1984)

11 Boltz, *The Origin and Early Development of the Chinese Writing System*.

12 Viviane Alleton, *L'Ecriture chinoise* (Paris, 1970)

13 Victor H. Mair, 'Modern Chinese Writing', in Daniels and Bright, *The World's Writing Systems, pp.* 200–208.

14 Albertine Gaur, *A History of Writing*, rev. edn (London, 1992)

15 Mair, 'Modern Chinese Writing'.

16 앞의 책.

17 Victor H. Mair, 'Cheng Ch'iao's Understanding of Sanskrit: The Concept of Spelling in China', in *A Festschrift in Honour of Professor Jao Tsung-i on the Occasion of His Seventy-fifth Anniversary* (Hong Kong, 1993), pp. 331–41.

18 DeFrancis, *The Chinese Language*.

19 Nguyen Dinh-Hoa, 'Vietnamese', in Daniels and Bright, eds, *The World's Writing Systems*, p. 691–5.

20 Gaur, *A History of Writing*.

21 Lee Sangbaek, *A History of Korean Alphabet and Movable Types* (Seoul, 1970)

22 Ross King, 'Korean Writing', in Daniels and Bright, eds, *The World's Writing Systems, pp.* 218–27.

23 Geoffrey Sampson, *Writing Systems* (London, 1985)

24 King, 'Korean Writing'.

25 Gari Keith Ledyard, 'The Korean Language Reform of 1446: The Origin, Background and Early History of the Korean Alphabet', PhD diss., University of California at Berkeley, 1966.

26 Ross King, 'The Korean Elements in the Manchu Script Reform of 1632', *Central Asiatic Journal*, xxxi (1987), pp. 197–217.

27 Coulmas, *The Writing Systems of the World*.

28 Insup Taylor, 'The Korean Writing System: An Alphabet?', in Paul A. Kolers, Merald E. Wrolstad and Herman Bouma, eds, *Processing of Visible Language*, vol. ii (New York, 1980), p. 67–82.

29 Lee Sangbaek, *A History of orean Alphabet and Movable Types*.

30 Sampson, *Writing Systems*.

31 King, 'Korean Writing'.

32 Sampson, *Writing Systems*.

33 Janet S. Smith, 'Japanese Writing', in Daniels and Bright, eds, *The World's Writing Systems*, pp. 209-17.

34 Hans Jensen, *Sign, Symbol and Script* (New York, 1969)

35 G. B. Sansom, *Japan: A Short Cultural History* (New York, 1962)

36 Smith, 'Japanese Writing'.

37 Sampson, *Writing Systems*.

38 이 부분에 대해서는 특히 Coulmas, *The Writing Systems of the World*를 참조할 것.

39 Smith, 'Japanese Writing'.

40 Sampson, *Writing Systems*.

41 Coulmas, *The Writing Systems of the World*.

42 앞의 책.

|| 6 || 아메리카 대륙

1 John S. Justeson and Terrence Kaufman, 'A Decipherment of Epi-Olmec Hieroglyphic Writing', *Science*, cclix (1993), pp. 1703-11.

2 Virginia Morell, 'New Light on Writing in the Americas', *Science*, CCLI (1991), pp. 268-70.

3 Florian Coulmas, *The Writing Systems of the World* (Oxford and New York, 1989)

4 Steven Roger Fischer, *A History of Language* (London, 1999)

5 Joyce Marcus, *Mesoamerican Writing Systems: Propaganda, Myth, and History in Four Ancient Civilizations* (Princeton, 1992)

6 예를 들면, Peter T. Daniels, 'The Invention of Writing', in Peter T. Daniels and William Bright, eds, *The World's Writing Systems* (New York, 1996), pp. 579-86.

7 Michael D. Coe, cited in Morell, 'New Light on Writing in the Americas'.

8 Michael D. Coe, *Breaking the Maya Code* (London, 1992)

9 앞의 책.

10 Joyce Marcus, 'The First Appearance of Zapotec Writing and Calendrics', in Kent V. Flannery and Joyce Marcus, eds, *The Cloud People: Divergent Evolution of the Zapotec and Mixtec Civilizations* (New York, 1983), pp. 91-6.

11 Morell, 'New Light on Writing in the Americas'.

12 Janet Catherine Berlo, 'Early Writing in Central Mexico: *In Tlilli, In Tlapalli* before ad 1000', in Richard A. Diehl and Janet Catherine Berlo, *Mesoamerica after the Decline of Teotihuacan ad 700-900* (Washington, dc, 1989), pp. 19-47.

13 Marcus, *Mesoamerican Writing Systems.*

14 Justeson, cited in Morell, 'New Light on Writing in the Americas'.

15 Marcus, cited in Martha J. Macri, 'Maya and Other Mesoamerican Scripts', in Daniels and Bright, *The World's Writing Systems*, pp. 172-82.

16 Justeson and Kaufman, 'A Decipherment of Epi-Olmec Hieroglyphic Writing'.

17 앞의 책.

18 Coe, *Breaking the Maya Code.*

19 Linda Schele and Nikolai Grube, *Notebook for the xixth Maya Hieroglyphic Workshop at Texas, March 9-18, 1995* (Austin, tx, 1995)

20 John S. Justeson et al., *The Foreign Impact on Lowland Mayan Language and Script*, Middle American Research Institute, Publication 53 (New Orleans, 1985)

21 Marcus, *Mesoamerican Writing Systems.*

22 Schele and Grube, *Notebook.*

23 Macri, 'Maya and Other Mesoamerican Scripts'.

24 Coe, *Breaking the Maya Code.*

25 Schele and Grube, *Notebook.*

26 Coe, *Breaking the Maya Code.*

27 Michael D. Coe, *The Maya Scribe and His World* (New York, 1973)

28 Michael D. Coe and Justin Kerr, *The Art of the Maya Scribe* (London, 1998)

29 Cecil H. Brown, 'Hieroglyphic Literacy in Ancient Mayaland: Inferences from Linguistic Data', *Current Anthropology*, xxxii (1991), pp. 489-96.

30 Coe, *Breaking the Maya Code.*

31 Marcus, *Mesoamerican Writing Systems.*

32 Coe, *Breaking the Maya Code.*

33 Christopher L. Moser, *Ñuiñe Writing and Iconography of the Mixteca Baja*, Vanderbilt University Publications in Anthropology 19 (Nashville, 1977)

34 James C. Langley, 'The Forms and Usage of Notation at Teotihuacan', *Ancient Mesoamerica*, ii (1991), pp. 285-98.

35 Berlo, 'Early Writing in Central Mexico'.

36 Macri, 'Maya and Other Mesoamerican Scripts'.

37 매력적인 그림문자로 쓰인 필사본을 정리한 결과는 John B. Glass, 'A Survey of Native Middle American Pictorial Manuscripts', in Howard F. Cline, ed., *Guide to Ethnohistorical Sources*, pt 3, Handbook of Middle American Indians 14 (Austin, 1975), pp. 3–80; 'A Census of Native Middle American Pictorial Manuscripts', in Cline, ed., *Guide to Ethnohistorical Sources*, pp. 81–252에서 확인할 수 있다.

38 Morell, 'New Light on Writing in the Americas'.

39 Mary Elizabeth Smith, 'The Mixtec Writing System', in Kent V. Flannery and Joyce Marcus, eds, *The Cloud People: Divergent Evolution of the Zapotec and Mixtec Civilizations* (New York, 1983), pp. 238–45.

40 Marcus, *Mesoamerican Writing Systems*.

41 Coulmas, *The Writing Systems of the World*.

42 Marcus, *Mesoamerican Writing Systems*.

43 Victoria de la Jara, 'Vers le déchiffrement des écritures anciennes du Pérou', *Science progrès – La Nature*, xcv (1967), pp. 241–7.

44 Albertine Gaur, *A History of Writing*, rev. edn (London, 1992)

45 Marcel Cohen, cited in de la Jara, 'Vers le déchiffrement des écritures'.

46 Marcus, *Mesoamerican Writing Systems*.

|| 7 || 양피지 키보드

1 *St. Augustine's Confessions, with an English Translation by William Watts, 1631* (Cambridge, ma, and London, 1989)

2 Joseph Balogh, 'Voces paginarum', *Philologus*, lxxxii (1926–7), pp. 84–100; Bernard M. Knox, 'Silent Reading in Antiquity', *Greek, Roman and Byzantine Studies*, ix/4 (1968), pp. 421–35.

3 R. Reed, *Ancient Skins, Parchments and Leather* (London, 1972)

4 Arthur S. Osley, ed., *Calligraphy and Palæography* (London, 1965)

5 Michelle P. Brown, *A Guide to Western Historical Scripts from Antiquity to 1600* (London, 1990)

6 John Woodcock and Stan Knight, *A Book of Formal Scripts* (London, 1992)

7 Henri-Jean Martin, *The History and Power of Writing*, trans. Lydia G. Cochrane (Chicago and London, 1994)

8 Stan Knight, *Historical Scripts* (London, 1984)

9 Geoffrey Sampson, *Writing Systems* (London, 1985)

10 앞의 책.

11 Stan Knight, 'The Roman Alphabet', in Peter T. Daniels and William Bright, eds, *The World's Writing Systems* (New York, 1996), pp. 312-32.

12 Martin, *The History and Power of Writing*.

13 S. Harrison Thomson, *Latin Bookhands of the Later Middle Ages* (Cambridge, 1969)

14 Albinia C. de la Mare, *The Handwriting of the Italian Humanists* (London, 1973)

15 James Wardrop, *The Script of Humanism* (Oxford, 1963)

16 Berthold L. Ullman, *The Origin and Development of Humanistic Script*, 2nd edn (Rome, 1974)

17 Knight, *Historical Scripts*.

18 Martin, *The History and Power of Writing*.

19 Knight, *Historical Scripts*.

20 T.A.M. Bishop, *English Caroline Minuscule* (Oxford, 1971)

21 Alfred J. Fairbank, *A Handwriting Manual* (Leicester, 1932); Joyce Irene Whalley, *English Handwriting, 1540-1853* (London, 1969)

22 Florian Coulmas, *The Writing Systems of the World* (Oxford and New York, 1989)

23 *New Scientist* (15 July 2000)

24 R. H. Clapperton, *Paper: An Historical Account* (Oxford, 1934)

25 Albertine Gaur, *A History of Writing*, rev. edn (London, 1992)

26 앞의 책.

27 Beatrice Warde, 'Foreword', in S. H. Steinberg, *Five Hundred Years of Printing*, 2nd edn (London, 1961)

28 Steven Roger Fischer, *Glyphbreaker* (New York, 1997)

29 Thomas Francis Carter, *The Invention of Printing in China and Its Spread Westwards* (New York, 1925)

30 David Chibbett, *The History of Japanese Printing and Book Illustration* (Tokyo, 1977)

31 Gaur, *A History of Writing*.

32 앞의 책.

33 Knight, *Historical Scripts*.

34 Steinberg, *Five Hundred Years of Printing*.

35 앞의 책.

36 Gaur, *A History of Writing*.

37 Knight, *Historical Scripts*.

38 Steinberg, *Five Hundred Years of Printing*.

39 W. L. Heilbronner, *Printing and he Book in 15th-Century England* (Charlottesville, 1967)

40 Steinberg, *Five Hundred Years of Printing*.

41 Arthur S. Osley, ed., *Calligraphy and Palæography* (London, 1965)

42 Stanley Morison, *A Tally of Types* (Cambridge, 1973)

43 Joseph Blumenthal, *Art of the Printed Book, 1455–1955* (New York and Boston, 1973)

44 Daniel Berkeley Updike, *Printing Types: Their History, Forms, and Use*, 2nd edn (Cambridge, 1937)

45 Warren Chappell, *A Short History of the Printed Word* (New York, 1970)

46 앞의 책.

47 A. F. Johnson, *Type Designs*, 3rd edn (London, 1966)

48 Updike, *Printing Types*.

49 Sebastian Carter, *Twentieth Century Type Designers* (New York, 1987)

50 앞의 책.

51 Steinberg, *Five Hundred Years of Printing*.

52 Wilfred A. Beeching, *Century of the Typewriter* (New York, 1974)

53 Peter T. Daniels, 'Analog and Digital Writing', in Daniels and Bright, eds, *The World's Writing Systems*, pp. 883–92.

54 Elizabeth L. Eisenstein, *The Printing Press as an Agent of Change: Communications and Cultural Transformations in Early-Modern Europe* (Cambridge, 1979)

55 Steinberg, *Five Hundred Years of Printing*.

56 앞의 책.

57 Alfred Schmitt, 'Die Bamum-Schrift', *Studium Generale*, xx (1967), pp. 594–604.

58 David Dalby, 'Further Indigenous Scripts of West Africa: Manding, Wolof and Fula Alphabets and Yoruba "Holy" Writing', *African Language Studies*, x (1969), pp. 161–81.

59 Saul H. Riesenberg and Shigeru Kaneshiro, *A Caroline Islands Script*, Smithsonian Institution Bureau of American Ethnology *Bulletin* 173; Anthropological Papers 60 (Washington, dc, 1960), pp. 273–333.

60 J. Park Harrison, 'Note on Five Hieroglyphic Tablets from Easter Island', *Journal of*

the Royal Anthropological Institute of Great Britain and Ireland, v (1876), pp. 248-50.

61 Steven Roger Fischer, *Rongorongo: The Easter Island Script: History, Traditions, Texts*, Oxford Studies in Anthropological Linguistics 14 (Oxford, 1997); idem, Glyphbreaker.

62 Steven Roger Fischer, *A History of Language* (London, 1999)

63 Knight, *Historical Scripts*.

64 John Man, *Alpha Beta: How Our Alphabet Changed the Western World* (London, 2000)

|| 8 || 문자의 미래

1 Edward S. Tylor, *Anthropology* (New York, 1881)

2 David Diringer, *The Alphabet: A Key to the History of Mankind*, 3rd edn (London, 1968)

3 Henri-Jean Martin, *The History and Power of Writing*, trans. Lydia G. Cochrane (Chicago and London, 1994)

4 Geoffrey Sampson, *Writing Systems* (London, 1985)

5 Steven Roger Fischer, *A History of Language* (London, 1999)

6 M. W. Sugathapala De Silva, *Diglossia and Literacy* (Manasagangotri, Mysore, 1976)

7 Karl Krumbacher, *Das Problem der neugriechischen Schriftsprache* (Munich, 1902)

8 One of the best general treatments of diglossia is Francis Britto, *Diglossia: A Study of the Theory with Application to Tamil* (Washington, dc, 1986)

9 Florian Coulmas, *The Writing Systems of the World* (Oxford and New York, 1989)

10 Madhav M. Deshpande, *Critical Studies in Indian Grammarians*, Michigan Series in South and Southeast Asian Languages and Linguistics, 2 (Ann Arbor, 1979)

11 Florian Coulmas, 'What Writing Can Do to Language', in S. Battestini, ed., *Georgetown University Roundtable on Languages and Linguistics 1986*(Washington, dc, 1987), pp. 107-29.

12 Fischer, *A History of Language*.

13 P. R. Hanna, R. E. Hodges and J. S. Hanna, *Spelling: Structure and Strategies* (Boston, 1971)

14 S. H. Steinberg, *Five Hundred Years of Printing*, 2nd edn (London, 1961)

15 Sampson, *Writing Systems*.

16 Noam Chomsky and Morris Halle, *The Sound Pattern of English* (New York, 1968)

17 Andrew Robinson, *The Story of Writing* (London, 1995)

18 Robert Horn, *Visual Language* (Bainbridge Island, wa, 1998)

19 *New Scientist* (12 February 2000)

20 Fischer, *A History of Language*.

21 앞의 책.

22 Seppo Tella, *Talking Shop Via E-Mail: A Thematic and Linguistic Analysis of Electronic Mail Communication* (Helsinki, 1992)

23 Coulmas, *The Writing Systems of the World*.

참고 문헌

- Albright, W. F., *The Proto-Sinaitic Inscriptions and Their Decipherment* (Cambridge, MA, 1966)
- Albrow, K. H., *The English Writing System: Notes towards a Description* (London, 1972)
- Allen, W. S., *Vox Latina* (Cambridge, 1965)
- Alleton, Viviane, *L'Ecriture chinoise* (Paris, 1970)
- André, Béatrice, *L'Invention de l'écriture* (Paris, 1988)
- Arntz, H. *Die Runenschrift* (Halle, 1938)
- Augst, Gerhard, ed., *New Trends in Graphemics and Orthography* (Berlin and New York, 1986)
- Bahn, Paul, and Jean Vertut, *Images of the Ice Age* (London, 1988)
- —, *Journey through the Ice Age* (London, 1997)
- Ball, C. J., *Chinese and Sumerian* (London, 1913)
- Bankes, George, *Moche Pottery from Peru* (London, 1980)
- Barthel, Gustav, *Konnte Adam Schreiben: Weltgeschichte der Schrift* (Köln, 1972)
- Beeching, Wilfred A., *Century of the Typewriter* (New York, 1974)
- Benson, Elizabeth P., and Gillett G. Griffin, eds, *Maya Iconography* (Princeton, 1988)
- Birnbaum, S. A., *The Hebrew Script* (Edinburgh, 1971)
- Bishop, T. A. M., *English Caroline Minuscule* (Oxford, 1971)
- Bloomfield, Leonhard, *Language* (New York, 1933)
- Blumenthal, Joseph, *Art of the Printed Book, 1455–1955* (New York and Boston, 1973)
- Boltz, William G., *The Origin and Early Development of the Chinese Writing System*, American Oriental Series 78 (New Haven, 1994)
- Bonfante, Giuliano, and Larissa Bonfante, *The Etruscan Language: An Introduction* (Manchester, 1983)
- Bonfante, Larissa, *Etruscan* (London, 1990)
- Britto, Francis, *Diglossia: A Study of the Theory with Application to Tamil* (Washington, DC, 1986)

- Brown, Michelle P., *A Guide to Western Historical Scripts from Antiquity to 1600* (London, 1990)

- Budge, E. A. Wallis, *An Egyptian Hieroglyphic Dictionary*, 2 vols (Mineola, NY, 1978)

- Campbell, George L., *Handbook of Scripts and Alphabets* (London, 1997)

- Carter, Sebastian, *Twentieth Century Type Designers* (New York, 1987)

- Carter, Thomas Francis, *The Invention of Printing in China and Its Spread Westwards* (New York, 1925)

- Casparis, J. G. de, *Indonesian Palæography* (Leiden, 1975)

- Chadwick, John, *Linear B and Related Scripts*, 2nd edn (London, 1989)

- Chappell, Warren, *A Short History of the Printed Word* (New York, 1970)

- Chibbett, David, *The History of Japanese Printing and Book Illustration* (Tokyo, 1977)

- Chiera, Edward, *They Wrote on Clay* (Chicago and London, 1938)

- Chomsky, Noam, and Morris Halle, *The Sound Pattern of English* (New York, 1968)

- Claiborne, Robert, *The Birth of Writing* (New York, 1974)

- Clapperton, R. H., *Paper: An Historical Account* (Oxford, 1934)

- Coe, Michael D., *The Maya Scribe and His World* (New York, 1973)

- —, *Breaking the Maya Code* (London, 1992)

- —, and Justin Kerr, *The Art of the Maya Scribe* (London, 1998)

- Cohen, Marcel, *La Grande Invention de l'écriture et son évolution*, 2 vols (Paris, 1958)

- Coulmas, Florian, *The Writing Systems of the World* (Oxford and New York, 1989)

- —, *The Blackwell Encyclopædia of Writing Systems* (Oxford, 1996)

- —, and K. Ehlich, eds, *Writing in Focus* (Berlin, Amsterdam and New York, 1983)

- Cowan, David, *An Introduction to Modern Literary Arabic* (Cambridge, 1964)

- Coyaud, Maurice, *L'Ambiguité en japonais écrit* (Paris, 1985)

- Creel, Herrlee G., *Chinese Writing* (Washington, DC, 1943)

- Crum, Walter E., A *Coptic Dictionary* (Oxford, 1939)

- Daniels, Peter T., and William Bright, eds, *The World's Writing Systems* (New York, 1996)

- Davies, W. V., *Egyptian Hieroglyphs*, Reading the Past (London, 1987)

- DeFrancis, John, *The Chinese Language: Fact and Fantasy* (Honolulu, 1984)

- —, *Visible Speech: The Diverse Oneness of Writing Systems* (Honolulu, 1989)

- Desbordes, Françoise, *Idées romaines sur l'écriture* (Lille, 1990)

- Deshpande, Madhav M., Critical Studies in Indian Grammarians, Michigan Series in South and Southeast Asian Languages and Linguistics, No. 2 (Ann Arbor, 1979)
- De Silva, M. W. Sugathapala, *Diglossia and Literacy* (Manasagangotri, Mysore, 1976)
- Dietrich, M., and O. Lorentz, *Die Keilalphabete: Die phoenizisch-kanaanäis-chen und altarabischen Alphabete in Ugarit* (Münster, 1988)
- Diringer, David, *Writing* (London, 1962)
- —, The Alphabet: *A Key to the History of Mankind*, 3rd edn (London, 1968)
- —, *A History of the Alphabet*, 2nd edn (London, 1977)
- Dreyfuss, Henry, *Signs, Images, Symbols* (New York, 1966)
- Driver, G. R., *Semitic Writing: From Pictograph to Alphabet*, rev. edn (London, 1976)
- Duhoux, Yves, *Le Disque de Phaestos* (Louvain, 1977)
- Düwel, Klaus, *Runenkunde*, 2nd edn (Stuttgart, 1983)
- Eisenstein, Elizabeth L., *The Printing Press as an Agent of Change: Communications and Cultural Transformations in Early-Modern Europe* (Cambridge, 1979)
- Evans, Arthur, *Scripta Minoa I* (Oxford, 1909)
- —, *Scripta Minoa II* (Oxford, 1952)
- Fairbank, Alfred J., *A Handwriting Manual* (Leicester, 1932)
- Falkenstein, A., *Das Sumerische* (Leiden, 1964)
- Feldbusch, Elisabeth, *Geschriebene Sprache: Untersuchungen zu ihrer Herausbildung und Grundlegung ihrer Theorie* (Berlin and New York, 1985)
- Février, J.-G., *Histoire de l'écriture* (Paris, 1959)
- Fischer, Steven Roger, *Evidence for Hellenic Dialect in the Phaistos Disk* (Berne et al., 1988)
- —, *Glyphbreaker* (New York, 1997)
- —, *Rongorongo: The Easter Island Script: History, Traditions, Texts*, Oxford Studies in Anthropological Linguistics 14 (Oxford, 1997)
- —, *A History of Language* (London, 1999)
- Fishman, Joshua A., ed., *Advances in the Creation and Revision of Writing Systems* (The Hague, 1977)
- Földes-Papp, K., *Vom Felsbild zum Alphabet* (Stuttgart, 1966)
- Follick, M., *The Case for Spelling Reform* (London, 1965)
- Friedrich, Johannes, *Geschichte der Schrift unter besonderer Berücksichtigung ihrer geistigen Entwicklung* (Heidelberg, 1966)

- Frith, Uta, ed., *Cognitive Processes in Spelling* (London, 1980)
- Gardiner, A. H., and T. A. Peet, *The Inscriptions of Sinai* (London, 1955)
- Gaur, Albertine, *A History of Writing*, rev. edn (London, 1992)
- Gelb, Ignace J., *Hittite Hieroglyphs* (London, 1931)
- —, *A Study of Writing: The Foundations of Grammatology*, rev. edn (Chicago and London, 1963)
- Gibson, E. J., and A. Levin, *The Psychology of Reading* (Cambridge, MA, 1975)
- Green, Margaret W., and Hans J. Nissen, *Zeichenliste der archaischen Texte aus Uruk*, Ausgrabungen der Deutschen Forschungsgemeinschaft in Uruk Warka 11 (Berlin, 1987)
- Günther, K. B., and H. Günther, eds, *Schrift, Schreiben, Schriftlichkeit* (Tübingen, 1983)
- Haas, Mary, *The Thai System of Writing* (Washington, DC, 1956)
- Haas, W., ed., *Alphabets for English* (Manchester, 1969)
- —, ed., *Standard Languages, Spoken and Written* (Manchester, 1982)
- Hanna, P. R., R. E. Hodges and J. S. Hanna, *Spelling: Structure and Strategies* (Boston, 1971)
- Harris, Roy, *The Language Makers* (Ithaca, NY, 1980)
- —, *The Origin of Writing* (London, 1986)
- —, *Signs of Writing* (London, 1995)
- Healey, John F., *Early Alphabet*, Reading the Past (London, 1990)
- Heilbronner, W. L., *Printing and the Book in 15th-Century England* (Charlottesville, 1967)
- Henderson, L., *Orthography and Word Recognition in Reading* (London and New York, 1982)
- —, ed., *Orthographies and Reading* (London, 1984)
- Horn, Robert, *Visual Language* (Bainbridge Island, WA, 1998)
- Hosking, R. F., and G. M. Meredith-Owens, eds, *A Handbook of Asian Scripts* (London, 1966)
- Houston, S. D., *Maya Glyphs* (London, 1989)
- Irwin, C., *The Romance of Writing* (New York, 1956)
- Isaac, Peter C., *Development of Written Language and Early Writing Materials* (Newcastle upon Tyne, 1989)

- Jackson, Donald, *The Story of Writing* (New York, 1981)
- Jean, Georges, *L'Écriture: Mémoire des hommes* (Paris, 1987)
- Jeffery, Lilian Hamilton, *The Local Scripts of Archaic Greece: A Study of the Origin of the Greek Alphabet and Its Development from the Eighth to the Fifth Centuries B.C.*, 2nd edn rev. A. W. Johnston (Oxford, 1990)
- Jensen, Hans, *Geschichte der Schrift* (Hannover, 1925)
- —, *Sign, Symbol and Script* (New York, 1969)
- Johnson, A. F., *Type Designs*, 3rd edn (London, 1966)
- Justeson, John S., et al., *The Foreign Impact on Lowland Mayan Language and Script*, Middle American Research Institute, Publication 53 (New Orleans, 1985)
- Kannaiyan, V., *Scripts in and around India* (Madras, 1960)
- Kéki, Bela, *5000 Jahre Schrift* (Leipzig, 1976)
- Khubchandani, Lachman M., *Plural Languages, Plural Cultures* (Honolulu, 1983)
- Kindaichi, Haruhiko, *Nihongo* [Japanese] (Tokyo, 1957)
- Knight, Stan, *Historical Scripts* (London, 1984)
- Koenig, Viviane, and Claire Laporte, *Vers 3000 av. J.-C.: La Naissance de l'écriture* (Paris, 1990)
- Kohrt, M., *Theoretische Aspekte der deutschen Orthographie* (Tübingen, 1987)
- König, Friedrich Wilhelm, *Die elamischen Königsinschriften* (Graz, 1965)
- Krumbacher, Karl, *Das Problem der neugriechischen Schriftsprache* (Munich, 1902)
- Labat, R., and F. Malbran-Labat, *Manuel d'épigraphie akkadienne*, 6th edn (Paris, 1988)
- Larfeld, W., *Handbuch der griechischen Epigraphik* (Leipzig, 1907)
- Ledyard, Gari Keith, 'The Korean Language Reform of 1446: The Origin, Background and Early History of the Korean Alphabet', PhD diss., University of California at Berkeley, 1966
- Lee Sangbaek, *A History of Korean Alphabet and Movable Types* (Seoul, 1970)
- Lülfing, Hans, *An der Wiege des Alphabets* (Leipzig, 1977)
- McCarter, P. Kyle, Jr, *The Antiquity of the Greek Alphabet and the Early Phoenician Scripts* (Missoula, MT, 1975)
- McManus, Damian, *A Guide to Ogam*, Maynooth Monographs 4 (Maynooth, 1991)
- Macrakis, Michael S., ed., *Greek Letters from Tablets to Pixels* (New Castle, DE, 1996)
- Mahmoud, Youssef, 'The Arabic Writing System and the Sociolinguistics of

Orthography Reform', PhD diss., Georgetown University, Washington, DC, 1979

* Malek, Jaromir, *The ABC of Hieroglyphs: Ancient Egyptian Writing* (Gilsum, NH, 1995)
* Mallery, Garrick, *Picture-Writing of the American Indians* (Washington, DC, 1893)
* Man, John, *Alpha Beta: How Our Alphabet Changed the Western World* (London, 2000)
* Marcus, Joyce, *Mesoamerican Writing Systems: Propaganda, Myth, and History in Four Ancient Civilizations* (Princeton, 1992)
* Mare, Albinia C. de la, *The Handwriting of the Italian Humanists* (London, 1973)
* Martin, Henri-Jean, *The History and Power of Writing*, trans. Lydia G. Cochrane (Chicago and London, 1994)
* Massey, W., *The Origin and Progress of Letters* (London, 1963)
* Masson, O., *Les Inscriptions chypriotes syllabiques* (Paris, 1961)
* Mendenhall, George E., *The Syllabic Inscriptions from Byblos* (Beirut, 1985)
* Mercer, S. A. B., *The Origin of Writing and the Alphabet* (London, 1959)
* Miller, D. Gary, *Ancient Scripts and Phonological Knowledge*, Amsterdam Studies in the Theory and History of Linguistic Science (Amsterdam, 1994)
* Miller, Roy Andrew, *The Japanese Language* (Chicago and London, 1967)
* Moltke, E., *Runes and Their Origin* (Copenhagen, 1985)
* Moorhouse, A. C., *The Triumph of the Alphabet* (New York, 1953)
* Morison, Stanley, *A Tally of Types* (Cambridge, 1973)
* Moser, Christopher L., *Ñuiñe Writing and Iconography of the Mixteca Baja*, Vanderbilt University Publications in Anthropology 19 (Nashville, 1977)
* Naveh, Joseph, *Early History of the Alphabet*, 2nd edn (Leiden, 1987)
* Ogg, O., *The 26 Letters*, 2nd edn (London, 1961)
* Okii, Hayashi, ed., *Zusetsu nihongo* [Graphic Japanese] (Tokyo, 1982)
* Osley, Arthur S., ed., *Calligraphy and Palæography* (London, 1965)
* Page, Raymond I., *An Introduction to English Runes* (London, 1973)
* —, *Runes*, Reading the Past (London, 1987)
* Parpola, Asko, *Deciphering the Indus Script* (Cambridge, 1994)
* Petrucci, A., *Breve storia della scrittura latina* (Rome, 1989)
* Pettersson, John Sören, *Critique of Evolutionary Accounts of Writing* (Uppsala, 1991)
* Pfiffig, Ambros, *Die etruskische Sprache: Versuch einer Gesamtdarstellung* (Graz, 1969)

- Pope, Maurice, *Aegean Writing and Linear A* (Lund, 1964)

- —, *The Story of Decipherment: From Egyptian Hieroglyphic to Linear B* (London, 1975)

- Possehl, Gregory L., *The Indus Age: The Writing System* (Philadelphia, 1996)

- Ramsey, S. Robert, *The Languages of China* (Princeton, NJ, 1990)

- Reed, R., *Ancient Skins, Parchments and Leather* (London, 1972)

- Reynolds, Joyce, *Latin Inscriptions* (London, 1991)

- Riesenberg, Saul H., and Shigeru Kaneshiro, *A Caroline Islands Script*, Smithsonian Institution Bureau of American Ethnology *Bulletin* 173 (Washington, DC, 1960)

- Robinson, Andrew, *The Story of Writing* (London, 1995)

- Rüster, Christel, Hethitische Keilschrift-Paläographie (Wiesbaden, 1972)

- Saas, B., *The Genesis of the Alphabet and Its Development in the Second Millennium BC* (Wiesbaden, 1988)

- Sampson, Geoffrey, *Writing Systems: A Linguistic Introduction* (London, 1985)

- Sansom, G. B., *Japan: A Short Cultural History* (New York, 1962)

- Sato Habein, Yaeko, *The History of the Japanese Written Language* (Tokyo, 1984)

- Scharlipp, Wolfgang-Ekkehard, *Einführung in die tibetische Schrift* (Hamburg, 1984)

- Schele, Linda, and Nikolai Grube, *Notebook for the XIXth Maya Hieroglyphic Workshop at Texas, March 9–18, 1995* (Austin, TX, 1995)

- Schmandt-Besserat, Denise, *Before Writing: From Counting to Cuneiform* (Austin, TX, 1992)

- —, *How Writing Came About* (Austin, TX, 1997)

- Schmitt, Alfred, *Untersuchungen zur Geschichte der Schrift* (Leipzig, 1940)

- —, *Entstehung und Entwicklung der Schriften*, ed. Claus Haebler (Cologne, 1980)

- Schneider, Stuart, and George Fischler, *The Illustrated Guide to Antique Writing Instruments* (New York, 1997)

- Scholderer, Victor, *Johann Gutenberg, the Inventor of Printing*, 2nd edn (London, 1970)

- Scragg, D. G., *A History of English Spelling* (Manchester, 1974)

- Senner, Wayne M., ed., *The Origins of Writing* (Lincoln, NB, 1991)

- Sethe, Kurt, *Vom Bild zum Buchstaben: Die Entstehungsgeschichte der Schrift*, Untersuchungen zur Geschichte und Altertumskunde Ägyptens 12 (Leipzig, 1939)

- Seyboldt, Peter, and Gregory K. Chiang, *Language Reform in China: Documents and Documentary* (White Plains, NY, 1979)

- Silverman, David P., *Language and Writing in Ancient Egypt*, Carnegie Series on Egypt (Oakland, CA, 1990)
- Smart, J. R., *Arabic: A Complete Course for Beginners* (London, 1986)
- Sommer, F. E., *The Arabic Writing in Five Lessons, with Practical Exercises and Key* (New York, 1942)
- Söden, W. von, *Das akkadische Syllabar* (Rome, 1967)
- Steinberg, S. H., *Five Hundred Years of Printing*, 2nd edn (London, 1961)
- Steindorff, G., *Lehrbuch der koptischen Grammatik* (Chicago, 1951)
- Stilman, Leon, *Russian Alphabet and Phonetics*, 12th edn (New York, 1960)
- Stubbs, Michael, *Language and Literacy* (London, 1980)
- Taylor, Isaac, *The History of the Alphabet: An Account of the Origin and Development of Letters*, 2 vols (London, 1899)
- Tella, Seppo, *Talking Shop Via E-Mail: A Thematic and Linguistic Analysis of Electronic Mail Communication* (Helsinki, 1992)
- Thompson, Edward Maunde, *Handbook of Greek and Latin Palæography* (London, 1906)
- Thomson, S. Harrison, *Latin Bookhands of the Later Middle Ages* (Cambridge, 1969)
- Till, Walter C., *Koptische Grammatik* (Leipzig, 1955)
- Tsien, Tsuen-hsuin, *Written on Bamboo and Silk* (Chicago, 1962)
- Tylor, Edward S., *Anthropology* (New York, 1881)
- Ullman, Berthold L., *The Origin and Development of Humanistic Script*, 2nd edn (Rome, 1974)
- Untermann, Jürgen, *Monumenta Linguarum Hispanisarum* (Wiesbaden, 1975–90)
- Updike, Daniel Berkeley, *Printing Types: Their History, Forms, and Use*, 2nd edn (Cambridge, 1937)
- Vachek, J., *Written Language: General Problems and Problems of English* (The Hague, 1973)
- Venezky, R. L., *The Structure of English Orthography* (The Hague, 1972)
- Ventris, Michael, and John Chadwick, *Documents in Mycenæan Greek*, 2nd edn (Cambridge, 1973)
- Vervliet, Hendrik, ed., *The Book Through Five Thousand Years* (London, 1972)
- Walker, C. B. F., *Cuneiform*, Reading the Past, III (Berkeley and Los Angeles, 1989)

- Wardrop, James, *The Script of Humanism* (Oxford, 1963)
- Wellisch, Hans H., *The Conversion of Script: Its Nature, History and Utilization* (College Park, MD, 1978)
- Wen-Pu Yao, Suzanne, *Ostasiatische Schriftkunst* (Berlin, 1981)
- Whalley, Joyce Irene, *English Handwriting, 1540–1853* (London, 1969)
- White, John L., ed., *Studies in Ancient Letter Writing* (Atlanta, GA, 1983)
- Widmann, H., ed., *Der gegenwärtige Stand der Gutenberg-Forschung* (Stuttgart, 1977)
- Wilson, Hilary, *Understanding Hieroglyphs: A Complete Introductory Guide* (Lincolnwood, IL, 1995)
- Winn, Shan M. M., *Pre-Writing in Southeast Europe: The Sign System of the Vinča Culture, ca. 4000 B.C.* (Calgary, 1981)
- Woodard, Roger D., *Greek Writing from Knossos to Homer: A Linguistic Interpretation of the Origin of the Greek Alphabet and the Continuity of Ancient Greek Literacy* (Oxford, 1997)
- Woodcock, John, and Stan Knight, *A Book of Formal Scripts* (London, 1992)
- Yuen Ren Chao, *Language and Symbolic Systems* (Cambridge, 1968)
- Ziadeh, Farhat J., and R. Bayly Winder, *An Introduction to Modern Arabic* (Princeton, 1957)

찾아보기

ㄱ

가나, 히라가나, 가타카나 230, 258, 267, 268, 271-284, 407, 438

가나안 92, 97-99, 102, 104, 107, 116, 118, 119, 122, 123-124, 125-126, 128, 130, 131, 132, 133, 168

간체자 251, 252, 253

고트 문자 207-208

구텐베르크, 요한 368-371, 373

국제 표준 영어 415, 430

그리스 문자, 그리스 알파벳 67, 68, 115, 149, 167, 168-183, 185-186, 188, 189, 194, 203, 204, 206, 207, 221, 225, 226, 248, 284, 328-332, 355, 397, 417

그림문자 20, 21, 26-30, 32, 39, 41, 43-45, 46, 47, 48, 51, 70-71, 74, 81, 84, 97, 98, 100, 101, 102, 104, 105, 107, 108, 114, 123, 128, 184, 225, 293, 300, 307, 313, 314, 315, 316, 317, 319, 321, 322, 391, 393, 394, 395, 406, 426, 435

글꼴 → 활자체

글라골 문자 180, 183, 219-221, 222

기호학 38

ㄴ

눈금 막대기 21, 24, 30-31, 217

ㄷ

단어문자 20, 48, 52, 69, 237, 404

대전 서체, 대전체 239-240

동굴 벽화, 암벽화 24, 27, 28

두음 서법, 두음 원리 55, 120, 174, 192, 211, 217

ㄹ

라모하라 석주 289-290, 302

라틴어, 라틴 문자, 라틴어 알파벳 10, 11, 31, 68, 69, 80, 93, 121, 122, 125, 129, 130, 136, 141, 156, 180, 181, 183, 185, 188, 189, 190, 192, 193, 194-203, 204, 206, 208, 209, 210, 212, 213, 214, 215, 216, 218, 219, 220, 221, 224, 230, 231, 243, 244, 248, 249, 250, 251, 255, 259, 266, 267, 269, 276, 284, 330-331, 333-345, 346, 347, 349, 350, 351, 352, 353, 354, 355, 356, 358, 359, 375, 384, 387, 388-399, 404, 406, 416, 421, 424, 429, 430-432, 439

레반트 68, 80, 98, 125, 126, 128, 132, 163,
    168, 169, 170, 225, 363, 403
로마체 333, 344-345, 346, 372, 373-374,
    376-380, 383-384, 398, 432
롱고롱고 문자 51, 238, 260, 393, 395, 396,
    397, 439
루비아어 92, 104-105, 406
룬 문자 203, 208-215, 216, 217, 219 284,
    335, 349, 352
리버스 원리 46, 51, 52, 53, 55, 74, 89, 100,
    102, 104, 105, 107, 108, 109, 171, 233,
    234, 242, 306, 315, 389, 394

ㅁ

마르탱, 앙리 장 335, 405
마야 문자 62, 91, 238, 290-292, 293, 294,
    297, 301, 302-313, 315, 322, 407
매듭 글자 22-24, 26, 27, 267
메로빙거 서체 336, 337, 338
메로에 문자 68, 183-185, 187
메소아메리카 12, 62, 289-318, 320, 321,
    322, 438
메소포타미아 39, 47, 52, 53, 65, 67, 69, 72,
    73, 74, 76, 80, 86, 89, 93, 97, 98, 99,
    101, 102, 103, 105, 117, 124, 132, 133,
    229, 230, 233, 321, 403, 406, 428
몽골 문자 146, 159, 160, 168
미노아 문명 35, 107
미스테카 문자 291, 292, 310, 314-315,
    317, 321, 322, 407
미헤·소케 문자 291, 292, 301, 305, 318,
    321

민중 문자 61, 62, 63, 65, 66, 67, 184, 186,
    276

ㅂ

바빌로니아, 바빌론 41, 71, 72, 76, 80, 81,
    82, 98, 133
베네벤토 서체 336, 337
베트남 문자 254-256, 407
번체자 252, 253
북 핸드 178, 328, 329, 333, 334, 336, 337,
    345, 354
불가리아 35, 36, 180, 221, 222, 224
불라 37-40, 41, 42
브라흐미 문자 146, 147, 148-151, 161, 163,
    202, 405, 406
비블로스 음절문자 92, 99-103, 107, 128,
    163, 170, 406
빈돌란다 201
빈차 문화 34-35, 116

ㅅ

사포테카 문자 291-292, 294, 299-301,
    306, 313, 314, 315, 322, 407
산세리프 379, 382-383
상형문자 10-11, 52, 53, 54-69, 70, 73, 86,
    89, 90, 92, 93, 98, 101-102, 103, 104,
    107, 108-111, 116, 117, 118, 120, 177,
    183-184, 186, 234, 289, 303, 304, 314,
    406, 426, 428, 432, 438
새김눈 24-26, 27, 30-31, 48
서고트 서체 336, 337-338

서예 246-247, 274, 279

선형문자 A 100, 101, 107, 108-109, 111-115

선형문자 B 100, 101, 111-115

선형문자 C(키프로스 음절문자) 101, 107-116, 169

설형문자 39, 40, 52, 53, 60, 67, 69-81, 82, 83, 84, 86, 87, 89, 90, 91, 92, 93, 98, 102, 103, 104, 124, 133, 406, 428

세리프, 구체 세리프, 근대 세리프 333, 379-381, 382, 383

소전 서체, 소전체 240, 243

속기 65, 419, 424-425

수메르 34, 37, 39, 40, 42-48, 51, 53, 55, 69, 70, 72, 75, 80, 82, 84, 309, 406, 438

슈망 베세라, 드니즈 39, 40

슬라브 문자 122, 138, 219-224

시각 언어 426-428

시리아 53, 77, 81, 104, 124, 133, 136, 139, 147, 171

신관 문자 58, 62-65, 70, 90, 92, 186, 276

ㅇ

아나톨리아 음절문자 92, 101, 103-106, 163, 406

아브자드 120, 126, 133, 144

아스테카 문자 290-291, 292, 313, 314, 315-318, 321, 322, 407

아질 문화 32-33

아카드어 75-79, 83, 84, 90, 257

안데스 문자 24, 318-322

알로글리프 87, 109, 251, 272

알파벳문자 → 음소문자

암각화 27

양사오 문화 36

양층 언어 408-412

양피지 12, 13, 64, 178, 181, 326-327, 328, 334, 335, 342, 360, 361, 399

언셜체, 반언셜체 180-181, 186, 197, 198-200, 220, 221, 223, 328, 329, 330, 333-334, 335, 336, 338, 339, 340, 346, 347, 349, 396

에게해 98, 99, 100, 101, 106, 107-108, 114, 116, 123, 125, 126, 163, 170, 176, 185, 233, 363

에게해 음절문자 101, 106, 108, 185, 363

에트루리아어, 에트루리아 문자 122, 180, 183, 185, 188-194, 195, 196, 202, 204, 205, 209, 210, 216, 355, 406

에피·올메카 문자 289, 290, 291, 292, 293, 297, 301-303, 305-306, 307, 321, 322, 407

엘람어, 원형 엘람어, 엘람 왕국, 78-79, 80, 81-84, 92, 406

연상 기호, 연상 장치 21, 22, 25, 27, 31-33, 34, 44, 45, 229

오감 문자 180, 203, 215-219, 284, 346

완성된 문자, 완전한 문자 18-20, 21, 25, 29, 31, 33, 34, 36, 37, 38, 39, 40, 41, 42, 44, 45, 46, 47, 48, 51, 52, 53, 69, 84, 86, 89, 91, 92, 229-230, 233, 293, 294, 296, 299, 301, 303, 315, 318, 320, 321, 322, 395, 396, 403, 435

우가리트 77-78, 80, 92, 124-125, 126,

132, 172

올필라스 207-208

원형 문자 20, 42, 233

음소문자, 알파벳문자 58, 67-68, 78, 90,
  91, 92, 101, 103, 116, 117-120, 122,
  123, 124, 125, 143, 144, 160, 164, 169,
  170, 171-172, 174, 176, 206, 207, 208,
  216, 225, 226, 248, 256, 260, 262, 280,
  282-283, 284, 309, 328, 355, 356, 357,
  367, 384, 387, 399, 404, 412, 413, 423,
  425, 428, 438

음절문자 29, 52, 53, 61, 74, 76, 77, 80, 87,
  90, 91, 92, 97, 98, 99-116, 117, 128,
  144, 148, 163, 164, 167, 169, 170, 171,
  172, 185, 226, 233, 235, 237, 239, 241,
  246, 248, 249, 251, 260, 266, 267, 268,
  270, 271, 277, 284, 291, 293, 299, 319,
  320, 355, 363, 384, 391, 392, 394-395,
  404, 405, 406, 413, 425

음표문자 249, 250

이베리아 문자 180, 203-206, 207

이상고 뼈 25, 26

이스터섬 12, 51, 52, 61, 91, 233, 238, 260,
  357, 393, 395-396, 397, 405, 439

이집트 문자 10, 52, 53, 54-69, 73, 86, 89,
  90, 92, 93, 101, 102, 117-123, 167, 177,
  178, 183, 184, 186, 236, 276, 406, 426,
  432, 438

인더스 문자 81, 84-88, 89, 145, 406

인문주의자체(인문주의자 서체) 344-345,
  373, 376

인쇄 89, 109, 110, 223, 224, 245, 252,

258-259, 268, 326, 331, 343, 345, 354,
  361, 362-388, 399, 415, 422, 433, 439

인슐라체 346-355

일본 문자 266-281, 283, 307

잉카 제국 22, 23, 320

ㅈ

자음문자 53, 68, 78, 80, 89, 98, 100, 117,
  120, 123, 124, 136, 162, 163-164, 167,
  168, 170, 172

자질문자 260, 262

전자 잉크 12, 433

점토판 35, 36, 37, 40, 41, 42, 109

종이 12, 53, 67, 91, 177, 245, 246, 247,
  256, 270, 292, 300, 303, 310, 312, 314,
  322, 327, 360-362, 363-364, 374

좌우 교대 서법 87, 194, 204, 314, 429

중국 문자(한자) 29, 52, 76, 91, 92, 117,
  160, 226, 230, 231-254, 255, 256, 257,
  258, 260, 262, 263, 264, 265, 266, 267,
  270, 272, 276, 277, 282, 283, 284, 294,
  297, 300, 321, 398, 410, 430, 438

ㅊ

체로키 문자 260, 391-393

ㅋ

카로슈티 문자 144, 146, 147-148, 149

카롤링 소문자체, 카롤링거 서체 336, 337,

338, 339-340, 341, 342, 343-344, 398

캐슬런, 윌리엄 380, 382

캑스턴, 윌리엄 374-376, 386

콥트어, 콥트 문자 61-62, 68, 122, 180, 183, 186-187

쿠시 왕국 68, 183

크레타섬 12, 100, 107-112, 170, 171, 173, 176, 355, 363

키릴 문자 180, 181, 183, 219-224, 406, 429

키푸 22-23

키프로스·미노스 음절문자 101, 107, 114, 169

키프로스 음절문자 → 선형문자 C

ㅌ

타르타리아 서판 34, 35, 116

타자기 384-386, 398, 439

ㅍ

파이스토스 원반 109-110, 355, 363

페니키아 문자, 페니키아 알파벳 68, 102, 103, 116, 122, 124, 126-130, 132, 133, 164, 167, 168, 169, 170, 171, 172, 173, 174, 175, 180, 190, 192, 225, 335, 406

표어문자 29, 35, 48, 53, 55, 56, 57, 58, 60, 69, 70, 74, 76, 78, 79, 80, 82, 90, 91, 92, 98, 99, 100, 104, 106, 107, 108, 109, 112, 117, 120, 164, 226, 235, 237, 248, 254, 266, 271, 277, 284, 291, 293,

295, 297, 300, 301, 302, 305, 306, 307, 308, 309, 311, 313, 315, 319, 322, 363, 384, 389, 394, 395, 404, 405, 425

표음문자, 표음식 표기(법) 32, 35, 41, 43, 48, 52, 53, 54, 56, 57, 58, 74, 106, 116, 236, 254, 291, 293, 295, 300, 302, 305, 307, 308, 309, 311, 315, 316, 319, 320, 321, 389, 395, 422-423, 425

표음주의, 체계적 표음주의 45-48, 51, 69, 82, 88, 89, 292, 294, 296, 300, 301, 303, 305, 306, 321, 322, 403, 406

표의문자 38, 52, 55, 104, 237, 266, 300, 315, 316, 389

피트먼, 아이작 419, 425

핀윈 → 한어병음

ㅎ

한국 문자(한글) 230, 256-266, 283, 307, 366, 407, 438

한어병음(핀윈) 250-254, 390, 430, 431

한자 → 중국 문자

허신 241-243

형태소-음절문자 237, 246, 248, 284, 413, 425

활자체, 글꼴 91, 331, 332, 340, 343, 344, 345, 354, 368, 372, 373-374, 376-385, 393, 396

후르리어 77, 78, 103

문자의 역사

1판 1쇄 발행 2024년 11월 1일

지은이	스티븐 로저 피셔
옮긴이	강주헌
펴낸이	박선영

편집	이효선
영업관리	박혜진
마케팅	김서연
디자인	씨오디
발행처	퍼블리온
출판등록	2020년 2월 26일 제2022-000096호
주소	서울시 금천구 가산디지털2로 101 한라원앤원타워 B동 1610호
전화	02-3144-1191
팩스	02-2101-2054
전자우편	info@publion.co.kr

ISBN   979-11-91587-71-5 03900